话保险：十年变迁

（2007—2016）

许闲 著

 中国金融出版社

责任编辑：亓　霞　张清民
责任校对：张志文
责任印制：张也男

图书在版编目(CIP)数据

闲话保险：十年变迁（Xianhua Baoxian: Shinian Bianqian）：2007-2016/许闲著.—北京：中国金融出版社，2017.10
ISBN 978-7-5049-9040-2

Ⅰ．①闲… Ⅱ．①许… Ⅲ．①保险业—经济史—中国—2007-2016 Ⅳ．①F842.9

中国版本图书馆CIP数据核字（2017）第126124号

出版
发行　中国金融出版社

社址　北京市丰台区益泽路2号
市场开发部　（010）63266347，63805472，63439533（传真）
网 上 书 店　http://www.chinafph.com
　　　　　　　（010）63286832，63365686(传真)
读者服务部　（010）66070833，62568380
邮编　100071
经销　新华书店
印刷　保利达印务有限公司
尺寸　169毫米×239毫米
印张　32
字数　424千
版次　2017年10月第1版
印次　2017年10月第1次印刷
定价　88.00元
ISBN 978-7-5049-9040-2
如出现印装错误本社负责调换　　联系电话（010）63263947

前言

《闲话保险：十年变迁（2007—2016）》由作者十年以来有关保险的随笔结集成册，汇集了十年间作者有关国际保险业和中国保险业发展和创新的所见所闻、所思所想。

在这十年间，世界的自然环境和社会环境发生了许多改变。自然灾害发生更为频繁，带来了更为巨大的伤亡数量和经济损失，这些自然灾害中不仅包括突发性的地震、泥石流等，还包括温室效应导致的海平面上升等灾难。从社会角度来看，人类社会的经济有了更进一步的发展，但能源利用的危险（核能源或排放、泄漏污染等）并没有随着经济的发展而消失或减少，反而呈现出和过去更为相异的特征，进一步加大了人类生活和生产的危险系数。

这些变化为保险业带来了挑战，也带来了新的机遇，所幸国际保险业和中国保险业在这十年间都有了巨大的变化。从国际的角度看，保险业既经历了高速的发展，也遭遇了"大萧条"以来最严重的金融危机，欧美等发达国家的保险公司都经受了巨大的压力和考验，正在逐步地从危机中恢复，努力探寻下一个增长点。从国内的角度看，截至2007年底，保险业总资产不过3万亿元规模，保费收入仅为6000多亿元，而截至2016年底，保险业总资产已达15万亿元，保费收入3.1万亿元，在十年间总保费收入一跃而至世界第二的位置，这十年可谓保险业的"黄金十年"。这十年间，伴随着我国新《保险法》的出台、"一带一路"的布局和中国经济实力的壮大，保险业大胆走出国门，既积极参与了世界的兼并收购浪潮，也为中国实体企业在国外"大展拳脚"保驾护航。

不仅业界有了巨大的改变，在这十年间，保险监管也在不断进行改革，尤其是在2008年国际金融危机后，对保险创新产品的监管、对保险公司资金风险的监管以及保险会计可比性、可读性的提升等新状况都成为了国际保险监管的重要议题。美国与欧洲，尤其是欧盟国家都作出了许多努力，推出了欧盟《偿付能力监管指令Ⅱ》等创新监管体系，国际财务报告准则也推动了全球保险会计信息向统一的方向进展。对中国而言，在国际越发重视中国市场的情况下，如何在保证国内金融市场安全性、稳定性的前提下，使保险相关法律更适应保险业的发展情况，更能够服务于业界的健康成长，使保险业相关资质、相关产品、相关投资等方面的限制逐步放开，这些都成为了保险监管者乃至大金融监管者所需要关注的问题。因此，中国修订了《保险法》，在保监会的力推下开展了对巨灾保险和巨灾金融创新工具的研究和落实，努力使保险监管不仅能适应保险业的现有发展，还成为保险业发展的引导者和有力保障。

问题与成绩同在，国际金融危机席卷而来，打破了国际保险业安全稳健的形象，暴露出保险业一系列资金运用和产品创新方面的问题。在中国保险业取得的骄人成绩背后，业界也遭遇了一些失败：一方面，在参与和融入世界保险业的过程中难免有挫折，更兼得国际金融危机的爆发与自然灾害的频频发生，造成了（再）保险人的一定损失；另一方面，国内的业界痼疾仍然没有完全被治愈，保险业在发展过程中仍然存在野蛮竞争、同质化产品、欺骗式营销、投资渠道不畅等问题，导致保险业在发展过程中并没有实现"质"与"量"的同步。

要维持保险业的高速增长，在对成绩进行梳理、为取得的成果鼓掌的同时，也势必需要一些冷思考。只有通过对世界保险业取得的成果进行探究、对遭受的失败进行反思、对中国保险业的现状进行定位、对问题进行探讨，才能够提出一条既包括世界先进经验，又包含中国特色的保险业发展之路。这十年间国际与国内的保险业发展跌宕起伏，经历了大喜，也品尝了大悲，正是研究和分析的极好范本。

本书共分为十个篇章，篇章与篇章间并非完全独立，而是在时间、事件等方面存在着某些内在联系，需要读者自行联系、相互参看，以便获得同一事件不同的视角。

本书第一篇是国际保险市场。作者首先为读者列出了国际金融危机爆发这一年的国际保险业情况，以期待读者带着全面的、宏观的信息进入其后的阅读。在回顾时，还可以看到欧洲保险的"四巨头"之一——德国在国际金融危机爆发时保险业的表现。接着，读者将看到国际金融危机的第二年（2009年），欧洲保险业的整体发展情况。本篇的主要目的是使读者对国际保险市场有一个较为完整的认知。

本书第二篇是中国保险市场。与国际市场一样，本篇开篇按照时间顺序，介绍了转型期、2014—2016年等年度的行业整体状况，对中国保险业在这期间取得的成绩和可能的发力点做了梳理，也审视了行业发展中可能存在的问题。读者也可以在数期《中国保险景气指数》的解读中看到其他保险行业专家高管对行业发展的看法。接着，本篇介绍了中国（上海）自由贸易区和"一带一路"给保险业带来的机遇，这也是当下保险业的重要政策利好之一。成绩之后，自然还要说说中国保险业存在的问题。银保渠道在2005年的引进拓展了保险公司的营销模式，但随之而来的是大量的投诉和后续增长的乏力。因此，本篇用了一定篇幅反思了银保混业经营的原因和解决之道，并结合保险公司的"举牌潮"谈谈保险公司的资金运用与金融创新。

紧接着是八个专题。专题一探讨了数年来长盛不衰的话题——金融危机。一篇宏观认知的文章后，作者采用了数家公司卷入金融危机的例子。这其中既有金融产品创新失败拖累整个集团的美国国际集团，也有投资受到重创的荷兰ING集团，还有著名的平安富通门及安联集团银保"联姻"频临破裂的案例。为了应对呼啸全球的金融危机，各国政府纷纷下场，采取了不同的措施努力遏制金融危机对经济和居民生活带来的创伤。有趣的是，欧洲多国选择了国有化的道路，而美国则多次运用量化宽松政策试图制止经济的下滑趋势。为什么会出现不同的选择，这些选择将为各国经济和保险业发展带来怎样的影响，读者或可从中窥得一二。本篇以危机的反思作结，希望能够引起读者的共同思考。

灾害管理是保险的重头戏。专题二重点探讨了灾害，尤其是中国巨灾的相关风险以及如何运用保险防灾减灾。要了解灾害管理，首先必须对灾害有一定的认识，本篇用2010年作为例子，真实、客观地呈现出全球自然灾害、人为灾害和我国重大灾害的情况。在灾害频发重损的现状下，保险人和再保险人以风险管理专家的身份参与其中显得极为重要。因此，本篇用了一定篇幅介绍在当前情况下保险公司可以以何种身份、何种模式参与灾害管理。将目光投回国内，巨灾保险是近年来政府、业界和学界呼吁落地的重要险种，因此，本篇也收录了多篇探讨我国巨灾风险管理、巨灾保险制度建设、巨灾风险转移的文章，并指出除了文章内存在的法律和业界问题外，我国还存在民众保险意识淡薄的问题。接着，本篇介绍了巨灾中包括的地震、泥石流、矿难等灾害，最后介绍和反思了近期政府为居民投保的"厦门模式"。

欧美保险市场的成熟除了反映在监管、竞争等方面外，还反映在产品创新方面。专题三介绍了多种特色险种，既包括涉及生命的医疗、宠物等保险，也包括有亮点的车险、体育保险、农业保险等险种。

保险市场的良好发展离不开保险监管，尤其是2008年国际金融危机以后，各国的监管都出现了许多新动态。专题四重点关注美国、德国及中国在新形势下保险监管的变化。这其中既包括对宏观监管权力的争论、监管对危机的应对之策，也包括监管改革后对投保人利益更严密、更全面的保护。对中国来说，监管的改革体现在保险法的修订、"新国十条"的出台、"十三五"规划的推进等各方面。

专题五围绕着保险会计展开。保险会计是保险监管的重要工具，也是投资人的主要信息来源。本篇既研究中国的保险会计，展示中国保险会计与国际趋同的趋势，也涉及全球制定统一保险会计标准的努力。在对理论分析后，本篇举了两个例子，通过对财务报表的分析揭示背后的隐藏信息。

社会保险是保险不可或缺的组成部分。专题六主要分析了欧洲保险强国——德国的情况及中国的情况。开篇通过介绍德国的社保商保分野，为读者提供一个完整观察的视角。随后几篇文章介绍了德国年度大选中各政党对社会保险的看法、政策立场及德国社会保险的相关权力机构，这使得读者可以通过政党性质的类比，粗略地了解欧洲其他国家的政党立场，对未来部分相似国家社会保险的走向作出简单的预判。接着，本篇针对中国社会保险存在的部分问题进行了探讨和反思，其中涉及中国社会保险交费给企业带来的负担、社会保险法的缺陷、医疗保险制度的不健全及双边社保协定存在的问题。

保险业的发展需要依靠保险智库的智力支持，而智库的搭建又离不开高校保险教育的输血。专题七收录的两篇文章就是作者针对高校保险教育现状提出的思考，以及对专业智库建设的建议。

最后，保险业不是一个简单地提供保险产品的主体，而是一个从事风险管理的专家。因此，专题八探讨了对某些风险的管理措施。这些风险难以通过单一产品覆盖，而必须通过创新性的一揽子保险计划才能够进行覆盖，如创业风险、奥运风险和铁路交通风险等。

以上就是本书所有篇章的详细逻辑，希望能够给予读者一定的启发和思考。本书所录文章发表于《中国保险报》《光明日报》《解放日报》《文汇报》《中国金融》《中国保险》《上海保险》《金融博览》《南方金融》《银行家》《证券日报》等报刊杂志上。由于本人在德国生活多年，因此本书收录的许多文章都在探讨德国的保险发展。幸而这种探讨不是无意义的，德国作为欧洲经济的核心及欧洲保险业的巨头，保险市场高度成熟、保险监管相对完善，且德国与中国同为大陆法系国家，想必能够对中国保险业的发展起到一定的参考作用。当然，囿于本人经历和学术兴趣，在本书中难以面面俱到地描述各主要保险市场的多方面情况，只能供读者"管中窥豹，可见一斑"。

Introduction

　　"Xian's views on insurance: Changes of ten years (2007-2016)" is a collection of essays that I have written in the past ten years, which gathers my knowledge, experiences and ideas about the development and innovation of insurance industry, both in China and around the globe.

　　During the past ten years, the world has witnessed a great number of changes in the natural and social environment. Natural disasters seem to occur more frequently and trigger much more casualties and economic losses. These disasters include not only sudden earthquakes and debris flows, but also the increase in sea level from greenhouse gas emissions and other disasters. At this point of society, the economy has achieved further development, but the risk of energy use (such as the usage of nuclear energy, emissions and pollution leakage, etc.), terrorism and other related threats are not disappearing or decreasing with this rapid economic development. Even worse, they present different characteristics from those in the past, which increases the risk of human's life and production.

　　These changes have brought challenges as well as new opportunities to the insurance industry. Fortunately, great changes have taken place in China and the globe's insurance industry during the past ten years. From the international perspective, the insurance industry has experienced rapid development, and has also suffered the most serious financial crisis since the "Great Depression." Insurance companies of many developed countries are under great pressure and challenges. They are working hard to gradually recover from the crisis and explore the next points of growth. From the domestic point of view, by the end of 2007, total assets of the insurance industry were only three trillion RMB and premium income was only about six hundred billion RMB. However, by the end of 2016, the total assets of the insurance industry has reached 15 trillion and the premium income has reached 3.1 trillion, ranking second place in the world. Thus, we regard this period as the "Golden Decade" for China's insurance industry. During the past ten years, thanks to the release of the new "Insurance Law", the "The One Belt, One Road", and the great economic growth in China, the domestic insurance companies have become more international, are actively involved in the merger and acquisition globally, and also working as safeguard for the Chinese multinational entities.

In the last decade, changes not only took place in the industry, but also in the insurance regulation area. After the financial crisis, the world has laid force on the supervision of insurance product innovation, financial risk of insurance company and the enhance of insurance accounting comparability and readability, etc. The United States and European countries, especially the European Union have made great efforts in this area, having launched innovative regulatory system, such as the EU Solvency II Directive. Meanwhile, international financial reporting standards also promoted the progress of global insurance accounting information to become unified. For China, as more attention has been paid to the Chinese market from the globe, the insurance and financial supervisors should focus on the following issue: how to guarantee the safety and stability of the domestic financial market, while making the insurance laws more adaptable to the development of insurance industry, reducing restrictions on related qualification, products and investment in insurance industry. Therefore, China has revised insurance law, and the China Insurance Regulatory Commission is promoting the research and implementation of catastrophe insurance and innovation of catastrophe financial tools, striving to make the insurance regulation more adaptable to the current development of the insurance industry in order to become the guide and guarantee for insurance industry.

From this comes both achievements and problems. Once the financial crisis was swept away, breaking the safe and sound image of the international insurance industry in its wake and in turn exposing a series of problems in the use of funds and product innovation in the insurance industry. The Chinese insurance industry also suffered from some failures after remarkable achievements: on the one hand, it is inevitable to have setbacks in the process of participation and integration into the world insurance industry, not to mention the outbreak of financial crisis and the frequent natural disasters; on the other hand, the domestic industry's many old problems are still not completely fixed: the insurance industry is still growing like barbaric competition, with homogeneous products, deceptive marketing, poor investment channels and other problems, leading to an imbalanced development of "quality" and "quantity".

To maintain the rapid growth of the insurance industry, we need to think cautiously and deliberately while we are celebrating our achievements. Only by exploring the results of the world's insurance industry, learning lessons from the failures, thinking carefully about the status quo of China's insurance industry, will we be able to put forward a road to development that is not only based on the developed world's experience, but also inclusive of Chinese characteristics of · the insurance industry. During this decade, both the international and domestic insurance industry experience ups and downs, joy and sadness, which is in some sense an excellent sample for research and analysis.

This book consists of ten chapters. The chapters are not completely independent with each other, but related internally in time, events and other aspects. The readers should try to find these relations as facets in seeing the same event with different perspectives.

Chapter 1 is about the international insurance market. I first present the situation of the international insurance industry in the year that the financial crisis broke out, so that the readers can continue reading with a comprehensive, macro-informative mind. In the review, you can also see how one of the European insurance "Big Four", Germany, performed during the financial crisis. Then, the reader will see the overall development of the European insurance industry in the second year after the financial crisis (2009). The main purpose of this chapter is to equip readers with a more complete understanding of the international insurance market.

Chapter 2 is about the Chinese insurance market. Just like the last chapter, we introduce the situation of the Chinese insurance industry during the transition period, the year 2014-2016 in chronological order. We list the achievements during this period, and try to find the potential development point. We also analyze the underlying problems in the industry. Readers can also see what the insurance industry executives think of the industry development, through the interpretation of the "China Insurance Prosperity Index". Then, this chapter describes the opportunities that "China (Shanghai) Free Trade Zone" and "One Belt, One Road" bring to the insurance industry, which is one of the most important favorable policies today. We then talk about the problems. The introduction of Bancassurance in 2005 helps to expend the insurance company's marketing, but this also brings a large number of complaints and a weak subsequent growth. Therefore, this chapter spends quite an amount of time on the reasons for the problems of the Bancassurance, and the use of insurance companies' funds and financial innovation, using the "placards tide" as an example.

We then discuss eight different topics. Topic 1 is also about the longstanding topic of the past many years: the financial crisis. I present a number of examples of companies involved in the financial crisis, after an article from the macro perspective. The examples include the failure of financial products in novation that affected the whole group of American International Group; the severely affected Netherlands ING Group due to failed investment; as well as the break of the well- known "marriage" of the Fortune Gate and Allianz Group. In response to the global financial crisis, governments have stepped in and taken different measures to release the influences of the financial crisis on the economy and the lives of people. Interestingly, many European countries have chosen to nationalize the companies, while the United States has repeatedly used quantitative easing to try to stop the economic downturn. Why did they act differently? How will these choices influence the development of national economy and insurance industry? The reader may be able to have a glimpse of these questions throughout this section. This section ends with a reflection of the crisis, hoping to draw the reader's thinking as well.

Disaster management is a highlight of insurance. Therefore, Topic 2 focuses on the disaster, especially China's related risks from the catastrophe, and the disaster prevention and mitigation with the help of insurance. To understand the disaster management, we must first have an understanding of the disasters. This section takes the year 2010 as an example, and objectively presents the

9

situations of the global natural disasters, man-made disasters and China's major disasters. It is extremely important for insurers and reinsurers to participate as risk management experts in the context of frequent and severe disasters. In turn, this section talks about, in the current circumstances, how the insurance company can participate in disaster management with what kind of identity. Domestically, catastrophe insurance is greatly in favor with the government, industry and academia in recent years. Several articles in this section discuss about China's catastrophe risk management, catastrophe insurance system, and catastrophe risk transfer, which points out that in addition to the legal and industry problems, the people's weak awareness of insurance is also a relevant problem. Then, this section describes the catastrophe, including in the earthquake, debris flow, mine and other disasters. Finally, I introduce and discuss the recent "Xiamen model", which is a residents' insurance supported by government.

The maturity of the Europe and the United States insurance market is not only reflected in the regulation, competition, etc., but also in innovation. Topic 3 describes a variety of special insurance, including life-related medical, pet insurance, the auto insurance, sports insurance, agricultural insurance and other insurance.

A good development of the insurance market is inseparable from the insurance supervision. Especially after the financial crisis, many new developments in supervision have appeared in different countries. Topic 4 focuses on the changes in insurance regulation in the United States, Germany and China. This includes both the debate over macroeconomic supervision, the response to the crisis, and a more strict and complete protection to the insured after the regulatory reform. For China, the reform of regulation is reflected in the revision of the insurance law, the introduction of the new "State Council Ten Guidelines", and the promotion of the 13th Five-Year Plan, etc.

Topic 5 is mainly concerns about insurance accounting. Insurance accounting is both an important tool for insurance supervision, and the main source of information for investors. In this section, we study China's insurance accounting, its trend of international convergence, and also the global efforts to develop unified insurance accounting standards. After the theoretical analysis, this article gives two examples, and we reveal the hidden information behind through the analysis of the financial statements.

Social insurance is an indispensable part of insurance. Topic 6 mainly analyzes the social insurance situation of a great European power of insurance Germany, and China's domestic situation. Through the introduction of Germany's distinction of social and business insurance, we provide readers with a complete perspective of our observations. The subsequent articles introduce the ideas and policy stance of political parties on social insurance in Germany's annual general elections, and the relevant authorities and institutions. This allows readers to understand different political parties' position in other European countries as well, and their trends of social insurance, by analogy of the nature of similar political parties. This section will discuss the problems of the existence of social insurance in China, including the companies' burden from the Chinese social insurance premium, the defects of the social insurance law, the imperfect medical insurance system and the bilateral social security agreement.

The development of the insurance industry relies on the intellectual support of the insurance think tank, and the construction of the think tank again relies deeply on university insurance education. The two articles in Topic 7 are the author's thoughts about the current situation of insurance education in universities, and suggestions for the construction of professional think tanks.

Finally, the insurance industry is not just a provider of insurance products, but an expert in risk management. Thus, Topic 8 explores management measures for certain risks. These risks, such as business risk, Olympic risk and rail traffic risk, are difficult to cover through a single product, and requires a package of innovative insurance plans.

I hope that the detailed logic of all chapters can inspire readers. The articles in this book are published in China Insurance News, Guangming Daily, Liberation Daily, Wen Wei Po, China Finance, China Insurance, Shanghai Insurance, Financial Expo, Southern Finance, The Banker, Securities Daily, etc. Because I lived in Germany for many years, many of the articles included in this book are exploring the development of insurance in Germany. Fortunately,

11

this discussion is not meaningless: Germany, as the heart of the European econo-my, as an European insurance industry giant, its insurance market is highly ma-ture, and its insurance supervision is relatively perfect. What' s more, Germany and China are both civil law countries. All these reasons make Germany a good reference for China's insurance industry development. Of course, confined to my experience and academic interest, it is difficult to describe the various aspects of all the major insurance market. I hope that at least this book will be a good start.

目 录

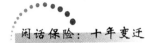
Table of Contents

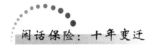

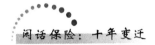

1 国际保险市场

2008年国际保险业的回顾与展望

2008年1月4日

国际保险业的发展是世界经济发展的晴雨表。作为特殊风险的经营者，保险业比其他行业对风险的反应更为敏感，自然灾害、恐怖事件、经济泡沫和股市动荡等都能影响保险业的发展。所幸的是，国际保险业在走出2001年的困境以后，已经连续6年朝着健康积极的方向发展。本文分析的是目前国际保险业的现状和未来发展的趋势。

一、2001年：国际保险业的灾害年

2001年是国际保险业艰难的一年，保险业既面临着高的风险，也承担着高的赔付。触目惊心的"9·11"事件给保险业造成大约400亿美元的损失，美国和国际的非寿险公司以及国际再保险公司承担了世界贸易中心恐怖袭击事件所造成的绝大部分损失；安然公司的破产事件和其他公司的会计丑闻的披露动摇着投资者对市场的信心；许多发达国家正处在新经济泡沫破灭，经济衰退的时期。该年度保险公司保费收入严重减少，众多保险公司采用非常的冲销手段，大量释放隐藏准备金，使得它们的股本资本和投资回报都明显降低，国际保险业如履薄冰。

二、走出困境，国际保险业荆中求进

近6年来，国际保险业摆脱各种不利的因素，不仅体现了风险经营者的专业风范，也实现了保险业自身的稳步发展。寿险公司摆脱了2001年的经营赤字后，2002年开始恢复盈利状态。受金融市场动荡和伊拉克危机的影响，保险业该年的承保能力和在资本市场的表现仍不尽如人意。

2003年是国际保险业全面复苏的年份，世界经济复苏和经营环境的好转改善了保险公司的处境，保险公司的股本基础基本得到稳定，投资减值趋势得到了控制，动荡不安的金融市场以及巨额损失事件给保险业造成的创伤逐渐痊愈。根据瑞士再保险公司2007年5月发布的调查显示，2006年全球保费收入达到37230亿美元，其中寿险保费为22090亿美元，比以往年份增长7.7%，非寿险保费为15140亿美元，比以往年份增长1.5%。

三、国际保险业发展的主要原因

国际保险业在过去几年的不凡表现，主要得益于良好的国际形势、健康稳定的资本市场、各种有利于保险业发展的政府行为和保险公司经营管理技术的提高。另外，发展中国家比如中国和印度保险业的崛起也是国际保险业发展的强大推动力。

1. 全球经济稳健增长。近年来发达国家和发展中国家的国民生产总值都呈现出增长趋势，过去10年全球国内生产总值平均每年增加3%。2004年全球国民生产总值增长率为4%；2005年世界经济受国际油价的影响发展速度有所缓慢，但仍然实现3.4%的增长率；2006年全球国民生产总值实际增长率为3.9%，达到了483420亿美元。伴随着全球经济的稳健发展，许多国家的失业率进一步减少，居民购买力增强和储蓄增加，有效地拉动了保险产品的需求。

2. 资本市场健康发展。近年来世界股票市场发展健康，各大主要股票市场均有不俗表现。2006年美国股价上涨16%，日本继2005年增长40%后继续上扬7%，德国连续两年实现20%以上的增长率，其中2005年为27%，2006年为22%。股票市场的走势间接影响着各国利率政策的变化，全球长期债券收益率自2000年以来就一直徘徊在5.5%以下，2006年，大多数国家的中央银行采取了较为紧缩的货币政策，长期政府债券的收益率略有回升。股价上扬和利率稳定不仅促进了国际保险业的需求，而且股市的良性发展也为保险公司利用资本市场的投资提高公司盈利创造了有利条件。

3. 各国政策推动保险需求。近年来，许多国家出台相关政策，推动保险业发展，较为典型的例子有英国改善养老金监管并允许大量资金投向保险基金，德国对人寿保险业务实施了一系列的税收优惠促使保费降低。许多人口老龄化国家的政府都在努力实现从公共养老保险计划向商业养老保险计划转变，这大大增加了对寿险产品的需求。发展中国家更是大刀阔斧地进行保险业改革，中国开始调整保险税制，优化保险业的税收结构，并且加强保险监管力度，进一步提高监管水平，仅2006年7月中国实行的机动车第三者强制责任险便为2006年的中国非寿险保费收入创造将近20%的增长率。印度的保险监管机构提高农村保险深度的举措也使印度的寿险保费实现强劲增长。

4. 保险公司提高经营管理水平。保险公司不断提高其风险控制、资金运用、偿付能力和市场营销等领域的经营管理水平。近年来投资连接人寿保险等新产品的创新，网络保险和银行保险等新营销渠道的开拓，第三方资产管理和非传统风险转移手段的运用，大大地促进了保险公司的抗风险水平和盈利能力。在过去几年中，保险业与其他行业相比股本收益率趋于稳健。非寿险公司的表现尤为卓著，2006年美国、加拿大、英国、法国和日本等国家重要非寿险市场的税后股本收益率都达到了13%，投资业绩和资本收益预计保持平稳，分别为10%和2%。

5. 发展中国家是国际保险业发展的强大动力。发展中国家强劲的经济增长和发展后劲带来的积极影响，极大地促进了全球保险业的整体发展。在过去10年中，发展中国家的寿险与非寿险保费实际年增长率分别为10.4%和7.3%，而发达国家的相对增长率则分别为3.4%和2.6%。在东亚和南亚地区，市场的自由化极大地促进了保险业的发展；欧盟东扩推动了中欧和东欧的保险业发展；南非的发展拉动了非洲保费收入的增长；得益于经济增长、低通货膨胀和社会保险体系的私有化，拉丁美洲

的保险业发展迅速。2006 年，发展中国家的新兴市场保费总额达到了 3330 亿美元，占全球保费的 8%，其中寿险业务占 53%，非寿险占 47%。

四、国际保险业发展前景展望

受以上因素（全球经济、资本市场、宏观政策等）的影响，总体而言，国际保险业在未来一段时间里仍将继续保持良好的发展态势，但是寿险业与非寿险业、发达国家和发展中国家之间仍然存在差异。

人寿保险的前景光明。发达国家寿险业未来发展的关键是产品创新和营销渠道的拓展，重点开发储蓄产品，尤其是投资连接产品，同时注重巩固现有产品的营销。发展中国家应当重点提高居民的保险意识，加大宣传和营销力度。非寿险业务未来发展对发达国家较为不利，日益激烈的价格竞争可能会抵消潜在的风险业务增长，发达国家未来承受的压力较大，发展中国家前景乐观，机动车保险将继续发挥积极作用，保费收入未来几年可望再创新高。

中国保险业也将在未来发展中继续扮演生力军的作用，中国巨大的经济能力和人口规模，快速的工业化和全球化进程将给保险业带来大量的机会。未来中国保险业应当进一步深化税制改革，提高产品创新，拓宽投资渠道，注重承保质量，进一步推动国际保险业的发展。

2008年德国保险业低速增长，金融危机下保险业实现自保

2009 年 1 月 6 日

2008 年的德国保险业并没有像往年一样给德国整个宏观经济增长带来很大的贡献，然而在经济危机下保险业仍然实现了低速增长来之不易。德国保险行业协会对其下属的 469 家保险公司的统计显示，这些拥有德国保险市场 95% 的保险公司 2008 年的保费增长较 2007 年相比增加了 1.5%，保费收入达到 1653 亿欧元。

一、人寿保险是保险业增长的主力

德国保险业 2008 年在全球遭遇金融危机的情况下仍然能实现低速增加，重要的功臣首推人寿保险。不包括各项企业养老金，德国人寿保险业务比 2007 年同期增长 2%，私人医疗保险业务的保费收入增长率达到 2.9%。

人寿保险保费收入的增加主要来自于新保险合同的签订。德国 2008 年继续大力推行职工私人养老保险，德国每个雇员只需要每月将其税前的 4% 收入存入任何一家养老保险公司，便会得到政府 154 欧元的补助，而且存入的这一部分存款可以享受免税待遇，单身员工的免税额高达 2100 欧元。受该政策的影响，2008 年职工私人养老保险新签订的保单数量继续增加，投资连结保险的新合同数量也有不俗表现。预计 2008 年德国传统人寿保险业务共签订新保险合同约 700 万份，企业年金和养老保险方面新签订合同数量接近 730 万份。

2008年德国人寿保险的保费收入前三个季度达到547亿欧元，其中传统保险业务的保费收入526亿欧元，比2007年同期增长2.6%。预计2008年德国的传统人寿保险业务保费收入达到770亿欧元，较2007年增长16亿欧元；企业年金和养老金保险的保费收入达到34亿欧元，比2007年下降1亿欧元。

保险公司源于人寿合同的保险赔付也比2007年有所增加，2008年前三个季度保险公司的赔付额高达489亿欧元，较2007年同期赔付率增加5.4%。2008年德国人寿保险赔付额达到690亿欧元。保险赔付的增加导致了整个人寿保险行业的盈利水平比2007年有所下降。

私人健康保险也略有增长。2008年德国私人健康保险业务比2007年增长2.9个百分点，保费收入达到303亿欧元。其中，健康保险业务的保费收入为284亿欧元，较2007年增加3%；护理保险业务的保费收入为190亿欧元，较2007年增加0.9%。保险赔付支出的上升也使得私人健康保险行业的获利能力有所下降。2008年相关的保险赔付额达199亿欧元，健康保险的赔付率较2007年增加5.4%，赔付额高达193亿欧元；护理保险业务赔付率增加3.8%，赔付额达6亿欧元。

二、财产保险的运营质量有所提高

2008年德国财产保险业务有所回升，这主要归功于2008年自然灾害所引起的保险赔付与2007年相比大大下降，保险运营管理水平有所提高。衡量财产保险行业运营水平经常使用的指标是综合赔付率，即所有的保险成本（损失加上费用）占保费收入的比率。如果保险综合赔付率比例值在100以下，说明保险公司具有获利能力；比例值在100以上，说明保险公司对其所承保利益不具有获利能力。2008年德国财产保险全行业的综合赔付率为95%，比2007年改善了0.7%。综合赔付率的优化主要是因为财产保险行业2008年保费收入比2007年增加了0.2%，而保险赔付支出比2007年下降了1.3%。

机动车辆保险向来是财产保险业最具有影响力的险种。2008年德国机动车辆保险全行业没有实现盈利，综合赔付率达到102%，即保险损失赔付和费用的总和超过了行业的保费收入。导致该类险种全行业亏损的主要原因是2008年上半年受基里尔飓风的后续影响和埃玛飓风的当期影响赔付数量较大，赔付率较2007年同期增长2%，赔付额高达195亿欧元。

2008年对德国财产保险行业影响最大的自然灾害当属4月的埃玛飓风。该飓风造成公共交通受阻，电力供应中断，许多保险标的受损。不过与2007年的基里尔飓风相比，埃玛飓风对保险公司造成的损失没有基里尔飓风那样严重。2008年传统财产保险的赔付额为103亿欧元，相较于2007年下降了9.6%。传统保险产品2008年成功实现扭亏为盈，该类产品的综合赔付率实现了由2007年的105%降至2008年的95%。

财产保险行业的其他保险险种总体发展稳定。责任保险产品的综合赔付率继2007年取得较好表现后，2008年继续保持稳定发展，综合赔付率从2007年的89.3%进一步提升到2008年的86%，在财产保险行业中表现优秀。事故保险的获利能力有所减弱，但由于2007年该类险种是德国财产保险市场上综合赔付率最低的险种，所以事故保险2008年仍然发挥着拉动整个财产保险行业发展的作用，其保险综合赔付率为83%。法律援助保险、运输保险、信用保险等其他财产保险品种2008年表现也较为正常，在经济危机的环境下，各类险种均没有出现亏损，2008年法律援助保险保费收入超过保险赔付支出为3%，运输保险为9%。信用保险受金融危机的影响，赔付支出比2007年增加了10%，达到8亿欧元。不过信用保险尽管综合赔付率比2007年恶化了5个百分点，2008年仍然为保险公司实现了较高的保险利益，保险综合赔付率为77%。

三、2009年力求保费收入与2008年持平

美国次债危机自2007年爆发以后，于2008年迅速蔓延到其他行业，

成为历年来少有的国际金融危机。尽管这一危机在2009年的发展前景尚不明朗，但是德国保险业界仍然保持非常良好乐观的心态。当然，乐观的预期也是得益于德国严格的保险监管制度和保险行业稳健管理的经营作风，使得金融危机对德国保险业的冲击与影响非常有限。德国保险业界在保险行业2008年实现低速增长的情况下，考虑到全球2009年宏观经济环境的不利影响，除了传统人寿保险产品预计保费收入有所降低外，德国保险业力求实现2009年私人健康保险保费收入3%的增长，财产保险与事故保险的保费收入与2008年持平的诉求。

2008年德国保险业回放

2009年1月6日

2008年对德国经济来说是不容易的一年，德国中央银行在2008年12月5日发布的半年期宏观经济预测报告中表示，德国2008年的经济增长率仍可达到1.6%，但最后三个季度很有可能均是负增长。由于全球经济发展低迷将重创出口部门，2009年德国经济将下滑0.8%，这将是德国16年来最大年度跌幅。2008年对德国保险业来说却是不平凡的一年，德国保险业界在国际金融危机背景下仍然实现了行业保费收入的增长，各项改革齐头并进，保险行业在金融危机下继续保持健康稳定发展。

一、新修订《保险合同法》：大大提高行业透明度

2008年1月1日，德国《保险合同法》经过修订后正式实施。这是德国《保险合同法》在实施了近百年后首次最大规模的修订。新的《保险合同法》进一步加强对被保险人和投保人权益的维护，同时对保险公司和保险中介在营销和管理上提出了更加严格的要求。新的《保险合同法》对咨询义务、告知义务、投保人参与盈余分红、代位追偿权利、合同撤销退保与提前解约、基于投保人责任的部分赔偿、诉讼时效、保险合同缔约费用与销售费用如实告知等方面进行修订和补充，从而进一步提高了保险行业的透明度，增加投保人对保险公司和保险合同的认知度。

二、保险监管：保险会计改革与偿付能力监管齐头并进

2008年德国的保险监管制度得到不断完善和改进，其中最引人注目的便是保险会计改革和保险公司偿付能力监管。德国目前正在调整该国

的会计制度。2007年10月德国的《会计现代化法案》首次向公众征求评论意见，2008年5月由联邦内阁递交最终法案。保险行业正在面临着会计制度方面的变革。新的德国保险会计参考了美国保险会计制度和国际会计准则委员会有关会计合同方面的内容，规范视线由先前的注重债权人利益逐渐转移到兼顾投资人和投保人利益。偿付能力监管将在欧盟偿付能力指令框架下采用一种整合风险法，更好地将保险公司所面临的风险考虑到监管体系中。2009年偿付能力监管指令已经在欧盟委员会进行讨论，预计该指令最迟将在2012年开始实施。新的偿付能力监管指令将大大促进保险公司风险充足性的定价和产品设计，促使保险公司进一步关注风险回报原理。

三、2008护理改革：加强保险质量监督

2008年7月1日，德国开始实施护理保险改革，这一改革在德国被称为2008护理改革（Pflegereform2008）。2008护理改革体现了德国社会保险的基本特征，同时也兼顾了护理保险自身的特点，使得新的护理保险更好地满足了被保险人的护理需求，保证了德国较高的福利水平。改革后的德国护理保险主要呈现出社会互助、收支定价制、公法运营与社会公平等特征。新的护理保险改革的内容主要包括调整保险费率分配、改进护理保险服务和加强保险护理质量监督三大方面。

四、保险公司结构调整：安联变卖德累斯顿银行

2008年8月31日，安联集团宣布将德累斯顿银行以98亿欧元的价格出售给德国商业银行，这一出售行为使得德国商业银行拥有德累斯顿银行100%的股权，并弥补了德累斯顿银行信贷资产支持证券(ABS)的亏损。安联集团在收购完成后拥有德国商业银行最多30%股份，成为其最大股东。安联保险集团出售德累斯顿银行成为近年来金融市场上交易额巨大的并购案例。

五、养老保险：政府加大对私人养老保险补贴力度

针对所有在德国工作的职员，德国政府 2008 年加大对附加私人养老保险的补贴力度，同时通过税收优惠的手段对附加私人养老保险提供政策倾斜。对于单身的德国雇员，2008 年只需要存入税前收入的 4%，便可以最高得到政府的补助 154 欧元，同时每年的免税额度可以由 2007 年的 1575 欧元提高到 2100 欧元。对于已经有家庭的职员，如果职员的配偶没有工作，则没有工作的配偶方可以免费得到政府 114 欧元的补助，对于年龄没有超过 25 周岁的子女，每个子女可以得到 138 欧元的收入。2008 年出生的儿童将一次性得到政府 300 欧元的补助，并且子女每年的补助将提高到 185 欧元。2008 年德国人寿保险发展良好很大程度上受益于德国政府对私人养老保险的补贴政策。

六、金融危机：保险公司不存在短期偿付能力风险

2008 年国际金融危机对德国保险公司的融资影响有限，德国保险业稳定并且未面临风险。德国金融监管局(Bafin)自金融危机爆发以来多次对德国保险业进行审查，没有发现德国保险公司短期偿付能力存在风险。根据德国保险行业协会公布的信息显示，拥有德国保险市场 95% 的保险公司，其 2008 年的保费增长较 2007 年相比增加 1.5%，保费收入达到 1653 亿欧元。不过金融危机仍然影响了德国保险公司的净资产收益率，安联保险、慕尼黑再保险等保险业巨头由于金融市场动荡，2008 年的盈利预计无法达到预期。

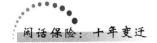

欧洲保险市场保费收入发展态势：
寿险业见长与非寿险业消退并存

2011 年 10 月 24 日

保费收入是保险市场发展的晴雨表。在经济繁荣时期，保险市场往往保持着健康的保费增长速度，而在经济衰退或者萧条时期，许多保险市场的保费收入便会出现萎缩，甚至产生倒退。比如受 2008 年美国次债危机所引发的国际金融危机的影响，欧盟大部分国家的寿险保险市场都出现了一定程度的衰退，荷兰、爱尔兰和比利时等国家由于投资连结储蓄产品深受金融危机的拖累而导致寿险保费急剧下降；同一时期由于需求快速萎缩和保险费率的下滑，欧盟内部非寿险市场也都出现保费下滑。本文主要考察 2008 年国际金融危机以后欧洲保险市场保费收入的发展态势，分析欧洲保险市场保费收入在寿险业与非寿险业之间的区别，梳理不同保险业务保费收入的特征。

一、经济危机以后欧盟保险市场已全面复苏

2009 年的数据表明欧洲的保险业经受住了 2008 年国际金融危机的打击，保费收入比 2008 年有所增长，总保费增长至 10570 亿欧元，年增长率为 2.9%（在固定汇率的基础上）。2001—2009 年，欧盟保险市场的保费收入总体保持增长态势，其中 2007 年达到最高点，此后 2008 年受金融危机影响保费收入有所回落，而自 2009 年开始实现复苏。

欧盟保险市场保费收入分别来自寿险市场和非寿险市场，其中寿险市场保费收入占比约为 60%，剩下 40% 的保费收入则来自非寿险业务。

在非寿险业务中，机动车辆保险占比高达30%，是最大的非寿险业务，紧随其后的是健康保险和财产保险，分别占25%和20%。剩余非寿险业务保费分别包括责任保险8%，意外保险7%，海上保险、航空保险和运输保险的4%，法律费用保险的2%，以及其他的非寿险业务（包括旅行平安保险和信用保险）。欧盟保险市场的复苏主要归功于占总保费收入60%的寿险市场。在经历了2008年国际金融危机的震荡之后，2009年欧洲市场的寿险保费收入达到6470亿欧元，这也与2007年4.7%的增长率相吻合。2009年，一些国家家庭储蓄显著增加的趋势，促进了保险公司推出的保证投资回报收益率保险产品的发展。

二、英国、法国、德国、意大利四国独占欧洲寿险市场

金融危机后欧洲四大人寿保险市场分别为英国、法国、德国和意大利，这四个国家的保费收入总额占欧洲保费收入总额的75%。

虽然欧盟从整体上来看已经摆脱了金融危机的负面影响，但是市场内部发展相对不均衡，不同国家保费增长情况有所不同，部分国家甚至出现保费的负增长。比如2009年度罗马尼亚和波兰出现保费增长衰退，其中罗马尼亚的保费增长为-48%、波兰为-22%，而意大利和列支敦士登公国则分别出现49%和51%的增长率。

罗马尼亚寿险业出现48%的下降主要是经济衰退造成的。而造成波兰寿险保费22%下降的主要因素包括两个方面：一方面，寿险保费在2008年的巨大上升（相较过去几年而言）给波兰带来很高的参照比例；另一方面，2008年投资回报率的下降造成保险需求的普遍减少。同时，波兰保险公司还面临着金融行业内部激烈的竞争，因为银行已经开始销售极具吸引力的投资产品了。

其他西欧国家如荷兰和葡萄牙的寿险保费也同样分别经历了8%和5%的下降。荷兰人寿保险保费增长率的下降主要是由个人保单数量下降所引起的，全球经济形势不明朗、不利的投资连结产品声誉和来自银行

的同行竞争导致了个人寿险保单数量的下降。造成葡萄牙寿险市场保费下滑的原因则是该国储蓄市场日益增长以及资本市场逐步恢复的背景下非保险产品的替代性增强，使得寿险保险产品需求减少。

不过，由于欧洲四大保险市场中的德国、法国和意大利的出色表现，欧洲寿险业市场的整体概况比较乐观，2009年法国、德国和意大利在寿险方面呈现出显著增长，其中法国的增长率高达13%，德国的寿险保费收入增长7%，而意大利寿险保费收入增长49%。这些国家因为在整体欧洲寿险保险市场份额上占绝对比重，其增长大大提升了欧盟寿险市场的活力和实力。

三、非人寿保险保费2009年首次出现下降

欧盟非寿险业在经历了2008年2.7%的增长后，2009年保费收入略微下降。该年度的保费收入较2008年下降1.9%，为4090亿欧元。这是非寿险保费在过去十年中的首次下降，造成非寿险保费收入下降的主要原因是由于经济衰退，很多家庭和公司为了减少开支而放弃保险或缩小投保范围。

欧洲四大非寿险市场（按规模排序）依次是德国、英国、法国和荷兰，这四个国家的非寿险保费收入总量超过欧洲整体非寿险市场的60%。机动车辆保险和健康保险是欧盟市场上两大非寿险业务，分别占总非寿险保费的30%和25%。按照现时汇率的计算，2009年欧洲非寿险业务保费收入下降1.9%，其中除了健康保险的保费收入相较以前年份增加2.8%以外，非机动车辆保险保费收入下降4.2%，财产保险保费收入下降1.9%，其他非寿险保费收入下降3.5%。

欧盟成员国之间的非寿险保险市场保费收入的增长率和寿险市场一样出现很高的市场内部不均衡性。2009年欧盟内部市场中非寿险的保费收入增长率最低的国家为瑞典，其保费增长率为-16%，非寿险的保费增长率较高的是希腊和浦鲁塞斯，其增长率为8%。2009年列支敦士登公国

的非寿险保费收入增长率甚至高达42%，而立陶宛和拉脱维亚的下降率则超过30%。

无论非寿险保费收入是增长还是下降，大多数国家的情况都不容乐观。以2009年为例，英国的增长率已由0%降至-1.5%，同时法国的增长由3.7%降到1.6%。许多国家在发展过程中遭遇各种不稳定因素，比如瑞典的非寿险市场保费收入的大幅下降主要是因为健康保险的投保人削减了他们的保险开支；波兰的增长率由2008年的11%降到2009年的4%主要是因为机动车辆保险和健康保险保费收入的缩水；拉脱维亚和立陶宛的保费收入大幅下降则是由非寿险业务中所有业务分支的共同下降造成的；而罗马尼亚2009年保费下降的主要原因是建筑行业的衰退。不过，在其他主要非寿险市场中，德国的保费收入保持稳定；在健康保险的推动下，荷兰的数据有所增长。

四、欧盟机动车辆保险市场过去十年呈降势

机动车辆保险是欧洲最大的非寿险业务，该险种几乎占到欧盟整体非寿险业务的30%。2009年欧洲机动车辆保险保费收入为1210亿欧元，低于2008年的1270亿欧元和2007年的1300亿欧元。实际上欧盟市场的机动车辆保险在过去的十年中保费收入一直呈下降态势，2009年是过去十年间连续下降的第二年。这种趋势反映了欧盟内部市场竞争的激烈程度和经济发展水平增速的下降。根据欧洲汽车生产商联合会的数据统计，欧盟新车的注册量尽管在2007年曾经上升了7%，但是2008年新车注册量下降了8%，2009年新的汽车注册量又减少了6%。

欧洲机动车辆保险市场基本上被意大利、德国、法国和英国四个国家所占据，它们的市场份额占整体欧洲市场份额的60%左右。由于新增业务的减少，这些国家的市场份额在2009年都有所下降。2009年意大利市场份额下降3.3%，德国下降1.3%，英国下降1.0%，法国下降的幅度最少，仅下降了0.2%。欧盟国家中2009年出现衰退幅度最大的国家是葡萄

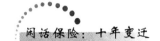
牙，其保费收入缩水8%，与此同时西班牙（第五大市场）保费收入也下降了将近6%。作为中欧和东欧最大市场的波兰，机动车辆保险保费收入在2009年下降了将近10%，尽管波兰2008年机动车辆保险保费收入曾上升了10%。

五、老龄化促成健康保险保费收入继续增长

健康保险是欧洲非寿险险种中的第二大类产品，其占有市场份额达25%。在健康保险领域中荷兰和德国两国保险市场处于领先地位，它们占了这个健康保险市场上超过2/3。虽然健康保险保费增长率从2007年8月的6.4%降到2008年9月的3.3%，但是欧盟市场健康保险保费收入在总体上依然呈上升趋势，2009年保费收入达到1010亿欧元，而2008年这一数据为980亿欧元，2007年仅为930亿欧元。

值得注意的是，健康保险是所有非寿险业务中唯一出现欧洲整体保费收入增长的险种。这同时也说明了在人口老龄化和日益增长的医疗费用支出的推动下，健康保险是欧洲未来相当有活力的保险业务之一。

在2006年新的医保体系建立后，荷兰已经成为欧洲最大的健康保险市场，它的健康保险业务在2009年增长了6%。德国和占有欧洲市场份额9%的第三大保险市场——法国在2009年的保费收入增长率分别达到4%和7%，这其中包括了长期护理保险需求的显著增加。

瑞典由于该国为劳工提供疾病保障的工伤保险公司AFA决定放弃2009年的保费催缴，所以该保险公司在2009年将保费降至0，结果造成瑞典该年度保费收入下降超过了60%。不过由于瑞典只占欧洲保险市场的2%，所以该国保费收入的下滑对欧洲整体市场的影响微乎其微。

六、其他非寿险业务发展后劲有限

财产保险在欧洲的非寿险业务中占据了20%的市场份额。与机动车辆保险的情况类似，财产保险市场的竞争非常激烈。受到经济危机的影

响，财产保险保费收入在过去的十年中第一次出现下降（在当前汇率下，其降幅达到1.9%）。2009年欧洲财产保险相对稳定（在固定汇率下增长0.9%），保费收入达到800亿欧元。

就财产保险的市场占有率而言，最大的财产保险市场是英国，其享有的市场份额达到19.5%，紧随其后的是德国（18%）和法国（17%）。西班牙排名第四，占有大约10%的欧洲市场份额。2009年大多数国家小幅度的保费收入增长抵销了英国4%的下降，所以财产保险的保费收入相对比较稳定。英国财产保险保费收入的下降原因主要是由家庭持有保险的保费减少和经济衰退所致。此外，建筑物保险在2009年有所增长。

其他非寿险业务包括责任保险、意外事故保险、海运保险、航空保险、运输保险、法律支出保险、信用保险和旅行平安保险等。其他非寿险业务由于受到经济危机的影响，保费收入从2008年的1110亿欧元降到2009年的1070亿欧元。根据欧洲保险同业协会的预计，欧洲保险市场的责任保险保费收入2010年会在固定汇率下下降2%（在当前汇率下下降5%）。下降在很大程度上是由经济衰退引起的。此外其他的保险业务，如信用保险和较小范围上的运输保险也受到了不良的经济状况的影响。近期国际形势的不明朗，尤其是2010年初希腊主权债务危机、爱尔兰于2010年11月步希腊后尘向欧盟和国际货币基金组织申请援助、2011年4月欧盟开始商讨向葡萄牙提供财政救助资金等的影响，欧洲非寿险业务受宏观局势的滞囿难以出现强力反弹，未来欧洲非寿险业务保费收入的增长不容乐观。

七、结语

保费收入是衡量保险市场发展的重要指标，一方面保费收入是投保人依据保险合同的约定向保险人缴付保险费而形成的，另一方面保费收入是保险公司最主要的资金流入渠道，同时也是保险人履行保险责任最主要的资金来源。从资产层面看，保险费收取形成了保险资金的流入，是保险资产增长的主要动力；从负债层面看，由于保险资金流入的前提是保险人要履行约定的保险责任，因此资金流入的结果造成了保险负债的增加。

受限于统计数据的时滞性和数据收集的难度，即便是欧洲（再）保险联合会和欧盟委员会等权威机构2011年发布的各项统计数据，也主要针对先前年份进行分析。这也是本文大量引用2009年欧洲保险市场数据的主要原因。不管怎样，对欧洲保险市场在国际金融危机以后保费收入发展态势进行梳理，有助于我们更好地把握全球保险业发展，洞悉风雨变化的国际保险市场，了解世界最重要保险市场之一——欧洲保险市场的风貌。

欧洲保险市场发展不均，各国保险密度与保险深度差距悬殊

2011 年 11 月 7 日

欧洲作为发达的保险市场，其市场内部发展并不均衡。2008 年国际金融危机爆发以后，欧盟内部各国之间保险市场受影响程度也不一致。本文借助保险深度与保险密度两个指标，考察欧洲保险市场内部各国之间的发展水平差异，分析金融危机以后欧洲保险市场的发展态势。保险深度和保险密度是用来判读一个保险市场是否具有发展潜力的重要指标，也是不同国家和地区保险市场进行国际比较的重要参数。保险深度是指一国（地区）的全部保费收入与该国（地区）的 GDP 总额的比率，保险深度可以反映出一个国家的保险业在整个国民经济中的重要地位。该指标的计算不仅取决于一国的总体发展水准，还取决于保险业的发展速度。保险密度是指按当地人口计算的人均保险费额。保险密度反映了该地区国民参加保险的程度、一国的国民经济水平和保险业的发展水平。

一、寿险保险密度显著高于非寿险保险密度

欧洲保险与再保险联合会提供的数据显示，33 个欧洲国家 2009 年的保险密度为 1791 欧元，其中人寿保险的保险密度为 1097 欧元，非人寿保险的保险密度为 694 欧元。2009 年欧洲的保险密度与 2008 年相比下降了14 欧元，但是如果考虑了通货膨胀对货币价值的影响的话，实际上欧洲整体的保险密度上升了 41 欧元。

按照固定汇率计算，2009 年欧洲国家的人寿保险密度相较 2008 年增

长了44欧元。欧洲各大金融中心寿险保险的发达推高了这些地区的保险密度。从总体上来看人寿保险密度在大型金融中心以及斯堪的纳维亚半岛国家都非常高。财险（P&G）和人身意外伤害保险市场包括车险、财险和公共责任险。相对2008年的529欧元，欧洲2009年在财险和人身意外伤害保险的保险密度为523欧元。财险和人身意外伤害保险是唯一预期中会下降的保险业务。与其他的险种相比较，财产和人身意外伤害保险的保险密度是各类险种中差异程度最小的。

二、各国保险密度自79欧元至4632欧元变化不均

欧洲各国之间的保险密度大小不均，其中土耳其的保险密度最小，仅为79欧元，而荷兰则是所有欧洲国家中保险密度最高的国家，人均保费高达4632欧元。荷兰如此之高的保险密度很大程度上要归结于该国的非寿险市场，尤其是健康保险的发展。从年度的改变值来看，意大利经历了最引人注目的转变，在人寿保险的推动下，其总体保险密度从2008年的1538欧元增长到2009年的1962欧元，增长幅度高达28%。

在人寿保险密度方面，欧洲内部市场表现差异较大，其中丹麦为表现最好的国家，保险密度高达2517欧元，而罗马尼亚是所有欧洲国家中在人均保费方面最为落后的国家，其保险密度仅为11欧元。有趣的是，丹麦和瑞士均在保险密度方面超过了英国。由于保险密度在很大程度上跟保费收入有着相同的趋势，意大利和法国2009年更大规模的上升是在预料之中的。意大利的人寿保险密度在2009年甚至超过了德国。

非寿险业的保险密度在各国情况也各不相同。不同欧洲国家之间的保险密度仍然表现为从土耳其的58欧元到卢森堡和瑞士的1200欧元不等。由于欧洲健康保险市场的多样性，2009年健康保险密度差异很大，其中土耳其的保险密度最低，仅为9欧元；最高的国家是荷兰，保险密度为2000欧元。从人均上看，相对于2008年的167欧元，欧洲国家2009年的健康保险密度为171欧元，比2008年增加了4欧元。荷兰非常高的保险

密度是由2006年私人健康保障体制的建立所造成的。由于瑞士和德国在荷兰之后也进行了商业健康保险的改革，因此瑞士和德国的保险密度在2010年分别达到749欧元和383欧元。非寿险行业保险密度的变化在很大程度上是由于健康保险的保费收入变化所造成的，其中最显著变化的国家是瑞典，该国保险密度在2009年减少了一半以上。

三、欧洲经济增长减缓造就保险深度上升

保险深度是一个被广泛认可的保险活动的衡量指标，它的内涵正如前面研究框架介绍的一样，具体指总保费额占GDP的比重。欧洲国家的平均保险深度从2008年的7.7%增长到2009年的8.1%。造成欧洲保险深度增加的主要原因是欧洲的国民生产总值的减少超过了保费收入的减少，其中欧洲的国民生产总值下降了5.4%，而欧洲保费收入下降了0.6%。从寿险业务与非寿险业务的比较中可以看出，2009年寿险业务的保险深度增长了0.3%，寿险业务的保险深度由4.7%上升至5%，而非寿险业务的保险深度从2008年的3.0%增长到2009年的3.2%。

除了列支敦士登公国以外，欧洲国家的保险深度从土耳其的1.3%到荷兰的13.3%不等。造成荷兰高保险深度的主要原因是非寿险市场保费收入的增加，尤其是健康保险保费收入的增加。英国在2008年以前一直是保险深度最高的国家，但是2009年英国的保险深度仅为13%，排名落后于荷兰。不过除了荷兰和英国以外，排名第三的法国，其保险深度与前两个国家之间存在很大的差距，法国2009年的保险深度仅为10.3%。

四、保险深度各国差异主要体现于寿险业

欧洲市场人寿保险的保险深度在各个国家之间存在很大差异，各数据的变化从拉脱维亚的0.2%到英国的9.6%以及列支敦士登公国的超过150%。值得注意的是，当比较各个国家保险深度与人寿保险深度的排名时，荷兰的情况尤其值得注意，尽管荷兰在整体保险深度中排名第一

（列支敦士登公国除外），占13.3%，但是在针对寿险保险深度的排名中荷兰却只有4.2%，低于欧洲的平均水平。另外一个值得注意的趋势是，全部的东欧国家报告的数据显示，无论是总体保险深度还是人寿保险深度，东欧国家的数据全部都低于欧洲的平均水平。这也从另一个侧面反映了欧盟内部的经济发展不均衡。

财险（P&G）和人身意外伤害保险在欧洲有着最同质化的保险深度（列支敦士登公国除外），各国差异不像寿险行业一样明显。2009年欧洲不同国家之间的财险和意外险的保险深度介于土耳其的1%和英国的3.2%之间，欧洲各国的平均水平则为2.5%，比2008年的平均水平2.3%上升了0.2%。在东欧的新兴市场中，引人注目的是斯洛文尼亚，该国的非寿险保险深度超过了欧洲国家的平均水平。

在健康保险中，欧洲国家的平均保险深度从2008年的0.7%增长到2009年的0.8%。不出所料的是，健康保险中保险深度最高的国家是荷兰，该国2009年的保险深度在2008年5.9%的基础上上升至6.4%。除了荷兰和瑞士外，只有德国和斯洛文尼亚的保险深度超过了欧洲的平均水平。从同比的角度看，2009年只有三个市场的保险深度减少了，即瑞典、拉脱维亚和立陶宛三国。造成这三个国家健康保险深度减少的主要原因是这些国家的健康保险保费在2009年也有着显著的减少。

收益导向下欧洲的保险资金运用

2011 年 11 月 14 日

保险资金是资本市场上重要的资金来源，而且保险资金运用也决定着保险公司盈利能力和经营业绩。本文重点考察欧洲保险市场上保险投资组合的变化趋势，关注欧洲保险公司在组织经济补偿过程中，将积聚的各种保险资金加以运用，使资金增值的相关活动。欧洲保险市场上保险投资组合的渠道包括银行存款、债券、股票、抵押贷款、不动产投资、基础设施项目投资、金融机构业务往来和海外投资等多种形式。

一、市场环境欠佳，寿险公司独大

随着全球金融一体化向纵深发展，金融工具渐趋多样化和保险业竞争的加剧，保险投资面临的风险性、收益性也同时提高，投资方式的选择范围更加广阔。欧洲保险市场因为地处金融活跃市场地带，投资方式显得更加多样化和灵活化。但是自 2007 年秋季起，金融危机严重地影响了欧洲的经济发展。Eurotat 的数据显示，欧洲经济自 2008 年 0.7% 的增长之后，2009 年的实际 GDP 下滑了大约 4%。保险公司作为最大的机构性投资者之一，它们的投资组合在 2008 年由于股票市场的不景气以及利息差的扩大而背负了巨大的压力。欧洲保险公司的总体投资组合按市值估计，由 2007 年的超过 72000 亿欧元下降到 2008 年的约 65000 亿欧元。这种同比增长率为负的情况在过去十年中尚属首次。

欧盟为了应对金融危机实施了欧洲经济复苏计划，在该计划中采取特殊措施帮助银行业恢复了信心，同时扩大了需求。欧盟的这一举措直接导致了资本市场自 2009 年 3 月中旬开始的复苏。本次欧洲经济复苏计划的效果是非常明显的，因为欧洲保险公司的投资组合在2009年恢复到68000亿欧元，这相当于超过8%的增长，相比之下2008年欧洲保险公司总体投资组合在固定汇率计算条件下下滑了7.5%。

绝大部分投资组合都由欧洲的寿险公司进行管理和操作，它们占据了超过欧洲保险市场整体份额的80%。对于欧洲保险公司投资者而言，欧洲的三大市场包括英国、法国和德国，它们占欧洲总投资组合的65%。

二、投资对象灵活，收益导向明显

在2000年由于互联网泡沫破裂引起的金融危机之后，股票和其他可变资产在欧洲保险公司的投资组合中的重要性明显降低了，债务证券和其他有固定收入的资产受到了青睐。然而自2002年开始，股票和可变资产在投资组合份额中迅速增长，由之前的26.5%上升至34%，再次成为了欧洲保险公司投资组合的最大组成部分。不过这种趋势又在2008年国际金融危机中出现逆转，股票和其他可变资产的市场份额在2008年又降低至26%。

欧洲保险市场内持有债务证券和股票的行为在大体上存在此消彼长的情况，并且在总量上保持一定的均衡。当其中之一的市场份额增加时，另外一方会相应减少。2008年国际金融危机以后由于保险公司股票所占比例的下降，造成2009年和2010年保险公司持有债券份额的增加。2008年作为持有债券份额增加的拐点，该年度欧洲保险公司债务证券的持有量实现了从33.9%至39.9%的大幅度上升。

贷款发放作为欧洲市场上保险公司资产投资组合的第三大类投资类型，其所占份额2000—2008年从最低值15.6%至最高值18%（2008年为16.9%）不等，可见贷款在保险公司资产投资组合中的变化不大。剩下的房地产（4.1%）和关联企业长期股权投资（5%）也保持着相对的稳定性，然而信贷机构的存款却在2008年从0.9%稳步增长至3.3%。

2008年股票市场的下跌以及随之而来的金融风暴不仅影响了资产的

价值，而且也影响了资产组合的分配。欧洲保险市场对可变收入资产的投资很大程度上依赖于股票市场的发展。随着股票市场的逐渐复苏，2009年和2010年股票在保险公司的投资组合中所占比重逐渐回升。不过，根据目前全球对欧洲经济二次衰退的担忧、欧债危机的扩散和未来欧洲经济走势的不明朗，欧洲保险公司近期对股票的投资可能会减少，进而增加贷款、债券等其他安全性更高的投资产品。

三、保险投资对欧洲各国经济贡献各异

随着资本市场的反弹，欧洲保险公司的投资组合额由2008年的65000亿欧元恢复到2009年的68000多亿欧元，这与2009年超过8%的增长和2008年7.5%的下降表现相符。从寿险公司投资占保险公司总投资超过80%的比例看，寿险是欧盟保险业总投资组合增长的主要推动力量。另外由于2008年国际金融危机的影响，当年保险公司在股票和多种领域的投资比重从34%降至26%，比较基数的萎缩也是导致2009年投资组合增长的重要原因，其中债务证券比重甚至出现从34%至40%的大幅增长。

保险资金投资组合的变化对国民经济的意义十分重大。借助于保险资金投资组合占GDP的比率，我们可以分析保险对于经济的重要性，比较不同国家和不同年份保险业的发展情况以及保险资金对于国民经济发展和资本市场投资的重要作用。由于欧洲保险公司投资组合的增长以及2009年欧洲经济的整体衰退，保险资金投资组合占GDP比率从2008年的47.8%增至2009年的53.2%。然而这一水平依然低于2005年、2006年及2007年达到的54%~55%高水平。

与保险密度和保险深度一样，由于欧洲各国保险业发展的不均衡，欧洲各国这一比率的差异也比较大。按照估算出的2009年数据显示，土耳其的保险资金投资组合占GDP比重最低，仅为1.9%，而丹麦的保险资金投资组合占GDP比重最高，其占比为101%。此外，大型国际金融中心，诸如卢森堡、英国和瑞士等国以及有着重要寿险业务市场的国家这

一比率都比较高。新兴的中欧和东欧市场，由于人寿保险市场不成熟，保险资金投资组合占GDP的比重相对较低。

欧洲保险业并购大潮下继续增员，
银行保险与保险中介各领风骚

2011 年 12 月 4 日

欧洲保险业作为重要的金融支柱，不仅为欧洲国家创造了大量的社会财富，同时也因为保险业发展历史悠久和保险营销网络的构建而创造了大量的就业岗位。本文对欧洲保险市场运营的考察主要包括两个方面，一方面分析欧洲保险公司与员工状况，另一方面分析欧洲保险公司的保险营销渠道。对公司和员工指标的考察体现了保险发展规模和保险参与国家社会管理中所发挥的作用。保险营销渠道则反映保险业创造社会财富的渠道和保险行业的营销特点。

一、保险公司个数减少，保险雇员增加

欧洲国家从事保险活动的公司数量在过去的十年中一直呈递减趋势。在 20 世纪 90 年代末的合并与收购浪潮之后，紧接着是欧洲市场的自由化和管制的放松。2008 年欧洲保险市场的公司数量共有 5100 多个，相比 2007 年的 5200 多个下降了 2.1%，而 2009 年的保险从业公司数量又进一步减少，但是目前尚未有官方统计数字公布。

英国是欧洲保险市场上保险公司个数最多的国家，几乎 20% 的保险公司的母国都是英国，其保险公司个数接近 1000 家公司。紧随其后的德国有超过 600 家保险公司。令人惊奇的是，瑞典虽然仅占保费总额的 2%，但是却是拥有公司数量排名第四的欧洲国家。在新兴的中欧及东欧市场，保险公司的数量有着微量的增长或者保持稳定。

由于保险公司的合并，欧洲保险业的雇员数量在连续几年的下降之后于 2007 年和 2008 年经历了连续的上升，劳动力分别增长了 0.7% 和 0.6%，最终超过了 100 万人。这里所指的欧洲保险公司雇员的数量仅仅包括受雇于保险公司的正式员工，此外欧洲保险市场上还包括大约 100 万名外包雇员以及独立保险中介雇员。2009 年保险公司从业人员数量出现少量的下降，这主要因几个大的保险市场的变化所造成：英国保险公司雇员降低了 4%，法国的雇员增长了 1.5%，德国的雇员出现了微小的变动。

德国是欧洲国家中保险雇员数量最多的国家（在 2008 年超过 215000 人），英国（接近 179000 人）和法国（大约 145000 人）紧随其后。这些国家之后的荷兰、瑞士、西班牙和意大利的雇员数量为 47000~51000 人。2008 年欧洲保险从业人员 0.6% 的增长是德国、英国、法国、荷兰、瑞士、西班牙和意大利 7 个国家的不同改变综合造成的，这 7 个国家的从业人员占到近 70% 的欧洲保险业劳动力市场。根据 2008 年的数据，接近 87% 的雇员是保险公司的全职工作人员，尽管这个比例在过去的十年中（1999 年为 89%）一直在缓慢降低。与此同时，保险公司的销售人员占公司整体雇员比重从 1999 年的 22% 减少到 2007 年的 20%。

二、银行保险是欧洲人寿保险最重要营销渠道

欧洲银行在 20 世纪 80 年代引入了银行保险业务模式。这种扩大产品供给的形式成为银行新的收入来源，并帮助它们提升了客户忠诚度，银行保险业成为许多欧洲国家寿险产品的主要分销渠道。市场份额从波兰的 44% 到葡萄牙的 82% 不等。随着时间的推进，最引人注目的改变是波兰的银行保险业市场份额在 2007—2008 年出现了几乎翻倍的增长，尽管这是以代理人的市场份额下降为代价的。此外，除了波兰和马耳他之外，欧洲银行保险业在金融危机之后几乎都经历了轻微的衰退，这种情况在西欧国家尤其严重，比如英国作为最大的人寿保险市场，其银行保

险业据估计仅占新增业务的15%~20%。

保险经纪人和保险代理人作为传统的保险中介，保险代理人在大多数国家占据了分销人寿保险产品的绝大部分市场份额。保险代理人在德国所占比例为54.5%，在斯洛文尼亚所占比例为53%，此外保险代理人在克罗地亚（占比41%）和保加利亚（占比36%）也非常普遍。在保加利亚，保险代理人在2007年和2008年流失了20%的人员，而直接销售和保险经纪人却因此而分别上升了13个百分点和6个百分点。保险经纪人在英国（占比69%）和爱尔兰（占比45%）寿险市场占据优势，其在比利时也很受欢迎，拥有33%的市场份额。在荷兰，保险经纪人和保险代理人一共占据了57%的寿险业务。对于保险经纪人和保险代理人而言，变化最大的国家是英国，该国保险代理人的市场份额在2008年增长了7个百分点，而爱尔兰保险代理人的市场份额从10%下降至7%，保险代理人减少的市场份额主要转移给保险经纪人。

直接销售业务在斯洛伐克和爱尔兰最占据优势，它们的市场份额分别为62%和47.5%。直接销售业务同样在克罗地亚（38%）、保加利亚（35%）、荷兰（27%）、波兰（23%）和奥地利（20%）等国相对受到欢迎。2008年，保加利亚经历了大规模的从代理人到直接销售业务以及相对较小规模的从代理人到经纪人的转变，这一转变导致了在直接销售业务上经纪人和代理人之间几乎相同的分配。

三、保险中介是欧洲非人寿保险最重要营销渠道

与寿险产品的营销渠道不同，除了保加利亚以外，欧洲市场上非寿险产品的分销渠道在2009年和2010年没有明显的改变。在大多数国家，传统的保险中介，即保险代理人和保险经纪人继续作为最重要的非寿险产品销售渠道。而在荷兰、克罗地亚和斯洛伐克等国家，直接销售业务依然占据优势。

非寿险分销渠道同寿险市场一样，保险代理人在销售环节发挥着关

键的作用。完善的保险代理人制度在意大利（84%）、土耳其（72%）、斯洛文尼亚（68%）和葡萄牙（61%）已经建立。尽管保险代理人在欧洲的大多数国家较为普遍，但是比利时、爱尔兰和英国的保险经纪人却表现出更好的市场业绩，这些国家的保险经纪人分别占据了该国所有非寿险保费的62%、59%和56%，占绝对主导地位。最引人注目的改变是保加利亚，该国的保险经纪人市场份额从2007年的32%增长到2008年的40%，保险经纪人市场份额的提高同时压缩了直接销售业务和代理人业务的市场份额，该国2008年直接销售业务下降6%，而代理人业务也下降2%。

直接销售业务包括雇员销售和远程销售两种。直接销售的分销渠道在非寿险的发展中要快于寿险，因为非寿险产品一般更加复杂，需要提供更多的咨询和附加服务。2008年，直接销售业务占据了克罗地亚（占比69%）和斯洛伐克（占比66%）至少2/3的非寿险产品销售额。直接销售业务在荷兰（占比49%）、立陶宛（占比44%）、爱尔兰（占比41%）、奥地利（占比38%）和法国（占比35%）也非常普遍。除保加利亚以外，2007年和2008年通过直接销售卖出的非寿险产品量几乎没有变化。此外，通过银行保险业务卖出的非寿险产品在欧洲也不多见，非寿险业银行保险这一销售渠道在市场份额最高的国家土耳其也仅仅达到12%，这一分销渠道在中东欧保险市场上更为落后，其占据的市场份额不超过2%。

2 中国保险市场

我国寿险行业转型期盈利能力分析[①]

2013 年 7 月

根据保监会提供的数据，2012 年寿险原保险保费收入为 8908 亿元，同比增长 2.4%，占原保险保费总收入的 57.5%。尽管我国寿险保费收入同比增长，然而与其他年份相比却显得增速放慢。我国寿险行业发展处在转型时期，未来寿险行业是否能够继续在盈利上保持增长？本文将结合总体宏观形势背景下保险行业转型对我国未来寿险行业的盈利能力的影响进行具体分析。

一、寿险行业转型宏观背景分析

2001—2010 年是中国寿险行业发展的黄金十年，除宏观经济增长外，以下三个因素推动了寿险行业保费的高速增长：市场主体增加、粗放式规模扩张以及产品创新。尤其是 2005—2010 年，保单收益率都不同程度地超过了 5 年期银行定期存款利率，吸引资金从银行存款转移到保险。这个阶段，保险公司利用人海战术进行大规模的业务扩张，代理人和银邮保险代理网点的粗放式扩张成为保费增长的直接动力；同时，分红保险、万能保险、投连保险等创新产品不断发展，投资型保险成为保费增长的主力。但是，从 2011 年开始，寿险行业保费增速进入瓶颈期，这主要是因为银行保险和业务员渠道扩张受到限制、产品创新不足。另外，分红保险占比不断增加，保险公司的投资收益率却无法支持较高的承诺收益率，由此导致退保增加。2013—2014 年寿险保单进入集中给付

---

① 本文合作者为刘洋。

期，保单给付将对保险公司现金流造成较大压力。而为了应对现金流压力，保险公司将不得不继续增加短期期缴保单的销售。

因此，寿险行业盈利能力在转型期内短期受制于投资收益率吸引力不足，寿险产品吸收资金能力不及其他金融理财产品；从中期来说，由于寿险业务趋于阶段性饱和，补偿性增长空间有限，寿险业将逐步从快速增长期过渡为中速增长期。展望未来，寿险业发展在行业监管制度、公司治理结构以及销售渠道管理等方面亟待变革。若新渠道、产品创新以及政策刺激上出现真空，转型期内寿险业年均保费增速将进一步放缓。

二、积极因素拉动转型期内寿险发展

我国宏观经济发展和保险业在过去几十年的积累为转型提供了良好的条件。我国对保险回归保障功能的进一步提倡和对保险业参与社会管理的落实，将为寿险业在转型期内提供良好的发展机遇，包括个人所得税递延型养老保险的推广实施、金融混业发展、年金和健康险制度变革等。

（一）个人所得税递延型保险

人口老龄化和养老金缺口是困扰我国未来发展的不稳定因素。目前寿险行业正在主动积极寻找应对措施。中国保监会目前已经明确指出，发展税延型养老保险，完善多支柱的养老保障体系，对我国具有尤为现实的意义，并表示将选在上海进行试点。个人所得税递延型养老保险如果最终获批，将意味着政策对保险业发展的扶持，保险公司相对于其他金融机构将拥有独特的竞争优势。个人所得税递延型养老保险将打破目前的企业年金市场和商业保险市场竞争格局，并形成新的推动企业年金发展的动力。因此，个人所得税递延型养老保险对寿险业的发展具有积极作用。同时，拥有经营企业年金执照的保险公司和其他寿险公司也将

在税惠方面逐渐趋同，寿险公司在团体养老保险市场上受到的限制也将逐步得以缓解。

然而，个人所得税递延型保险的发展并非毫无阻力。实际上个人所得税递延型养老保险的推出本质上是利益的转换过程，保险公司确实能够从中获得更多的保费，但牺牲的却是财政利益。在宏观经济并不景气的前提下，用财政利益补贴商业保险利益是否具有可行性，需要财政部和保监会等多个部门相互协商。另外，即便个人所得税递延型保险能够顺利推出，其能否给寿险公司带来想象中的收益也存在疑问。目前我国13.7亿人口中，纳税人口仅占1.8%，即2400多万人。虽然这个数字可能低估了民众的实际购买力，但未来个人所得税递延型养老保险在全国放开，潜在的购买群体也只会是2400万人中的一部分，因此税收递延政策对于保费收入的改善幅度可能被高估。

（二）银行保险混业发展

我国大金融的良性发展也为转型期的寿险行业发展带来利好消息。自2009年监管机构放宽银行投资入股保险公司的限制以来，已有7家商业银行先后参股保险公司。目前银行系保险公司的市场份额仍然很小，但借助银行的渠道优势，银行系保险公司业务发展迅猛。2012年1~10月，银行系保险公司的市场份额已达到1.75%，而2011年同时期这一比例尚不足1%。尽管短期内银行系保险公司的扩张并不会改变目前中国寿险行业的竞争格局，但中长期而言，银行系保险公司的增长潜力不容忽视。2012年银行系保险公司业务发展迅猛，保费市场规模明显上升，见表2-1。

表2-1　银行系保险公司业务发展迅猛，保费市场规模明显上升

银行系保险公司	股权结构		入股时间	2012年保费收入（百万元）	2012年保费市场份额（%）
	股东	控股比例（%）			
交银康联	交通银行	63	2010年1月	72103.07	0.07
	康联集团	38			
中荷人寿	北京银行	50	2010年6月	175573.36	0.18
	ING	50			
工银安盛人寿	工商银行	60	2010年10月	475070.87	0.48
	AXA、五矿集团	40			
农银人寿	农业银行	51	2011年2月	414578.17	0.42
	重庆国际信托、中关村科学城建设公司等	49			
建信人寿	建设银行	51	2011年6月	586757.13	0.59
	中国人保（台湾）、中国建投等	49			
招商信诺	招商银行	50	待监管审批	242153.71	0.24
	美国信诺集团	50			
合计					1.97

数据来源：保监会。

　　目前主要银行均已经成立或收购了保险公司。这些银行系保险公司多以中资银行与外资保险公司合并的形式成立，如交银康联、中荷人寿、工银安盛人寿、建信人寿、招商信诺。以其为代表的外资保险公司在未来的中国保险市场上存在主导市场的潜力。工商银行目标是在2015年以前使工银安盛保险公司的保费排名进入前七；农业银行2013年将拿出部分渠道供其旗下的嘉禾人寿开展业务（农业银行是目前代理银保保费最多的银行）；建设银行旗下的建信人寿和交通银行旗下的交银康联在2012年也已经表现出良好的发展势头。相对而言股份制商业银行旗下的

保险公司，由于股东银行网点的限制，市场排名虽不突出，但排名也已跻身前三分之一。随着我国未来大金融的发展和金融混业经营模式的成功推广，银保合作将成为推动转型期寿险行业发展的主要动力之一。

（三）年金和健康险业务的制度性变革

对比美国、德国、日本等发达保险市场上健康险和年金的保险深度数据可以看到，美国、德国、日本的保险深度分别为3.4%、2.6%和2.7%，而中国只有0.3%。可见，中国的健康险和年金保险业务尚处于起步阶段，仍有较大的发展空间。如果我国保险转型能够推进健康险和年金保险相关制度的配套和发展，未来我国健康险和年金将迎来高速发展的时期。例如，如果我国保险深度能够逐步达到发达保险市场的保险深度水平，未来十年我国广义寿险保费将恢复到16%的高速增长水平。

我国经济发展与社会进步也拉动了健康保险的需求。根据《中国统计年鉴》提供的数据，2011年我国卫生总费用占GDP的比值仅为5.15%，其中商业健康险赔付支出仅占全国卫生总费用的1.3%，远低于美国30%左右的水平，商业健康险业务仍存在较大的潜在需求。转型期内政策引导将带动健康险业务的快速发展，从而成为寿险保费增长提速的引擎。中国共产党第十八次全国代表大会上首次提出"十年居民收入倍增计划"，若人民生活水平能够按计划提高，必将带动医疗卫生支出的需求，而《关于开展城乡居民大病保险工作的指导意见》等积极政策将有力引导健康险的潜在需求转化为实际需求，这些都将成为商业健康险业务潜在的发展机遇。

三、消极因素制约转型期内寿险发展

尽管我国寿险行业在转型期内将面临诸多积极因素，但是受宏观经济环境和制度变更等诸多条件的影响，寿险业在转型期内也将面临着一系列的消极因素。这些消极因素包括宏观经济发展所带来的有效需求不

足和退保风险，以及由制度变革所产生的挤出效应等。

（一）有效需求不足

我国受传统文化习俗的影响对保险重视不够，普通民众保险意识淡薄同样是转型期寿险有效需求不足的主要原因。另外，由于我国政府一直以来都采用货币政策调节社会总需求，"十年居民收入倍增计划"将不可避免地造成一定程度的通货膨胀，高物价、高房价等因素导致居民有效购买力下降，导致居民对保险产品的需求不足。因为保险不是必需品，所以保险产品的消费受到实际购买能力变化的影响更大。在这种情况下，新单保费的开拓能力会进一步下降，总保费主要靠续期保费拉动。续期保费拉动从侧面强调了未来寿险业发展要重视提高服务质量和服务水平，在留住老客户中实现自身的可持续发展。

（二）可替代性金融产品挤出部分寿险需求

随着我国金融市场的成熟与发展，投资型保险产品面临的同类可替代性金融产品将不断增加，间接削弱了寿险市场的需求。转型期内保险消费者将更注重资产的安全性，因此保险产品面临的最有力的竞争对手仍将是银行5年期定期存款。根据中国银行2012年7月提供的数据，5年银行定期存款利率为4.75%，仍然远高于投资型保单收益率。从目前分红保险和万能保险收益率情况看，2011年分红保险收益率在3.5%~4%，预计2012年分红保险收益率在4%左右，万能保险结算利率也仅维持在4%左右。可见未来寿险保险产品收益率很难超过5年期银行定期存款收益率，这无疑削弱了消费者对寿险产品的需求。

（三）现金流压力与退保风险

转型期内我国寿险业将可能面临到期给付和集中退保风险。近年来我国寿险公司的经营性现金流一直处于递减态势，2012年寿险业实现经营性现金流3600亿元，相比2010年峰值累计下降超过40%，2013年经营性现金流预计将进一步下降至1800亿元左右。造成寿险公司现金流递减的主要原因是寿险行业近年来面临重大的集中退保风险。2008年银保总保费收入为3450亿元，其中约80%为5年期趸交分红保险，并于2013年到期，这意味着2013年新增到期支付超过1500亿元；另外，考虑到2008年前9个月5年定期存款一度超过5.5%，且2008年销售的银保产品已不再享受2007年保单的特别红利，客户到期利益和存款相比的差距会加大，这可能导致未到期客户退保，从而进一步加大经营性现金流的压力。

可见，转型期内寿险公司的精算费率厘定和经营管理等都受到宏观经济环境的影响。寿险公司尽管可以通过滚动销售类似短期储蓄类产品来缓解当前到期给付和退保增加的压力，但这又将阻碍公司转型的进程，寿险公司需要在短期规模和长期价值之间寻求平衡。

（四）保险税制改革

随着我国税制改革的深入发展，未来寿险税制也将面临着重大挑战。为了提倡保险回归保障功能，我国保险监管部门希望通过对3年（或5年）及以下缴费期的保费征收营业税的方式，来限制短期期缴保险业务的发展，引导寿险回归风险保障和中长期储蓄的功能。

如果未来营业税改革实施，虽然税收调整对于改善产品结构和期限结构具有重要意义，但是对于保费增速有抑制作用。转型期内我国寿险市场上趸交类分红保险、万能保险以及现有大部分银行保险将面临冲击，间接税转嫁给保险消费者会造成保费收入的下降。这客观上要求寿险保险公司利用保险回归保障功能的制度背景调整经营策略，开发相关险种和注重产品的保障功能，从而实现自身的可持续发展。

四、结论

综上所述，转型期内我国寿险行业盈利能力将面临着机遇和挑战。

一方面，寿险公司在养老保险市场将随着个人所得税递延型保险的推出增加需求；银行系保险公司的兴起意味着金融机构开始利用规模效应提高盈利能力；在我国健康险和年金保险的保险深度尚有较大成长空间的情况下，保险制度性变革能够促进其稳步发展。另一方面，消费者逐渐降低的有效购买力和替代性金融产品的不断涌现都将降低寿险需求；现金流压力和退保风险将促使寿险公司在转型期内选择滚动销售类似短期储蓄类产品来缓解压力，这将降低寿险公司投资的盈利能力；营业税改革可能对保费增速产生一定的抑制作用。

我国保险业转型为寿险行业可持续发展提供了有力的制度推动力和契机。首先，寿险行业应该借助个人所得税递延型保险的契机，利用保险公司独特的竞争优势，根据保险公司自身运营状况适时适度推动企业年金的发展，在养老保险市场的竞争格局中占据一席之地；其次，银保混业发展在保险市场上的份额高速增长的大环境下，保险公司应考虑与银行等其他金融机构积极合作，通过规模效应缩小成本、提高盈利能力；最后，随着我国偿付能力监管制度体系的建立，寿险行业应该注重自身偿付能力建设和内部风险控制，在保险行业转型期内积极进行渠道创新、产品创新，这样才能促进整个保险行业的不断发展。

直击2015年中国保险业风云

2015年2月

2014年是中国保险业重要年份，国务院鲜见的在一个年份针对一个行业下发了两份文件，分别为8月下发的《关于加快发展现代保险服务业的若干意见》（国发〔2014〕29号，以下简称"新国十条"）和12月下发的《关于加快发展商业健康保险的若干意见》（国办发〔2014〕50号）。以上文件破天荒地提出了我国保险业至2020年的发展目标，即中国保险业力求用6年时间，实现我国人均保费增长177%，保险业保费收入占GDP比重由2013年的3.03%提高至2020年的5%。2015年，保险业利好政策将进一步发酵，全线推进中国保险业做大做强。

一、人寿保险：养老健康领跑全市场

2014年出台的"新国十条"着重强调了保险服务业要致力于"构筑保险民生保障网，完善多层次社会保障体系"的要求，同时，国务院在关于商业健康保险的指导文件中也指出，保险业要对"扩大商业健康保险供给""推动完善医疗保障服务体系"等方面给予重视，围绕这些方面进行服务和管理的创新，并特别指出要为商业健康保险提供政策支持。一方面，这两份文件的出台为养老保险和健康医疗保险的发展奠定了良好的制度基础；另一方面，我国人口老龄化的现状为相关险种发展提供了刚性需求。2014年2月民政部的统计数据显示，中国目前60岁以上的老人已超过2亿人，占总人口的14.9%，远超过联合国制定的60岁以上人口超总人口10%即进入老龄化社会的标准，而这一数据至2030年还将翻番，庞大的老年人口带来的是民众对社会医疗、养老、健康的强大需求，越来越多的家庭不再满足于社会保险所提供的基础保障功能，亟待符合需求的商业养老、健康、医疗保险填补社会保险的空白。"老龄化中国"的局面挑战着我国尚不健全的养老医疗体系，而家庭整体收入水平的提高、对商业保险重视度的提升则为商业保险的发展提供了必要的条件，两者共同构筑起了规模广大的健康医疗险、养老保险商业市场。这两类保险的创新发展和市场深度广度的拓展也势必将促进其他寿险的发展，甚至促进其他行业的整体进步，如商业健康险的发展很可能拉升社会对健康产业的重视度，进而创造看护、复健等若干就业需求，助推医保体系的完善。

2015年1月的养老金并轨将进一步激发公务人员对于养老的商业保险需求，同时保监会已经以养老保险为改革切入点，大力发展人寿保险。根据"新国十条"等若干文件的精神，对老年人住房反向抵押养老保险在北京、上海、广州、武汉4个城市展开试点，将反向抵押和终身养老年金保险相结合，旨在将社会存量资产转化为养老资源，减轻社会养老负担。同时，保监会也计划在2015年推出个人所得税递延型商业养老保险的试点，通过推迟缴税的"减税养老"方式，推动创新型保险发展，丰富养老健康保障层次。2015年人寿保险在养老、健康和医疗上可谓看点多多。

二、财产保险：互联网引领保险创新

互联网创新和大数据的兴起引领了财产保险领域的变革。2014年各类冠以余额宝、娱乐宝等名称的保险理财产品，以及网络平台推送的微互助短期防癌疾病险等产品，拉开了网络保险产品大战的硝烟，并且将继续成为2015年财产保险市场的主角。互联网保险的创新将有别于以往的依托互联网售卖传统保险产品的方式，呈现出以下特点：首先，网络保险的设计理念更加创新，突破了人们对于保险的传统认识，甚至将保险与基因、大数据、电影拍摄等新事物相结合，激起网民极大的兴趣；

其次，运用流行的传播方式，借助红火的淘宝网、微信等平台，通过"点赞"、转发分享等方法，将保险产品借助感情战略、好奇心理覆盖推送者的"圈子"，形成保险独特的"流行圈"。同时，保险公司也纷纷将目光投向了创意频出的网民群体，通过举办各类的网络保险创意比赛，借助网民力量进行多层次、多方位的保险产品创新。当然，网络保险目前仍是初生牛犊，目前流行的许多网络保险只是以噱头的方式吸引民众对保险公司及该公司其他产品的注意，或在推广保险的过程中更强调保险的理财分红功能，而忽略了保险的保障这一本质意义。尽管2014年前11个月网络财险保费收入为441亿元，占比超6.5%，相较于2013年底的占比1.37%有了飞跃式的进步，但相比于欧美发达国家的互联网营销水平仍有相当大的差距。随着保险公司对线上渠道和产品创新的重视、吸收网民保险创意的进一步研发，互联网保险在未来必定大有可为，传统保险"线上化"与网络保险创新化仍将是2015年乃至未来数十年间保险业发展的亮点与重点。

2014年是"车联网"的保险元年，这一新兴应用将在2015年进一步发酵。车联网是物联网在汽车领域的具体应用，如果说网络保险解决的是如何实现保险产品创意来源多元化、销售渠道多元化的问题，那么车联网无疑对解决财产保险（尤其是车险）的技术问题有着更重大的意义。车联网将记录车辆的各类信息，为车主提供远程诊断、道路救援等各类服务，此类服务与保险公司的风险控制手段相结合，有助于减少道路事故的发生。同时，接入车联网也使得保险公司对车辆的事前管理更加完善，有助于保险公司奖励良好习惯的车主，并将车险的覆盖范围扩大到过去不能覆盖、不愿覆盖的高风险商业车队，为车主们提供打包整合的、一体化的保险产品，这也将在一定程度上推动保险公司自身的精算定价和风险控制手段的创新。保险业与互联网的联动在车联网的应用上一览无余，保险业通过车联网技术展示其参与社会管理的强大能力。

在技术层面，车联网是大数据的一个具体应用，而大数据的引入也是保险行业的一大重头戏。大数据的概念与互联网、物联网、云计算、人工智能等概念息息相关，借鉴大数据时代的这些技术，保险业可以通过大数据分析用户喜好与关联度，提升用户的黏着度，推出群众喜闻乐见的保险产品；也可通过大数据处理，协助精算定价的进行，使定价更加准确、更加贴合产品的风险特质。除此之外，保险行业还可以运用大数据进行保险比价营销、搜索引擎营销、反欺诈管理、农业遥感技术运用等的优化。

技术层面的进步离不开保险保障风险、造福人民的主旨。"新国十条"和保监会的后续举动都强调了保障国民吃住行各类安全的强制责任保险，也重点强调了农产品价格保险的试点工作和其他"三农"保险的探索，并加快了探索巨灾保险制度的步伐，鼓励各地根据自身特点加快建设财政支持下的多层次巨灾风险分散机制。围绕着"造福人民"的主题，借力先进的技术，中国财险业在未来将有广阔的市场空间。

三、保险资管：走出去服务国家发展

"新国十条"提出"拓展保险服务功能，促进经济提质增效升级"，强调了要拓展保险资金境外投资范围，通过境外投资服务国家的整体发展。尽管《保险资金境外投资管理暂行办法》规定了保险公司可运用总资产的15%进行境外投资，但实际操作中保险资金境外投资比例远低于此。随着"新国十条"对境外投资的推动，2014年底中邮人寿等数家保险公司已经陆续通过了境外投资资格的审批，保险公司酝酿出海，在风险可控的前提下，将在保险资产全球化配置、分散风险、获取超额收益等方面带来许多的好处。保险资产的走出去不仅有利于保险业自身的发展，对于服务中国企业"走出去"的战略也有着重要意义。2015年中国保险企业在助推走出去的国家战略中将两条腿走路：一方面，通过出口信用保险助推中国企业外贸发展，在中国出口疲软的现状下，促进外贸稳定增长、促进企业完成转型升级，使得中国企业能够借力保险产品，

保护自主品牌、自主研发免受国际不正当排挤与"反倾销"的影响，使外贸出口企业能够获得健康的市场和成长环境，通过拉动企业研发信心、保护企业创新利益，加快外贸出口市场的结构升级；另一方面，通过提供境外投资保险，帮助中国企业实现以能源矿产、基础设施、高新技术和先进制造业、农业、林业等为重点领域的境外投资。

保险资金将更加活跃于中国的宏观经济发展中。得益于保险资金尤其是寿险资金的期限结构具有长期投资的独特优势，保险资产能够极大地通过债权投资计划等方式介入国家的重大工程和民生工程，将沉淀的保险资金由储备资金转化为生产资金，在提高保险资金配置效率之余，支援了国家和社会的建设。保监会通过出台《关于保险资金投资创业投资基金有关事项的通知》（保监发〔2014〕101号），鼓励险资可通过为科技型企业、小微企业和战略性新兴产业提供发展资金的方式，服务国家产业布局和结构转型升级，使保险资金进一步融入中国经济战略投资当中，服务国家发展。

四、保险监管：政策调整与简政放权

2015年中国第二代偿付能力监管制度体系（以下简称"偿二代"）的主干技术标准将正式发布并进入实施准备期。一改"偿一代"以规模为导向的核心要求，"偿二代"以风险为导向，要求保险公司资产需与风险相匹配，确立了定量资本要求、定性资本要求和市场约束三大监管支柱，通过核心偿付能力充足率、综合偿付能力充足率和风险综合评级三大指标评价保险公司偿付能力状况。以风险为导向的偿付能力监管体系不仅与国际标准相接轨，迈出了中国保险监管国际化的重要一步，同时也有利于在现在的保险市场环境下，引导保险公司更进一步注重各项业务的风险，为保险人调整保险产品、保险业务结构打下了良好基础，积极探索适合新兴市场经济体的偿付能力监管模式。

2015年保险监管将进一步秉持简政放权的原则，更充分地发挥市场

的作用。以资金投资比例的监管为例，保监会放松了对投资比例的精细划分和控制，代之以三大类资产的五级分类监管，体现了保险监管机构"放开前端、管住后端"的监管理念。简政放权还体现在政府职能的简化当中。"新国十条"鼓励政府通过多种方式购买保险服务，退出"大政府"机制，运用市场化机制，降低公共服务运行成本。政府可以通过利用商业保险中介网络代办社保，降低该方面的财政支出；也可通过鼓励巨灾保险的探索和购买巨灾保险，将政府预算外的救灾资金转化为预算内的资金，通过商业保险分担财政负担，降低财政波动性。

除了已经在逐步推进的政策调整与简政放权外，2015年的保险焦点还有保险业的"营改增"（营业税改增值税）与中国保险交易所、上海国际保险中心的建设。保险业的"营改增"将在2015年底全面完成，保险业的赔款项支出将如何进行税收抵扣，如何通过"营改增"契机减轻保险企业的实际税负，助力保险发展，将成为保险业不得不直面的挑战。而中国保险交易所与上海国际保险中心的建设，也将在2015年得到实质性的进展。建设保险交易所是上海国际保险中心建设的重要一环，保险交易所若能借助中国新一轮自贸区建设的东风，顺利成长为（再）保险机构、保险中介机构的集聚地，成为人民币国际化在保险领域的试验地，将为上海建设国际金融中心和国际航运中心创造有利条件，并为中国其他城市建设保险中心提供宝贵的经验。

盛宴背后：保险业发展再审视

2016 年 12 月

一、保险行业近年取得飞速发展

作为世界上最大的发展中国家，我国的保险业依托于我国快速发展的社会，取得了较快发展：据统计，截至 2015 年底，就存量资产来说，我国保险业总资产达到 12.36 万亿元，其中财险公司总资产为 1.85 万亿元，寿险公司总资产为 9.93 万亿元，再保险公司总资产为 5187 亿元，保险业总资产十年复合增速达 24%。就流量收入而言，2015 年，财险业务原保险保费收入 7994.97 亿元，同比增长 10.99%；寿险业务原保险保费收入 13241.52 亿元，同比增长 21.46%；健康险业务原保险保费收入 2410.47 亿元，同比增长 51.87%；意外险业务原保险保费收入 635.56 亿元，同比增长 17.14%，财险公司、寿险公司总体保费收入十年复合增速也高达 20%。由此可见，我国的保险行业从发展趋势上说，整体仍处在快速上升的通道中。

在市场容量越来越大的同时，越来越多的资本涌入保险行业，成立保险公司，加入调配居民财富跨期跨区分配的金融大潮中。据中国保监会统计，在 2006—2015 年，我国寿险公司由 28 家增至 75 家，财险公司同期则从 36 家增至 73 家。市场主体雨后春笋般的兴起一方面增加了消费者选择的可能性，另一方面也使得市场竞争程度日益提升，对各公司的发展不断提出新要求。

二、与国际水平仍存在巨大差距

中国经过改革开放三十余年来的持续高速发展，自2010年开始GDP总量已经超越日本，成为仅次于美国的世界第二大经济体。然而，我国保险业无论是保险的总体水平还是人均保险拥有水平，都和当前的经济体量不相适应。实际上，2014年"新国十条"所确定的我国在2020年实现从保险大国向保险强国转变的宏大目标，实现的难度不能小觑。

根据保监会数据，截至2015年底，我国保险深度为3.69%，保险密度为1766.49元/人。保险深度和保险密度是衡量保险业发展情况和成熟程度的重要指标。保险深度是指全部保费收入与GDP的总额的比率，该指标可以反映出保险业在国民经济整体中的地位。保险密度是指统计区域内常住人口平均保险费的数额，该指标反映了该地区保险行业的发展程度，同时反映了该地区居民保险意识的强弱。通过保险深度和保险密度这两个指标，可以判断我国保险业发展的整体情况，比较我国与世界发达国家保险业水平的差距。

从数据上看，我国保险规模上升至全球第三位，但与此同时，保险深度和保险密度仍远低于世界发达水平。2015年全球保险深度为6.23%，美国、日本、英国、德国分别达到7.28%、10.82%、9.97%、6.24%，而我国保险深度仅为3.69%，位列全球第40位，与世界平均水平仍有较大差距。这表明我国保险业发展相对落后，保险对总体国民经济的贡献较小。在保险密度方面，2015年全球人均保费支出为621.2美元，发达市场人均保费支出为3440美元。其中，美国、日本、英国和德国2015年的保险密度分别为4095.9美元、3553.8美元、4358.5美元、2562.6美元，而我国在同期保险密度仅为280.7美元，处于全球第53位，与发达国家之间的差距达10倍以上，表明我国保险业发展水平较低，同时国民保险意识薄弱。中国保险业与国际水平所存在的巨大差距，更加体现出政府所提出实现保险强国目标和任务的艰巨性。

三、保险在金融行业中占比落后

金融领域主要包括银行、证券和保险三大行业。对比保险业与银行和证券两大行业的状况不难发现，保险业在现有金融体系中的分量不足，无法承担"大保险"的角色。当前我国银行业总资产比重占到了中国金融业总资产的9成左右。据证监会统计，截至2016年10月，我国基金公司及其子公司管理规模达到26.24万亿元，证券公司及其子公司管理规模达到16万亿元，私募证券投资基金和私募股权投资基金管理规模达到7.3万亿元，我国保险业的总资产规模同期约13.8万亿元，少于基金证券业。另外，我国保险业总资产占银行业总资产的比重至2015年尚不足7%，在"银行+证券基金公司+保险"为主构成的金融业中，整体占比不足5%。

对比邻邦日本与韩国，在2015年，这两国保险业总资产（或总负债口径）占其国内金融业总资产（或总负债）的比重均超过25%——日本保险业总资产占其金融机构总资产比重约为25%，韩国保险业总负债占其国内金融业总负债约为37%，由此可见，我国保险业在金融业中的影响力尚有很大提升空间。保险业在整体金融行业占比的落后，一方面使得保险无法更好地利用行业地位发挥作用、服务实体经济，另一方面也容易弱化自身对大金融行业发展的相关影响。

四、城乡差距与地区发展不平衡

从各省保险深度和保险密度的比较中可以看出，各区域保险市场发展程度差异较大。以2015年我国寿险保险密度为例，北京、上海和深圳的人均保费支出可以达到3000元以上，而以省份计，江苏、广东、福建及浙江等省份的人均保费支出在1200元以上，但西部地区的贵州、云南、广西等省份保险密度却不到500元/人。

许多学术文献同样支持中国存在城乡差距与地区发展不平衡的观

点，普遍认为中国保险业发展水平大致上存在东高西低的梯度性差异，所以通常将中国保险分为东部、中部、西部三个部分。造成我国保险地区发展不平衡的原因是多方面的，既与区域经济发展、区域金融市场环境、保险产业政策和区域人口的发展水平相关，也和不同地区的文化、教育、社会保障水平和环境等因素相关。因此，消除区域保险发展不平衡也需要多管齐下，还保险业发展的良好环境。

回首过去，保险业取得了前所未有的进步，也赢得了从未有过的社会关注。然而，在盛宴和赞歌的背后，剖析行业与国际的差距，思考未来发展的瓶颈，何尝不是对行业的关爱、支持和希冀呢。

中国保险业进入市场坚挺期

2015年9月9日

2015年9月，复旦大学发展研究院中国保险与社会安全研究中心发布了第一期《中国保险景气指数》报告，报告通过对专家的问卷调研，从中国保险市场保费收入、赔付支出、寿险与非寿险市场的发展态势、营销渠道、缴费方式，以及保险资金运用及收益率等板块着手，生成对未来中国保险市场的多层次宏观预判。本次指数揭示了中国保险市场未来发展的三大方向与亮点。

一、中国保险业进入市场坚挺期

从总保费收入层面来看，保险景气指数较高，没有参与人认为保险规模将缩小，而同时，赔付支出景气指数远远低于保费收入景气指数，两个指数间的数值差意味着中国保险业利润空间的扩大，也意味着在承担管理成本的情况下，保险公司能够更多地从保障功能本身中受益，提高承保利润，促进保险产品对保障功能的回归。

利润空间的攀升可能意味着保险业将进入市场坚挺期（hard market）。2015年1~8月的保费收入数据也显示，保费收入逾1.7万亿元，同比增长19.8%，在短短三年内，保险业市场规模由全球第六位跃居全球第三位。根据国内外对于保险周期理论的研究，保费收入与上年GDP、贷款余额呈负相关性。在经济略显疲软的当下，保险公司倾向于提高承保条件，更加严格地控制赔付支出，这或是在当下经济较低迷的情况下，保险公司利润预测上扬的一部分因素。

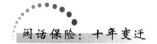

二、保险监管制度助力市场向好

综合保费收入与赔付支出两项景气指数，复旦大学本次中国保险景气指数对保险业未来发展的乐观态势还得益于近期保险监管制度的进一步完善。2015年2月正式发布的中国风险导向偿付能力体系和全面深化改革的各项规章制度的不断推出，为保险业的整体提振和向好打了一针强心剂。自试运行以来，"偿二代"的风险识别能力和风险预警能力增强，推动了保险公司风险管理能力的提高和偿付能力的补足，并促进行业实际风险状况和风险结构的暴露和修正管理，为行业带来了良好的发展机遇和先进的管理技术，使保险公司在行业规范的大环境下，能够通过快速精准的风险识别、风险定位，改善公司内部管理结构与产品结构，增加对承保端的控制，推动了承保端未来的向好趋势。

自2013年中共中央提出全面深化改革的决议后，保监会通过对寿险、车险和万能险的费率改革，促进了保险业的发展。2015年9月，保监会发布了《关于深化保险中介市场改革的意见》（保监发〔2015〕91号），针对保险中介市场乱相，借全面深化改革的东风，着手进行整改。这一整改势必将提升消费者群体对保险市场的信心，使市场信息更加对称、投保流程更加透明，同时也加强了保险公司对于代理人的管理信心，对于保险市场整体投保率的提升、保费收入的增加、保费支出的降低以及减少由于代理人的违法违规委托代理行为带来的保险公司承担的不良后果，都起到了正面作用。

三、网络保险景气第一，但财险、寿险有别

在保险承保端向好的同时，专家们也认为保险业的发展将体现在多极增长上。无论是寿险还是非寿险，本期关于网络保险的景气指数都为所有营销渠道之最（寿险业网络保险景气指数为73.77，非寿险业网络保险景气指数为81.25）。比传统直销渠道的景气指数（63.33）高出10。这

一数据一方面说明未来中国保险业发展中网络保险将成为重要力量，另一方面也说明网络保险对于非寿险业的贡献将大于寿险业。

中保协的数据显示，不仅互联网保险市场经营主体快速扩大，由2011年的28家增至85家，同时2015年上半年互联网保险市场累计实现保费收入816亿元，同比增长160%，仅上半年的累计保险收入就接近2014年业务收入，较2011年提升了25倍。在可见的未来，在《关于促进互联网金融健康发展的指导意见》（银发〔2015〕221号）的大背景下，随着保监会《互联网保险业务监管暂行办法》（保监发〔2015〕69号）的出台对互联网保险市场的规范，网络保险还拥有广阔的发展空间。网络保险不仅拓展了保险公司的销售渠道，还通过销售大量的理财型保险推动投连险和分红险的销量大幅攀升。

四、寿险与健康险领跑保费收入

无论是未来3个月的预测数据，还是未来6个月的预测数据，寿险领域景气指数均在80以上，远远高于财险景气指数。2015年上半年，商业健康保险保费收入1246亿元，同比增长39.53%。同时，自普通型养老保险费率改革以来，仅这一类型的保费收入就增加了265%。随着中国老龄化问题的进一步加剧，以及人民生活水平和健康意识的逐渐提高，健康保险必将在投保人的投保篮子中占据越来越重要的地位。同时，传统的医疗保险、疾病保险将无法覆盖老年人口的保险需求，护理保险势必逐渐进入人们的视野。对广义的健康保险的高需求、高增长无疑增加了人们对以健康险为主打的寿险信心指数。

另外专家对养老与健康保险的看好还在于保监会2015年7月《养老保障管理业务管理办法》（保监发〔2015〕73号）和2015年8月《个人税收优惠型健康保险业务管理暂行办法》（保监发〔2015〕82号）的出台，这些政策的出台也为寿险和健康险的发展奠定了良好的基础。前者从保险公司本身出发，放宽了养老金公司和养老保险公司在投资限制、业务创新等方面的限制，允许公司进一步开展面向个人的养老保障管理业务，并取消了投资账户的审批，改为备案制。监管中"放开前端、管住后端"的思路，为养老保险公司更好地服务团体与个人，满足多层次、多类型的养老保障需求，发挥养老保险公司的专业优势，助力寿险发展提供了强大的政策资源。后者则在保险业大力参与医疗保障体系建设的大背景下，通过税收优惠刺激市场扩大，为健康保险提供了有力的政策杠杆和财税支持，无疑将促进投保人对健康保险的需求。

五、国家战略利好责任信用等保险

本期景气指数中，责任保险、农业保险、信用及保证保险相对其他险种更具增长优势（责任保险和农业保险的指数值分别为 63.33 和 62.50，信用及保证保险排名第三，景气指数值为 56.25）。这充分说明了保险业是宏观经济发展的晴雨表，各类景气指数的变化都与近期国家战略、宏观经济发展和当前的市场状况密切相关，比如本次指数最不被看好的为建筑工程险，其指数值为 21.88。

信用保险和保证保险的向好得益于中国保险业"走出去服务国家"的理论，得益于目前大环境下对"一带一路"的推动。截至 2015 年 5 月，中国对"一带一路"64 个国家和地区累计实现各类投资 1612 亿美元，约占中国对外直接投资总额的 20%。大规模的对外投资催生了大量的对信用保险、保证保险的需求，使保险能够更充分地发扬其"为走出国门保驾护航"的保障作用。保险业依靠国家的制度创新和政策导向，进入了快速的增长期。

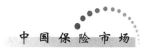

开门红带动景气指数攀升

2016年1月4日

2015年12月，复旦大学发展研究院中国保险与社会安全研究中心联合《中国保险报》发布了第二期《中国保险景气指数》报告。本次指数揭示了中国保险市场近期发展的四大方向与亮点。

一、2016年保险将首迎开门红

从总保费收入层面来看，未来3个月和未来6个月的总保费收入景气指数分别为92.65和86.76。2016年前3个月的景气指数高于上年，揭示了2016年我国保险业的开门红。不仅如此，本期3个月的景气指数也比第一期景气指数高1.47，可见行业的开门红也将超过2015年。

尽管我国2016年仍然存在经济下行的压力，保险开门红却为开年的保险业发展注入了一支强心针。开门红的原因是多方面的，宏观上国家陆续加大对保险行业的支持力度，中观上保险公司按照业务经营的传统通常会将部分业务放至开年承保，微观上我国民众对保险的需求逐渐上升。除此以外，国内外对于保险周期理论的研究普遍认为保费收入与上年GDP呈负相关性，在整体低息环境下理财产品的较低收益率也助推了资金流向保险产品。加之我国加大推动中国企业"走出去"、积极推动建立亚投行、促进"一带一路"政策的落地等，都进一步推动了社会对保险产品的需求。

二、"以人为本"业务引领行业

未来3个月与未来6个月的预测数据中寿险和健康险的景气指数均显

著高于财险，以未来3个月保费收入景气指数为例，寿险、健康险和财险的景气指数分别为90.91、89.06和70.59，说明"以人为本"的业务被看好。2015年11月，财政部、国税总局、保监会联合发布《关于实施商业健康保险个人所得税政策试点的通知》（财税〔2015〕126号），2015年12月全国人大常委会表决通过了《人口与计划生育法修正案（草案）》，自2016年1月1日开始在全国范围内正式实施全面"二孩"政策，这些都是本期景气指数人身保险高于财产保险的重要原因。

实际上在人身保险业务内部也呈现出"以人为本"的特征。近期我国央行连续的降准降息、宽松的货币供给以及不稳定的股市波动，使得寿险业务创新型产品的景气指数不高，传统保障性的人寿保险产品重获市场青睐。此外，近期保险公司的陆续举牌使得"万能险"备受公众和监管的关注，保监会印发《关于进一步规范高现金价值产品有关事项的通知》（保监发〔2014〕12号）、《保险资金运用内部控制指引》（保监发〔2015〕114号）、《保险公司资金运用信息披露准则第3号：举牌上市公司股票》（保监发〔2015〕121号）等文件，2016年理财性质明显的保险产品必将受到更多监管部门和社会公众的关注，间接促使保险公司进一步重视"以人为本"的传统人寿保险业务。

三、供给侧改革保险蓄势待发

供给侧改革已然成为2016年中国经济的关键词，本期景气指数呈现出保险业与供给侧改革的天然联系。供给侧强调的是人力、资本、制度、技术和创新等投入，从寿险和财险的营销渠道上两类景气指数相近，最体现创新和技术的网络保险的景气指数均排名第一，均为83.33。后起之秀的责任保险，本期景气指数无论是3个月还是6个月的预期均位列财产保险之首，其发展将助力我国下一步供给侧改革过程中医疗纠纷、环境污染等问题的风险转移，创新社会管理机制，减轻企业的负担和经营的不确定性。

保险资金也为我国供给侧改革提供资本上的支持。中国保险市场未来6个月的资金运用指数中，权益类资产指数出现了大幅增长，高达56.45。实际上保险行业助力供给侧改革，为我国经济社会发展提供资金支持，必须和近期保险公司的举牌潮相区分，因为并非大部分的保险公司都采用了激进的投资策略。国务院批准同意《中国保险投资基金设立方案》（国函〔2015〕104号），保险行业将出资3000亿元投资我国的"一带一路"、新型城镇化、战略新兴产业等；保监会支持保险资金设立私募基金投向国家重点支持行业；国家发展改革委和中国保监会联合发文《关于保险业支持重大工程建设有关事项的指导意见》（发改投资〔2015〕2179号）等政策红利，都是权益类资产指数增加的原因和利好消息，也将见证我国保险业支持国家供给侧改革的重要时刻。

四、保险资金谨慎投资需要重新重视

实际上在近期保险公司红红火火的举牌和扫货背后，保险公司的心酸也可能不为人知。本期中国保险景气指数显示，未来6个月中国保险资金固定收益的景气指数为-4.84，流动性资产景气指数为3.23，均说明了保险公司在市场化背景下的投资收益压力和无奈。目前市场上可供保险资金投资的渠道并不多。首先，我国当前低利率的市场环境使得固定收益资产和流动性资产的景气预期降低；其次，我国逐步放开了保险产品的自主定价，一些保险产品的定价利率已经高于中债登公布的十年期国债收益率，许多公司销售的万能险等创新型险种对保险资金的投资回报率有较高的需求；最后，保险公司较过去更长的负债久期加重了保险公司的资金压力。

保险业健康运营的根基在于谨慎经营。越来越多的保险公司选择"资产驱动型"的企业战略，这可能会使得这些保险公司过度使用杠杆，市场脆弱性变大。反观日本美国等成熟国家的案例，固定收益投资都应该在保险资金的运营中占有重要的作用。日本在2008年国际金融危机以

后，固定收益的资产实际上都占全部资产运用的50%以上；而美国的保险资金运用，以2014年为例，债券投资占比高达48.5%。因此，第二期中国保险景气指数相关数据应该被业界和监管部门加以重视，防患于未然。

保险业发展趋势反映经济转型

2016年4月7日

2016年3月，复旦大学发展研究院中国保险与社会安全研究中心联合《中国保险报》发布了第三期《中国保险景气指数》报告。本次指数展示了我国未来保险业发展的若干趋势。

一、保费收入增长回落，但长期看好

与第二期中国保险景气指数相比，本期未来3个月的总保费收入景气指数出现下落，为60.34。本期短期内保费增长的回落实际上印证了上一期中国保险景气指数专家对未来3个月与未来6个月保费收入的不同判断（未来6个月保费收入景气指数低于未来3个月保费收入景气指数）。造成保费收入增长回落的主要原因是第一季度保险开门红的甜蜜期已过，保险公司开始在市场中锐意进取，寻找后续发展的增长点。

不过相对于3个月总保费收入景气指数而言，6个月总保费收入景气指数出现小幅上升，为68.97。这显示了专家对未来保费收入增长的长期看好。综合不同险种的保费收入景气指数，健康险成为本期景指的头魁，未来3个月和未来6个月其保费收入景气指数分别为75.00、75.86。这一景气指数同样印证了第二期景气指数中未来6个月专家对健康险长期持续的看好（第二期健康险保费收入景气指数为93.94，为所有险种之最）。健康险保费收入增长的看好，还受近期税收优惠政策的影响，目前健康险是我国唯一可以享受税收优惠政策的保险产品，兼具避税和保障双重功能，受此影响直接提升了下一个阶段健康保险的景气指数。本期针对未来3~6个月不同类型的寿险业务发展的趋势判断上，93.1%的专家

也同样看好健康保险，远超其他险种。

二、经济环境影响财险，盼新生力军

财产保险作为转移居民和企业财产风险的主要险种，其景气指数的走向与实体经济的走势密切相关。本期财产保险的景气指数充分体现其实体经济发展的晴雨表。随着我国近期经济风险的波动，财产保险景气指数在各类保险景气指数中处于劣势，景气指数均为所有险种中最低。未来3个月和6个月的财产保险景气指数分别为44.00和55.77。

各类财产保险的景气指数中，农业保险、责任保险、信用及保证保险、家财险、企财险和机动车辆保险无论是3个月还是6个月均相比上期有所下降，不过货物运输保险、建筑工程险有细微的上升。可以预见，保险业受整体宏观经济的影响，在展业上将存在困难，财产保险将与宏观经济发展同甘共苦，互相促进。

三、寿险市场悄然转型，银保路漫漫

近期，我国越来越多保险公司加入"资产驱动型"的阵列，这一形势可望在未来得到调整，让保险更好地回归保障功能。在各类寿险业务中，传统寿险、年金险，健康险等均被专家寄予厚望，而万能险、分红险和投连险的预期较低。尽管上一个季度我国保险市场部分投连险账户收益有所上升，但是本期景气指数仍然显示，我国下一阶段投连险的投资收益景气指数仍进一步恶化，宏观金融环境对创新性寿险产品冲击较大。

保监会于2016年3月18日所发布的《关于规范中短存续期人身保险产品有关事项的通知》（保监发〔2016〕22号）将对寿险市场带来较大的影响。一方面，寿险业务将受到更严格的监管和引导，使得利用保险作为"提款机"的势头得以抑制，寿险公司经营投资理财特征明显的产品将受到严格监管；另一方面，寿险业的发展将着力于长期产品，对保险

公司如何适应监管环境变化进行险种创新提出了新的挑战。尽管市场上普遍认为银行保险将受到以上新规的冲击造成份额下降，本次银行保险的营销渠道预测指数却均显示出上涨，未来6个月银行保险营销渠道在寿险业的景气指数为31.03，在非寿险的景气指数为29.17，均高于上期相关景气指数。未来银行保险能否在各类销售渠道中异军突起，有待市场的进一步考验。

四、资产荒与资金运用，收益险中求

保险公司资金运用受宏观环境的影响较大。在针对未来6个月的保险资金运用的发展态势和收益预测指数中，位居首位的均为其他金融资产。其他金融资产的资金运用指数为52.27，收益预测指数为2.27，远高于权益类资产的16.67和-16.00。其他金融资产是指风险收益特征、流动性状况等与流动性资产、固定收益类资产、权益类资产和不动产资产均有较大区别的可投资保险资金。其他金融资产景气指数的排序说明了市场上的不乐观情绪，保险资金运用的安全与风险待考。

实际上未来6个月保险资金收益预测景气指数的不乐观受到多重因素的影响。近期股票市场的动荡对保险公司权益类资产投资标的的选择提出了更高的要求，加之保险公司重仓银行股下由于银行坏账率渐升吞噬利润可能导致的分红收益减少，以及人民币贬值预期、信用债违约风险加大等原因，对保险资金运用提出了更高的要求。本期中国保险景气指数显示，保险业在总体宏观经济下行压力下将难以独善其身，中国保险业的发展与我国经济的转型密切相关。

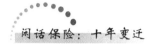
《中国保险景气指数》第四期解读

2016年6月30日

2016年6月，复旦大学发展研究院中国保险与社会安全研究中心联合《中国保险报》发布了第四期《中国保险景气指数》报告。第四期中国保险景气指数整体反映了我国保险业未来发展向好，第三季度成各保险公司保费增长的关键窗口期。

一、短中期景气指数差异，保险业发展重在当下

相较于第三期中国保险景气指数中未来3个月的总保费收入景气指数出现的下落情况，第四期中国保险业景气指数出现轻度上扬，为63.79。其中，寿险、健康险与人身意外险出现小幅上升，但是健康险的景气指数略微下降。有趣的是，专家对未来6个月各大险种保费收入增长的预测出现了此消彼长的趋势，中期的景气指数中财险出现逆转，而其他各类险种均出现幅度很小的下降。

第四期中国保险景气指数揭示了我国未来3~6个月保险业发展的趋势：由于总保费收入的中期景气指数低于短期景气指数，因此第三季度保费收入的增长将是各保险公司保费收入增长非常关键的窗口期；各类险种的保费增长将出现拉锯局面，短期内寿险发力，中期的增长点还看财险；2016年第三季度也将是我国保险行业核心成本支出重要的时期，除健康险以外，总赔付、财险、寿险和人身意外险的市场赔付支出景气指数都出现上升，警戒保险公司在本阶段要重视相关成本的控制。

健康险在本期景气指数预测中独占鳌头，短期景气指数达75.86，略高于第三期景气指数(0.86)，并且专家对于健康险持续看好，不仅中期6

个月所预测的健康险景气指数与短期预测景气指数相同，而且对于健康险的赔付也给予了积极的态度，健康险在未来3个月中国保险市场赔付支出景气指数中最低（57.41），低于总赔付支出景气指数58.62。但是，随着健康险保费收入的增加，中期健康险赔付景气指数也相应增加。

二、寿险保费增长背后的压力

资本市场的不稳定也影响到人寿保险的发展，在关于对不同类型寿险业务发展态势的预测中，专家们对传统保险、年金保险和意外伤害保险等相对看好，但是对于分红保险、万能险和投连险等和资本市场黏度较大的险种，专家的预测值相对较低。本期万能险的青睐度只有17.2%，远低于上期的41.4%。投连险收益率的景气指数延续上一期的悲观，尽管短期、中期的景气指数均有小幅上升，但仍为负值，短期景气指数为-23.08。相对利好的消息是预计未来3个月我国寿险市场上的退保率将出现有效控制，退保率景气指数为3.85，此外在股市不被看好的时候，创新型寿险产品将在债市的投资上寻找突破口，本期年金收益率的景气指数转负为正，但是长期依然不被看好。

本期专家对寿险市场营销渠道发展态势的预测，并没有延续上期对银保渠道的乐观，银行保险的营销渠道景气指数相较于第三期中国保险景气指数下降了7.95，说明市场的发展和行业监管密切相关，《关于规范中短存续期人身保险产品有关事项的通知》（保监发〔2016〕22号）的影响将持续发酵。在各类寿险业营销渠道的景指预测中，网络保险和传统直销的景指最高。

三、财产保险尚待厚积薄发

从财产保险的短期保费收入景气指数最低和保险赔付支出景气指数最高的两个数据的差异可以窥探出财产保险在近期发展所面临的压力。我国实体经济的发展在很大程度上影响了财产保险的进一步发展，本期的建筑工程险、货运险等和中国的经济建设与实体经济发展密切相关的险种景气指数乏力，建筑工程险景气指数为 28，货物运输险景气指数为 18.52，是我国短期非寿险业务景气指数中最低的两类险种，其中货物运输保险的跌幅达到 10.65。

纵观非寿险保险景气指数中短期的区别，未来非寿险业发力的重要险种为机动车辆保险、财产保险（企财险、家财险）和货物运输保险，中期景气指数均高于短期景气指数。尤其需要强调的是，根据 2016 年我国保险监管工作会议的安排，截至 2016 年 6 月，我国基本实现了全国范围内的商业车险改革，市场化进程的推进一方面提高了商业保险公司车险费率厘定的自主权，另一方面促进了保险市场进一步的创新，这些因素将助力我国下一步的非寿险行业发展。

四、保险资金投资风格延续

2016 年 6 月 20 日，保监会发布的我国 2016 年 1~5 月保险统计数据报告显示，我国当前保险资金运用余额达 121109.3 亿元，各类保险资金的配置分别为银行存款 18.3%、债券 34.37%、股票和证券投资基金 13.91%、其他投资 33.41%。这一资金配置的分布与 2016 年 3 月发布的第三期中国保险景气指数的预测基本一致，也体现了专家对保险行业前景预测的高瞻与专业。本期中国保险资金运用预测指数最高仍为其他金融资产，景气指数为 41.3。同时本期保险景气指数对未来保险资金收益的预测明显乐观于上期。各类保险资金收益预测的景气指数均为正，权益类资产的收益景气指数最高（21.43），流动性资产的景气指数也显著改善。

调研中，保险行业一线专家对我国下一步行业发展的建言集中体现了"回归与创新"。一方面，保险业的发展要回归到保险的保障功能上，大力推动传统寿险与财产险的发展；另一方面，要在大数据、服务社会与国家战略、新技术、产品服务和销售模式上进一步创新，激发保险行业活力。

开放经济下中国的保险发展与监管

2014年3月

2013年7月3日，国务院批准建设中国（上海）自由贸易区，上海成为中国先行先试的排头兵。未来中国自由贸易区的上海经验将在中国进行复制和推广，助力中国进一步融入未来国际深层次自由贸易与服务的体系中。2013年9月29日，中国保险监督管理委员会发布《保监会支持中国（上海）自由贸易试验区建设》，从八个方面强化保险功能，支持中国（上海）自由贸易试验区建设。

中国经济历经改革开放和世界贸易组织（WTO）等几次浪潮后迅速发展，已经成为世界贸易与服务不可或缺的一部分。2001年，中国加入WTO，保险业作为金融行业的先驱率先对外开放，十余年来成果丰硕，保险密度从2001年的全球第73位（20美元）跃居2012年的全球第61名（178.9美元）；保险深度从2001年的全球第56名（2.2%）上升为2012年的全球第46名（2.96%）。自贸区的开放与保监会的八大举措，将为保险公司带来什么机遇和挑战，能否进一步推动我国保险业的进一步发展和转型，是目前各方关注的焦点。本文拟结合保监会发布的八大举措进行评述，梳理中国（上海）自贸区建设对我国保险业改革发展的机遇与挑战，思考政府如何推进自贸区内保险业发展，探讨我国保险业如何深化和融入未来深层次的服务贸易体系。

一、外资专业健康保险机构

保监会支持在自贸区内试点设立外资专业健康保险机构。我国加入

WTO以来，允许非寿险业外资保险公司设立独资公司，但是对外资寿险公司在华设立子公司的情况，仍然规定其持股比例不能超过50%。本次在国务院批准上海进行自由贸易试验区试点前夕，外资保险机构普遍对自贸区允许外资保险公司以独资形式在自贸区内开展业务寄予了很大的希望。然而2013年9月29日发布的《上海市人民政府关于公布〈中国（上海）自由贸易试验区外商投资准入特别管理措施（负面清单）（2013年）〉的公告》（沪府发〔2013〕75号），对投资保险公司（含集团公司，寿险公司外方投资比例不超过50%）、保险中介公司（含保险经纪、代理、公估公司）和保险资产管理公司作出了明确限制。这意味着外资保险公司之前的期望落空，外资专业健康保险机构成为外资公司谋划的重中之重。

尽管上海自贸区外资专业健康保险公司的准入门槛、规则和后续监管的细则还没有出台，但公开信息均显示未来外资保险公司可以在自贸区范围里设立独资的外资专业健康保险公司。随着中国人口老龄化和生命周期变长、医疗费用高涨及人们医疗卫生需求的增加，外资专业健康保险机构将在服务好中国社会的同时拥有广阔的市场前景和利润空间。此外，全独资的外资专业健康保险机构将避免目前我国寿险合资公司在经营过程中出现的中外出资方矛盾对立、认知差异和决策效率低等问题，使得外资专业保险机构可以大施拳脚。

外资专业健康保险机构的设立将为外资公司进军中国健康与养老市场打开一扇窗户。未来的外资专业健康保险将成为整个健康和养老产业链条上的重要环节。本次中国（上海）自由贸易区的负面清单中并未禁止外资企业投资医院和其他卫生医疗机构，这意味着国外健康医疗保险机构所常用的医疗模式（保险、家庭医生、医院治疗和保健康复）有望在上海得到复制，这将更大地提高投保人的医疗服务水平，同时也降低了健康保险机构的运作成本，提高了其利润。外资专业保险机构在上海自贸区的展业将首先惠及随着中国经济发展而迅速致富的高收入人群，

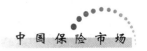

而恰恰是这一部分高收入人群对医疗健康的高需求和对价格的高承受能力也进一步为外资专业健康保险公司提供了良好的市场空间。

二、人民币跨境再保险业务

我国保险业历经改革开放30年的积蓄与发展，目前已经成为国际上增长潜力最大的保险市场之一。本次自贸区改革"支持保险公司在自贸区内设立分支机构，开展人民币跨境再保险业务"，从一定程度上看到了我国保险监管部门对保险业走出去的支持和决心。但是，上海能否开展人民币跨境再保险业务，开展人民币跨境再保险业务能否惠及保险公司和投保人，能否推动我国保险公司发展，进而实现我国保险公司走出去战略，却值得商榷。

根据保监会2011年下发的《关于跨境人民币结算再保险业务有关问题的通知》（保监发〔2011〕49号），跨境人民币结算再保险业务是指中国境内（不含港澳台）的保险公司从中国境外分入以人民币为结算货币的再保险业务。本次保监会支持上海自贸区建设的文件并没有再对"人民币跨境再保险业务"进行定义。这一政策举措在业务角度上并无创新，而更多的是在支付手段上给予了在境外开展再保险业务的中国保险公司使用人民币作为定价货币和支付货币的便利。实际上人民币跨境再保险业务还包括另外一个业务方向，即中国保险公司向境外的再保险公司分出再保险业务，理应也必须允许其使用人民币作为跨境的支付手段。

尽管鼓励人民币跨境再保险业务是监管部门为了助推中国保险公司走出去战略的重要举措，但是中国保险公司能否走出去更多依赖于自身实力的提升和国际竞争力的加强，而不在于支付手段的创新。人民币跨境再保险业务在上海自贸区的试行如果没有政府强力的干预行为，将可能难产。理由如下：（1）人民币跨境再保险业务开展的首要条件在于中国再保险市场的发达，并且产生足够多的跨境业务。实际上由于中国保险业发展落后，再加上中国本身就是较大的风险池，目前情况下跨境再保险业务的分量少之又少。（2）在人民币还没有作为可自由兑换货币之前，境外分出保险公司为了实现人民币结算，必须首先将本国货币兑换成人民币，再用于支付中国再保险公司的保费，技术可行性和市场效率本身值得探讨，原有的市场需求会在一定程度上得到抑制。（3）如果中国保险公司向境外机构分出再保险业务并使用人民币作为支付手段，在缺乏人民币货币兑换市场的情况下境外再保险的分入机构会将这部分的汇率兑换成本折算进原来的再保险价格中，无疑增加了我国再保险分出公司的成本和负担。（4）人民币跨境再保险业务的初衷是为了中国保险公司锁定汇率市场波动的风险，但是却将这一部分风险转嫁给了境外交易的另一方，在市场经济条件下这一部分风险会转化为价格成本，最终还是需要中国保险公司共同分担。

三、巨灾保险机制

上海作为我国对外开放的领军者，优良的基础设施、金融环境和金融秩序状况已经成为上海打造国际金融中心的重要基础。上海自贸区内的巨灾保险制度建设应当依托这一资源优势，在数地的巨灾保险试行模式中走出自己的特色。

考虑到我国保险业正处于转型期、保险意识淡薄和民众依赖政府救灾的惯性思维等因素，联合保险模式相较于纯商业保险模式和强制性保险模式更具有可行性和科学性。这也就要求上海自贸区巨灾保险体系建设必须在一定程度上依托政府。由于自贸区尚处于试验阶段，巨灾保险机制也可以在小范围内进行试验后在全国范围内进行试点。

上海自贸区巨灾保险机制必须具备有效的内生风险机制和合理的金融分摊机制。内生风险机制设计本身要求原保险公司、再保险公司、资本市场投资人、政府和投保人多方参与，在有效的内生风险分摊机制中各自承担适当的风险，从而使得巨灾保险机制风险可控、运营有效。合

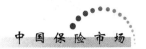

理的金融分摊机制要求上海充分利用自身在中国和国际上的金融地位，开发巨灾债券等金融衍生产品，在活跃金融市场的同时有效地将超大型的、仅依靠保险工具无法承保的巨灾风险转移到资本市场上。

四、境外投资试点

本次鼓励的"自贸区保险机构开展境外投资试点"，主要包括扩大自贸区内保险机构境外投资的范围和比例。扩大中国保险公司境外投资试点是一篇大文章，因为随着全球风险的积聚和金融市场的国际化，适度将源自我国境内的保险风险转移到国际上将有助于我国保险公司的稳健性，并且为中国保险公司分享全球资本市场成长的收益带来可能。但是，如何进行试点，如何推进试点却是自贸区内保险公司面临的未解难题。

首先，自2001年中国加入WTO以来，保监会对于保险公司境外投资的限制已经逐渐放开，目前允许保险公司境外投资的比例为"不超过上年末总资产的15%"。不过，我国目前保险公司境外投资的比例不高，实际上远远没有达到15%的规模。如果在自贸区外保险公司境外投资15%的比例还没有达到，似乎自贸区内扩大超过总资产15%的投资额度意义不大。造成我国保险资金境外投资不足的原因主要包括两方面：一方面，中国保险公司缺乏境外投资的经验和专业人才储备，再加上境外经济环境近期并不如人意，所以保险公司投资意愿本身不高；另一方面，我国保监会2012年10月发布的《保险资金境外投资管理暂行办法实施细则》（保监发〔2012〕93号）中对投资委托人和受托人的资质都进行了严格的规定，这些规定限制了保险公司境外投资的可能性。

其次，放宽对外投资比例和范围固然鼓励了保险公司改善资产配置、分散风险，从而增加收益、提高国际竞争力等，但是也要看到中国国内保险机构境外投资经验不足，风险管理能力不强的现状，在探索保险公司境外投资渠道和比例的同时，也应该通过增强企业的风险管理能力鼓励保险公司进行海外投资。当前仅放宽保险公司境外投资的比例和范围，未必真的能够让保险公司境外投资比例上升。因此，上海自贸区内探索保险公司境外投资问题，首当其冲应当解决的问题不是如何扩大保险公司境外投资的比例和范围，而是应该研究如何提高我国保险公司风险管理能力，如何进行合理的人才储备，以及如何使中国保险公司勇于探索海外投资市场，培养良好的投资选股能力，借鉴周边新兴市场的方法，在更多的地方审慎选择投资标的，以分散资产运用途径单一和地区封闭带来的风险，保证和提高保险公司的整体投资回报率和竞争力。

五、国际中介机构引入

自贸区内保险中介机构的引入是外资保险中介机构的利好消息。国际中介机构引入将包括两个部分内容：业务上，未来上海自贸区建设需要大量熟悉国外再保险、航运、特殊风险、巨灾等业务的专业中介机构；分销渠道上，上海自贸区建设将带动以保险经纪人为主体的中介市场发展。

上海自贸区的国际化和前瞻性将使保险中介市场成为新型风险交易的主要场所，其首先承接的就是上海国际航运中心建设对航运保险经纪人的巨大需求，同时对于再保险、特殊风险（新能源、新技术）和巨灾等保险安排也存在巨大的需求。只有通过专业化的中介服务才能使这些需求的风险得到有效的分散和控制，并且将风险转移成本控制在一定区间内。国际专业保险机构将以自贸区为桥梁进驻中国，并且在中国保险业转型和发展中扮演着越来越重要的角色。

中国保险公司在发展中通常采用产品设计、营销、核保、理赔、风险管理、分包和投资各项业务独立完成的模式。保险中介在我国尚处于低端竞争的阶段。相对于保险代理人而言，自贸区内保险经纪人的市场空间和潜力将更加广阔。自贸区内国际保险中介机构的引入在活跃保险中介市场的同时，也将通过保险经纪业务激发我国中产阶层的保险需

求，提高中国企业运用保险分摊机制分散风险的需求和能力，同时也给国际中介机构带来巨大的市场空间。

受"泛鑫"事件的影响，上海自贸区国际中介机构引入后的监管将成为保险监管部门的一个心病。目前，2013年版的"负面清单"中并没有出现国际保险中介机构，这意味着进驻上海自贸区的保险中介机构将执行和我国其他保险中介机构一样的监管标准。实际上，目前中国保险中介监管执行保监会2013年初发布的《保险专业代理机构基本服务标准》《保险公估机构基本服务标准》。这两项标准只是针对保险中介机构设定了基本服务标准。这意味着自贸区内保险中介机构针对特殊业务和特殊群体所开展的中介服务可能超出了现有的监管框架，并且在业务范围和服务上有所创新。随着这种情况的出现，如何引导保险中介市场，规范中介服务范围和推动保险中介服务上海自贸区保险建设，也成为了保险监管部门需要重视和研究的重要课题。

六、航运保险

自贸区将为上海开展航运保险、培育航运保险营运机构和航运保险经纪人队伍、发展上海航运保险协会提供良好的市场环境。与纽约、伦敦、东京、香港和新加坡等国家和地区的国际知名航运中心相比，上海目前的航运保险在市场规模、产品多样性、全球服务网络、人才积累等方面都存在很大的不足。航运保险的滞后发展与上海航运市场近年来取得的成绩显得不匹配：2010年，在国际航运业低迷的情况下，上海港货物吞吐量和集装箱吞吐量跃居世界第一位，世界排名前20位的大集装箱班轮公司已经全部入驻上海。从侧面说明了上海自贸区建设为航运保险提供的巨大市场前景和市场活力。

上海航运中心建设需要航运保险助力。上海软环境方面的欠缺仍然不容忽视，以航运保险为例，问题包括产品结构较为单一、专业人才与复合型管理人才不足、缺乏完善的法律规范体系、航运业税负偏高限制投保动力、国际网点布局不完善等方面。上海自贸区内航运保险的发展首先是需要险种创新，自贸区内航运保险不仅包括货物保险、船舶保险、海事责任保险和海上石油开发保险，还包括沉船沉物打捞保险、新型运输人赔偿责任保险、海运提单下的承运人赔偿责任保险、无船承运人责任保险、仓库责任保险等创新性险种。其次是保险主体创新，除了专业经营航运保险的保险公司以外，积极探索专业保险中介机构、船舶保险公估公司、船东互保协会等多种航运保险市场主体。最后是管理创新，航运保险要依托自贸区内建设的一体化信息平台，实行标准化操作流程和专业化服务，提供相关的风险管理服务和信息交换服务，如向客户提供海上损失管理服务，向托运人和承运人提供货物包装、装卸、仓储以及船舶、码头的咨询服务等。凭借高度发达的信息技术将此类专业服务提供给客户，并借此扩大自身的影响力，进一步强化航运中心的地位。

此外，上海自贸区航运保险应该成为对接航运市场与金融市场的服务平台。航运业是典型的资本密集型产业，发展所需的投资额巨大，投资回收期限长，单个主体依靠自有资金难以满足全部需求。在诸多融资渠道中，与集中了大量资金的保险企业建立合作无疑是航运企业最为有效的筹资方式之一。航运保险不仅可以助力上海国际航运中心建设，同时保险业自身也能为航运企业提供资金支持，并且通过保险产品有效转移其他金融机构在服务上海国际航运中心建设中可能存在的风险，形成上海国际航运中心、国际金融中心的无缝连接。

七、责任保险

中国保险业转型，责任保险应该成为先锋。上海自贸区鼓励不断探索责任保险服务领域，一方面是为了提高自贸区内企业风险管理能力，保障第三方的合法权益；另一方面是为了减少自贸区内企业经营活动因为责任事故而导致的自身偿付能力下降风险与财务波动。

目前，中国保险业普遍对责任保险重视不够，缺乏中长期的系统性规划，对责任保险产品创新与开发投入不足，保险公司在专业技术与销售力量上的分配与其他险种相比明显不够，成为制约我国责任保险发展的主要原因。所以保监会明确指出要鼓励自贸区内保险公司进行险种创新、开拓责任保险服务领域。

上海自贸区建设旨在开启中国新一轮的开放，开放过程中势必使得责任事故风险变大。这为中国保险企业提供了良好的发展契机。除了上文所介绍的航运责任保险以外，医疗事故责任保险、环境责任保险、安全生产责任保险、公司高管与董事责任保险、食品安全责任保险、物流责任保险和特定职业（律师、会计师等）责任保险等都需要保险公司加大研发力度，扩大市场供给，使得我国责任保险进一步和国际接轨，并且成为我国非寿险保险领域中的重要险种。

八、保险市场体系完善

上海作为中国经济发展的窗口和下一轮中国经济进一步开放的"领头羊"，在完善保险市场体系方面担负着重要的责任。目前我国保险业正处于转型期，保险公司从粗放型的保费竞争逐步转变到保险回归保障功能、提高保险服务附加值的核心价值模式中来，中国保险业也逐渐和国际保险主流业务与核心价值接轨。在保险业实现成功转型以后，未来中国保险市场将迎来新一轮的发展机遇，为此上海必须提前布局，成为带动中国保险市场融入世界经济的先驱。

为此，本次中国（上海）自由贸易区提出建立航运保险定价中心、再保险中心和保险资金运用中心等功能性保险机构。笔者建议政府采用目标与形式分离的手段，即确立上海建立中国保险中心的目标，但是弱化功能性保险机构建设，通过市场发展与政策扶持确立上海在国际航运保险定价、再保险业务和保险资金运用的中心地位。各项保险中心的建立必须首先依托良好的市场环境、活跃的市场交易、大量的市场主体和完善的市场监管，并且通过市场的方式自发形成。政府在推进上海国际保险中心建设过程中可以为市场提供良好的政治、法律和税务等环境。

实际上《保监会支持中国（上海）自由贸易试验区建设》所推进的八大举措，已经为上海航运保险定价中心、再保险中心和保险资金运用中心的形成提供了前瞻性的规划，政府未来应该进一步引导保险企业进行产品创新和自身竞争力建设，规范市场行为。自贸区内功能性保险机构建设可以辅助性地为企业提供信息服务、法律咨询和制度保障等，从而依托市场、服务市场以及助力上海国际保险中心建设。

"一带一路"倡议与保险业的冷思考

2016 年 5 月

自 2015 年 3 月国家发展改革委、外交部、商务部联合发布《推动共建丝绸之路经济带和 21 世纪海上丝绸之路的愿景与行动》以来，保险业从未停止对"一带一路"的探索与讨论。在"一带一路"倡议中，我国保险业有着巨大的发展潜力。一方面，"一带一路"涉及我国企业走出去和大量的海外投资，这就不可回避地会遇到诸如政治风险、灾害风险等各类风险，而保险作为最重要的风险管理工具，可以将个体风险转化为集体风险来提高个体以及社会对风险损失的承受能力，将在其中扮演重要的角色；另一方面，"一带一路"建设的重点领域是加强中国同周边国家基础设施的互联互通，对长期建设资金的需求量大，而保险资金规模大、久期长且较为稳定的特点与基础设施项目天然契合，更是给我国保险业投资带来了巨大的机会。不过，保险业在助力我国"一带一路"倡议的推进过程中，也将面临着重要的挑战。

一、"一带一路"：保险不发达地区

"一带一路"具体包括"丝绸之路经济带"和"21 世纪海上丝绸之路"两部分。"丝绸之路经济带"包括北线、中线和南线：北线联通北京—俄罗斯—德国—北欧；中线联通北京—西安—乌鲁木齐—阿富汗—哈萨克斯坦—匈牙利—巴黎；南线联通北京—南疆—巴基斯坦—伊朗—伊拉克—土耳其—意大利—西班牙。"21 世纪海上丝绸之路"则以泉州为起点，横跨太平洋、印度洋，历经南海、马六甲海峡、孟加拉湾、阿拉伯海、亚丁湾、波斯湾，涉及东盟、南亚、西亚、东北非等相关国家。

从世界地图上看，"一带一路"连接了亚太经济圈和欧洲经济圈，被认为是"世界上最长、最具有发展潜力的经济大走廊"，然而途经地区保险的发展水平普遍低于世界平均水平。

"一带一路"所途经的大部分国家不仅整体保险发展水平低于世界平均水平，国家与国家之间的保险发展水平差距也十分明显。约旦、白俄罗斯、乌克兰、印度尼西亚、菲律宾、印度、斯里兰卡、越南、埃及和巴基斯坦的保险密度均低于100美元，乌克兰、菲律宾、塞尔维亚、伊朗、土耳其、罗马尼亚、俄罗斯、越南、阿曼、斯里兰卡、白俄罗斯、卡塔尔、沙特阿拉伯、哈萨克斯坦、巴基斯坦、埃及和科威特等国家的保险深度低于2%。比如，巴基斯坦的保险密度仅为8.8美元，保险深度为0.73%。不仅国家之间的差异较大，地区之间也存在明显的差异。2013年中东和中亚的保险深度为1.5%，而中欧和东欧的保险深度为2.0%，它们的保险密度分别为140美元和234.8美元，远低于2013年整个亚洲的保险深度5.4%，以及全球的平均水平6.1%。2013年亚洲保险密度为303美元，全球平均保险密度为632美元。

二、所经国家：潜在不可保风险

在经典的保险学理论中，有一类风险因为无法满足大数定理而被称为不可保风险。这些风险通常包括战争、敌对行为、军事行动、武装冲突、放射性污染、特定的自然灾害等。"一带一路"倡议涵盖了64个国家，在所经过的中亚、南亚等地区中，安全局势日趋严峻，其中一些国家的政权交接和社会转型也存在较大的不确定性，东亚朝核问题，东南亚恐怖主义和领土争端，南亚印巴矛盾、阿富汗问题，西亚北非的持续动荡，中亚极端主义，这些问题一旦恶化，将严重威胁到"一带一路"倡议的推进，也影响到保险业的运营与作用的发挥。

恐怖袭击和战争风险也是"一带一路"倡议中必须考虑的风险。一旦线路上的某个国家遭受了大规模恐怖袭击乃至发生战争，将极大的影响当地"一带一路"基础设施建设，甚至将对投资企业的财产造成巨大的损失。以巴基斯坦为例，巴基斯坦作为我国在南亚的重要战略支点，其安全形势却不容乐观。巴基斯坦长期遭受恐怖主义的威胁，恐怖袭击时有发生，频繁的恐怖活动将严重威胁贸易的安全与交通互联基础设施建设。同时，巴基斯坦和印度因为克什米尔问题积怨已深，在2013年还在克什米尔控制线附近多次发生越境交火，这样的地区武装冲突也将严重威胁"一带一路"中的贸易安全。

民族与宗教冲突也是一个绝对不容忽视的风险，在"一带一路"倡议的线路上，各国间宗教信仰错综复杂，民族冲突也时有发生，这些都可能会导致出现排外风险或是武装冲突，这样的不安定因素也是影响"一带一路"中贸易安全和基础设施建设的重大风险。这些风险，都是我国保险业在 "一带一路"沿线国家开展业务所不能忽视的因素。

三、双面硬币：挑战背后是机遇

无论是"一带一路"所经国家的保险业发展地区差异大、发展水平低，还是"一带一路"地区存在许多挑战保险原理的不可保风险，"一带一路"仍然为我国保险业提供了巨大的发展机遇。由于"一带一路"途径地区的保险发展水平普遍较低，需求空间很大，这可以给我国保险公司提供借助"一带一路"的重大发展机遇走出国门的机会。"中国制造"将在"一带一路"的推进下走出国门，而基础设施建设无疑是走出去的"先锋"。伴随着"中国制造"的走出国门，我国保险行业同样迎来了难得的"走出去"的发展机会。

目前，中国的海外承包工程额1400多亿元，在海外的员工30多万名，随着基础设施建设和劳务的不断输出，其附属的工程险和人身险等险种也迎来了走出国门的良机，前文已经提到，"一带一路"沿线国家或地区的保险发展水平普遍较低，空间很大，我国保险业应当抓住当前绝佳的历史机会，积极布局海外市场，在承揽境外工程较为集中的地区设立营业性机构，从而随着"一带一路"的春风扎根在沿线国家之中，建立起全球化的服务网络。这是我国保险业"走出去"的关键一步。

尽管在"一带一路"所经国家中存在潜在的不可保风险，保险企业在利用保险资金参与"一带一路"基础设施建设中需要认真对待。比如哈萨克斯坦、吉尔吉斯斯坦、塔吉克斯坦、巴基斯坦等周边国家相关的基础设施项目，这些国家一方面发展水平相对较低，预计未来发展速度仍有上升空间；另一方面，所在地区和经济环境也存在着诸多不确定因素。因此，保险机构一方面可以利用自己的风险管理优势为相关机构或项目提供风险管理服务，另一方面也可独立设立基础设施债权投资计划进行投资，充分发挥保险业的风险管理专长。总之，保险业的"一带一路"进程，必须正视挑战，迎接机遇。

保险公司上市及机构间的融合

2008 年 4 月

保险业的快速发展与保险资金运用渠道狭窄之间的矛盾，抑制了保险资金融通功能的有效发挥。承保和资金运用并称为保险公司两大业务支柱，其中资金运用业务已经取代承保业务成为保险业的主要收益来源。大量的保险基金只有通过资金运用才能保值增值，才能确保未来充足的偿付能力，这是由保险经营的特殊性决定的。保险公司的上市及机构间的融合，在保险公司丰富现有资金运用手段、扩大未来融资渠道的过程中扮演着不可或缺的角色。

一、我国保险公司上市及机构融合的现状

长期以来，资金问题一直被业内认为是制约中国保险业发展的瓶颈之一。2003 年，中国人寿和中国人保通过境外上市开启了保险公司上市的大门。截至 2008 年 4 月，中国已经有 6 家保险公司相继在境内外上市，且有多家保险公司将上市计划作为公司未来发展的重点。表 2-2 提供了我国目前上市的 6 家保险公市上市的基本概况。

已经上市的保险公司在过去的发展中均表现不俗。比如中国平安 2004 年在香港 H 股上市，两年后回归 A 股，短短 3 年之内市值由 800 亿元一路飙升至超过万亿元，由此铸就了平安内部员工中无数的超级富豪；中国人寿不仅在 2003 年的纽约、中国香港两地上市创下辉煌的当年全球最大 IPO 的纪录，而且在 2007 年作为第一家保险概念股亮相 A 股市场时一度冻结资金 8000 多亿元；而泛华集团作为第一家保险中介概念股在美国上市时也受到非常追捧。在泛华集团境外上市效应的刺激下，不少保

表2-2 我国已上市保险公司基本概况

保险公司	上市场所	股票代号	每股收益[1]	市盈率[2]
中国人寿	上海证券交易所	601628.SS	0.8731元人民币	181.522936
	香港交易所	2628.HK	0.745元港币	57.56
	纽约证券交易所	LFC	0.27美元[3]	91.00
中国平安	上海证券交易所	601318.SS	1.59元人民币	143.822113
	香港交易所	2318.HK	1.39元港币	64.64
中国太保[4]	上海证券交易所	601601.SS		
中国财险	香港交易所	2328.HK	0.286元港币	44.62
中保国际	香港交易所	0966.HK	0.347元港币	61.38
民安控股	香港交易所	1389.HK	0.186元港币	15.86

注1 每股收益（EPS），又称每股税后利润、每股盈余，是指税后利润与股本总数的比率。它是测定股票投资价值的重要指标之一，是分析每股价值的一个基础性指标，是综合反映公司获利能力的重要指标，它是公司某一时期净收益与股份数的比率。该数据来源：http://cn.finance.yahoo.com(下载时间 2007年11月12日)。

注2 市盈率是最常用来评估股价水平是否合理的指标之一，由股价除以年度每股盈余(EPS)得出(以公司市值除以年度股东应占溢利也可得出相同结果)。该数据来源：http://cn.finance.yahoo.com(下载时间 2007年11月13日)。

注3 参阅：BusinessWeek (2007): China Life Insurance Co Ltd (LFC:NYSE)，数据来源：http://investing.businessweek.com/research/stocks/snapshot/snapshot.asp?symbol=LFC (下载时间2007年11月13日)

注4 中国太平洋保险公司于2007年12月6日正式刊登首次公开发行A股招股说明书，以集团整体上市方式登陆A股市场。由于表格整理为了方便比较，均采用2007年11月数据，因此该公司数据并未录入。

险中介正在擦刀磨枪，江泰保险经纪、华康金融都有着雄心勃勃的上市计划。其中有不少保险中介的目光瞄准了即将推出的创业板。在中国人寿改写了中国保险企业A股上市的零纪录后，在未来的一段时间内，无论是国内资本市场，还是国际资本市场，中国人保、中保国际、中国平安、中国太保的身后，将会出现越来越多保险上市公司的身影。

无独有偶，保险公司在积极利用股票市场资金的同时，也加快了机构融合的步伐。保险与资本市场的融合不仅表现在业务的交叉上，也表现在组织机构的一体化上，保险机构与证券机构、证券投资基金、资产管理机构等通过收购兼并，形成集团化、复合式的组织构架。在过去中国保险市场的发展中，银行保险成为机构融合最为典型的例子。保监会于2006年10月首次颁布了《关于保险机构投资商业银行股权的通知》（保监发〔2006〕98号），允许保险公司最多持有40%的银行股份。[①]国务院2008年1月已批准银行和保险公司可开展相互投资试点。2008年3月19日，中国人民银行、中国银行业监督管理委员会、中国证券监督管理委员会、中国保险监督管理委员会联合发表了《关于金融支持服务业加快发展的若干意见》（银发〔2008〕90号），提出进一步促进保险业加快发展。因势利导，推动国有保险公司重组改制，深化保险资产管理体制改革，推进保险业综合经营试点，促进保险机构产品和服务创新，完善保险市场准入、退出机制，健全保险市场体系。银行与保险监管机构的进一步合作，将有效规范商业银行和保险公司对现有金融资源的整合优化，增强中国金融业的整体竞争实力和防范风险能力。

二、我国保险公司上市及机构融合的主要动因分析

经济全球化和资本市场的进一步融合是保险公司上市和机构融合的基本原因。该部分的分析抛开基本层面，重点从中国保险市场的发展现状和保险公司面临的现实问题出发对动因进行分析。

首先，中国保险业近年来的健康发展和较快的发展势头为保险公司上市和机构融合提供了基本前提。一是市场规模不断扩大。2002年以来，保险业务年均增长速度保持在16%左右，2006年全国保费收入达到5641亿元，是2002年的1.8倍。2008年1~8月，全国保费收入4683.5亿

---

① 该40%的限额只适用于300亿元资产的大型保险集团或者1500亿元资产的保险公司（非集团）。

元，同比增长 22.6%。二是行业整体实力明显增强。目前，保险业总资产达到 2.53 万亿元。从 1980 年恢复国内业务到 2004 年初，保险业积累第一个 1 万亿元资产用了 24 年，积累第二个 1 万亿元资产仅用了 3 年。保险业资本金总量超过 2000 亿元，是 2002 年的 5.6 倍。三是市场主体结构日益优化。目前我国有保险公司 102 家，其中中资公司 61 家，外资公司 41 家，比 2002 年增加了 60 家。同时，专业保险中介市场从无到有，目前有专业保险中介机构 2256 家，初步形成了功能相对完善、分工比较合理，公平竞争、共同发展的保险市场体系。四是国际差距逐步缩小。2006 年我国保费收入世界排名第 9 位，比 2000 年上升了 7 位，国际排名平均每年上升 1 位。[①]

其次，创造融资渠道提高保险承保能力是保险公司上市和机构融合的直接诱因。根据我国《保险法》第九十九条和第一百条的规定，经营财产保险业务的保险公司当年自留保险费，不得超过其实有资本金加公积金总和的四倍。保险公司对每一危险单位，即对一次保险事故可能造成的最大损失范围所承担的责任，不得超过其实有资本金加公积金总和的百分之十；超过的部分，应当办理再保险。也就是说，保险公司承保能力的大小以及经营过程中如何运用再保险，直接取决于保险公司所拥有的资本金加公积金。[②]近年来我国的宏观经济的稳定发展和保险业的良性发展极大的带动了保险需求，而保险公司资金不足已经成为制约保险业发展的重要原因。承保能力与公积金两者互相牵制，只能将资本金作为突破点。如果保险公司能够上市或者机构融合，就有可能快速进行资本的集中，相应地提高承保能力，保险公司也就有可能获取更多的利

---

① 保监会（2007）：十六大以来我国保险业改革发展取得显著成绩，文献来源：http://www. circ.gov.cn/tabid/434/InfoID/55345/Default.aspx?SkinSrc=% 5bL% 5dSkins% 7cindexej% 7cindexer （下载时间 28.04.2008）。

② Xu, Xian / Nickel, Andreas: IPO's chinesischer Versicherungsunternehmen‐bald auch an deutschen Börsen? [J], Versicherungswirtschaft, Vol. 01/2008：22‐24。

润，这样，在其他因素不变的情况下，就能形成一个良性循环。国外很多成功的保险公司都是通过上市，利用资本市场实现资本的追加而拓展业务发展空间，实现跳跃式发展的。

再次，适应保险风险变化和提高保险公司偿付能力是保险公司上市和机构融合的可靠手段。由于世界人口增长、城市化加剧、全球财富增加、气候和环境变化、现代工业发展、恐怖袭击频繁发生等，巨灾造成的财产损失不断上升。2001年"9·11"事件给保险业带来了400亿美元损失，非寿险业丧失1800亿美元资本，美国非寿险公司在保险历史上第一次面临亏损。2004年的东南亚海啸、2008年初我国经历的百年一遇的雪灾等现实均表明，巨灾的发生频率呈明显增长趋势。保险风险的变化，对保险公司的偿付能力提出了新的要求。另外，我国的一些保险公司，尤其是寿险公司经过多年经营，积累了一定的不良资产与严重的利差损问题，偿付能力现状不容乐观。如果保险公司能够上市或者进行机构重组，就可以通过直接融资筹集新的资本金，取得新的优质资产注入企业，有效提高资本充足率，而相应的承保能力的增加也可以间接地为缓解偿付压力提供余地，从而提高企业偿付能力，并进一步提高国际竞争力和抵御风险的能力。

最后，建立现代保险企业制度和完善保险公司治理结构是保险公司上市和机构融合的内在动力。我国已经基本完成了国有保险公司股份制改造，目前，除经营政策性业务的出口信用保险公司外，所有中资保险公司都采取了股份制的组织形式。新建立或者改制的股份制公司，在保监会的推动下致力于建立起规范的保险公司法人治理结构。[①]完善保险公司治理结构的好处在于通过引入战略投资者，优化股权结构，强化股权约束，使股东更加关注公司发展、董事会更加专业化、管理层更加职业化，初步形成权力机构、决策机构、监督机构和经营管理者之间的有效

---

① 参阅保监会《关于规范保险公司治理结构的指导意见（试行）》。

制衡机制。通过保险公司上市或者机构融合可以提高公司经营活动的透明度，强化行业监督与外部监管。目前保险公司一些问题和隐患还隐藏在企业内部，社会公众对此并不十分清楚，潜在风险或多或少地被忽略了。一旦发生类似日本"日产生命"破产的突发事件，不仅被保险人和投保人的利益难以得到保障，还势必将对保险行业的发展和整个社会的稳定造成极大的冲击。保险公司上市以后，其运作不仅要严格遵守《公司法》的规定，受到证券市场运作机制和规章制度的规范，还要受到来自投资者、投资咨询机构、会计师事务所、律师事务所等多方面的广泛监督与关注。这些来自外部的压力会促使公司进行科学决策，避免粗放型的经营方式和短期化行为，建立在市场上的诚信形象，在经营管理、金融创新、服务质量等方面积极开拓，形成良好的竞争管理机制。

除此以外，中国保险监管的完善与支持为保险公司上市和机构融合创造了有利环境。目前，我国在借鉴国际保险监督官协会核心监管原则的基础上，建立了以偿付能力、公司治理结构和市场行为监管为三支柱的现代保险监管框架。另外初步形成了以公司治理和内控为基础、以偿付能力监管为核心、以现场检查为重要手段、以资金运用监管为关键环节及以保险保障基金为屏障的五道风险防线，从事前防范、事中控制和事后化解三个环节，形成了防范化解风险的长效机制。并且建立和完善保险保障基金制度，率先在金融业建立起市场化的风险自救机制。这些监管制度的建立，对保险公司积极稳健的发展起到了根本的保障作用，也为保险公司上市和机构融合创造了条件。为了让更多的符合条件的保险企业尽快在资本市场亮相，保监会通过上市工作研讨会等形式，创造条件让保险企业了解发行上市的政策和程序，总结交流保险公司改制上市的经验，支持和推动符合条件的保险公司和保险中介机构在国内外资本市场上市。[①]

---

① 参阅保监会《关于召开保险企业上市工作研讨会的通知》。

三、我国保险公司上市及机构融合面临的主要问题

尽管从对保险公司上市以及机构融合的动因分析可以看出，上市以及机构融合将给保险业带来巨大的发展机遇，但是如何利用好这一机遇，是对我国保险业提出的进一步挑战。保险业的稳定发展关乎国家的稳定，而我国保险业起步晚，融资渠道有限，管理水平相对其他国家落后，因此更应该认真分析保险公司上市及机构融合面临的主要障碍。保险公司上市及机构融合面临的主要问题，大致可以归类为公司运营风险、信息披露问题、企业分拆风险、人才储备瓶颈和道德监管风险。

（一）公司经营风险

首先，保险公司上市及机构融合产生了公司策略实施风险。保险公司上市或者机构融合的根本目标之一是完善公司治理结构，进而提高企业的盈利水平，而这是一个利用外部环境主动完成的工作，并不仅是上市的形式就能够解决的。公司的经营决策以及发展战略直接影响着企业运营状况。在中国保险业仍处于分业经营、保险业务与其他金融业务分业比较严格、保险公司仅能有限从事其他金融业务的情况下，就更应防止保险公司上市目标仅停留在筹资层面。如果上市或机构融合后管理层只注重筹资收益，仅为"圈钱"而上市或重组，或者认为这是上市或重组的主要目的与收益，而不主动采取配套措施来改善内部结构，使公司产权制度和经营制度发生实质性变化，那么，结构的调整就只是流于形式，并不能真正有效地发挥作用，保险公司上市的长远目标就会落空，严重情况下还有可能成为垃圾股公司，最后陷入破产境地。其次，通过上市及机构融合进行筹资加大了保险公司的财务风险。保险公司上市后可能会面临的财务风险主要表现为再筹资风险，即由于公司的负债经营导致公司负债比率的加大，相应降低了公司对债权人的债权保证程度，从而限制了公司筹资的能力。形成财务风险的因素主要有资本负债比

率、资产与负债的期限、债务结构等因素。一般来说，公司的资本负债比率越高，债务结构越不合理，其财务风险越大。最后，通过上市及机构融合进行筹资加大了保险公司的投资风险。利用上市和机构融合新取得的资金进行再投资，进一步提高了保险公司的投资风险。这些投资风险包括了股票可能被套牢，债券可能不能按期还本付息、房地产可能会下跌等。保险公司应该根据需要确定自己的投资目标，并根据风险偏好选择金融工具，提高风险管理水平。

（二）信息披露问题

信息披露制度是指保险公司上市以后为保障投资者利益、接受社会公众的监督而依照法律规定必须将其自身的财务变化、经营状况等信息和资料向证券管理部门和证券交易所报告，并向社会公开或公告，以便使投资者充分了解情况的制度。它既包括发行前的披露，也包括上市后的持续信息公开，它主要由招股说明书制度、定期报告制度和临时报告制度组成。我国在引进证券市场的过程中，由于历史形成的社会经济基础和体制很难立即与全新的证券市场相匹配，造成了现阶段我国证券市场（主要是股票市场）虽然具备了现代证券市场的基本要素、发挥着基本的功能，但是该市场仍然存在较大制度性缺陷的后果。例如，股票市场发展的产权制度基础没有真正形成；股票发行的规模控制制度带有强烈的计划色彩；我国上市制度存在严重的行政特许性质；证券市场体系不健全；证券交易所存在地方化问题；有些甚至是根本性的制度缺陷，这些缺陷制约了我国证券市场的发展，造成了证券市场信息披露的不规范，致使内幕交易、操纵市场、欺诈客户等行为经常发生，助长了证券市场风险的生成和扩散，客观上为国家对证券市场信息披露的监管设置了种种障碍。而这些障碍的存在为保险公司如何合理进行信息披露，保障投资人和投保人利益提出了新的考验，[1]除此以外，我国现行保险会计

---

① 侯旭华. 上市保险公司会计信息披露与新企业会计准则[J]. 上海保险，2006：（8）46-48.

制度的不完善也给正确的会计信息披露带来了困难。

（三）企业分拆风险

中资保险公司由历史原因造成的经营现状，远远达不到市场的规范要求，为了在短时期内达到上市所必须具备的条件和标准，无论是国有独资保险公司改制还是股份制公司的上市，都拟采取先分拆重组后上市发行的做法，或者按时间划分或者按经营范围分拆，借以摆脱"利差损"的阴影，较为顺利地吸引外资参股并实现上市。作为一种可行的方式，分拆上市固然解决了时间和条件上的约束，然而这种看似高明的短期行为，实质上则隐含了巨大的内在风险，稍有不慎，将最终影响到中资保险公司的发展。分拆后的母子公司在利益分配上的不均衡性和不彻底性，必将使得分拆后偿付能力下降的母公司将长期依靠子公司的经营来维持，甚至可能将其作为上市的"壳资源"或"抽水机"来从市场圈钱，这无疑将给上市的子公司带来巨大的内部风险。

（四）人才储备瓶颈

战略性人才储备为企业的长远发展战略服务，它服从和服务于企业的长远发展，将人才储备作为企业人才发展的战略问题看待，实质上是从企业未来的发展目标出发，对企业人才现状进行深入分析，明确企业人才的层次、数量、结构及其与环境的关系，通过储备人才，使企业在激烈的竞争中获得人才优势，从而带动企业发展，获得竞争优势。保险业的发展需要经营管理、保险业务、投资、法律和技术五大类人才，另外，保险业进行上市或者机构融合，还需要精通金融、证券、投资、风险管理和税务等其他方面的人才。也就是说，在现行的保险教育制度上拓宽人才培养的方向，针对不同的人才需求培养出符合不同需求主体（比如保险公司专业人才、保险中介机构专业人才、投保人专业人才、保险监管专业人才、保险评级专业人才、保险会计专业人才和社会保险专

业人才等）的专业人才，目前仍然存在很大的人才需求缺口。

（五）道德监管风险

面对上市后将带来的种种利益和市场对上市公司的规范要求，一方面，保险公司在目前不具备利润指标、资本结构等各方面要求的情况下，很可能的做法是进行造假（向投资者披露假消息，提供假账户等）；另一方面，我国对保险业的内控和监管不完善，又造成了造假可以有续的空间。由此引出了两类主体的挑战，一方面保险公司如何规避本身的道德风险，另一方面监管部门如何通过建立有限监管防范机制约束保险公司和降低风险带来的不良后果。

四、如何促进我国保险公司上市及机构融合的进一步发展

促进保险公司上市及机构融合是一个长期任务。它不仅涉及保险业本身，同时也需要其他行业和部门的支持和配合。就我国目前情况而言，促进保险公司上市及机构融合，应当首先解决以下问题。

（一）保险公司科学合理制定上市或者机构融合发展战略

制定科学合理的保险上市或机构融合规划，如上市战略、实施步骤、战略举措和战略内容等。上市战略是指确定目标，力争形成一批具有较强国际竞争力的保险(金融)集团。逐步实施发展计划，首先在保险公司内部，撤并重组扭亏无望的分支机构以降低成本，实现集约化经营。鼓励国有与股份制保险公司以及股份制保险公司之间进行并购，从而壮大规模，实现规模经济和优势互补。其次以混合并购为主。并购银行、证券及信托等，组建若干家全能化、实力雄厚的金融保险集团。有实力的保险企业还应当具备国际眼光，开拓海外市场，例如通过并购外国保险公司、银行及证券公司，进入国际保险市场，在国际保险市场上争得应有的地位。

（二）建立健全保险相关法律与市场体系

在科学论证的基础上修改现行法规中有关保险公司上市或者机构融合的限制条款，健全证券监管、反垄断法、破产清算法等法规，营造适宜的市场环境，增加保险市场参与主体，使垄断市场向较充分竞争市场方向发展。推行条款费率市场化改革，松动重要险种费率条款的统一性管制。发展与完善我国资本市场。资本市场发达，企业上市与机构融合才能活跃，企业规模才能迅速扩张。因此要规范我国证券市场，在市场运作体系、资本流通渠道等方面加大改革创新力度，形成统一、规范、活跃的资本市场，推动保险公司上市。发展投资银行与其他具有并购功能的中介机构，培养高素质并购人才，使并购能以股权的方式进行，保证重组的顺畅与效率。

（三）规范公司治理结构

较高的经营管理水平与较强的抗风险能力是保险上市或者机构融合的先决条件。目前，我国保险业上市动力不足，管理水平也不能适应上市或者重组后规模扩大的需要。为此，必须实施创新战略：首先，应当实现产权结构多元化。解决国有独资保险企业政企不分、权责不明等体制性问题。吸收外资和社会资本参股，建立产权的市场化流动机制、收益的社会化分配机制、经营管理的外部化监督机制。其次，应当实现治理结构规范化。建立健全法人治理结构。成立股东大会、董事会、监事会以及相关专门委员会，引进独立董事，完善公司财务信息和其他重大信息的对外披露制度，建立符合资本市场要求的责权利明确、经营管理高效、透明的公司治理结构。最后，还应该实现组织架构科学化，界定配置经营管理职能，理顺内部治理关系，保证法人治理结构协调顺畅运转。

（四）制定和调整相关法规政策

制定金融控股公司相关政策。允许保险公司通过上市或者并购方式成立金融控股公司，成立保险(金融)集团，进行混业经营。打破银行、证券、保险分业经营现状，推动非寿险、寿险、再保险兼营，推动银行、保险、证券、信托兼业经营；突破保险公司兼营基金、信托、银行等相关金融业务的制度障碍。同时应该调整税收政策，利用政策倾斜推动上市和重组的发展。[1]影响保险业发展的因素很多，而现行保险企业的财税政策税率高、税基宽且重复征税，是制约我国保险业快速与充分发展的重要原因。

（五）鼓励证券市场、投资银行、咨询公司和其他中介服务业的介入

保险上市或者重组在信息收集、资产评估、融资、企业重组上市及法律确认等方面专业性强，必须依靠中介服务组织才能高效进行。证券市场、投资银行、咨询公司和其他中介服务业作为资本提供者和资本使用者之间的桥梁，在保险业上市和机构融合中发挥着不可估量的作用。证券市场、投资银行、咨询公司和其他中介服务业可以为保险并购提供资本运营服务，规划上市与并购战略方案，策划具体运作方式，提供融资安排，开展资本经营，维护上市与机构融合的公正性、合法性和有效性。

（六）加快保险信用评级制度的建设，增加投资者了解信息渠道和提高投资者信心

保险公司的信用评级结果，是社会公众衡量保险公司综合品质的一个重要标尺，决定了其市场地位和社会信誉，也决定了其在市场中的交易成本和交易风险。综观全球，凡发达保险市场，均伴有发达的保险信用评级制度和相应评级机构。目前，我国保险信用评级制度还处于起步

---

[1] Nickel, Andreas / Xu, Xian: China: Steuerreform zur Förderung des Versicherungssektors [J], Versicherungswirtschaft, Vol. 05/2007, 第371—373页.

阶段，需要在以下四个方面下功夫：一是培育信用评级市场。对拟上市或者进行机构融合的保险主体进行等级评定，引导其投融资和并购重组活动；二是建立与国际会计标准相一致的保险业财务报告制度。使不同性质保险公司执行相同的会计制度、采用相同的税收政策和财务报告口径。三是建立健全保险公司信息披露制度。使公众可以依此对保险公司作出基本评价，维护市场透明和消费者权利。[①]四是立足国际标准，发展金融保险评级事业。保险信用评级是经济全球化和保险业风险控制的内在要求，也是全面提高保险服务水准的客观需要。

---

① 侯旭华. 上市保险公司会计信息披露与公司治理结构关系研究[J]. 上海保险. 2004：(9) 32–34.

我国银保混业经营的反思与重构[①]

2013年8月

2012年9月，国务院批复同意中国农业银行控股收购嘉禾人寿，嘉禾人寿正式"嫁入"农业银行，程序走完即挂牌更名为农银人寿。银行入主保险业，要追溯至2008年初国务院批准的由银监会和保监会联合上报的关于商业银行投资保险公司股权问题的请示文件（以下简称160号文件）。160号文件原则上同意银行投资入股保险公司，并划定工商银行、建设银行、交通银行和北京银行为试点单位。2009年9月交通银行获批投资入股中保康联人寿，成为全国首家入股保险业的商业银行。农业银行虽未跻身试点，但2011年初便着手与嘉禾人寿进行谈判并于2011年2月11日签署了认购协议，时隔一年半多获批。至此，五大国有银行全部成功布局保险业，银行保险混业经营进入了新的时代。2012年，被冠以"银邮系险企"之名的保险企业在寿险市场整体低迷、保费增速放缓的情况下异军突起，报道称其已成"2012年保费最大赢家"，其中建信人寿更是以前10个月保费收入542.04%的同比增长遥遥领先，其他几家有银行背景的企业也都表现不俗，保费增速均远高于全国平均水平。

一、银保混业经营是双赢的选择

银行保险（bancassurance）一词源于20世纪80年代，这一理念在欧洲被广泛讨论并得到了良好的发展，一度成为欧洲保险业最重要的销售方式。银行保险发展经历了从最初单纯的代理销售关系，到共享客户资

---

① 本文合作者为李正基。

源，建立战略合作关系，再到股权的相互渗透，不断实现资源整合，优化配置，提高整体竞争力的过程。银行保险发展迅速成为寿险营销的主要通道，其成功得益于银行利润增长的需求和保险公司业务扩张的需要。

从银行利润增长的需求上看，银行保险的成功，很重要的一点在于银行业和保险业混业经营方面并没有受到严格的监管限制，而且欧洲一直奉行"全能银行"的理念。彼时银行同业间的竞争异常激烈，盈利空间不断缩小，压缩成本的空间也极为有限，这就迫使银行业不得不充分利用自身优势，寻求新的利润增长点。因此与自身产品有着一定相似性的寿险，成为了银行眼中的突破口。

从保险业务扩张的需要来看，保险业的产品设计已然有了许多成熟的经验，但是销售渠道受限，难以施展拳脚，与银行合作，借助有着广泛客户基础的银行业前期耗费巨资铺下的分支网络来拓宽销路无疑是很好的选择。而且在一些国家，比如法国的人寿保险会有税收上的优势，通过与保险合作，银行也可以更好地留住自己的客户。于是银保双方"一拍即合"，在银保混业经营的道路上不断进行积极探索。特别是20世纪90年代初，跨行业并购进行的如火如荼，如今欧洲许多从事银行保险的金融集团都是在那时形成的。

尽管银保混业经营是银行和保险双方共赢的结果，但是在21世纪这股浪潮似乎受到了巨大的阻碍，国际上许多大型的金融服务公司纷纷将银行和保险业务分离，例如德意志银行、瑞士信贷集团等都将自己的保险部门卖给了其他的保险或银行机构，花旗集团则将其1998年11月兼并的旅行者集团在2005年全部卖出。究其原因，客观上是由于各国监管部门对银行保险部门资本水平提出了越来越严格的要求，使得银行业不得不重新评估其原有的资本优势；主观上来看，保险业的资本回报率不及银行业务本身的资本回报率，经济利润较低，而且尽管许多银行兼并或者设立了保险子公司，但由于其风险属性和业务本质存在着较大差异，难以做到真正的融合，收益状况并不理想。但是，只要金融集团拥有足够的财力，并且提高保险资本回报率、处理好保险经营与银行经营之间的风险异质性，从银保合作总体来说是一项双赢的选择。

二、我国当前银保代理合作存在的问题

尽管银保混业经营在国外发展迅速，而且对于银行业和保险业两方是双赢的选择，但是我国当前的银保合作还存在很多问题，尤其是银监会2010年出台90号文件后，商业银行不容许保险公司人员派驻网点，通过商业银行网点直接向客户销售保险产品的人员，必须是持有保险代理从业人员资格证书的银行销售人员。在此之前我国的银保合作多限于保险业对于银行销售渠道的利用，即派销售人员在银行驻点销售。90号文件的出台使得保险公司不得不撤回派驻银行网点的销售大军，转变策略，请银行代为销售。这客观上导致了我国当前银保合作的若干问题：

首先，由于销售保险并非银行的主业，银行销售人员对于保险专业知识和合同的了解也并不透彻，无法给客户提供专业的咨询和服务，客户的需求也难以准确地反馈给保险公司，不利于保险公司提升自身的产品和服务水平。银行代为销售保险，其任务主要是签发保单并从中赚取佣金，并不负责传递客户对于保险产品的需求，这很大程度上制约了这一简单的合作模式。

其次，我国银保当前采用的代理合作模式使得银保各自为政，利益难以协同。保险公司给银行开出的佣金率处于较低的水平，保险公司每年通过银行渠道获得巨大的保费收入，而银行却只能像自己的柜员一样，替保险公司经手大笔的人民币。随着我国保险业近些年来快速的发展，每年相当可观的保费收入对银行来说极具诱惑力，这使得商业银行不满足于传统的代理，更试图从经营上分一杯羹，收获更多的附加价值，从而导致银行和保险的利益难以实现协同。

再次，代理合作模式以佣金为纽带维系的合作关系往往使银行和保

险双方各行其是、自顾其利，从而损害其中一方甚至客户的利益。以2011年银保产品中的保单质押贷款业务为例， 2011年我国存款准备金率屡屡上调，导致个人从银行贷款变得更为困难，在此背景下保险公司联合银行共同推出保单质押贷款业务。这一业务开发的初衷是为了帮助投保人利用保单的现金价值进行融资抵押，帮助投保人解决资金短缺的困难，但是在实际操作中却变了味道。具体来说，一些银行采取搭售的方式，要求贷款人在贷款前先行购买保险，然后用保单到银行质押，或用所取得贷款的一定比例购买保险，再到银行进行质押，从而赚取保险公司的佣金，并与保险公司签订协议，要求保险公司配合其做好质押保单的核保及权益转让等工作，以此业务大肆敛财。由此可见，代理合作模式下银行重点关注的还是其自身的利益而忽视消费者权益。这种模式下银行在强制搭售中收获了利益，保险公司承担了风险，而且这一行为并非出自投保人本身意愿，损害了投保人的权益，完全违背了银保合作的初衷。

最后，银保产品霸王条款的设置使得消费者权益无法得到保障。近年来随着我国房地产市场的升温，许多银保合作推出房贷险。由于险种的购买往往是银行在发放房贷时的强制要求，并且由保险公司出具标准性合同，使得既是贷款人又同时是投保人的消费者缺少议价能力而不得不接受其中的霸王条款。具体来说，该类条款要求借款人（投保人）承担保费支出，但是却必须将银行作为该保险合同的第一受益人，而第二受益人才是购买人本身，并且在抵押期间，借款人不得中断保险，即便中断，贷款银行也会强行为其续保，费用则依旧由借款人承担。显然，银行利用该类银保产品很好地规避了自身的风险，防范借款人无力还款的情况发生时对银行造成的损失，但是对于借款人（投保人）来说明显增加了负担，且无法得到自己的保障利益，违背了保险产品的初衷。

三、完善我国银保混业经营的反思

截至2012年12月底，我国五家国有商业银行成功入主保险业，标志着银保混业经营将进入一个新的阶段。银保混业经营这一被发达国家证明为成功模式的创新，未来如何结合中国实际情况进行变革和创新，成为当前值得思考的问题。

首先，保险公司应该从追求保费增长的粗放型经营模式向提高服务质量的创新型经营模式转变。不可否认，保险公司步入银保合作模式的最大动机是其银保对保费收入的巨大推动。以交银康联为例，2010年交通银行投资入股中保康联人寿后，交银康联保费收入从2009年的8402万元一举跃升到2010年的7.12亿元，1年增长了7倍多。然而，应当认识到的是，银保合作的优势在于银行系保险公司能够依托银行资源和客户需求，积极开发新业务。银保混业经营要避免保险公司在"养尊处优"的环境下只顾眼前保费增长的大好时机，而缺乏创新的动力，白白浪费银行能够提供的资源。

其次，利用银保混业经营提高保险公司战略发展与整体实力。银行的资源分配将对保险市场产生一定的影响，银监会发布的《商业银行投资保险公司股权试点管理办法》（银监发〔2009〕98号）中第三条规定，每家商业银行只能投资一家保险公司。本来一家银行代理多家保险公司的保险产品，一家保险公司找多家银行做代理的这种不具备排他性的代理合作局面将被打破，银行在作为代理渠道时对于是否是"己出"将会有区别对待。由此可见，保险公司在战略发展上引入银行因素将可能对自身的发展产生重大的影响，也将对未来保险业的格局产生影响。这种独家参股的形式也能够避免银行与保险利益无法协同的局面。

再次，银保混业经营要注重推出同时符合借款人和投保人利益的产品。银保混业经营的客户将同时具有两层身份，即借款人和投保人。保险公司根据银行业务及客户的特点开发险种，并通过其控股银行的渠道

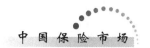

进行销售，可谓是一次三赢的尝试。目前我国保险市场上推出比较成功的"贷款保险"就很好兼顾了两者的需求。该款保险主要是为了有贷款需求的个人和中小企业业主而设计的，当借款人出现意外而丧失还贷能力时，保险公司将按保险金额代为偿还。贷款保险一方面解决了银行的贷款风险，另一方面也使借款人在遭受不幸时不至于使个人和家庭因为银行债务雪上加霜。出于这两方面的原因，目前国内销售这类产品的保险公司与其控股银行一道，在地方大力推广该类产品并取得显著效果。

最后，银保混业经营还应当处理好银行产品与保险产品之间的替代性。由于某些寿险业务与银行存款间存在替代性，银行要吸收更多的存款，势必会减少人们对于寿险保单（死亡保险除外）的需求，而保险公司要签发更多的保单，也必然会挤占一部分银行的存款量。就最早获批的几家银行系保险公司来看，这一矛盾已初现端倪，保费飞速增长造成银行存款的流失，使银行系保险公司不得不重新审视旧的发展模式，更为合理地配置资源。未来银保混业经营如何利用优势互补进行产品创新，进行深层次的合作，才是其合作共赢的关键，也是推动银保混业经营可持续发展的根本所在。

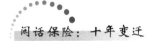
银保发展遇冷的深层次原因：
资金运用效率的新视角

2016年4月

"银行保险"历来备受多方关注，近期中国保险市场的发展更是将"银保产品"再次推向风口浪尖。2016年中国保险行业数据显示，2月各寿险公司银保保费收入出现环比下降（下降率为34.2%），11家寿险公司的银保保费收入下滑幅度超过70%。在市场发展遭遇逆境时，中国保险监督管理委员会重拳出击，于2016年3月18日发布《关于规范中短存续期人身保险产品有关事项的通知》（保监发〔2016〕22号），使得中国保险市场上大部分投资理财特征明显的银保产品首先受到冲击，导致许多银行推出的高收益率银保产品纷纷下架。市场上对我国未来"银保产品"的发展出现悲观情绪。近期许多梳理我国银保发展遇冷的观点见诸报端，但是尚未有从资金运用效率视角的深层次思考。本文对我国银邮系保险公司的资金运用效率进行测算与分析，从资金运用效率的视角分析我国银行保险发展存在的问题与对策。

一、初步证据：银保策略分化与"借旧换新"怪圈

银行保险当前在中国的发展遭遇尴尬境况。一方面，我国过去保险业的飞速发展，离不开银行保险渠道的贡献。目前，银保业务已经成为我国寿险业举足轻重的营销渠道之一，仅2015年便有超过20家保险公司银保保费收入占总保费的80%以上；另一方面，银行保险在拉动我国保险业保费收入的同时，近年来也因为销售误导、违规经营等问题使保险

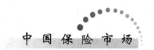

行业声誉受损。

于是我国银行保险的发展出现了分化，类似中国平安、中国人寿等第一军团保险公司纷纷减少银行代理网点，增加其他营销渠道的投入；同时，中小保险公司对银行保险趋之若鹜。在《关于规范中短存续期人身保险产品有关事项的通知》出台以前，许多寿险保险公司甚至出现了银保销售的怪圈，通过"借旧债还新债"的模式销售高收益银保产品。这种模式的隐患就是如果保险公司的保费收入无法满足现金流缺口，保险公司就会出现财务困境。这一表象实际上已经说明了银行保险在资金运用上的低效率。

二、DEA方法：银保投资效率低于行业平均水平

为了检验我国银行保险发展现状与资金运用的效率，我们采用国际上用来检验效率的主流方法——数据包络方法(Data Envelopment Analysis，DEA)，结合网络DEA模型和交叉效率DEA模型各自的优点，构建两阶段交叉效率DEA模型比较分析银行保险在筹资和投资上的效率差异。由于2014年1月银监会和保监会联合发布《关于进一步规范商业银行代理保险业务销售行为的通知》（保监发〔2014〕3号），规定银行不允许保险公司员工到银行驻点，并且每家银行网点不得与超过3家的保险公司合作销售银保产品，所以保险公司在采用银行保险渠道获取保费时实际上也存在一定的限制。为了建立对照组，我们选取了银邮系寿险保险公司和其他非银邮系寿险保险公司进行对比分析，因为银邮系寿险公司在销售银行保险上不仅具有天然的优势和动机，客观上银行保险业也是此类公司主要的营销渠道之一。

我们将中国的寿险保险公司分为两类：一类是股东背景包含银行、银行控股集团和邮政储蓄机构的寿险保险公司，主要包括（括号内为银邮背景股东）工银安盛（工商银行）、农银人寿（农业银行）、建信人寿（建设银行）、交银康联（交通银行）、平安人寿（平安银行）、招商信诺

（招商银行）、信诚人寿（中信银行）、民生人寿（民生银行）、中邮人寿（邮储银行）、光大永明（光大银行）、中荷人寿（北京银行）和汇丰人寿（汇丰银行）；其他的寿险保险公司归为一类。保险公司的资金运用可以拆分成筹资和投资两个阶段，筹资是保险公司通过扩大保费收入等形式提高资金运用效率，投资是保险公司通过对金融工具的使用等提高资金运用效率。银邮系寿险公司相较于非银邮系寿险公司的效率优势见图2-1。

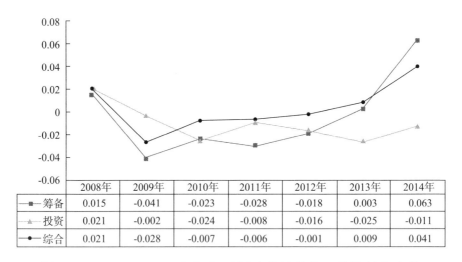

	2008年	2009年	2010年	2011年	2012年	2013年	2014年
筹备	0.015	-0.041	-0.023	-0.028	-0.018	0.003	0.063
投资	0.021	-0.002	-0.024	-0.008	-0.016	-0.025	-0.011
综合	0.021	-0.028	-0.007	-0.006	-0.001	0.009	0.041

图2-1　2008—2014年银邮系保险公司筹资、投资效率变化

从图2-1可以看出，银邮系保险公司的筹资效率自2013年开始为正，但是投资效率在2009—2014年均为负数。这表明随着我国银行保险监管的加强，银邮系保险公司利用银行保险这一销售渠道的优势进一步明显。尤其是2014年1月由保监会和银监会联合颁布的"银保新规"之后，银邮系保险公司的筹资效率比达到近年来最高，为0.063。但是，银邮系寿险保险公司的投资效率却低于非银邮系寿险保险公司，这与上一部分所指出的许多保险公司采用"借旧债还新债"的模式销售高收益银保产品有关，说明保险公司利用银保销售渠道所获取的保费并没有得到

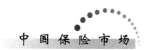

很好的利用，还停留在追求保费粗放型增长的原始阶段。实际上银邮系保险公司筹资效率和投资效率上的差异，还说明银邮系保险公司在筹资阶段的优势更多是因为特殊的股东背景而获得，这种优势并没有很好地传递到投资阶段。

三、保险景指：银行保险发展依旧看好

2016年4月1日，复旦大学发展研究院中国保险与社会安全研究中心联合《中国保险报》共同发布了第三期中国保险景气指数。实际上通过对中国保险业高管的调研发现，尽管新闻媒体对银行保险未来的发展存在着悲观的情绪，但是业界精英们对未来银行保险的发展却充满信心。第三期中国保险景气指数关于"银行保险的营销渠道预测指数"均显示出上涨，未来6个月银行保险营销渠道在寿险业的景气指数为31.03，在非寿险业的景气指数为29.17，均分别高于上期的25.81和15.63。

银保渠道仍然将是未来一段时间里寿险公司保费收入的主要来源之一。保险公司应该重视这一来源，除了注重该渠道所能带来的保费收入增长以外，还必须重视对获取保费的价值再创造，提高公司的经营效率。此外，财险公司也应该重视银保销售渠道，获取优质客户，实现银行与保险业的优势互补。

论保险公司的资金运用

2016年1月

《中国保险报》2016年开年的首期报纸整版发布了第二期中国保险景气指数，通过问卷调研的形式采访了保险行业的高管。每家保险公司只有1~2名高管会受邀参与问卷的回答，复旦大学中国保险与社会安全研究中心对问卷进行汇总分析并编制相应的指数。本期的指数，不同公司的行业高管对未来6个月中国保险资金收益预测的景气指数分别为流动型资产3.23，固定收益资产-4.84，权益类资产43.33，不动产资产17.24，其他金融资产39.29。保险景气指数变动的范围为-100~100点，若景气指数高于零，表明保险市场预期趋于上升或改善，越接近100表示保险行业越景气；景气指数低于零，表明保险市场状况处于下降或恶化，处于不景气状态，越接近-100越不景气。因此，负的固定收益资产景气指数便显得十分耐人寻味。

以上景气指数实际上直指保险公司资金运用的压力与无奈，表明我国保险业的高管对保险资金的收益预期，更加看好的是权益类和其他金融资产，而对固定收益甚至出现不景气的预期，流动性资产的景气指数也接近零。将这一指数和近期保险市场的表现联系起来，就不难理解为什么近期保险公司在资本市场上出现了"举牌潮"。2015年下半年有近30家上市公司被安邦、前海、国华等保险企业举牌，保险企业在这场举牌大潮中投入的总资金已经超过千亿元。保险资金对权益类资产的投资，固然因为保险资金长期性的特征而拥有天然的优势，市场经济下保险公司资金运用的方向更多受到资本收益的影响，因此，才有了中国保险景气指数第二期中相关的景气指数:权益类投资(包括上市和非上市)高于其他金融资产，其他金融资产高于不动产资产的情况。

这样的投资价值取向对保险公司而言是危险的，因为保险公司经营的根本在于稳健安全，而不管是欧美成熟保险市场还是中国、印度等新兴的市场，保险资金的收益都需要部分用于贴补传统保险赔付的成本以及保险公司的运营，稳健运用保险资金的意义因此也不言而喻。然而，保险企业所看好的方向，却往往因为高收益而增加了风险，比如中国保险景气指数第二期景气指数中位居第二的其他金融资产，实际上是商业银行的理财产品、银行业金融机构信贷资产支持证券、证券公司发行的专项资产管理计划、信托公司集合资金信托计划、没有银行保本承诺的结构性存款，以及保险资产管理公司的项目资产支持计划。这些投资产品在市场上被称为非标资产，风险难以掌控。

当然，并不能将选择高投资收益率资产的责任完全归结于保险公司自身。在我国中央银行连续降准降息、货币供给比较宽松的背景下，保险公司实际上可以选择的高回报投资标的和渠道十分有限。市场很现实，正如中国保险景气指数显示，未来6个月中国保险资金固定收益的景气指数为-4.84，流动性资产景气指数为3.23，均说明了保险公司在市场化放开背景下的投资收益压力。近年来保监会陆续放开了普通型(2013年8月)、万能型(2015年2月)和分红型(2015年10月)保险产品的最低保证利率的上限，保险公司可以结合本身的业务风险结构、公司风险管理水平和保险资金运用能力等多种要素进行定价，保险公司的压力由此而来。为了在市场上占有自己的一席之地，保险公司不得不各显身手，市场上也出现了各种高回报的保险产品。比如生命人寿、华夏人寿和恒大人寿等企业的结算利率均超过6%，再加上手续费等，保险公司资金运用只有超过10%，才能弥补对投保人的支出成本。

无怪乎有人认为保险公司也存在着"资金慌"：一方面，是资本市场上对权益类、不动产和其他金融资产的疯狂角逐；另一方面，是企业内部运营对资金需求的增大。内部资金的需求来自于多个方面，许多保险公司产品过高的定价利率、保险公司逐渐拉长的负债久期和趋势上升的退保率都进一步增加了保险公司的资金压力。为了减少退保金的冲击，保险公司也不得不让渡部分利润空间给投保人，从而增加了对投资收益率的要求。

保险公司的资金运用，最终还是应该回到稳健经营上来。"资产驱动型"的企业战略可能会导致杠杆的过度使用，使得市场脆弱性变大。根据微信公众号"保险智库"所计算的汇总数据，日本在2008年国际金融危机以后，固定收益率的资产实际上都占全部资产运用的50%以上（51.70%~54.99%），而保险公司投资权益类资产和投资不动产的比例较小，2008~2013年日本寿险公司保险资金投资权益类的比例区间为4.51%~5.86%，投资不动产的比例区间为1.80%~2.14%。可见固定收益投资还是应该成为保险资金投资的重要对象，保险公司资金运用切莫舍本逐末。

当然，保险公司这种所谓的资金荒是暂时的。我国近年来经济发展进入新常态，减缓的经济增长和较低的市场利率使得保险公司不得不追求长久稳定的投资收益，尤其是对于一些中小型的保险公司，激进的投资策略可能是其弯道超车的潜在机会。因此，我们看到了民营保险公司成为股市举牌的主力，它们通过权益投资驱动负债的发展，以此获得更多利差收益和业务规模。不过，随着我国经济转型升级的深化发展，保险公司的价值投资会逐渐回归理性，资本市场会逐渐变得成熟，投资渠道逐步增加，保险资金的资金荒也会逐渐褪去。

保险资金运用的多元化渠道

2008 年 8 月

保险业发展需要健康的资本市场，同时资本市场的发展也需要保险业资金的积极参与。加快这两个领域的改革和发展，促进两者之间的良性互动，是保障我国金融体系健康发展的基本前提之一。我国在过去一段时间内对研究保险资金运用渠道，优化保险资金运用效率已经取得了一定的效果，但是由于我国保险业发展起步晚，而且在开始阶段保险资金运用存在诸多限制，所以当前保险资金运用尚存在诸多问题需要予以克服。

一、保险资金运用发展现状

保险资金是指保险集团（控股）公司、保险公司、保险资产管理公司等保险机构以本外币计价的资本金、公积金、未分配利润、各项准备金、存入保证金和其他资金。保险资金运用的前提条件是保险业的健康发展，而运用好保险资金又可以进一步促进保险业的发展。改革开放，我国保险业发展迅速，保险业务收入年均增长近30%，是我国国民经济中发展最快的行业之一。行业整体效益状况良好，实力明显增强，可持续发展能力进一步提高。外资和民营资本逐步进入保险业，股权结构趋于多元化。这些都为保险资金的运用提供了前提条件，以此为契机，保险资金管理体制改革取得突破，资金运用向集中化管理、专业化运作、分散化投资方向迈进。下图根据中国保监会近年来的统计资料整理出过去5年我国保险业银行存款、投资和资产总额的变化。从图2-2可以看出，我国过去5年保险资金呈逐年增长趋势。保险业保险资金的增长，不仅提供了运用资金的前提条件，更是对如何有效地运用保险资金提出新的挑战。

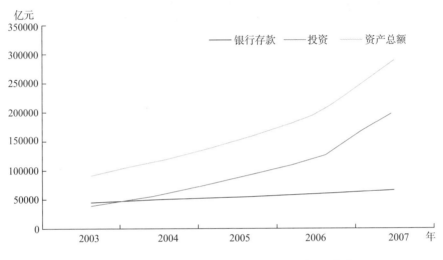

图2－2　近5年来中国保险业保险资金变化

　　资金运用的监管环境也不断得到改善。2006年6月25日，《国务院关于保险业改革发展的若干意见》（也被称为"国十条"）出台，其中对保险业资金运用给予新的政策支持，特别是在资金运用的渠道方面出现重大突破，投资领域涵盖了从金融投资到实业投资，从债权投资到股权投资，从境内投资到境外投资，为保险资金运用创造了前所未有的宽松环境。中国保监会为推动保险资金运用的多元化，开展多方论证并出台了一系列政策，进一步推动和规范了保险资金的运用。

二、保险资金运用多元化渠道的重要性

　　资金运用和承保业务是保险业发展的"两个轮子"，是发挥保险资金融通功能的基础和前提。我国《中国保险业发展"十一五"规划纲要》提出，完善资金运用管理体制，不断拓宽保险资金运用的渠道和范围，提高保险资金运用水平，加强资金运用风险控制，实现保险资金专业

化、规范化、市场化运作，充分发挥保险资金长期性和稳定性的优势，为国民经济建设提供资金支持。

从宏观的国民经济发展角度看，保险资金的运用对于拉动投资、建设国家战略需要的中长期项目等都将起到积极的促进作用。美国哈佛大学教授鲍特（POTER）有一个著名的经济增长四阶段理论，就是在低收入水平阶段经济增长一般表现为资源扩张型；到中等收入阶段就表现为投资扩张型；中高收入阶段经济增长就表现为技术扩张型；到高收入阶段，经济增长则更多的表现为创新型扩张的特征。这个理论已经得到经济界的认同。就我国情况而言，其收入仅仅可以说是中等水平，经济增长理所应当的正处于投资扩张型的阶段。那么，要加快我国经济增长的速度，投资扩展是必由之路之一。所以，我国必须在提高效益的同时，继续进行大规模的经济建设，才能促进国民经济的快速发展。伴随国有企业改革的深入和人口老龄化趋势的发展，社会保障体系的建设将大大提速，这方面金融业大有可为。随着保险业功能的扩大，保险资金将更多地通过资本市场等金融市场获得自身发展，并作为重要的机构投资者，与金融市场发展形成良性互动。保险资金从多个渠道进行投资，可以从多个行业多个层面促进国民经济的持续发展。

从微观的资本市场发展角度来看，保险资金的进入也是不可或缺的。保险市场巨额、稳定的保险资金，对资本市场的发育和成熟将起到积极作用，具体表现在：一是扩大资本市场规模。保险公司既可以作为机构投资者参与一级、二级市场的交易，也可以筹资者的身份发行股票和债券。巨额的保险资金具有长期、稳定的特点，经过精确测算、合理的期限安排和资产组合后，进入资本市场，既增加了资本市场资金的供给，又刺激了资本市场筹资主体的资金需求，从两方面促使资本市场规模扩大。二是促进资本市场主体的发育成熟和资本市场效率的提高。在资本市场上，存在大量工商企业、机构投资者和个人投资者等，有的筹资，有的"圈钱"，有的投资，有的投机。而保险公司，特别是寿险公司是资本市场上的长期投资者，其投资遵循的首要原则是安全性。保险资金进入资本市场，因其具有长期、稳定和数额巨大的特点，可以大大削减投机者带来的市场大幅度波动风险，是稳定资本市场的重要力量。保险资金运用必须进行专业化的风险管理，这也是提高资本市场效率，推动资本市场成熟的根本动力。三是促进资本市场结构的完善。保险资金在一级市场上承购、包销购买等，刺激一级市场的发展。在二级市场上的投资，可大大提高资金的流动性，活跃市场。以寿险公司资金运用为例，由于其需要不断调整资产结构，以期在风险一定的情况下，实现收益的最大化，客观上有利于改善一级市场、二级市场的结构，增进其协调发展；保险资金还可以通过创立或加入投资基金等形式，促进资本市场组织的完善；此外，保险公司，尤其是寿险公司长期稳定、具有负债特性和追求相对稳定收益的资金，客观上要求资本市场具有对应的长期、收益稳定的投资产品。市场供求力量使债券品种不断发展完善，从而也促进资本市场品种结构的完善。零贝塔风险的保险证券化产品，也可丰富资本市场的投资产品，完善投资者的投资组合。

三、保险资金投资渠道分析

保险资金投资对象主要包括五类：一是流动性管理资产，比如货币型基金等；二是固定收益类资产，比如存款、债券、债券型基金、资产证券化产品、优先股等；三是权益类资产，比如股票、股票型基金、可转换债券、直接股权投资等；四是不动产投资，比如基础设施投资等；五是包括衍生工具在内的其他投资。由于我国保险资金投资与保险监管密切相连，本部分的分析并不采用对投资对象的分析，而拟将结合我国保险投资的实际情况和现行监管体系，从股票市场、银行投资、基础设施和境外投资四个角度对保险资金投资渠道进行分析。

（一）股票市场

一是保险资金投资股票市场的制度保障。国家发展与改革委员会规划司于2007年发布了金融发展战略总体研究报告，确定了我国"十一五"金融改革的总体目标。总体目标的出炉，使得更多保险资金进入股市成为趋势。保险资金入市比例经历了逐步放松管制的过程。2005年保险资金获准入市，为控制风险，保监会将有关机构实际投资比例控制在1%~2%。2005年底，保险行业资金直接入市比例仅为1%。2006年上半年，保监会将这一比例上调2个百分点，后来进一步提高到5%。在政策支持下，保险业有效把握了五年来A股市场最佳的投资机会，2006年全行业投资收益率为5.82%，其中证券投资收益占到77.2%。二是保险资金股票市场投资方式。2007年7月，保监会进一步调高保险资金投资A股比例，规定拥有股票投资资格的保险机构，其投资A股股票比例由占2006年底总资产的5%升至10%。由于根据新的规定，保险资金投资证券投资基金（不包括货币市场基金）比例由15%降到10%，因此保险资金权益类投资上限仍为20%。三是保险资金股票市场投资具有社会意义。现行制度提高股票比例，降低基金比例，符合一段时期以来保险资金运用需要，提高了投资的灵活性，同时也表明我国保险资金投资股市正朝着看好股市长期走势，坚持长期投资理念，不为短期波动影响的良性方向发展。

（二）银行投资

目前中国的保险业务快速增长，但金融市场可投资品种较少，加大了保险资金配置难度，一定程度上影响了保险业持续健康快速发展。由于当前我国银行业加大改革力度，银行改革需要长期稳定的机构投资者。将保险资金投资银行股权，能够满足双方需求，实现双赢。一是保险资金进行银行投资的制度保障。2006年1月1日起，我国删除了《证券法》中原有的银行、保险、证券"分业经营、分业管理"的文字。银监会同年公布中外资银行《行政许可事项实施办法》，明示非银行金融机构可发起设立商业银行，商业银行可收购地方性信托投资公司。中国保监会于2006年发布《关于保险机构投资商业银行股权的通知》，第一次从政策角度对保险机构投资银行股权有关事宜作出明确规定。这是继2005年直接投资股票市场以来保险资金运用的又一实质性突破，从而强力推动了保险资金大规模进入银行业。二是保险资金银行投资方式。保险机构可以投资境内国有商业银行、股份制商业银行和城市商业银行等未上市商业银行的股权。资金来源为资本金和负债期限10年以上的责任准备金。保险资金投资银行可以分为一般投资和重大投资。持有银行股权低于5%为一般投资，重大投资又细分为持股"5%~10%"和"10%以上"两类。三是保险资金银行投资社会意义。允许保险资金进行银行投资是保险资金直接投资股票市场以来的又一实质性突破，对加快保险业综合经营，促进保险业与银行业深层次合作，将产生深远影响。它有利于优化保险资产结构，提高投资收益，增强发展基础，有利于加强保险资产负债匹配管理，化解历史利差损，降低金融风险，也有利于促进金融业结构调整，维护金融稳定，增强国家控制能力。

（三）基础设施投资

一是保险资金投资基础设施行业的制度保障。2006年经国务院批准，保监会《保险资金间接投资基础设施项目试点管理办法》公布后即进入试点阶段，先试点，再逐步推开。该办法是为了加强对保险资金间接投资基础设施项目的管理，防范和控制管理运营风险，确保保险资金安全，维护保险人、被保险人和各方当事人的合法权益，促进保险业稳定健康发展，根据《中华人民共和国保险法》《中华人民共和国信托法》《中华人民共和国合同法》等法律、行政法规而制定的。二是保险资金基础设施投资方式。保险资金可投资于包括交通、通信、能源、市政、环境保护等国家级重点基础设施项目。投资计划可以采取债权、股权、物权及其他可行方式投资基础设施项目。人寿保险公司投资的余额，按成本价格计算不得超过该公司上季度末总资产的5%；财产保险公司投资的余额，按成本价格计算不得超过该公司上季度末总资产的2%。在单一项目投资比例上，规定人寿保险公司投资单一基础设施项目的余额，按成本价格计算不得超过该项目总预算的20%；财产保险公司投资单一基础设施项目的余额，按成本价格计算不得超过该项目总预算的5%。三是保险资金投资基础设施的社会意义。保险资金特别是寿险资金规模大、期限长，适宜于投资具有长期稳定收益的基础设施项目，以实现资产负债匹配管理。这是我国保险资金运用实践的一次大胆尝试，该尝试立足国内金融市场的发展情况，借鉴国际先进经验，致力于构造以资产隔离、资产托管和独立监督为核心的风险管理制度。实践表明，它对促进基础设施投资的规范化、专业化发展起到了积极的作用。

（四）境外投资

一是保险资金境外投资的制度保障。2004年，保监会发布《保险外汇资金境外运用管理暂行办法》，允许保险自有外汇资金投资境外银行存款、债券等一定范围的金融工具。2005年6月，保监会宣布允许保险外汇资金投资中国企业境外发行的股票，将投资方向逐步推向高风险资产。2006年5月，QDII制度正式出台，允许银行、基金管理机构、证券公司和保险公司以公司名义或代表客户进行以外币计价的境外投资。同年国务院发布的"国十条"文件，明确指出在可控的前提下，鼓励保险资金直接或间接投资资本市场，逐步提高投资比例，开展保险资金投资不动产和创业投资的渠道，以及支持保险资金参股商业银行、证券公司，支持保险资金在境外投资。2007年保监会发布了直接规范指导中国保险业资金境外投资的《保险资金境外投资管理暂行办法》，我国规范保险资金海外投资的制度框架基本建立。二是保险资金境外投资方式。保险资金境外投资的形式或者品种主要包括商业票据、大额可转让存单、回购与逆回购协议、货币市场基金等货币市场产品；银行存款、结构性存款、债券、可转债、债券型基金、证券化产品、信托型产品等固定收益产品；股票、股票型基金、股权、股权型产品等权益类产品或者《中华人民共和国保险法》和国务院规定的其他投资形式或者投资品种。保险资金采用委托运作，将保险资金交给专业资产管理机构运作，借助专业机构的能力，实现防范风险、提高收益的目标。保险公司可以运用总资产15%的资金投资境外，并将境外投资范围从固定收益类拓宽到股票、股权等权益类产品，支持保险机构自主配置、提高收益，抵御人民币升值风险。但是对衍生工具的投资仅能用于套期保值，禁止用于投机或放大交易。三是保险资金境外投资社会意义。保险资金境外运用对保险业长期发展，尤其对于提升保险机构的投资理念、管理能力有重要的现实意义和战略意义。发达国家金融市场比较成熟，市场容量大，流动性强，各类投资工具齐全，投资品种和期限结构比较合理，符合保险资金特性，能够有效解决保险公司资产负债匹配问题。保险机构进军海外，可以使保险资产运用更加接近国际惯例，引进更多的国际先进经验，对保险资金运用中的本外币管理具有积极的推动作用。

四、保险资金运用的风险分析

随着保险资金运用渠道的拓宽，保险资金管理的风险因素正在不断增多，跨市场和跨行业的风险，开始向保险业渗透和传递，有些风险可能会形成系统性风险，必须引起保险机构的高度重视。保险业面临如何进一步加强风险防范工作，切实保证保险资金运用的安全稳健的挑战：保险监管部门如何进一步加强对于保险资金运用的风险监管，建立健全保险资金运用的法律法规体系；各保险公司如何建立运营规范、管理高效的保险资金运用风险控制体系，制定完善的保险资金运用风险控制制度；如何进一步加强专业化投资队伍建设，增强保险公司的风险管控能力，提高保险资产管理的风险防范水平。保险资金运用的主要风险包括

管理风险、技术风险、行业风险和道德风险。

（一）管理风险

我国的风险管理组织体系薄弱，风险管理技术有限，风险管理机制不完善，目前尚缺乏具有保险特色的资金风险管理文化，以及保险资金风险管理的品牌优势和核心竞争力。保险资金管理过程中如何协调保险资金委托人、受托人、托管人及其他当事人相互间的基本职责和法律关系，进一步推行资产负债匹配管理，改进风险管理方式，优化信息技术系统，强化风险监测手段，提高保险资金风险管理能力，健全责任追究机制，严格治理商业贿赂，提高管理人员素质，防范管理和运营风险等，是未来保险资金管理风险面临的重要问题。

（二）技术风险

保险资金管理涉及负债匹配、投资决策、指令执行、交易操作、风险管控、信息披露等方方面面的工作。由于我国保险资金才刚刚开放，管理技术水平有限，目前对如何细化投资操作流程，制定资金管理操作流程，明确流程各个环节、有关岗位的衔接方式及操作标准，使之覆盖研究、决策、交易、清算、风险控制和绩效评估等全部过程还存在一定的困难。另外，保险资金的多渠道运用也对信息管理技术提出了更高的要求，保险监管部门或者其他国家机构应该建立全面风险管理数据库，收集和整合保险市场和其他市场的基础资料，记录保险资金管理和投资交易的基本原始数据，将风险监控的各项要素固化到相关信息技术系统之中，帮助企业最大限度地减少人为因素，降低操作风险。

（三）行业风险

保险资金的多渠道运用，稍有不慎就会影响到保险行业本身的发展。目前保险公司内部的资产负债匹配管理制度还不完善，保险公司和保险资产管理公司之间投资产品与保险产品的衔接存在断层，使得产品设计、市场销售和投资管理协调运作脱节。保险资产管理公司在没有参与保险产品前期设计，发挥资产管理专长和了解其他市场的优势的情况下，容易产生保险公司开发新型保险产品不科学或者定价不合理以及资产错配等风险。

（四）道德风险

资金的运用离不开人的操作，而在目前保险公司责任追究机制不完备的情况下，容易出现操作人员或者管理人员进行商业贿赂，私设账户或者以任何名义和现金方式接受或者支付佣金。另外保险机构的高级管理部门在监督体系不完善情况下还有可能进行内幕交易等违规投资。提高管理人员素质，实行规范化管理是未来保险资金运用的重要环节。

五、如何提高保险资金运用效率

资产管理是现代保险的重要业务，也是金融行业的盈利业务和竞争焦点，具有巨大潜力。随着经济快速发展，国民财富不断增加，企业理财和公众理财需求的迅速增加，保险资产管理面临极为难得的市场机遇和发展空间。提高保险资金的运用效率，应该主要重视以下几个方面。

（一）政府创造条件对接保险资金

尽管目前保险资金已经有了多种投资渠道，但是实现从保险资金平稳转移到资本市场尚缺对接渠道。政府应该创造条件，多方位引导保险资金入流资本市场。这些方法具体包括面向保险公司发行定向保险投资基金，通过公开招标，委托经营水平高的基金管理公司管理；同时尽快放开投资连结产品直接入市的限制；以战略投资者身份参与国有股、法人股减持；扩大可投资的企业债券范围；面向保险公司发行定向的长期特种国债、金融债；试办基础设施投资基金，参与一些有效益的大型基础设施和重点项目的开发建设；开放对保险公司的外币投资的限

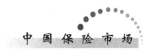

制等。

（二）监管部门尊重市场规律，侧重引导建立管理机制

保险监管机构应尽量减少对保险市场行为的直接干预，转而重视保险公司的偿付能力。促使保险公司不过分追求规模，而应更重视公司的利润，让保险公司资产质量不断优化。同时，金融监管部门要合理分工，密切协作，形成合力，防范风险。保险监管部门要研究制定对保险资金实行比例管理的原则及具体办法。同时，要建立风险预警制度，加强资产与负债匹配监管，及时评价资金运用风险，动态监控保险公司的偿付能力，严格控制风险。

（三）保险公司内部提高资金运用管理水平

在政府创造了必要的条件以后，效益的大小主要取决于公司本身的管理水平。因此，保险公司要练好内功。要按照集中统一和专业化管理的要求，不断完善保险资金管理体制，建立健全投资决策、投资操作、风险评估与内控监督相互制约的管理机制。要将承保业务与资金运用业务相互分离，要培养和引进高素质的投资管理专业人才，不断提高保险资金运用管理水平。

（四）行业注重创新，提供平台改进服务水平

保险业和资本市场都要改善服务和进行产品创新，为保险业搭起与资本市场沟通的桥梁，使保险资金能够安全进入资本市场。资本市场的产品创新，可以为保险业资金进入资本市场提供多样化的选择，有利于保险资金运用空间的扩大；同样，保险业也有必要进行产品创新，使保险资金能够更好地满足资本市场的需要，保险企业也能获得更多的投资收益和回报。

六、结语

随着金融体制改革的不断深化，保险业将日渐发挥自身的资金融通功能，为优化金融资源配置、促进经济发展发挥更大的作用。保险业的资金融通功能十分明显，保险资金运用渠道的多元化和主要投资于资本市场是两个显著特点，保险业在金融体系中具有独特的地位和作用。因此，遵循金融体系之间的内在规律，建立我国保险市场与资本市场的有机联系，进一步推动保险资金运用渠道的多元化，实现保险市场与资本市场互动发展，将会出现一个"双赢"的格局。

中国保险市场金融工具创新的现状与发展

2009年4月

一、我国保险市场金融工具创新的发展现状

保险市场金融工具创新的实质是创造性地融合各种保险工具和其他金融工具来满足人们在保险、金融、财务等方面的各项需求。当前我国保险市场的金融工具创新重点仍然是传统保险工具的创新或者是结合传统金融产品的创新，对于结合资本市场上金融衍生工具的创新才刚刚起步，市场上可供选择的该类产品十分有限。

（一）传统保险工具创新

传统的保险工具在过去几年得到了很大程度的创新发展。保险公司进一步细分保险市场和客户，为特定保险标的、特定人群开发设计了大量保险产品。另外拓展销售渠道，通过将渠道扩展至银行、证券、邮政、网络、超市、电话等多方面，实现由传统的"以产品定渠道"到"按渠道定产品"的模式转换，进一步挖掘和整合渠道资源，在对传统业务流程进行改造的基础上实现产品创新和业务扩展。许多传统保险工具经过内部功能整合和服务捆绑，很好地优化了产品结构，塑造了品牌形象，满足了消费者日益多样的需求偏好。我国保险市场上开发出较为成功的产品包括投资连结保险、分红保险和投资型非寿险产品。投资连结保险将保单的保险利益与独立投资账户的投资业绩捆绑，投资收益将全部分摊到投资收益账户内，归客户所有，同时，投资的风险也由客户承担。保险公司只是就投资的运作和管理收取一定的管理费和手续费。该产品的投资收益绝大部分所有权不属于保险公司，而属于投保人本身，

丰富了投保人的投资渠道并且有利于投保人进行长期投资规划。万能人寿保险又称综合人寿保险，通常具有投资连结保险的所有特点，但比投资连结保险在缴费、保额变动等方面具有更大的灵活性。该类产品在保证最低收益、允许保单所有人与保险公司分享超额的投资收益方面又与分红保险相似。分红保险，是指保险公司在每个会计年度结束后，将上一会计年度该类分红保险的可分配盈余按一定的比例，以现金红利或增值红利的方式分配给客户的一种人寿保险。相对于传统保障型的寿险保单，分红保单向保单持有人提供的是非保障的保险利益，红利的分配还会影响保险公司的负债水平、投资策略以及偿付能力。分红保险是有利于我国寿险公司规避利率风险，保证自身稳健经营的有效手段。投资型非寿险产品是带有投资性质的保险产品，该产品在提供保险保障的同时，保险人对投保人一定数量的投资资金代为投资运用，所得的收益按照合同约定返还给投保人或被保险人。投资型非寿险产品包括固定分红型、浮动分红型和投资连结型保险。固定分红型保险的收益按照合同约定的固定回报率返还投保人。浮动分红型保险的收益在保险人和投保人之间按照约定分成分享，投资风险共同承担。投资连结型保险的运作模式类似于投资基金，购买者具有投保人和投资委托人的双重身份，并完全承担投资风险，投资产品的资金实行封闭运作，保险人则从固定管理费中获得利益。

（二）保险金融衍生工具创新

保险衍生产品是保险市场与资本市场融合的典型产物，然而我国由于市场基础比较薄弱，保险期货、期权、巨灾债券、寿险产品证券化等一系列保险衍生产品的发展尚未成型。目前我国对利用期货、期权作为风险管理的手段来避免或减少财产损失，替代传统的保险产品仍处在尝试阶段。随着巨灾债券、巨灾期权、气象指数期货等衍生产品的发展，保险市场传统的以再保险为主的风险转移机制开始扩大到资本市场。在

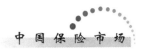

未来一段时间里，我国保险市场将逐渐出现这类结合金融衍生工具开发出的新型保险金融衍生产品。

二、推动保险市场金融工具创新的意义

随着世界经济的发展，金融自由化的进程不断加快。保险业与银行业、证券业之间相互渗透，保险公司创新金融工具，研发各种新型保险品种，不仅有利于我国宏观经济的发展和金融体制改革的深化，而且有利于促进保险业本身的行业发展，提高管理水平和行业竞争力。推动保险市场金融工具创新，主要有以下重要意义。

（一）繁荣金融市场，丰富投资种类

从最近美国的次级债危机可以看到，各国金融市场的联系越来越密切。但我国在抗风险能力上和运用金融工具规避风险方面还缺乏经验，这就造成我国在国际金融市场上竞争力的薄弱，金融市场与国际其他市场的关联性不足。保险业的特征决定了保险公司可以利用经营特点开发新型投资产品，丰富不同市场需求。保险公司不仅提供保险保障，也提供投资工具的服务。在趸缴保费和均衡保费体系下，投保人预先缴纳了超过年保险成本的一笔资金。由于货币具有时间价值，投保人付出了将资金投资于其他项目获取收益的机会成本，因此，保险公司通过事先承诺投保人给予这部分资金一定的投资回报率的方式进行资金运作，为投保人创造新的投资工具，通过专业的投资渠道降低投保人的投资风险。

（二）优化投资组合，降低行业风险

为了保证足够的偿付能力和公司的稳健经营，保险公司可以通过设计、销售各种创新型保险产品把一部分风险转移到资本市场。保险公司是通过发售保单获取资金的，保险经营具有负债性。负债的期限结构取决于保险公司的险种结构，通常而言，寿险公司的负债主要是长期的，

其期限可以长达几十年；财险公司的负债主要是短期的，一般为一年。保险市场金融创新，通过将大量资金分配于长期债券或者将投资连结型保单资金投资于非固定收益证券如股票等方式，可以使公司资产负债结构与长期、固定利率负债的持续期相匹配，运用金融工具创新带来的多元化投资分散行业风险。

（三）推动衍生市场发展，实现大金融共赢

保险资金投资金融衍生品可以扩大金融衍生品市场，为优化金融衍生品市场投资者结构，完善金融衍生品市场交易体系，更好地发挥金融衍生品规避风险与价格发现的职能，不断提高金融市场资源配置效率创造条件。随着巨灾债券、巨灾期权等衍生品的发展，保险市场的风险转移机制从传统的再保险开始扩大到资本市场，同时金融衍生品市场的发展拓展了资本市场的深度和广度，为保险公司转移风险、提高承保能力创造了有利条件，也有利于进一步完善再保险市场的价格形成机制。

三、我国当前保险市场金融工具创新存在的主要问题

保险市场金融工具创新在我国仅有短短的历史，虽然目前已经取得一定的成效，但是整体机制上存在不少问题。保险业的健康发展，关乎整个金融市场的发展，也关乎人民生活水平和国家宏观经济的发展，因此，创新金融工具，必须首先解决目前尚存的问题，平稳地实现创新。

（一）保险市场内部创新力不足

创新力包括发展战略创新、产品(或服务)创新、技术创新、组织与制度创新、管理创新、营销创新、文化创新等。与国外相比，我国保险业，尤其是内资保险公司的创新水平还有很大差距，保险产品的同质化现象比较严重，创新型保险产品的发展相当滞后，所占据的市场比重也很低。这种缺乏创新与活力的局面不仅影响了我国保险市场的保险深度

和保险密度，也不利于整个民族保险业竞争力的提高。此外，创新非常强调内部管理，尤其是流程再造。从前台销售到研发和定价再到后台部门等各个环节都需要行之有效的创新激励机制，而我国目前对这方面的探讨仍然十分有限。

（二）外在制度束缚了金融工具创新

外在制度制约保险市场金融工具创新主要体现在两个方面：一方面是现行的制度等政策扶植不够，影响了保险创新力；另一方面是对已经取得的一些创新成果缺乏配套的保障措施。尽管我国十分重视保险行业的金融创新，进行大量研究并且制定了一系列推动金融工具创新的制度，但是目前最为突出的问题在于税法和金融衍生工具会计制度上。综观我国现行的税收制度，关于保险业的规定略显粗糙，其中关于创新型保险产品的规定少之又少，仅有的几条规定也存在不少缺陷。比如，我国税法规定对新型寿险产品的投资收益比照有价证券的买卖按其买卖差额征收5%的营业税，使该类保险产品承担较重的税负，在一定程度上降低了它们的吸引力。而该项营业税最终还是由投保人承担，实际上是减少了投保人的投资收益，不利于刺激保险业务的增长和保险业的发展。金融衍生工具的会计制度在我国尚处于研究阶段，目前根据2007年新执行的企业会计制度，对保险金融资产进行风险拆分存在着技术问题。另外，保险公司处理衍生金融业务和基本保险业务时，持有动机在会计处理方法上起着决定性的作用，而如果按照企业会计制度中将衍生工具归类为可变现金融资产并且按照公允价值计量保险金融工具，容易损害保险公司的财务稳健性，影响保险业的发展。

（三）创新配套技术有限

创新涉及的是新产品、新服务、新流程，它是一个系统，需要得到各个环节的技术支持。在重点发展创新的同时，知识产权保护、风险管理机制等各个环节都要启动。没有高科技含量的创新很容易被别人抄袭，创新的优势也就难以长久。如何保护创新中的高附加值和高科技含量，追求创新业务的稳定性是目前的薄弱环节。

四、如何推动保险市场金融工具创新

我国创新型保险产品发展的环境良好，它将对传统保险产品市场造成巨大冲击，引发保险市场的重新洗牌。推动保险市场金融工具创新，扩大保险服务领域，服务地方建设和保险消费者利益，需要政府、保险公司和其他行业的多方努力。

（一）政府改善执政水平，引导行业积极发展

政府部门要将对保险市场的管理重心放在规范程序、信息披露、公平交易秩序等方面，着重建立市场约束机制，充分发挥信息披露与信用评级的作用。各相关政府部门应加强协调，推动解决在保险市场发展和保险金融产品创新中遇到的法律、会计、审计、税收等方面的制度问题。另外，加强基础设施建设，进一步完善保障市场发展的风险管理体制和保险金融工具开发运行规范，有效降低和控制金融风险。

（二）保险机构强化管理，开发适销对路的金融工具

保险机构产品开发要以市场需求为导向，在进行产品创新时要进行充分的市场调研，对市场进行细分，了解不同市场的需求，针对不同需求开发相应的保险产品。新开发的产品要与销售渠道相结合，针对不同的销售渠道，开发相应的保险产品，以满足各个销售渠道的要求，通过产品创新拓宽销售渠道。此外还应该注重与公司实际相结合，充分发挥比较优势，开发具有本公司特点的保险产品，尤其要加大原始创新的力度。

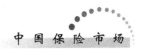
（三）其他行业多方合作，提高整体运营效果

随着保险金融工具的进一步发展，保险业与银行业、证券业等其他金融业的联系进一步密切。其他行业比如证券投资基金、社会保障基金、企业年金等领域的发展，进一步开拓了保险衍生工具的发展领域。同时各个行业的进一步融合，一方面为保险行业引进竞争机制，提高管理技术水平，另一方面也使得保险风险可以有更大的风险转移空间和承接能力，进一步保障了保险行业的稳定。其他行业的发展也能进一步为保险金融工具提供新渠道、新途径和新手段。

3 专题一 金融危机

金融危机下的国际保险业

2009年1月13日

2008年美国次债问题以迅雷不及掩耳之势演变成席卷全美、波及全球的金融"海啸"。多家银行破产，美国保险业巨头国际集团曾一度濒临破产。危机已从美国蔓延至全球，从金融体系蔓延至整个实体经济领域。2008年许多发达国家的经济增长出现衰退，发展中国家的经济增长也有所降低。许多专家预测目前市场的低迷最快要等到2009年中期才能出现回潮，市场上的不确定因素仍将一直保持到2010年。以下将总结如此背景下国际保险业2008年的表现并预测2009年的发展走势（本文各统计数据资料援引自瑞士再保险公司）。

一、国际保险业——受危机冲击程度低于其他金融业

金融危机对国际保险业的冲击首先体现在保险公司的资产减值。在当前国际资本市场的企业债券和房地产价格水平不变的情况下，保险公司的资产盈余预计比2007年底下降最少10个百分点。其中非寿险业务大概资产盈余下降10%~15%；寿险业务资产盈余大约将下降15%~20%。

但是与国际资本市场的其他金融机构相比，国际保险业受金融危机冲击的程度相对较小。主要原因是保险经营的特点不同于其他金融机构，保险产品的销售以收取保费为前提，而对保险赔付的支出有着特殊的要求。由于非寿险保险业务的赔付支出必须以出现保险事件损失为前提，寿险保险业务的支出必须符合保险合同约定的保险赔付条件，所以即便在出现资产恐慌的情况下，保险公司仍然将拥有充足的资本金以应对各种突发事件。此外，保险公司的保险资金投资比较注重结构组合，

多样性的投资组合大大降低了保险公司的投资风险。再加上各个国家保险公司的经营管理都处在金融监管部门的严格监管之下，所以国际保险业受金融危机的冲击较小。

金融危机对保险公司财务报表上的资产方与负债方均有影响，但是影响程度根据公司的经营重点有所不同。持有信用抵押保险业务的保险公司将受到金融危机的重创。债券保险商的损失预计将达到100亿美元，损失额度超过了债券保险商自有资产的50%。保险公司对债务抵押债券和其他结构性资产抵押金融产品业务的损失预计将达到500亿美元。

二、非寿险保险——传统承保业务稳健

除了美国的非寿险保险业务以外，全球其他的非寿险业在金融危机下都表现得相当稳健。全球各大保险市场除美国保险市场以外2008年的保费收入都超过了保险公司自身的所有保险赔付和其他费用支出。

美国非寿险保险市场出现亏损，综合赔付率由2007年的95%恶化为2008年的103%（该数据为前三个季度计算结果）。导致美国非寿险业亏损的主要原因是2008年上半年热带风暴Gustav与飓风Ike的袭击导致非寿险保险赔付将近300亿美元；非寿险保险公司承保的大量债务抵押债券和其他结构性资产抵押金融产品均出现亏损；此外，面对金融危机，各家非寿险保险公司为了运营的需要降低了非寿险保险产品的价格，使得该类产品的获利能力与以前年份相比变差了。

欧洲非寿险保险市场运营稳健，这主要得益于2009年欧洲巨大自然灾害或人造灾害的数量较少。2008年非寿险保险赔付超过10亿美元的保险事件只有埃玛(Emma)飓风，该飓风造成欧洲保险业高达14亿美元的赔付支出。尽管2008年与以往年份相比行业的收益性普遍下降，但是仍然保持住了行业投资的正收益。

由于各国2008年的实体经济出现回落导致国民经济增长下降，2008年非寿险业务保费收入增长有限。全球非寿险业务的保费收入增长首次

出现负增长，近年来的保费增长率分别为2005年增长0.6%，2006年增长3.1%，2007年增长0.2%，2008年增长-0.8%。其中美国非寿险业务保费收入2008年增长-4.3%。保险资金对保险公司运营状况的贡献率也有所减低，2008年全球保险资金投资收益由2007年的13%下降为2008年的8%。

根据美国的保险会计制度或者国际会计准则的有关规定，保险公司的资产每年将根据公允价值进行计量，所以大部分保险公司2008年的会计报表上将会产生资产减值，所有者权益资产将出现缩水，不过这一资产减值不会在各个保险公司的损益表上体现。根据瑞士再保险公司的有关资料预计，资产减值额度为10%~15%，偿付能力指标将由原来的113%下降为2008年的97%。尽管保险公司的各项指标都有所下降，但是各家保险公司的偿付能力水平仍然保持在一个相对稳健的程度，2008年保险公司的偿付能力水平仍然高于2002年的水平，并且与2004年的年终水平持平。

三、人寿保险——市场相对低迷

人寿保险业务受金融危机和公众未来经济预期悲观的影响波动较大，但是受益于保险公司先前良好的财务状况和合理的风险防范措施，人寿保险业务并没有出现偿付能力方面的问题。2008年全球人寿保险需求有所下降，当期保费收入预计下滑2个百分点。2008年也是全球人寿保险业保费收入的首个负增长年份，2009年人寿保险保费收入增长率为-1.9%，与2006年人寿保险保费收入增长率的5.8%和2007年的8.8%形成鲜明的反差。

对人寿保险的冲击除了保费收入下滑以外，还有资本市场投资收益的减少。由于人寿保险公司的运营和保险产品保费厘定中很大程度取决于资本市场的投资收益，因此金融危机下保险公司资本投资收益率的下降严重影响了人寿保险业的行业获利能力。房地产市场的低迷、次债危机后续影响的蔓延、股票市场的不景气等因素影响着人寿保险公司的表现。日本历史悠久的保险公司大和生命人寿保险因为负债累累宣告破产，成为金融风暴下第一家破产的日本金融机构。美国第三季度保险公司的资本损失达到370亿美元，损失额度达到2007年资本金的12%。

由于人寿保险业在雷曼兄弟倒闭以后融资难度进一步加大，短期进入资本市场的门槛较高，人寿保险产品的金融衍生工具未来市场预期不明朗，人寿保险公司的融资成本逐渐增加。

目前部分人寿保险公司已经采取措施改善自己的资本金结构，部分人寿保险公司开始寻求政府的资助或者通过其他途径提高自己资本金的质量。保险公司的这些市场动作绝大部分不是因为其自身面临偿付能力的问题，而更多地在于改变公司原来的经营战略。一些有实力的保险公司已经开始物色一些受金融危机影响股票市值下滑较大的保险公司，打算通过并购扩大规模和增强实力。

金融危机将导致2008年人寿保险公司发生资产减值。根据瑞士再保险的资料显示，2008年第三季度全球大型人寿保险公司的所有者权益缩水达到15%，预计全行业2008年所有者权益减值额度为15%~20%。不过，由于大部分的人寿保险公司持有大量的持有至到期金融工具，所以在未来资本市场稳定的情况下人寿保险公司的所有者权益将得以回升。

四、再保险——金融危机下实现的盈利

非人寿再保险业受金融危机的影响较大。2008年非人寿再保险业务仍然保持盈利，保险赔付支出和各项其他费用之和与保费收入的比率为97%。不过2008年的盈利水平与2007年相比出现了小幅下滑，主要原因包括保险赔付较2007年增加和金融危机下再保险公司的获利能力变弱。2008年数额较大的保险赔付是加勒比海周围和美国的数个飓风，这些自然灾害使得百慕大地区财产再保险公司承担了大量的保险赔付，此外再保险业共承担了50亿美元的人为灾害保险赔付。受金融危机的影响，非

人寿再保险公司除了要承担部分信用抵押担保保险产品的再保险赔付以外，也因市场的低迷使得再保险定价偏低，产品本身的获利性减弱。

2008年全球非人寿再保险业的运营成果由2007年的33%下滑至13%，股东权益报酬率由2007年的17%下滑至4%。保险资产的波动额度达到10%~15%。不过，目前全球非人寿再保险业的偿付能力相当于2005年底的水平，非人寿再保险运营处于稳健状态。

人寿再保险市场受金融危机的影响，需求反而有所上升，因为许多原保险人在金融危机下更愿意选择购买再保险产品进行风险转移，通过再保险公司帮助其提高承保能力和资本稳健度。不过资本市场的低迷同样影响了人寿再保险公司的投资回报，从而也降低了人寿再保险公司的获利能力。

五、新兴市场——保险业务遭遇短期逆流

新兴市场的保险业在2008年上半年表现出了稳定健康的增长，但是2008年下半年开始或多或少地受到金融危机的影响。许多新兴市场开始转向扩大本国的保险需求，寻求政府对保险市场的支持和政策倾斜。

亚洲地区新兴市场的非寿险业务2008年发展较好，中国非寿险业保费收入预计增长18.4%。不过中国非寿险业受到2008年初雪灾和5月四川地震的影响该年度的保险赔付也将大大增加。印度的保费收入呈缓和递增趋势，但是保费收入很大程度上取决于健康保险业务的增加。拉丁美洲的非寿险市场发展势头更为强劲，阿根廷的非寿险保费收入增长率达到23.7%，巴西达到7.4%。这些增长主要受益于拉丁美洲汽车销售数量的上升导致的汽车保险需求的增加。中欧与东欧地区的非寿险保险业务也比较稳定，俄罗斯的保费收入增长达到12%，波兰的大部分非寿险产品出现两位数的增长。

亚洲新兴地区寿险业务2008年发展正常，投资联结类保险产品的发展态势较猛。中国人寿保险业有效地进行了营销渠道创新，通过银行销

售了大量的投资联结保险产品。2008年前10个月中国人寿保险业保费收入增加了58%。拉丁美洲人寿保险业的保费收入增长甚至超过了该地区的经济增长。2008年巴西的保费收入增长了19.2%，墨西哥的保费收入增长了10.4%。中欧与东欧地区的人寿保险业受金融危机的影响有所下滑，匈牙利作为该地区重要的投资联结保险市场可能出现市场缩水，捷克共和国的保费收入预计也没有增加。不过波兰受益于国内经济的快速发展，2008年的人寿保险业务保费收入预计出现两位数的增长。

六、2009年国际保险业——挑战与机遇

在金融危机的冲击下，国际机构、各国政府纷纷讨论通过各种政策来保证经济和金融的安全、稳定与发展。各国保险监管部门传递出了强调保险业理性回归保障，稳健经营的重要讯息。2009年将是保险监管总结金融危机所带来的经验教训，调整相关规范措施的重要年份。通过相关措施，促进保险机构规范经营及保险业的长期稳定。

从全球的范围看，保险监管将继续围绕欧盟偿付能力指令和国际会计准则制度下保险会计的计量与确认展开。欧盟偿付能力指令将结合2008年金融危机的教训重新调整对保险责任准备金的评估，审视监管部门对资产价值的评估和认可以及偿付能力边际的确定，进一步严格规范保险公司的内部风险管理和风险预警体系。由于目前国际会计准则委员会对保险资产与保险负债的确认与计量仍然处在讨论阶段，金融危机下国际会计准则理事会如何重新审视对保险合同的公允价值计量或者市值计价方法成为各方关注的焦点，针对保险合同的国际会计准则在未来肩负着保障投资人利益的重任，保险会计如何增强会计信息的透明度，如何真实反映保险公司的运营水平、资产结构和质量成为监管部门面临的重要课题。

2009年的保险公司将面临进一步的调整。部分保险公司将减少甚至放弃其对非传统保险业务的经营投入，部分保险公司可能通过增资的方

式来提高自己的承保能力和抗风险能力，也有部分保险公司将重新调整公司的投资组合结构。过去几年许多保险公司都按照一定的程序购回发行或者流通在外的本公司股份，通过大规模回购来改变资本结构，现在许多保险公司开始取消或者延迟执行先前所决议的股份回购计划。预计未来国际保险市场还将淘汰部分规模较小、实力较弱的保险公司，保险同业并购的案例可能增加。

2009年国际保险市场的传统业务仍将保持稳定发展态势。受金融危机的影响，保险资金的投资回报率将有所降低。同时由于实体经济2009年的发展不太明朗，保险公司为了刺激保险需求可能降低保险产品的保费厘定。保险公司2009年的获利能力有所降低，但是仍然能保持正的净资产收益率。受益于对金融危机的反思基础上的保险公司经营管理调整和保险监管规则完善，随着股票市场的复苏和全球实体经济逐渐摆脱金融危机的影响，全球保险业有望在金融危机过后获得新一轮的高速增长。

德语区保险巨头相继卷入美国次债漩涡

2008 年 9 月 19 日

自 2007 年 3 月美国第二大次级抵押贷款机构新世纪金融公司濒临破产成为美国次贷危机导火线以来，美国次级抵押贷款市场开始遭受重创并引发了蝴蝶效应。次级抵押贷款危机不断蔓延至全球金融市场。远离美洲大陆的欧洲也未能幸免于难。欧洲不仅是保险业的发源地，欧洲的德语区更是当今世界保险行业的心脏之地，这里不仅有全球最大的保险公司德国安联集团公司，全球 10 大再保险公司中德语区的保险公司就占了 4 个，其中包括稳坐头两把交椅的慕尼黑再保险集团公司和瑞士再保险集团公司。本文重点分析美国次债对这三巨头的影响。

一、安联集团公司下调预期营业利润

次债危机发生初期，安联集团并没有明显受到冲击。2007 年安联集团仍实现营业利润 109.2 亿欧元，其中包括与次债危机密切相关的银行业务所实现的 7.73 亿欧元。然而，自 2008 年以来安联集团公司不断受到冲击，大量业务出现回潮。

造成安联集团营业利润下降的主要原因是次债带来的后续影响，其中包括保险市场上人寿业务的需求低迷和安联集团旗下德累斯顿银行因次债所引起的业务亏损。2008 年第二季度安联集团的寿险与健康险业务的保费收入由 2007 年该季度的 117 亿欧元下降为 107 亿欧元，下降幅度达 10.9%。德累斯顿银行投资银行业务第二季度亏损达到 6.27 亿欧元，而该投资银行业务在 2007 年同期为集团创造了 3.51 亿欧元。另外，德累斯顿银行的亏损还受到了大量与次债相关的结构性金融资产减值所累。

针对次债危机的冲击安联集团开始调整其营业预期。原先安联集团 2006—2009 年每年实现营业收益 10% 递增的营业预期已宣告破产。安联集团新的目标调整为除了旗下的各银行业务以外实现营业收益的 10% 速度逐年增长，并且争取 2008 年与 2009 年保险业务与资产管理业务最少实现 90 亿欧元的营业利润。

二、慕尼黑再保险集团股价下挫

作为全球第二大的再保险集团，慕尼黑再保险集团企业运营受美国次债危机的影响主要归咎于股票市场。慕尼黑再保险集团是国际资本市场上重要的投资机构，其资本投资额高达 1 660 亿欧元，其中约有 7% 投资于股票。该集团 2008 年上半年在德意志股票交易市场的投资缩水近 1/4，股票投资组合受次债危机影响也发生重大资产减值。

2008 年上半年，慕尼黑再保险集团的股票市值下跌 12%，当前价格约为 102.24 欧元。根据预测，在未来的交易中该公司的股票市值有可能发生小规模回潮，但是股指下跌幅度仍达到 7.3%。对此，慕尼黑再保险集团也相应下调了该公司的预期收益，较之前公司制定的 30 亿~34 亿欧元的收益相比，该公司 2008 年目标下调为争取年利润达到 20 亿欧元。而在经济相对景气的年份，比如 2007 年，慕尼黑再保险集团实现利润竟高达 39 亿欧元。

三、瑞士再保险集团实现利润低于预期

全球最大的再保险集团公司——瑞士再保险集团 2008 年第二季度实现利润明显下降，主要是因为该季度承保的贷款组合投资所产生的 3.62 亿瑞士法郎（折合约 2.22 亿欧元）亏损。此外，7 月该公司的结构性信用违约互换金融产品由于信用风险不确定性的原因将可能产生 1.63 亿瑞士法郎的估值损失。至此，本次信贷危机对瑞士再保险集团公司已经因为对其所持有的信用违约互换金融产品进行公允价值计量而导致了持有金

融资产27亿瑞士法郎的减值。第二季度该集团实现利润为5.64亿瑞士法郎，比2007年同期下降53%。而这一数据也远远比不上分析师们原先所预测的预期收益7.95亿法郎。

2009年对瑞士再保险集团来说也将是一个充满挑战的年度。目前传统的财险和责任险业务的获利能力由于巨灾的频发而明显下降。瑞士再保险集团当前的赔损成本率高达92.3%，比前期增加1.7个百分点。然而瑞士再保险集团并没有在严峻的市场挑战下调低营业预期。目前，该集团仍然力争股票的每股收益达到10%、所有者权益收益率达到14%。该预期不仅仅针对2008年，甚至有可能保持至2009年。瑞士再保险集团能否成功地化解次债信贷危机，传统的再保险业务将发挥十分关键的作用。

巨亏下荷兰ING集团的政府金援与企业自救

2009年6月

2009年1月28日，全球知名的信用评级公司相继调低了对荷兰ING集团的信用评级。穆迪（Moody's）评级公司将ING集团的信用评级由原来的Aa3下调至A1，保险子公司评级由原来的A1下调为A2，ING银行业务由B-下降为C+。无独有偶，另外一家国际知名评级公司惠誉（Fitch）也修改了原来对ING集团的评级，保险业务的评级由原来的AA-下降为A+，银行业务由原来的AA下降为AA-。评级公司对荷兰ING集团信用的下调，表明荷兰ING集团未能够在金融危机中独善其身，也未能保持其在2008年全球经济不景气情况下仍然向公众高调展现的风险规避专家形象。

一、荷兰ING集团在金融危机中力压群雄

ING荷兰国际集团（International Netherlands Groups）由荷兰最大的保险公司Nationale-Nederlanden与荷兰第三大银行NMB PostBank Group于1991年合并而成。该公司的发展轨迹可以回溯至1845年成立于荷兰海牙的荷兰保险公司，至今已有超过160年的历史。这一金融航母的服务网遍及全球60多个国家，客户人数超过5000万人。集团凭借着广大的区域分布、多角化的经营模式、严格的成本控管，分享全球性的行销通路，为客户提供全面的金融理财服务。

ING荷兰国际集团的经营业务分为银行和保险两大业务，其中的银行业务又进一步细分为批发银行业务、零售银行业务和直接银行业务；保险业务分为欧洲保险业务、美洲保险业务和亚太保险业务。即便在金融

危机迅速蔓延的2008年，ING一直高调地向公众和媒体展现其雄厚的资本实力和貌似强健的发展后劲。新浪网在2008年10月17日曾发表了一篇题为《ING集团升至全球500强第七》的文章，文中用奇迹般的语言描绘了属于ING的辉煌："当全球经济遭遇前所未有的挑战，世界众多金融机构遭受重创，甚至面临破产危险的时候，我们却惊喜地发现： 一家老牌国际金融集团——荷兰ING集团在最新公布的2008《财富》全球500强排名中，强势跻身世界10强。世界第7的总排名较去年上升了6位，同时也使得ING集团力压所有对手，以10强中唯一一家金融机构的身份笑傲群雄！"

为了更好地笑傲群雄，已经被迫下台的原集团首席执行官Tilmant对着媒体侃侃而谈，将ING的表现归因于公司成功突出的战略重点、卓越完善的风险管理体系和高效的业务运作和管理。新浪网的文章称"ING集团能在一次又一次的严峻考验后仍然立于世界金融之巅，相信并非偶然"。似乎，在2008年的国际资本市场和国际金融市场中，ING俨然成为了佼佼者。然而，事实并非如此。

二、荷兰ING集团在危机中的真实表现

2008年上半年，ING集团的经营业绩还算稳定，上半年公司财务报表显示，该期间ING集团实现净利润34亿欧元。然而从第三季度开始，ING的财务报表上便再也没有出现过盈利。

由于股票、债券和房地产投资逾20亿欧元的减值，加之其他银行破产造成的亏损以及贷款损失准备金的提高，荷兰ING集团在2008年第三季度出现亏损5亿欧元。该集团股价在季度报告公布后下跌27%，创下1991年集团创建以来的最大单日跌幅，并成为荷兰政府2008年10月10日宣布提供金融机构200亿欧元计划以来第一家接受援助的金融机构。

2008年第四季度ING集团的季度报表显示，受资产价格减值和投资亏损的影响，ING集团第四季度的经营性净亏损达33亿欧元。第四季度

股票与信用市场急速恶化，是逾50年来最糟的状况。这使得ING集团在股票、债券、房地产投资上损失20亿欧元，但是ING集团并没有提供保险部门的单独表现数字。

ING集团日前发布的2008年业绩报告显示，截至2008年底，根据未经审核的数据，全年经营性净亏损为4亿欧元，其中银行业务经营性净利润为5亿欧元，保险业务的经营性净亏损为9亿欧元。银行业务的盈利主要是受荷兰本土零售业务的推动，但是受各类资产价格下跌的影响，保险业务经营性净亏损的9亿欧元无法使ING集团逃脱年度赤字的命运。扣除出售投资和特殊项目后，ING集团全年预计净亏损额将达10亿欧元，这其中包括出售中国台湾地区保险业务和结束阿根廷养老金业务带来的影响。

三、危机下荷兰政府对ING集团的金援

在ING集团公布了2008年第三季度亏损5亿欧元以后，荷兰政府迅速作出反应，于2008年的10月19日宣布向ING集团挹注100亿欧元（134亿美元），成为继当局两个星期前出资168亿欧元把荷兰—比利时资本的富通银行（Fortis）国有化后，另一次大规模的救市行动。与上次救市不同的是，这次荷兰政府拯救ING集团并没有将其国有化，而是根据协议ING集团将来要偿还上述注资金额的150%款项，或者在三年过渡期内把这笔资金转换成股份。ING集团必须取消年终派息，而所有高级行政管理人员一律要冻结分红。将来，ING集团若恢复派息，政府可分得大约8.5%，最高可达25%的股息。

荷兰政府注资的重要原因是ING集团在世界各地经营银行及保险业务，拥有8500万名客户，单是在荷兰本土便有1200万名客户，管理资产高达6300亿欧元，集团旗下的员工数目更多达13万人。倘若公众和客户对ING集团的信用产生怀疑，动摇的将是整个荷兰国民经济的根本和金融命脉。因此，随着荷兰政府的注资，ING的企业信用被成功地与国家信

用捆绑在了一起，也就有了2009年的第二次荷兰政府的注资和国家信用的进一步透支。

2009年1月26日，荷兰政府再度出手，宣布接手ING集团的277亿欧元（358亿美元）不良资产，承担其中最多80%亏损，约合220亿欧元。为此ING集团则将每年付给政府约6亿欧元费用。ING集团这些近220亿欧元的不良资产，是连结美国"次优级"（Alt-A）以及次级房贷的证券。由于市场冻结，美国房地产市场急速恶化，该类房贷资产证券价格急跌，乏人问津。次优级仍是贷给名义上信用良好的人，但通常是在缺乏贷款人文件下贷出，违约风险正急速升高。荷兰政府的第二次介入，为ING集团释出了250亿欧元的贷款额度，使得ING集团得以缩减金融杠杆，强化资本准备金率，有能力放贷更多资金。

四、危机下荷兰ING集团的频频自救

荷兰政府通过国家信用背书的方式，并不能使ING集团彻底摆脱金融危机的阴霾。为此，ING集团展开了一系列动作，借以减少金融危机对该集团的影响。

在2008年度会计报表公布以后，ING集团同时宣布了对其高层管理人员的调整。已在ING集团首席执行官任上干了4年的陶曼特黯然挂冠而去。ING集团日前宣布，鉴于过去几个月市场情况的特殊发展和个人原因，已同意陶曼特的辞呈，这位56岁的前首席执行官将以顾问的身份为ING集团服务到2009年的7月底。接任ING集团首席执行官的将是ING集团现任监督委员会主席JanHommen，新任命将于2009年4月27日的股东大会上通过生效。目前的代理首席执行官为董事会成员EricBoyer。

ING集团的巨亏还使得公司不得不进行一项削减开支计划。预计2009年该公司将削减10亿欧元的开支，其中包括来自银行业务的6.5亿欧元和来自保险业务的3.5亿欧元。另外ING集团将在全球的13万名雇员中削减工作职位7000个，并且全体董事会成员放弃所有的奖金，直至

2010年股东大会上发布新的报酬政策。

2006年底ING集团曾高调地与2006年的冠军车队F1雷诺车队签下为期三年的赞助合约，成为F1雷诺车队的冠名赞助商。在ING集团出现运营亏损的情况下，ING集团同时将减少F1项目的开支，主要手段是收缩F1相关广告，但不会影响对雷诺车队以及2009赛季4站比赛的赞助。

ING集团还面临一系列的集团内部并购重组。2008年10月，ING集团宣布将其在中国台湾的独资公司ING安泰人寿，以6亿美元出售给中国台湾当地企业富邦金融控股集团（Fubon）。该项交易的收购价格仅为ING安泰人寿截至2008年6月底净值的0.71倍。该年度ING集团同时结束了其在阿根廷的养老金业务。根据ING集团2009年2月4日发布于总公司主页的消息，ING集团将出售集团拥有的ING加拿大所有的股权给保险商。另外，ING集团将放弃其在日本的直接银行业务，转由专注于公司未来的核心业务，即储蓄与投资业务，其他的非重点业务预计也将予以出售。

五、荷兰ING集团与中国

ING集团的巨亏让人们自然而然地联想到ING集团在中国子公司的情况。目前ING集团在中国大陆拥有2家合资寿险公司，分别是太平洋安泰保险和首创安泰保险，两者的中方股东则为太平洋保险集团和首都创业集团。太平洋安泰的负责人员声称，该公司的保险业务是独立核算的，与境外母公司的经营并无关系。2008年ING集团已经对旗下的两家合资寿险公司分别进行增资，达到8亿元，2008年太平洋安泰实现的盈利数大概为几十万元，至今已经实现3年盈利，因此ING母公司的亏损不会影响到合资寿险公司的发展。此外首创安泰保险公司负责人也表示，ING亚太区的保险业务只占其全球保险业务的6%，因此ING集团全球保险业务的亏损主要是在其他地区。

由此可见，荷兰ING集团2008年度的巨亏并没有给中国的两个子公司带来巨大的影响。随着国际金融危机对欧美金融市场造成的强烈冲

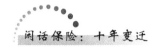

击，可以预见ING集团未来可能将发展重心转向以中国为代表的新兴市场。北京银行在2008年12月宣布，给予拥有其16%股权的大股东荷兰ING集团1.9亿美元的贷款，贷款期限为18个月，帮助其进一步发展中国业务。ING集团高层也曾多次表示，将加大对中国市场的投入，并且很可能在2009年向中国政府申请全套的银行从业执照。金融危机下外资金融机构相继加大力度开拓亚洲或者中国市场，留给中国的问题是如何对外资金融机构进行有效的监管，合理运用投资资金加快中国经济建设、刺激内需，并且防止金融危机向国内进一步蔓延。

富通集团股权出售：
平安保险集团境外投资的失败与教训

2009 年 4 月

欧洲当地时间 2009 年 3 月 7 日，比利时政府和富通集团就富通股权出售与法国巴黎银行（BNP Paribas SA）达成新协议。该协议规定，法国巴黎银行将购买富通银行 75% 的股份；同时，富通银行将在法国巴黎银行的融资担保下，从富通集团手中购买富通比利时保险公司 25% 的股份。作为富通集团的第一大股东，持有 4.99% 股份的中国平安保险集团却开始面临一种尴尬的境地。本文从富通集团股权重组的背景和动因出发，分析了平安保险集团境外投资的失败与教训，并且以当前金融危机为前提探讨当前我国金融企业进军境外必须注意的各项问题。

一、平安保险集团投资富通集团

2007 年 11 月 27 日，中国保险巨头之一平安保险集团敲响了进军境外的号角，斥资约 18.1 亿欧元从二级市场直接购买欧洲富通集团（Fortis Group）9501 万股股份，折合约富通总股本的 4.18%，一跃成为富通集团第一大单一股东。这一收购名噪一时，它不仅意味着中国保险集团对全球性金融机构的首度投资，也可能成为中国保险机构保险资金运用的经典创新。

平安保险集团参股时的富通集团业务包括银行、保险和资产管理三个部分，与平安保险集团的保险、资产管理和银行三大业务支柱架构相吻合，便于平安保险集团借鉴富通综合金融平台的经验。此外，富通集团拥有323亿欧元的市值（截至2008年2月29日），是欧洲前15大金融机构之一，在2008年《财富》杂志世界500强排名中列位第14，在商业及储蓄银行类别中更高居全球第二位。

平安保险集团在参股富通集团后表现非常活跃，2008年4月平安保险集团与富通集团签署协议，拟以21.5亿欧元收购富通资产管理公司。但最终由于市场环境及其他状况影响，这桩交易胎死腹中。2008年6月，平安保险集团最终将持股比例锁定在4.99%，平安保险集团持有富通股份总额为1.21亿股，总投资额达238亿元。

然而好景不长，金融危机下平安保险集团所加盟的富通集团成为受危机波及的第一批金融企业。自平安保险集团2007年斥资18.1亿欧元收购了富通集团4.99%的股权以来，截至2008年9月底富通集团的股价已经下跌了超过70%，2008年第三季度平安保险集团季度报表出现净亏损78.1亿元，而上年同期实现净利润36.2亿元。导致平安保险集团亏损的主要原因是针对富通集团的投资计入157亿元（合22.7亿美元）的减值准备。这一笔让平安保险集团当初为之兴奋的境外投资，至此已经宣告失败了。

二、富通集团股权重组始末

作为金融危机首轮波及的金融企业，富通集团的股权出售方案一波三折。2008年9月29日，富通集团宣布，荷兰、比利时、卢森堡三国政府为挽救富通集团达成协议，分别出资40亿欧元、47亿欧元和25亿欧元，购买富通集团在各自国家分支机构49%的股份，以增强富通集团的资本实力，三国政府同时为富通集团内各银行提供流动性支持。

2008年10月比利时政府控制了富通集团，以避免其陷入破产。同时在比利时、荷兰和卢森堡三国政府牵线下决定将富通集团的荷兰部门出售给荷兰政府，将比利时部分资产以现金加股票的方式作价200亿欧元出售给法国巴黎银行。根据协议还将创建一个控股公司吸收富通集团的问

题资产。

这一做法产生的后果是根据交易协议，富通集团估价仅为每股1欧元（1.29美元），远低于2007年同期14欧元的股价。交易后的富通集团将给股东们留下一个穷困潦倒的控股公司，持有小规模的国际保险业务、现金和不良资产。因此这一决议遭到了股东们的激烈反对。2008年12月，比利时法院裁定富通集团的交易重组必须进行特别股东表决。而且比利时调查法官怀疑时任比利时首相的莱特姆涉嫌秘密向法官施加影响，在公众压力下，莱特姆首相被迫于2008年12月辞职。2009年1月，比利时政府就交易重新进行谈判，允许富通集团保留在比利时银行和保险业务的股份。

2009年2月11日，富通集团股东大会在比利时布鲁塞尔举行。这次股东大会的主要议题是对比利时政府处理富通集团股权的议案进行表决。最后富通集团的股东们以微弱的优势否决了比利时政府作价200亿欧元将富通集团出售给法国巴黎银行的交易，迫使比利时政府不得不重新回到谈判桌前。这才有了3月7日比利时政府和富通集团就分割富通资产与法国巴黎银行达成的新协议。

三、富通集团股权重组对平安保险集团的影响

富通集团股权重组中各个股东之间的较量实质上是比利时政府和其他股东之间的博弈，其中也包括富通集团的大股东中国平安保险集团。自2008年9月以来，富通集团发生了一系列巨大的变化。这些变化过程中所涉及的重大决策，都是由比利时政府主导的。其实，摆在比利时政府面前只有三种选择：第一个选择是让富通集团自生自灭；第二个选择是注入更多现金将其收归国有；第三个选择是与法国巴黎银行重新商谈交易，给富通股东更好的收购条件。由于富通集团背负了太多债务，如果任由其自生自灭，富通集团破产的可能性比较大，而富通股份为比利时普通投资者所广泛持有，出于稳定社会的目的，比利时政府不可能采

纳第一种选择。而第二种选择对于一个国家来说比较冒险，而且在市场自由化的经济大潮下大有违反经济规律之嫌，因此比利时政府最愿意看到的就是第三种选择，即推动富通集团与巴黎银行的联姻。

从比利时政府与法国巴黎银行几次达成的协议看，比利时政府的意图在于将富通集团下属的富通银行的绝对控股权转让给法国巴黎银行，同时以捆绑的形式再将富通剩下的资产管理和保险业务尽可能多地抛售出去，通过这种方式寻求自己在金融危机下的脱身。最有可能帮助比利时政府实现这一意图的便是法国巴黎银行，因为通过收购富通银行，法国巴黎银行便获得了富通银行的绝对控股权，法国巴黎银行可以将吸储业务扩展到比利时和卢森堡，从而成为欧洲最大的商业银行。而且对于比利时政府捆绑出售富通集团资产管理和保险业务的交换，比利时政府势必还将对法国巴黎银行控股下的富通银行提供担保（例如目前协议中对持结构性产品的最终损失提供最高达15亿欧元的担保）或者其他方面的便利（比如目前所承诺的允许富通银行在未来3年内发行由比利时政府承销的高达20亿欧元的股票）。

如果该协议得以实现，那么富通集团业务将由原来包括银行、保险和资产管理的三个部分缩小到仅剩下保险业务。平安保险集团先前计划的通过购买富通股权实现与富通集团银行、保险和资产管理三大业务互补的打算会落空。而且，即便重组后的富通集团仅剩下保险业务，这一业务也面临受到被分杯羹的危险。因为富通比利时保险公司计划与由法国巴黎银行控股的富通银行签署有效期到2020年的分销合作协议，这使法国巴黎银行和富通集团在汽车和住房保险领域的合作可能性增加，富通集团的保险业务未必能做到独挡一面。

四、平安保险集团境外投资的反思

平安保险集团投资富通集团已经无疑地被证明为一个失误的投资决策。鉴于平安保险集团在富通集团的投资大部分已被冲销，该公司在这桩投资上已没有多少可再失去的了。要想在同比利时政府的博弈中获取更大的经济利益，平安保险集团必须认真地分析比利时政府所面临的困境和其解决问题的思路，据此找出切入点以提高自己在决策过程中的筹码。其实，除了在重组计划中尽可能地维护自己的投资利益，平安保险集团也可以适当地寻求比利时政府的经济补偿。此外平安保险集团要从富通集团投资案中摆脱出来的急迫心情令人理解，但是越是这个时候，越需要展现出自己的冷静和耐性，充分行使自己的权力。

平安保险集团在2009年2月的富通集团股东大会上已经通过投否决票反对比利时政府处理富通集团的协议，成功地维护了自己的合法权利。在强调公司治理的欧盟国家，许多制度都强调了董事会在公司治理中的核心地位，加重了股东、董事和管理层等相关方的责任和义务，要求公司董事、审计师和法律顾问等在公司的监督管理、制约管理层方面发挥更大、更直接、更积极的作用。在此背景下，平安保险集团必须重视利用各项法律或者公司制度来维护自己的权利，比如通过运用股东诉讼制度中股东直接诉讼（股东直接诉讼是指股东为了自己的利益而基于股份所有人地位向其他侵犯自己利益的人提起的诉讼。此处侵犯自己利益的人包括股东所在的公司及董事或其他股东）和股东代表诉讼（股东代表诉讼是指当公司怠于通过诉讼手段追究有关侵权人员的民事责任及实现其他权利时，具有法定资格的股东为了公司的利益而依据法定程序代公司提起的诉讼）等工具为自己维权。

五、金融危机下中国金融企业进军境外策略

金融公司境外投资的类型包括境外实物资产投资和境外金融资产投资。境外实物资产投资是指金融企业通过购买境外的土地、房产，设立或者购买企业等实物资产的方式进行投资，通过开发或经营获取投资收益。境外金融资产投资是指金融企业通过投资境外的传统金融工具（外国政府国债、公司债券、股票、与国外保险同行进行资金拆借等）和衍

生金融工具（远期合约、期货期权合约、资产支持衍生债券等）获取投资收益。由于每一种投资形式都有其自身的特点，我国金融企业在进行境外投资的时候应当认真论证投资项目的安全性、收益性、多样性和流动性。简单地说，对金融企业而言，参与境外投资时，安全性是出发点，流动性（投资项目的变现能力）是基础，多样性是手段，通过保持金融企业资金投向的分散性和资金运用的多样性来降低境外投资的整体风险。在满足安全性、流动性和多样性以后，金融企业再去考虑收益性，做到先求资金保值，再求资金增值。

金融危机对中国企业来说既是挑战也是机遇。这个时候谈境外扩张，更应该强调谨慎性和长期性。国外许多企业在金融危机下面临各种困难，这为中国企业提供了境外公司并购的契机。而且当前世界经济增长明显减速，国际资产、人力等相关价格普遍下降，这也可以为中国企业实施境外扩张战略节省不少成本。然而我们不能忽视许多中国企业的发展时间不长这一现实。由于大部分中国企业只有二十几年、十几年甚至更短的发展历史，与境外许多百年老店相比，它们不仅在自身产品、产业层面等方面还不具备世界范围的竞争力。更重要的是，企业在管理经验、流程、资本、人才、制度和企业文化等更多层面上，更不具备境外扩张的综合本领。贸然地急进地进行境外并购，只会使企业陷入无法自拔的困境。金融危机下的中国金融企业，一方面要抓住机遇，另一方面则要量力而行，客观实际地制定境外扩张战略，积极稳妥地实现境外扩张。

再谈平安"富通门"
——富通分割后的深度思考

2009年6月9日

　　金融危机下市场低迷，保险企业投资亏损的案例比比皆是。分析中国保险巨头之一平安保险集团境外投资的失败并非我的目的，出于民族情结我由衷地希望中国保险业能走出国门，打造世界级的金融航母。我在受访于《中国会计报》和为《银行家》撰文后再次应约谈谈平安保险集团的"富通门"，依然是源于这份民族情结。

一、从平安2008年度财务报表读富通

　　2009年4月8日，平安保险集团第七届董事会第二十五次会议通过了该公司《2008年年度报告》正文及摘要。《2008年年度报告》中平安保险集团坦言，2008年是中国与世界经济发展极不寻常的一年，也是给平安保险集团带来重大考验的一年。百年不遇的国际金融危机波及范围之广、影响程度之深、破坏力之大史无前例，给中国经济和金融业带来了较大的冲击。在全球股票市场的大幅调整下，公司（平安）境外投资遭受严重损失。

　　平安保险集团在2008年度财务报表中对投资富通事件作了反省，其中的董事长报告指出，本着通过全球化资产配置以及规避单一经济周期风险、获取财务投资收益和借鉴国外综合金融平台及交叉销售先进经验的考虑，在经过充分论证和审慎评估之后，我们（平安）累计共购得富通集团4.81%的股份。但全球性金融海啸的席卷，令所有投资者始料未

及。平安保险集团投资的富通集团也未能幸免，股价大幅下跌，最终令我们（平安）失去了当初投资富通集团预想的价值回报和协同效率。

在平安保险集团2008年财务报表关于报表项目变动超过30%以上项目及原因的分析中，2008年度平安保险集团资产减值损失为261.2亿元，而2007年该公司的资产减值损失仅为2.89亿元，波动幅度高达8938.1%。出现如此超常的波动，主要原因是平安保险集团可供出售权益投资减值损失的增加，其中主要是富通集团股票投资的减值损失，计提额度高达227.9亿元。2008年平安保险集团受股票市场大幅波动的影响以及富通集团股票投资计提大额减值准备的不利影响，寿险业务投资亏损94.44亿元。

二、平安与富通的恩恩怨怨

2007年11月27日平安保险集团在二级市场直接购买欧洲富通集团（Fortis Group）9501万股股份后，2008年3月19日，平安保险集团董事会审议通过《关于投资富通投资管理公司的议案》，同意投资富通投资管理公司吸收合并荷兰银行旗下资产管理公司（不包括某些非核心资产）后全部已发行股份的约50%。但最终这桩交易未能成功。2008年底，平安保险集团持有富通股份总额为1.21亿股，总投资额达238.74亿元。

随着富通集团被逐渐卷入金融危机中，按照审慎原则和相关的会计政策，平安保险集团在2008年第三季度财务报告中对富通集团股票投资进行了减值准备的会计处理，把在平安保险集团2008年9月30日净资产中体现的约157亿元的市价变动损失，转入了平安保险集团的利润表中进行反映。2008年第三季度平安保险集团季度报表出现净亏损78.1亿元，而2007年同期实现净利润36.2亿元。

平安保险集团对投资富通集团进行会计损失确认的同时，富通集团也开始了被国有化和分割的进程。2008年9月至2009年2月，围绕富通集团的分割，多国政府和股东进行了角力，2009年2月11日，富通集团

股东大会投票以微弱优势否决了国有化和作价出售的提案。2009 年 3 月 7 日比利时政府和富通集团就分割富通资产与法国巴黎银行达成新的协议。

根据 2009 年 3 月 7 日各方签订的协议，比利时政府将转让富通银行比利时业务 75% 的股权给巴黎银行。作为代价，巴黎银行将向比利时政府增发新股。富通银行还将出资 13.75 亿欧元收购富通保险 25% 的股份，以加强银保业务联系。由此，富通将转变为一家保险公司，而其拥有的 11.6% 的法国巴黎银行股份也可能会带来潜在收益。

三、富通分拆对平安的影响

针对 3 月达成的协议，4 月 28 日及 29 日，富通集团在比利时、荷兰两地举行股东大会。就在此次投票前夕，平安保险集团于 4 月 26 日再度发表声明，声称将对新出售方案投反对票。然而平安保险集团的努力并未能阻止富通被分拆的命运。4 月 28 日，比利时召开的富通股东大会以 73% 的票数通过了富通分拆协议；29 日晚，在荷兰召开的富通股东大会上该协议又以 77.65% 的票数得以通过。这两次投票意味着法国巴黎银行仍将获得富通银行 75% 的股权，而富通银行将在法国巴黎银行融资担保下，以 13.75 亿欧元购买富通比利时保险公司 25% 的股份。

值得深思的是尽管先前富通国有化和分拆的历程一波三折，尽管富通分拆遭受多方争议，尽管 4 月召开的特别股东大会上不少小股东坚决反对此次交易，股东大会甚至因为有人向富通集团的前控股公司富通控股的管理层投掷鞋子和其他物品并且部分股东情绪十分愤怒而一度被迫中断，但是在这次关于富通分拆议题的股东大会上股东们却以高于 70% 的票数同意富通分拆。平安保险集团在整个过程中扮演着唯一一个反对富通分拆的机构投资者角色，平安保险集团的孤独由此可见，平安的无奈也令人心酸。

平安保险集团推荐的人选金绍梁当选分割后的富通集团 8 个董事会成

员之一，继续参与未来富通集团的重大经营决策。在这种情况下，平安保险集团只能期待富通集团在新的董事会领导下努力将业务经营好，为股东创造最大价值。或许，随着金融风暴平息，此次投资可能还会给平安保险集团带来新增回报的机会。

四、平安境外投资的再思考

平安保险集团的努力并没有阻止富通被分拆的命运，而富通能够在4月的股东大会中通过分拆协议，主要原因是富通集团的管理层得到了大型机构投资者的支持，而平安保险集团却是机构投资者中的唯一反对者。遗憾的是在富通控股的主页上并不能找到相关机构投资者的具体名单，不过从富通控股2008年度财务报表上公布的主要股东情况可以看出，平安保险集团作为富通集团的大股东，持股比率为4.81%，富通银行的持股比率为4.98%，其余的股东分布情况为比利时和卢森堡占18%，荷兰占12%，英国占23%，德国占8%，剩下30%的股份由世界其他各地的股东所拥有。这一持股比例可以看出，虽然平安保险集团作为大股东，但是它同时也是来自于亚洲的、深入欧洲腹地孤军作战的富通股东，富通股东大会上孤掌难鸣的局面也显得容易解释。因为股东大会实际上也是各方利益集团的博弈，正当的市场竞争秩序因此也存在短期的市场失灵或者扭曲。

诚如4月29日上午10点平安保险集团给《中国证券报》所发声明中所诉，平安保险集团除了对富通集团分拆结果表示遗憾以外，认为富通集团的国有化及资产处置的一系列过程有违公司治理的基本原则，损害了广大股东的合法权益。经济危机下各国政府为了维护本国金融秩序和保持消费者信心，不惜祭出政府调控大旗，违背市场发展规律进行短期干预。富通集团的国有化意味着普通股权益被稀释，严重损害现有普通股股东的权益，使投资者拥有的普通股股票价值严重下滑。国有化以后的富通集团在出售给法国巴黎集团的交易协议上估价仅为每股1欧元

（1.29美元），远远低于2007年同期14欧元的股价。

平安保险集团表示，针对富通集团分拆这一结果将与有关当局保持接触，以保护公司的合法权益。根据我国2005年6月6日与比利时政府签订的《中华人民共和国政府和比利时—卢森堡经济联盟关于相互促进和保护投资的协定》中的相关规定，缔约各方承诺不采取任何征收和国有化措施，或任何具有直接或间接剥夺缔约另一方投资者在其领土内的投资效果的措施。如果出于公共目的、安全或者国家利益的原因需要违背以上规定，则该国应该根据国内法律程序采取措施，而且措施不应该具有歧视性，并且应该同时给予赔偿。显然，富通事件中比利时政府根据相关促进和保护投资协定应该给予平安保险集团相应的补偿。富通集团解体是平安保险集团维权的开始，尽管未来的路仍然很长，过程仍然很复杂。

平安保险集团在2008年的财务报表中称，2008年的国际金融危机，促使人们对全球经济、金融业的发展道路进行反思，如何平衡收益和风险，是伴随经营与投资活动的永恒课题。其实，看待平安保险集团境外投资的失败，不应该仅仅关注金融危机下对投资组合的选择和投资策略的设计，实业界和理论界应该更多地关注中国保险业在全球经济中的定位、面对危机和在境外投资中的维权、使中国保险公司在国际金融市场上扮演更为积极的作用的措施，这才是我们应该从平安保险集团投资富通事件中得到的深层次的思考和启发。从这个层面上看，平安保险集团投资富通集团中股票投资减值准备227.9亿元的损失，是为中国保险业未来更好地进军境外资本市场而缴纳的高昂学费。

银行保险兼业将遭遇滑铁卢

2008 年 10 月

2001 年 7 月，全球最大的保险公司德国安联保险集团斥资 240 亿欧元收购德国德累斯顿银行大部分股份，使其总资产达到 1 万亿欧元。这场保险业与银行业的混业"联姻"在当时的国际资本市场上引起轰动，许多专家预计，未来银行业和保险业之间的界限会越来越模糊：银行机构将注入更多保险技能，保险代理机构则传入更多的银行业务技术。借助与德累斯顿银行结成战略联盟，安联保险集团当时计划开拓德国个人和公司养老金业务以及资产管理业务等潜在市场，以成就其囊括保险、银行、证券、基金等业务的全能型金融霸主地位。

时隔七年后，安联保险集团于德国时间 2008 年 8 月 31 日宣布，将德累斯顿银行以 98 亿欧元的价格出售给德国商业银行。德国商业银行将总共出资 88 亿欧元购入德累斯顿银行 100% 的股权，同时将出资约 9.75 亿欧元弥补德累斯顿银行信贷资产支持证券（ABS）的亏损。收购完成后，安联保险集团将持有德国商业银行最多 30% 的股份，成为其最大股东，而德累斯顿银行将完全并入德国商业银行。安联保险集团出售德累斯顿银行这一决定不仅造就了近年来金融市场上交易额巨大的并购案例，同时也带来了疑问：银行保险混业经营是否像专家所预测的那样可以实现资源互补，未来银行保险兼业能否得到顺利地发展？

一、并购七年，混业经营的辛酸

安联保险集团在 2001 年并购德累斯顿银行时曾向公众表示，双方的

合并将争取在合作的第一年就创造出增长收益，5年内将银行与保险合并的优势完全体现出来，使该集团的客户、雇员和股东们从中获得长期的收益。然而，事实并非如此。

2002年，安联保险集团共亏损25亿欧元，其中9.72亿欧元来自德累斯顿银行。尽管前9个月售出的养老金保险合同多达51万份，但其中只有7.4万份是通过德累斯顿银行售出的。并购后的一段时间内国际资本市场略显萧条，股市低迷，安联保险集团应得的佣金、手续费等收入明显减少，集团股价也发生严重缩水。在这种不利的条件下，德累斯顿银行不仅未能发挥作用，甚至为集团带来了更多的负担。德累斯顿银行所借贷的许多小公司在当时不景气的国际环境下纷纷宣告破产，安联保险集团不得不用其自有资金弥补银行经营中的亏损，从而导致了自有资本金下降，信用等级随之被下调的后果。另外，分属于保险和银行两类客户互相渗透的方式也没有得到德国法律的支持。此前安联保险集团向公众所展现的宏图伟略并未能得以实现。2003年，安联保险集团进行内部调整，通过整顿高层和调整投资战略等方法使得安联保险集团重新从逆境中奋起，德累斯顿银行成功地为集团的盈利创造了空间。仅2007年第二季度，安联保险集团的投资银行业务就为集团创造了3.51亿欧元的利润。

二、次级债危机，初愈伤口的盐花

在安联保险集团刚刚开始通过混业经营向人们展示银行保险兼业美好前景不久，美国的次级债危机开始席卷全球，并且呈现出愈演愈烈之势。许多金融巨头遭受重创，其中也包括全球保险巨头安联保险集团。2007年安联保险集团仍实现营业利润109.2亿欧元，其中包括与次级债危机密切相关的银行业务所实现的7.73亿欧元。然而，自2008年以来安联保险集团不断受到冲击，大量业务出现下滑。以2008年第二季度为例，集团季度实现营业收益为21亿欧元，同比下降36%。其中净利润下降幅度为28%，仅实现季度净利润15.4亿欧元。该集团第二季度总营业额仅达到220亿欧元，比2007年同期下降9.5%。非寿险业务营业利润由原来的19亿欧元下降至17亿欧元。

安联保险集团营业额的下降，很大程度上归咎于德累斯顿银行不尽如人意的表现。受到美国次级债危机影响，德累斯顿银行的住宅信贷业务蒙受巨大损失，自2007年第四季度起连续3个季度出现经营亏损。安联保险集团投资银行业务2008年第二季度亏损达到6.27亿欧元，此外银行业务大量结构性金融资产受次级债影响发生资产减值。安联保险集团开始思索如何整顿德累斯顿银行业务，除了在2008年5月下旬对德累斯顿银行内部业务进行重新洗牌以外，还试图将该银行零售业务分离出来。再后来，安联保险集团决定整体出售德累斯顿银行，目前的并购工作正在有序进行。至此，七年前轰动全球的银行保险兼业案例以重新抛售收场。现实中银行、保险混业经营是否可行，银行、保险兼业是否会因为安联保险集团与德累斯顿银行的重新分离而遭遇滑铁卢这一问题再一次成为人们关注的焦点。

三、银保兼业，混业优势的互补

迄今为止，成功的银行保险模式主要通过柜台向那些在现场作出决定的客户销售简单产品。银行保险产品倾向于补充现有的银行产品，而现有的银行产品反过来又会带来额外的销售机遇。在全球范围内，保险公司一直都在成功地利用银行、保险混业经营为自身在低保险渗透和销售渠道品种有限的市场中赢得立足之地。

银行、保险经常被认为比传统代理和经纪人渠道更具有成本优势。银行销售保险产品相对于其他渠道的主要优势是客户关系。促成银行产品销售的事件比如抵押申请、贷款服务等往往能够激发潜在客户的购买欲，从而使得银行能够交叉销售保险产品，降低销售成本。而且，在特定的地理区域内银行、保险混业经营可以更好地利用固定成本、品牌知名度的能力、与客户之间频繁交流以及对于技术的广泛运用等优势，更

好地体现其他销售渠道无法具备的相对竞争优势。

当前，银行、保险混业经营正在努力实现从标准化产品的单一渠道销售到大众化多渠道销售的转换，向更加复杂的产品和更加细分的客户类别进行转变。银行、保险公司也在逐渐使用多种渠道的销售方法。除了依赖银行员工和保险代理外，许多银行、保险混业经营的公司积极地参与了直销、电话销售和因特网银行等渠道，开发出更多的客户，实现了更多的经营利润。银行与保险的互补优势，并不能因安联保险集团抛售德累斯顿银行这一案例就可以一叶障目地予以否认。

四、混业优势依旧，风险管理至关重要

事实上导致安联保险集团抛售德累斯顿银行的主要原因并非银行、保险混业经营机制上的缺陷，而是由于并购前期主要决策者没有综合考虑两个不同业务混业经营的特殊风险，也未采取必要的风险管理防范措施。德累斯顿银行的合并是安联保险集团史上首次混业经营，由于耽误在操作过程上的时间过多，导致此次合并最重要的关键点——保险和银行两方面的综合风险管理在一定程度上被忽略了。

中国的金融混业发展势不可挡。经国务院同意，中国银行业监督管理委员会与中国保险监督管理委员会于2008年初在北京正式签署了《中国银监会与中国保监会关于加强银保深层次合作和跨业监管合作谅解备忘录》，据此商业银行和保险公司在符合国家有关规定以及有效隔离风险的前提下，按照市场化和平等互利的原则，可以开展相互投资的试点。2008年8月提交人大常委会审议的《中华人民共和国保险法（修订草案）》删去了现行《保险法》中关于保险公司的资金不得用于设立证券经营机构，不得用于设立保险业以外的企业的规定，并且授权国务院保险监管机构根据社会经济和保险行业发展的实际需要，核定保险公司从事养老金管理等与保险有关的其他业务，为未来金融混业经营的发展提供了基本的法律依据。

安联保险集团抛售德累斯顿银行这一事件为前进中的中国金融混业经营敲响了警钟，重新将银行、保险混业的风险摆在了公众面前。应当看到我国目前的银保混业并非一帆风顺，高利率、高手续费的银保业务虽然带动了保费规模的增加，但也给保险公司造成了新的利差损。一些保险公司为争夺银行渠道陷入恶性竞争，少数保险公司为了追求保费规模，盲目提高渠道手续费及销售激励费，导致银保渠道费差损出现甚至不断扩大。为推进银保合作和金融综合经营，保险公司整合银行与保险风险、综合提高自身风险管理水平将是银行、保险混业经营披荆斩棘的重中之重。

国际保险巨头美国国际集团（AIG）
会否步雷曼兄弟后尘

2008 年 9 月 19 日

国际金融市场正逢多事之秋。2008 年 8 月底德国安联保险集团整体抛售德累斯顿银行被视作该公司应对美国次债危机的救济措施之一。9 月中旬拥有 158 年历史的美国第四大投资银行雷曼兄弟公司宣布申请破产保护，成为继 2008 年 3 月份美国第五大投资公司贝尔斯登被兼并以及 7 月房利美和房地美事件后又一震动美国和世界金融市场的事件。深陷次债漩涡的还有全球最大保险提供商美国国际集团（American International Group Inc.，AIG）。

一、审计爆出的 AIG 危机

2008 年 2 月 12 日，美国国际集团（AIG）被审计师爆出审计问题，并因此将次债担保损失由此前公布的 10 亿美元修正至 48.8 亿美元，而且这一损失仅涵盖了 2007 年 10 月、11 月 2 个月份。导致可能亏损的产品是为（CDO）抵押贷款债券提供信用保护的 CDS（Credit Default Swaps）合约，又称信贷违约掉期合约。据日盛国际商业银行提供的信息，在合约期内，如果被担保产品没有出现信用违约，客户将向担保方支付固定成本来获得违约风险的保护；相对地，一旦被担保产品出现信用违约，则担保方将向客户支付违约造成的损失。AIG 目前担保的 CDO 产品额度高达 624 亿美元。

审计事件带给 AIG 的绝不仅仅是进行修正的 48.8 亿美元的损失。由

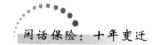

于AIG不得不用同样的标准对同类产品进行评估，所以造成的损失额度将有可能进一步扩大。尽管这一资产减值损失仅仅是会计估值，并未产生实际的资金流失，但是它却严重影响了投资者的信心和AIG的经营业绩。

二、雷曼兄弟拖累AIG股点

雷曼兄弟（Lehman Brothers Holdings）的破产将美国金融系统抛入了不确定性的深渊，人们不知道信贷危机引发的各种问题还会恶化到何种程度。在9月15日的多数时间内，道琼斯指数的跌幅维持在200~300点，但在最后1小时的交易时段内，道琼斯指数加速下跌，并最终创下了"9·11"恐怖袭击后的最大单日跌幅。道琼斯指数收盘暴跌504.48点至10917.51点，跌幅为4.4%，较年初累计下跌18%。受雷曼兄弟拖累首当其冲的当数美国国际集团（AIG）。

AIG股票9月15日收盘暴跌61%，令该公司股市市值缩水逾180亿美元。雷曼兄弟破产的消息使得焦虑万分的投资者继续打压AIG股价，周一，该股在纽约证券交易所以4.38美元收盘，股价下跌了7.38美元，2008年以来跌幅达到92%。

随着AIG陷入举步维艰的境地，始于房价下跌、继而席卷整个金融界的危机已经触及全球最大的保险公司之一，预示着这场金融风暴有加剧的风险，并令政府试图控制风暴的举措更加复杂化。美国国际集团在为全球金融机构提供风险保险方面有着举足轻重的作用，它一旦崩溃，将会对全球金融体系造成极大破坏。

三、信用评级公司下调评级令AIG遭重创

金融市场的危机愈发地表现出连锁反应的态势。在AIG遭受股价巨大跌幅的同时，全球知名评级公司相继下调AIG的信用等级。标准普尔（Standard & Poor's）于9月15日将AIG的信用评级下调三个等级，惠誉

国际评级（Fitch Ratings）也将 AIG 评级下调两个级别。

专业信用评级机构对保险公司的评级对保险公司的运营起着至关重要的作用。保险公司拥有较高的信用等级，实际上是向投保人传递其管理先进、财务安全、流动性好以及较高的市场地位等信息。在竞争日趋激烈的保险市场中，拥有较高信用等级的保险公司往往处于更为有利的竞争地位。尽管标准普尔和惠誉国际对 AIG 调低评级的次生影响还没有显现出来，但是评级的下调必将给未来 AIG 履行自身责任能力、寻求外界支援摆脱次债风暴和重新融资带来极大的负面影响。

四、次债漩涡下 AIG 前景黯淡

尽管 AIG 的传统保险业务并没有受到美国次债危机的影响，目前仍表现出良好的发展态势，但是 AIG2007 年的巨大损失令主要信用评级机构怀疑其是否能筹集足够资金冲销损失。如果拿不出足够的资金，AIG 将会被迫进入破产程序。

AIG 的未来发展牵动着美国金融监管部门的神经。美国联邦储备委员会 9 月 15 日在纽约的美联储总部举行会议，讨论 AIG 的前景问题，与会的有 AIG 管理人员、一些银行家和政府监管人员，还有财政部和美联储官员。有消息称，在美联储的强烈鼓励下，高盛集团（Goldman Sachs Group Inc.）和摩根大通（J.P. Morgan Chase & Co.）试图筹集 700 亿~750 亿美元贷款帮助支撑 AIG。此外 AIG 保险集团总部所在地政府——纽约州政府也正在与该公司协商，让 AIG 以自己的资产作抵押贷款 200 亿美元，并且允许该公司调整受到严密监管的资产，以便让它在短期内能有更好的流动性。

未来 AIG 如何成功摆脱次债阴影和破产风险，很大程度上将取决于政府的救市措施。AIG 拥有庞大的资产，这意味着不管下一步走势如何，其数百万传统保险客户的投保利益将得到基本保证。但 AIG 的股票和债券被广泛持有，而且全球许多公司都利用这家公司来管理包括次债投资

方面的风险敞口在内的一系列风险。AIG的崩溃很可能在全球范围内令企业更难控制其风险，或是要付出更高的代价。为了缩小次债危机的多米诺骨牌效应，AIG能否挺住将是留给美国联邦政府的难题，也是国际金融市场能否减少动荡的关键之一。

欧洲银行国有化：成因、趋势与反思

2009 年 5 月

2008 年国际金融危机爆发以后，银行国有化再一次成为许多欧美发达国家用来救市的灵丹妙药。银行国有化与先前发达国家所推崇的经济发展市场化与资本市场自由化的理念大相径庭。尽管许多国家政府对它的使用趋之若鹜，但是国有化本身确是锋利的双刃剑，它能短期内缓解危机带来的冲击，却在长期上损害了多方的利益。分析这一轮欧洲银行国有化风潮对于审视金融危机的影响和把握未来国际资本市场的发展动向有着重要的意义。

一、欧洲银行国有化的历史背景

欧洲大陆是一片有着国有化历史渊源的地区，尽管从历史发展的主流看该地区主要保持着私有化的经济体制，但是国有化取代私有化的事件时有发生。早在 1931 年，德国在应对当时的银行业危机时便采用了国有化政策，为当时的纳粹政府聚敛大量财富。英国在 1945—1951 年以及 1974—1976 年两度左翼工党执政期间，曾经有过两次大的国有化进程，英国的国有化经济到 1979 年 1 月的占有率程度极高，政府对电力、造船、铁路、邮政以及电信等国民经济重要命脉都实现 100% 的占有。法国于 1982 年颁布了《国有化法》，使基础化工、军火工业、航空工业成为国家控股，银行中 90% 股权属于国家控股。欧洲的其他国家也大致如此，国有化成为国家在特定情况下进行危机管理或者维护国家主权利益的一项常用工具，该地区民众对国有化的接受程度也因此较美国高出许多。

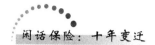

二、金融危机下欧洲银行的国有化举措

无独有偶，这次的金融危机下欧洲各国政府同样想到运用国有化这一工具来帮助银行走出困境。英国是这一轮国有化浪潮中的先行者，早在2007年该国便对首批在金融危机中倒下的英国金融公司NorthernRock（诺森罗克银行）进行国有化改革。2008年10月8日召开的欧盟成员国财长会议推出了"一揽子银行救助计划"，开始祭出国有化大旗。紧接着各国政府纷纷效仿，银行国有化在当前的欧洲风靡一时。当前金融危机下欧洲部分国家的国有化举措见表3-1。

表3-1　金融危机下欧洲部分国家的国有化举措

国家	国有化举措
德国	德国上议院4月初通过了关于强制银行国有化的议案，该法案将允许政府在别无选择的情况下，在特定时期内对陷入困境的银行强行实施国有化。该法案将为救助Hypo Real Holding AG (HRX.XE)提供支持
冰岛	冰岛金融体系处于瘫痪，四大银行均被冰岛政府国有化。其中前三大银行Kaupthing、Landsbankinn和Glitnir早在2008年10月就被宣布国有化；第四大银行Straumur Burdaras Investment Bank于2009年3月被金融危机打垮，由冰岛金融监管局将其接管并关闭
奥地利	奥地利政府2008年10月中旬公布了1000亿欧元的金融救助方案草案，明确表示奥地利政府将考虑对银行强制实施国有化，作为危机的最终解决方案
英国	2008年10月初英国政府宣布了一项以875亿美元资金"部分国有化"受困银行的计划。根据该计划，英国政府将向包括苏格兰皇家银行、恒生银行等银行提供最高可达500亿英镑的财务支持，英国政府获得这些银行的控股权。2009年1月20日英国政府公布第二轮银行救助计划，英国政府将提高对该国第一大银行苏格兰皇家银行的控股权，将政府在该银行中的股份从原来的58%提升至接近70%，英国政府成为该行最大股东。2009年3月7日，为避免该国另一大银行莱斯银行集团破产倒闭，英国政府接手该行2600亿英镑不良资产，成为该行头号股东
意大利	意大利于2008年10月宣布成立一只200亿欧元的基金，用于从需要资金的银行换购股权

续表

国家	国有化举措
卢森堡、比利时和荷兰	荷兰、比利时、卢森堡三国政府为挽救富通集团达成协议，分别出资40亿欧元、47亿欧元和25亿欧元，购买富通集团在各自国家分支机构49%的股份，以增强富通集团的资本实力，三国政府同时为富通集团内各银行提供流动性支持。2008年10月比利时政府控制了富通集团，以避免其陷入破产。同时在比利时、荷兰和卢森堡三国政府牵线下决定将富通的荷兰部门出售给荷兰政府
西班牙	2009年3月29日，西班牙中央银行紧急接管了该国一家储蓄银行（Cajade Ahorros de Castilla LaMancha），并为这家银行多达20亿欧元的负资产提供担保。这使得受金融危机影响程度较低的西班牙也被卷入了欧洲的银行国有化风潮

三、欧洲银行国有化的特点

欧洲银行这次国有化风潮的突发性强、国有化事件多、波及面广。审视这一轮国有化的共性以及各个独立事件的特性，对把握未来欧洲银行所有权改革走势，分析欧洲银行国有化所产生的各项影响大有裨益。

首先，引发本次欧洲银行国有化的根源是席卷全球的金融危机。从2007年开始英国率先对陷入次贷危机的诺森罗克银行实行国有化以后，主要欧洲国家纷纷对各大银行注资。所有被国有化的银行都是在金融危机中受波及的主要金融企业，而且这些银行在所在国的金融体系中均发挥着中流砥柱的作用。这不仅反映了本次金融危机已经影响到了许多国家金融命脉的根本，它同时体现了各个国家共同应对全球金融风暴的决心，反映了金融业在各个国家经济发展和社会稳定中的特殊地位。

其次，国有化仅仅是应对本次危机的若干措施之一。欧洲大部分国家采用注资、增加国家信用、调整货币政策、加强金融监管等多种形式应对金融危机。许多国家通过注资银行业，增加市场的流动性促使本国

金融市场继续保持活跃状态。同时不少国家通过立法、发表声明等方法向公众明确表示不会坐视危机的蔓延不管，通过国家信用增强消费者的信心和提升他们的消费预期。欧洲中央银行、英国英格兰银行以及瑞士和瑞典等欧洲国家的中央银行均宣布将基准利率降低0.5个百分点，促进货币的流动性，防止资本市场衰退。由此可见，国有化政策的适用并非是孤立的，它与其他的危机处理方法互为补充。

再次，各国政府对银行国有化的态度相当谨慎。各个国家在应对金融危机中都是把国有化作为最后的备选方案，许多国家都是在万不得已的情况下才采用了这一举措。银行业的国有化是对市场原则的一种践踏，是政府为了广大社会公众利益而采取的一种极端非正常手段。并不是所有的欧洲国家都认同这一处理方法，法国就在德国2009年4月通过了强制银行国有化的议案后明确表示，不会采用国有化的方式介入金融危机管理。

最后，各国之间国有化的具体操作存在着显著差别。英国的国有化形式比较激进，政府在掌握了银行控股地位以后，不但具体地参与到银行的运作管理中，而且承担了银行应负的部分社会责任。英国、德国均在新的银行体系改革中严格控制银行高管的收入，阻止他们发放年终分红和股息，以减少社会的收入差距。法国、意大利等欧洲国家的国有化举措相对比较温和，它们只有在银行濒临破产时才由国家出手接管银行股权，但国家的股权不具有投票权，待银行情况好转后国家会将已获利的股票卖出，让银行重新回归私有化。

四、银行国有化的影响与反思

究竟银行国有化的举措能够从何种程度帮助欧洲国家摆脱金融危机阴影，重新确立金融秩序目前尚不得而知。不过可以肯定的是银行国有化举措从短期上帮助这些国家维护了金融秩序，稳定了投资者信心，避免了债权人的恐慌所导致的市场不稳定。不过，银行国有化是一把双刃

剑，它所带来的弊端同样不容忽视。

首先，银行国有化从长期看损害了投资人利益。银行国有化之后，普通消费者的存款将继续受到保护，贷款条款也将进一步放松，但国有化稀释了普通股权益，损害了相关股东权益。比利时金融巨头富通集团国有化便是典型的例子，国有化以后的富通集团在出售给法国巴黎集团的交易协议上估价仅为每股 1 欧元（1.29 美元），远远低于 2007 年同期 14 欧元的股价，使得国有化以后的富通集团给股东们留下一个穷困潦倒的控股公司。

其次，银行国有化侵蚀了纳税人的利益。政府在将银行国有化的时候通常要承担巨额损失，并且在其对银行改组后往往要折价出售给私有部门。这中间的差价损失只能由纳税人承担。如果国有化举措不慎导致情况恶化，将会造成国家公共债务激增，带来国家破产的危险，纳税人因此承担了银行国有化过程中的巨大风险，成为潜在的受害人。英国国家统计局 2009 年 2 月 19 日发布的资料显示，负债银行部分国有化将导致公共债务陡增，最高可能相当于国民生产总值的 150%，公共债务的增加势必最终转嫁到纳税人身上，由他们对国有化进行埋单。

再次，银行国有化打破了市场内部均衡机制。西方经济学经典理论将市场比喻成无形的手，市场机制具有内部自动均衡调节的作用。银行的国有化无疑是政府向市场伸出了一双有形的手，采用国家强制干预的形式打破市场自身的制衡。银行在政府手中停留的时间越长，越会影响市场机制作用的发挥，影响企业的正常发展，削弱运作效率，为以后重新私有化带来更大的难度。

最后，银行国有化还将损耗国家信用，接管不当将招致政局不稳定。无论政府通过举债形式还是国家自有资产的形式将存在问题的银行收归国有，都会从某种程度上造成国家资产的损失，从而降低了该国货币的信用等级和货币价值，将商业银行的不良资产间接地转移到了政府的资产负债表上，从而影响到该国的信用级数，可能导致该国的政局动荡。这样的例子在本次欧洲银行国有化过程中屡见不鲜，比如比利时首相莱特姆由于在富通银行国有化过程中所执行的错误决策被迫于2008年12月辞职，冰岛政府在这次危机中对银行国有化的接管不当造成银行体系崩塌，该国货币也急剧下挫，导致了该国总理哈尔德于2009年1月宣布辞职并且解散其所领导的内阁。

美国第三轮货币量化宽松政策（QE3）对保险业的影响①

2012 年 10 月 29 日

随着备受全球市场瞩目的美联储第三轮货币量化宽松政策（QE3）的出台，全世界的股市应声而涨。美国 QE3 出台的当天，纽约股市三大股指涨幅均超过 1%，美元遭抛售，国际金价创 7 个月新高，国际油价涨 1.34%。QE3 的出鞘，标志着全球正式步入低利率或者零利率时代，此举对与利率联系极其密切的保险行业产生了深刻影响。

一、QE3 出台的背景

QE，是指中央银行在实行零利率或近似零利率政策后，通过购买国债等中长期债券，增加基础货币供给，向市场注入大量流动性，以改变市场主体对利率和汇率的预期，刺激经济复苏的政策。9 月 14 日，美联储在结束为期两天的 9 月利率会议后宣布：0~0.25% 的超低利率的维持期限将延长到 2015 年，并宣布将推出进一步量化宽松政策（QE3），按每月 400 亿美元的进度进一步购买机构抵押贷款支持债券（MBS），现有扭曲操作(OT)等维持不变，以进一步支持经济复苏和劳工市场。

美联储此前先后推出了两轮的货币量化宽松政策。2008 年，随着金融危机的加深，美联储为挽救金融机构，振兴美国经济，提升就业水平，推出了首轮量化宽松货币政策（QE1），QE1 只挽救了华尔街的金融机构，而美国经济依然在苦苦挣扎，失业率也未见起色。在此压力下，

---

① 本文合作者为赵刚。

美联储又于2011年4月推出了第二轮量化宽松货币政策（QE2），而随着QE2的推出以及扭曲操作的持续，美国经济依然振兴乏力，就业率无法回升，失业率居高不下，房地产市场持续低迷，使得美国联邦政府又面临严重的财政赤字危机。在这种背景下，美联储推出了QE3。

二、QE3出台对美国保险行业的影响

根据美国联邦公开市场委员会（FOMC）的声明，若劳动力市场前景没有大幅改善，将一直买进MBS并采取其他资产收购措施，以及将接近于零的利率至少延长到2015年底。这些举措无疑将进一步推动美国债券市场价格的上涨以及债券市场收益率的下降，而这对美国保险公司的寿险业务产生了非常不利的影响。美国的公认会计准则将保险合同分为长期保险合同和短期保险合同，寿险合同和长期健康保险合同普遍被归类为长期保险合同。由于此类保险合同的长期性，保险公司在确认保费收入到保险金的给付之间存在较长的时间差，这就要求美国保险公司将投保人缴纳的长期保险合同保险费提存人寿保险责任准备金或者长期健康保险责任准备金。实际上此类准备金是保险公司资金保值增值的重要载体，换言之是保险资金的主要来源，并且此类资金具有长期性和时间价值，在保单赔付之前该部分准备金的投资收益一般归保险公司所有。QE3的出台意味着在未来连续三年中，美国的市场利率接近于零，美国保险公司在之前卖出的高利率保险产品将给他们造成非常大的利率损失。

在保险公司寿险产品的销售上，基于未来连续三年的接近于零的利率，保险公司的精算部门不得不调低它们的预定利率假设至接近于零的水平，这对与利率关系非常密切的寿险部门来说，尽管它们不会面临破产的危机，但将面对风险基础资本规模急剧减少的情况，未来三年美国寿险业的经营会变得举步维艰。基于预定利率开发的寿险产品如固定收益年金类保险、两全保险、万能险等就变的非常缺乏吸引力。为了保持寿险产品的竞争力，美国保险公司必须要使自己的保单相对储蓄存款或

者债券保持一定程度的吸引力，这就对保险公司的资金收益提出了很高的要求。未来三年保险公司在资金成本上将面临很大的压力，保险公司寿险业务的利润也会相对下降。

同时，流动性宽松也会使得股市、房市以及现货黄金、白银等贵金属市场吸引一部分原本流向保险公司的资金。未来美国保险市场发展依然需要依赖于美国经济的复苏程度以及劳工市场的就业数据，倘若经济形势不见好转，失业率维持高位运转，人均收入降低，美国保险市场对保险保障产品的需求将出现下降。

三、QE3对美国保险行业资金运用的影响

QE3的推出向市场注入了大量的流动性，这将对保险资金的运用以及收益产生重大影响。QE3推动下流动性的增加将使得寿险资金规模不断扩大，同时美国寿险业市场的竞争将加剧。这种局面对美国保险资金的运用效率提出了更高的要求，同时稳健风险条件下资金回报情况将成为支撑保险公司持续稳健发展的重要手段。

从寿险资金的运用方向看，近年来美国寿险资金主要投向政府与企业债券、抵押贷款、保单贷款、股票；尽管美国的资本市场环境非常成熟，但美国仍然对保险公司从偿付能力到资金运用上实施了非常严格的监管，包括对债券的评级、各种投资组合、动产以及不动产投资、抵押贷款等都明确的规定了数量上或者质量上的投资限制。由于美国寿险业每年破产倒闭的公司大部分都是由于自身风险管理不善、投资决策失误导致的，因此，美国保险公司虽然拥有众多的投资渠道，但它们出于对自身风险管理角度的考虑，在资金运用上采取了非常谨慎的措施，监管部门设置的种种投资限制对保险公司来说一般没有什么实质性意义。因此，美国保险公司大部分资金主要投向风险相对较低的债券市场，在债券投资上大部分又以高质量债券为主。

随着美联储第三轮量化宽松货币政策（QE3）的出台以及扭曲操作的持

续，全球股市、国际大宗商品价格、原油期货以及黄金等应声而涨。但综合最近几周的数据看，全球股市走势趋于平稳，大宗商品、原油期货等走势甚至趋于下降，这些大有"利好出尽是利空"的感觉，说明市场对美联储的政策效果仍然持浓厚的怀疑态度。但总的来说，美联储的量化宽松本质上就是向市场释放流动性，以通货膨胀为代价刺激经济增长。由于美国保险公司为了获得稳定的预期收益，它们往往按照资金与负债相匹配原则投资持有至到期债券。接近于零的利率将导致保险公司持有的债券预期收益率处于极低的状态，这对保险公司资金运用产生了非常不利的影响。

流动性宽松对美国保险公司持有的股票和股权类投资产品而言无疑是利好消息，同时美联储集中购买MBS将降低商业银行信贷投放风险，并进一步压低房地产信贷利率，会给保险资金持有的商业资产等带来利好。不过由于这部分资金在保险公司资产配置中处于很小的一部分，所以总的来说，QE3对寿险资金运用产生了非常大的不利影响。保险公司在资金运用上可能需要根据美联储的政策措施更改一些资产配置组合，比如提高股权投资的比重，加强对战略性资产如商业地产等的配置比重等，以提升自身资金的收益率。

四、未来展望

美联储此轮量化宽松货币政策总的来说释放了巨大的流动性，货币市场将维持很长时间的零利率时代，这些对美国保险公司长期保险产品中一些与利率相关的保险产品销售产生很大的不利影响。虽然伴随着"婴儿潮"一代人的陆续退休和美国社会的老年化，美国保险产品尤其是寿险产品的需求会增加，但在未来三年内，美国的零利率时代将给保险公司的长期保险产品造成非常大的利率损失，保险公司在盈利和资本金上将面临非常大的压力。倘若QE3不产生效果，美国经济得不到复苏，那么美国疲软的经济形势可能会进一步降低消费者对保险产品的需求，造成保险市场的萎缩。

金融危机对全球保险业影响的几点反思①

2012 年 11 月 12 日

自 2007 年秋美国次贷危机演变成的金融海啸席卷全球以来，各国政府纷纷积极出台政策以解救处于崩溃边缘的金融机构，其最终目的是防止金融危机对实体经济产生灾难性影响。各国中央银行陆续采取了以"零利率"和"量化宽松"为特征的超常扩张性货币政策，通过向金融体系注入大量的流动性使金融市场趋于稳定，成功地促进了经济复苏。近日美国宣布实行第三轮量化宽松政策（QE3），也从侧面说明金融危机的阴霾还没有完全退去。因此，重新审视本次金融危机对全球保险业的影响，并从中吸取经验教训无疑显得意义重大。

一、金融危机对保险业的直接影响

本次金融危机对国际保险业的直接影响首先体现在保险公司的资产减值上。金融危机发生后，保险公司的股票、固定收益债券和其他资产组合的账面价值大幅下跌。据 OECD 统计，仅仅是与次级抵押贷款相关资产的信贷亏损就已超过了 2500 亿美元。其中，AIG 的损失约占总损失的 40%。后续的经济衰退对股票市场和信贷市场产生了深远的影响，并造成了保险公司企业债券投资组合的大量减值。

值得庆幸的是，由于保险产品的销售需要预先收取保费，且保险赔付支出需要满足一定的条件，因此在金融危机的大环境下，相对于其他金融机构，保险公司的资金充足率仍然较高。除此之外，保险资金投资

---

① 本文合作者为魏宇航。

的多元化和严监管保证了国际保险业受到金融危机的冲击较小，但是本次危机仍然值得保险业深刻反思危机所带来的教训和意义。

二、金融危机对保险业影响的反思

（一）保险业为银行业的资本结构调整埋单

在金融市场的混乱过后，经济增长放缓严重影响了保险公司的发展。2009年，发达国家的保险业出现了80年以来最严重的一次衰退。家庭和企业都削减了保险预算，保费收入大幅下跌。尤其是寿险业，为了在低利率的影响下仍能达到承诺给投保人的收益率要求，寿险公司的经济状况很是拮据。此外，在具有极大波动性和不确定性的宏观背景下，保险公司对对冲性金融工具的需求和成本显著上升。

全球多国的中央银行超宽松的货币政策导致了向上倾斜的收益率曲线，即短期收益率小于长期收益率。这种情况下，银行是最大的受益者。一般而言，银行更喜欢低利率而保险公司偏爱高利率。因为低利率意味着银行筹资成本较低，而由于保险公司现金流存在收取保费在前、支付赔偿金在后的特点，高利率可以为保险公司带来较高的利息收入。因此高利率是保险公司运营的重要支柱，也对其整体盈利能力起到关键作用。此外，高利率使得保险公司可以将未来的支付以更高的折现率折现，这将使得它们的资产负债结构看上去更合理。本次经济危机使得保险公司无法继续享受高利率所带来的便利。

在当前收益率曲线的情况下，银行基本上是以零成本向储户借钱，再以一个相当可观的长期利率放出贷款。因此，金融危机后银行的财务状况很快便有所好转。而与之相反的是，保险公司和养老基金则不得不痛苦地采取降低投保人和股东回报这一措施，简而言之，保险公司和养老基金在为银行资本结构的调整埋单。

这里我们不想探讨现行的货币政策是否公正，但是毋庸置疑，这些

政策是以损害储蓄者的利益为代价对收入进行了再分配。一些权威专家认为，中央银行的货币宽松政策以及其他应急措施将使人们产生对未来通胀的预期。由此带来的潜在风险是，未来的利率可能会被迫突然调高以适应通胀。当然，理论上讲，利率上升对保险公司有益，因为它们可以购买新的更高收益的债券。然而，利率的突然上升将会严重损害保险公司现有资产组合所带来的投资收益。同时，如果利率随着通胀一步一步地上升，保险公司将不得不增加其准备金储备。

（二）低收益率是保险业的慢性毒药

市场上持续低迷的投资回报率给保险公司带来很高的实际成本和潜在成本。日本的经验告诉我们，收益率不足将是扼杀寿险业发展的慢性毒药。据瑞士再保险（Sigma，2010年第5期）统计，全球的保险资产已达22.6万亿美元，占全球金融资产的12%。只要收益率降低100个基点，保险业每年将产生高达2260亿美元的投资损失，比世界前五大保险公司的股东权益之和还要多。对于承保率低、波动性高的非寿险公司和需要支付最低收益率的寿险公司而言，投资收益的持续负面效应将是一个巨大的挑战。

投资收益是保险合同定价考虑的一个主要因素。因此，为了弥补低收益率，保险公司不得不提高非寿险的费率同时降低支付给寿险保单的收益率。这样的做法实际上将挤出部分保险需求，一些客户可能选择赔付较少的保单、尝试自己管理资产或者选择其他投资理财产品和渠道。而保险需求的减少将进一步降低保险公司可支配资金的数量，客观上进一步限制了投资渠道的多样性和收益性，长期可能使得保险业陷入发展怪圈。

从保险公司投资的现状看，由于主权债券风险最低，因此保险公司投资这一资产的意愿特别强烈。然而，在当前的货币政策下，这些固定收益证券的收益处于历史最低点。另外，当前的欧债危机使得保险公司陷入了一种尴尬的困境：要么接受政府债券的低收益率（这些债券已不再安全），要么专注于高风险的资产，但是这些资产有相当大的甚至禁止性的资本费用，并且其收益也有极大的不确定性。

三、金融危机后保险资金投资何去何从

金融危机的爆发使得保险监管也开始思考如何预先防备和应对保险业可能面临的风险。目前国际保险界激烈讨论的两项保险业新规可能使得金融危机后保险资金的投资面临雪上加霜的局面。这两项保险业新规是欧盟《偿付能力监管指令Ⅱ》（Solvency Ⅱ）和《国际财务报告准则》（IFRS）。

《偿付能力监管指令Ⅱ》（以下简称《偿付能力Ⅱ》）是欧盟为了促进内部保险统一市场的进一步深化，更好地保护投保人和被保险人利益，优化欧盟统一市场内部保险业务的竞争环境，更好地实现保险监管而推行的一项保险公司监管制度。《偿付能力Ⅱ》要求欧盟内部的所有保险公司采用统一的偿付能力管控要求，改善现有偿付能力监管框架下保险业监管资本与经济资本相脱节的局面，解决保险监管未能反映保险公司内部控制与风险管理水平的弊端。不过，《偿付能力Ⅱ》的推出提高了保险公司对资本金的要求，降低了保险公司在资产投资时的自由度。《偿付能力Ⅱ》的推出将造成市场风险（如利率变化的风险和汇率变化的风险）不得不由更多的风险资本支撑，高收益率投资项目的高资本费用削弱了保险公司逆周期管理的能力。因此，《偿付能力Ⅱ》如果在欧盟得以实施，这项举措在提高保险公司偿付能力的同时，将可能削弱保险公司稳定金融市场的相应功能，也降低了保险资金的获利性。

欧盟《偿付能力Ⅱ》借鉴了银行巴塞尔协议第三支柱的模式，其中第三支柱主要要求保险公司进行信息披露。这一要求使得国际财务报告准则（IFRS）也密切影响到保险资金的经营与管理。IFRS要求对保险合同、金融工具等都按照公允价值的方式进行计量，客观上造成保险公司

财务报表上保险资金和利润的波动，可能导致对保险负债和相应资产的长期性的反映不够准确。这种不匹配将在市场有流动性压力的时候表现得更加明显。此外，在公允价值计量的会计制度下，长期投资价值的暂时下降将直接影响股东权益和公司利润，使得本来稳定的保险市场变得波动性强，提高了保险公司对市场的敏感度和对宏观经济的依赖度。

4 专题二 灾害管理

2010年全球自然灾害及损失面面观

2011年1月10日

2010年是灾害频发的一年。该年度被瑞士再保险等众多风险管理的专业公司称为"灾害年"。为了对该年度全球性的灾害有更为直观的理解，我们按照各个重大灾害的类型对年度灾害与损失作全面的数据梳理，以飨读者。

一、2010年全球重大地震

地震依旧是2010年重大的自然灾害之一，除了我国玉树地震以外，其他国家和地区也同样受到这一自然灾害的严重威胁。从死亡人数上看，该年度最大的地震灾害非海地莫属。发生于2010年1月12日的海地地震共造成死亡人数222570人，仅次于海地地震的便是4月14日我国的玉树地震，本次地震中死亡人数据青海省政府5月底确认的数据为2698人，2月27日智利地震造成562人死亡，土耳其5月8日的地震造成51人死亡，印度尼西亚6月16日的地震造成17人死亡，发生于其他国家和地区的地震同样有生命死亡发生，这里不再一一列举。

从受灾人数的排序看，1月海地的地震同样是最高的，本次地震中共造成海地370万名民众受灾，其次是2月的智利地震，受灾人数为2671556人。2010年9月4日发生于新西兰的地震共有30万人受灾，继而是我国的玉树地震，受灾人数超过20万人（一些国外灾害管理数据库显示的受灾人数为超过10万人，这里的数据根据青海省民政厅的数据整理而得）。同时，2月25日发生于我国云南省楚雄彝族自治州禄丰县、元谋县交界的地震也造成受灾民众50029人；4月4日的墨西哥地震造成受灾人数 25232 人。1 月 31 日发生于我国四川遂宁市市辖区、重庆潼南县交界的地震共有 10515 人受灾；塔吉克斯坦 1 月 2 日的地震造成受灾人数 7840 人；土耳其 3 月的地震造成 5100 人受灾；印度尼西亚 6 月的地震造成 4600 人受灾。从按照受灾人数排列的 2010 年全球 10 大地震来看，其中有 3 次地震发生于我国境内，可见我国属于全球范围内的地震灾情大国，因此探讨和思考如何降低和减少地震对我国所造成的负面影响，意义尤为重大。

地震无疑给受灾地的经济建设带来巨大的负面影响。按照经济损失的排序看，该年度最为严重的地震灾害是 2 月的智利地震，本次地震共造成经济损失高达 300 亿美元，其次是 1 月的海地地震，本次地震造成海地经济损失为 80 亿美元，排名第三的是 9 月的新西兰地震，本次地震造成的经济损失约为 296817 万美元。遗憾的是，许多国外知名风险管理和保险的机构都没有对我国的地震灾害经济损失进行评估，它们所公布和发表的各项报告中也没有显示中国的相关数据。不过，根据 2010 年 4 月 18 日青海省政府的资料看，玉树地震初步统计的直接经济损失近 3 亿元，后续统计和计算方法的差异可能会进一步提升这一数据，也就是说青海玉树地震的经济损失实际上超过了 3 亿元。

二、2010 年全球重大旱灾

旱灾不仅是我国 2010 年面临的重要灾害之一，同时也是对全球多个国家造成重大影响的灾害。2010 年我国云南、广西、贵州、四川和重庆等地连续遭遇旱灾，部分地区旱情持续近 5 个月之久。这一年度的旱灾造成我国受影响的饮水困难人数达 2212 万人，耕地受旱面积 1.11 亿亩，经济损失十分严重。其中云南的损失估计超过 170 亿元。

旱情也同样威胁着中国以外的其他国家和地区。按照该年度受旱灾影响人数排序，2010 年 2 月索马里发生干旱，受灾人数 140 万人；6 月马里发生旱灾，造成 60 万人受灾；3 月莫桑比克发生干旱，共有 46 万人受

灾；同年度毛里塔尼亚发生干旱，30万人受灾；6月玻利维亚的旱情，造成6.25万人受灾。从经济损失的排列看，6月发生于玻利维亚的干旱是该年度最大的干旱灾难，本次灾情造成1亿美元的经济损失，继玻利维亚之后是位于拉丁美洲的圭亚那，该国于2010年1月发生的旱情造成本国1470万美元的经济损失。

三、2010年全球重大水灾

水灾同样是一种常见的自然灾害。从2010年在洪灾中死亡的人数看，该年度最为严重的洪灾是2010年7月28日的巴基斯坦山洪暴发，本次事故中共有1961人丧生；其次是我国2010年5月的洪灾，共有1691人遇难；巴西4月4日的洪水有256人死亡；印度9月18日和8月6日的洪水分别造成200人和196人死亡；6月我国的洪水造成152人死亡；尼泊尔8月21日的洪水夺走了138条生命；洪都拉斯8月的洪水中有117人丧生；肯尼亚3月7日的洪水造成94人死亡；哥伦比亚3月的洪水造成93人死亡。

从受灾人数上看，我国成为洪灾最为严重的国家之一。5月我国的洪灾共造成13400万人受灾，继而是7月的巴基斯坦洪灾，受灾人数高达2020.2327万人。排名第三的依然是发生于我国境内的灾难，6月的中国洪灾受灾人数600万人。非洲国家乍得8月15日的洪灾造成366.6735万人受灾，印度9月18日的洪灾中有300万人受灾。尼日利亚9月13日的洪灾中造成150.02万人受困，墨西哥9月的洪灾中有100万人受灾，哥伦比亚3月的洪灾中有73.9965万人受灾。在2010年全球的10大洪灾中，排在第9和第10的分别是位于非洲西部的比宁和中国的灾害，9月比宁的洪水灾害中受灾人数为45.1774万人，中国5月7日的洪水灾害中共有38万人受灾。

从洪水灾害所造成经济损失的排名上看，位于2010年度10大洪水灾害之首的依旧是我国5月的洪灾，本次灾害造成我国直接经济损失

260.8541亿美元。其次是7月的巴基斯坦山洪暴发，造成了95亿美元的直接经济损失。位列第三的是5月17日发生在波兰的水灾，本次水灾造成32亿美元的经济损失，继而是2月21日和6月21日分别发生于葡萄牙和罗马尼亚的水灾，两次灾害分别造成18.6764亿美元和11.11428亿美元的经济损失。欧洲绝对是2010年水灾的受灾地，接下来的重大水灾还包括5月15日的匈牙利水灾，8月7日的捷克山洪暴发、5月15日的捷克水灾，它们分别造成3.57547亿美元、1.57560亿美元和0.6亿美元的经济损失。按照灾害造成经济损失排名的2010年度全球10大水灾的最后2个水灾是2月发生于哈萨克斯坦的山洪暴发和9月13日的尼日利亚洪水，两次灾害所造成的经济损失分别为3457.6万美元和3000万美元。

四、2010年全球严重极端天气

极端天气（气候）事件是指天气（气候）的状态严重偏离其平均态，在统计意义上属于不易发生的事件。通俗地讲，极端天气（气候）事件指的是50年一遇或100年一遇的小概率事件。联合国政府间气候变化专门委员会（IPCC）的评估报告显示，过去50年中极端天气事件特别是强降水、高温热浪等极端事件呈现出不断增多增强的趋势，预计今后这种极端事件的出现将更加频繁。

按照死亡人数排序，2010年最为严重的极端天气是发生于3月印度的高温天气，本次高温天气导致250人死亡；其次是同样发生于印度的1月2日的寒潮，本次寒潮造成印度逾百人死亡；紧接着是1月22日罗马尼亚的寒潮，该寒潮导致52人死亡。此外，巴西2月的高温天气和俄罗斯11月的寒潮分别导致32人死亡和13人死亡。

五、2010年全球重大暴风雨

暴风雨依旧是常见的自然灾害之一，同时也是对我国威胁较大的自然灾害。2010年按照死亡人数排名的全球十大暴风雨中，最为严重的是7

月12日的菲律宾的热带旋风，本次热带旋风造成196人死亡；其次是危地马拉5月28日的热带旋风，共造成187人死亡；紧接着的是印度4月13日的热带旋风，共造成114人死亡。中国9月20日的热带旋风是该年度第四大灾害，共造成75人死亡。2月28日发生于法国的冬天风暴造成53人死亡，成为该年度的第五大灾害，还有5月6日的印度地方风暴、3月10日的马达加斯加热带风暴、5月20日的印度热带旋风、5月6日中国的地方风暴和6月6日巴基斯坦的热带旋风，分别造成的死亡人数为52人、40人、32人、29人和23人。

按照受灾人数排名，中国再次成为暴风雨的重灾地。中国1月25日和9月20日的暴风雨分列第一名和第二名，受灾人数分别为150万人和100万人。其次，法国2月的冬天风暴和印度4月13日的热带旋风都造成超过50万人的受灾人数。菲律宾7月12日的热带旋风、危地马拉5月28日的热带旋风、孟加拉国4月13日的热带旋风、墨西哥9月15日的热带旋风、马达加斯加3月10日的热带旋风和墨西哥6月30日的热带旋风是该年度10大按照受灾人数排名的暴风雨。

按照经济损失的排名看，该年度最为严重的风暴灾害是2月5日的美国地方风暴，本次风暴造成20亿美元的经济损失，其次是2月法国的冬天风暴，造成的经济损失为16.5072亿美元，排名第三的是3月6日的澳洲地方风暴，造成经济损失为13.8亿美元。危地马拉的热带风暴列位第四，经济损失为10亿美元，然后是中国9月20日的热带风暴，造成了2.98285亿美元的经济损失。排名第6位至第10位的严重暴风雨灾害分别为牙买加9月29日的热带风暴、中国台湾9月18日的热带风暴、中国大陆5月6日的地方风暴、斐济3月14日的热带旋风和墨西哥6月30日的热带旋风。

六、2010年其他重要自然灾害

2010年其他重要灾害还包括火山爆发灾害和森林大火等。比如该年度3月20日和4月14日位于冰岛南部的埃亚菲亚德拉火山两次爆发，给航空业、全球气候和保险业带来了极大的负面影响。7月中旬开始的俄罗斯森林大火造成俄罗斯境内共有554个森林着火点和26个泥炭着火点，着火总面积超过19万公顷，经济损失逾65亿卢布（1美元约合29.83卢布），造成至少53人死亡、500多人受伤，超过2000间房屋被毁。

　　从受灾人数看，2010年最为严重的火山灾害是8月29日的印度尼西亚火山爆发，共造成15060人受灾，其次是5月28日厄瓜多尔的火山爆发，受灾人数为2500人，排名第三的是危地马拉5月27日的火山爆发，造成1800人受灾。在森林大火方面，除了俄罗斯7月中旬开始的森林大火以外，8月发生于玻利维亚的森林大火和1月发生于哥伦比亚的森利大火是该年度仅次于俄罗斯森林大火的重大灾难，玻利维亚的森利火灾造成300人受灾，而哥伦比亚的森林大火造成的受灾人数为200人。

2010年全球人为灾害全透视

2011年2月14日

瑞士再保险等专业风险管理专业公司称2010年为"灾害年",除了自然灾害频发造成巨大经济损失以外,人为灾害也不容忽视。人类活动所造成的自然资源枯竭、环境污染、气候变暖、交通安全事故、老龄社会、核能源不合理开发等问题,正在演变成为威胁人类生存和发展的潜在灾害。

一、2010年全球流行疾病

2003年中国所经历的非典(SARS)让国人直面流行疾病所带来的巨大灾难。流行病一直是普遍的人为灾害之一。环境中的细菌、饮水和食物中的微生物都可能导致疾病的发生。流行病既可以传染给局部地区的人群,也可以传播到全球,成为全球性的流行疾病。而且,人类所面临的流行疾病和病毒的环境越来越复杂,一方面由于人类在进化的同时促使病毒也在不断地进化,另一方面由于科技和交通的飞速发展使得病毒的传播更加迅速。

从死亡人数上看,2010年最大的流行病发生地当属非洲国家布基纳法索,该国1月的一场流行病导致428人死亡,其次是菲律宾11月的登革热,本次灾害造成了228人死亡。喀麦隆5月的流行病造成222人死亡,尼日利亚北部暴发流行性肠胃炎导致156人死亡。从受流行病感染的人群看,数字更是触目惊心。洪都拉斯1月的登革热疫情在首都特古西加尔巴及北部省份迅速蔓延,共有56500人受到感染。

2010年多个国家都遭受流行性疾病的威胁,包括刚果8~11月的黄热病；罗马尼亚9~12月的西尼罗热；9~12月蔓延在印度尼西亚、印度、越南、埃塞俄比亚、卡塔尔、缅甸、巴布亚新几内亚、中国香港等国家和地区的登革热；2010年10月到2011年1月初发生在安哥拉、刚果和巴基斯坦的脊髓灰质炎以及11月底发生在海底和巴基斯坦的霍乱等。

二、2010年全球重大工业灾害

伴随工业化进程的发展，工业灾难也时有发生。从各项排名看，矿难是当前最为严重的工业灾难。根据灾害造成的死亡人数排名，2010年全球最大的工业灾害当属5月8日发生于俄罗斯西伯里亚地区克麦罗沃州梅日杜列琴斯克市的煤矿矿井爆炸事件。该事件主要由甲烷爆炸引发，事故共造成90人死亡，379人受伤。本次工业灾难也是该年度按照受伤人数排名的全球第二重大工业灾害。

拉丁美洲是2010年矿难的多发地。该地区的哥伦比亚、智利、苏里南和委内瑞拉都有重大矿难发生。本年度第二重大工业灾难发生于6月16日的哥伦比亚，其西北部城市Amaga一个小型煤矿San Fernando发生爆炸，导致矿井中作业的工人由于矿井坍塌而被掩埋。本次爆炸事件小有讽刺性，因为哥伦比亚的矿井中包括了许多非法矿井，这些矿井作业以特别危险著称。然而本次爆炸的煤矿San Fernando恰恰是一家合法的矿井，其爆炸的原因是由于甲烷气体积聚引起的。San Fernando矿井深2000米，爆炸冲击波甚至波及地面据井口150米远的矿山房屋，造成73人死亡。

8月5日，智利北部科皮亚波市附近的San José铜矿矿井塌陷，导致33名矿工被困。本次智利矿难事件成为了本年度灾害管理的一个成功案例而广受关注，33名被困矿工在离地面700米深处的安全地带，通过钻出通道的饮食救济，在69天后全部获救。此外，本年度爆发于拉丁美洲的重要矿难事故还包括11月21日委内瑞拉南部El Calldao一个被遗弃的矿井发生的塌陷事故，这场事故导致6名进行非法挖掘的矿工丧生。11

月22日苏里南位于Langatabbetje岛附近的金矿数十米处发生了矿井井壁倒塌事件，7名非法淘金者遭活埋，2名获救，3名自行逃生。

6月29日发生于加纳南部Dunkwa-on-Offin的金矿塌陷是2010年全球第三大工业灾难。由于本地缺乏救援机械，导致救援工作无法展开，造成至少70人死亡。这一年度全球各大洲都有比较严重的矿难事件。4月5日美国位于西弗吉尼亚州Montcoal市的Upper Big Branch矿井发生爆炸，导致29人死亡，成为美国近20年来发生的最为严重的井下事故。5月8日位于西西伯利亚Kemerovo地区的Raspadskaya煤矿发生爆炸事故，不仅正在作业的矿工受灾，而且就在救援人员下井救人时，爆炸第二度爆发，使得首批下井的救援者也受灾，至少66人在本次事件中丧生。5月20日土耳其黑海附近Zongudak的Karadon煤矿地下500米处发生了一起严重爆炸事件，导致30人丧生。11月19日新西兰南部Greymouth市发生矿井爆炸事故，导致29人失踪，生死不详，雪上加霜的是，由于毒气存在的可能性造成了救援者无法下井救援，从而使得人身伤亡无法进一步控制。

三、2010年全球重大交通事故

交通事故往往是人为灾害中的重要大类，它是指以各种交通运输工具为主要受灾体和致灾因素的灾害现象。作为人为灾害中的主要大类，交通事故主要包括如下灾种：首先是公路交通中机动车辆在运行过程中所致的各种事故，它又是国际上交通事故中的主要种类，仅以中国为例，我国每年公路交通事故便可造成7万人以上死亡、10多万人受伤；其次是铁路交通中列车运行过程中发生的各种交通事故，如列车在运行中相撞、列车火灾等；再次是民航事故，包括飞机在飞行中发生的各种空难与飞行事故，以及飞机在地面发生的事故等；最后是海事灾害中，包括各种船舶及其他海上交通运输工具、水上装置在水域发生的各种事故也属于交通事故的范畴。

按照死亡人数排序，2010年全球最为严重的公共交通事故是7月2日发生于刚果民主共和国的事故，下午6时左右，一辆油罐车在刚果（金）南基伍省乌维拉市附近的桑格村发生交通事故，侧翻后造成车上汽油泄漏并发生爆炸。由于现场有不少人在哄抢泄漏的汽油，爆炸造成至少200人死亡、100人受伤。

空难事件占据了本年度按照死亡人数排序的第2名至第5名。5月22日，印度航空公司一架波音737客机在印度南部卡纳塔克邦的芒格洛尔机场降落时失事，造成159人死亡，事故发生后8人获救被送往医院，但其中1名儿童后来伤重不治身亡。7月28日，巴基斯坦"蓝色航空"公司由卡拉奇飞往伊斯兰堡的A321型客机在伊斯兰堡北部的默尔加拉山坠毁，机上152名乘客和机组人员全部遇难，成为巴基斯坦死亡最为惨重的一次空难，本次空难也是2010年第三惨痛的交通运输事故。第四起严重的交通事故发生于2010年5月12日，利比亚非洲航空公司一架航班号为8U771的空客A330飞机在利比亚首都的黎波里机场降落时坠毁，机上有93名乘客和11名机组人员，除一名荷兰籍10岁男童外，其余103人全部遇难。4月10日，波兰总统卡钦斯基乘坐的图-154飞机在俄罗斯斯摩棱斯克州北部一个军用机场降落时坠毁，机上97人全部遇难，其中包括总统和总统夫人以及很多波兰高官，成为2010年第五大交通事故。值得一提的是，8月24日我国河南航空公司由哈尔滨飞往伊春的E190型飞机在伊春机场降落时冲出跑道断裂，部分乘客被甩出，飞机后来起火爆炸造成机上96人中42人遇难，54人受伤。中国的民航最高安全纪录5.75年因此而被打破。

以上列举的2010年按照死亡人数排列的重大交通事故，从前面5名交通事故来看，空难所造成的死亡人数明显严重于陆运和水运中发生的事故。不过如果从事故导致受伤人数的排名看，陆路交通事故是最为严重的灾难。按照受伤人数排列的2010年最为严重的交通事故是发生于刚果（布）的一起铁路事故，该国大洋铁路公司一列客运列车6月21日午

夜在从黑角驶往首都布拉柴维尔的途中经过一个弯道时,突然发生脱轨事故,导致4节车厢坠落轨道旁的峡谷,造成76人死亡,745人受伤,伤亡人数高达821人。

2010年第二重大交通事故依旧是铁路事故,2010年2月15日位于比利时布鲁塞尔西南15公里处一列向北行驶的列车高速撞上一列向南行驶的列车,造成猛烈撞击,多节车厢损毁严重,两列火车多节车厢被撞至出轨,车厢外壳被剖开。有车厢更向上跷起,击断电缆线。本次事故共造成25人死亡171人受伤,成为欧洲罕见的人为灾害之一。

2010年第三大交通事故依旧是铁路事故。7月19日印度一列快速客车将要驶离印度西孟加拉邦的赛恩提亚站时,车尾突然被另一列火车撞击,导致数十人死亡,受伤人数高达165人。印度的铁路交通安全再次成为全球关注的焦点,因为印度境内铁路交通安全事故频发,仅2010年上半年便有2起较为严重的铁道事故,包括3月9日一列客运列车在印度北部一个无人看守道口与一辆汽车相撞,造成至少6人死亡和16人受伤的惨剧,以及5月28日一列快速客运列车在印度西孟加拉邦发生脱轨事故,导致13节车厢脱轨和数节倒在相邻铁轨上的车厢被迎面驶来的一辆货运列车撞击,造成至少200人以上的伤亡。

2010年我国同样有全球关注的铁路事故,5月23日江西省境内沪昆铁路因连日降雨造成山体滑坡掩埋铁路,引发列车脱轨事故造成19人死亡和71人受伤。铁路交通安全应该引起人们的广泛关注,尽管它与航空事故不同之处在于其造成死亡人数的比例相对较小,但是所造成的人身伤害范围却相当大。

水路交通事故也是重要的人为灾害之一。秘鲁5月25日发生水上交通事故导致160人受伤,成为该年度按照受伤人数排名的第四大交通事故。其次是印度尼西亚东部8月9日发生沉船事故,一艘载有逾50名乘客的轮渡翻覆,导致11人死亡,78人受伤。也门于9月27日发生一起水上事故,造成61人受伤。12月16日,越南一艘集装箱船在越南中部河静省附近海域遭遇大风袭击，船体严重倾斜，死亡人数达到53人。公路交通事故也不容忽视，比如苏丹9月22日的一起公路车祸造成63人受伤，坦桑尼亚3月1日的公路车祸造成59人受伤等。

四、2010年全球日常生活人为灾害

除了工业事故和交通事故以外，人为灾害还包括民众日常生活中所发生的各项灾难，比如为国人所沉痛悼念的上海11月15日特大火灾等。综观2010年各大灾难，日常生活的人为灾害主要包括住宅地火灾、房屋倒塌和踩踏事件三大类。

2010年火灾肆虐给全世界各地民众带来重大灾难。除了2010年的上海火灾以外，在2010年的各起重大日常生活人为灾害中，最为严重的当属6月3日孟加拉国的一起火灾，该国首都由于违章建筑而发生特大火灾，导致至少120人遇难。引发该次火灾事故的原因是一间违章修建的化学仓库内变压器爆炸，火灾发生地楼宇密集，为救援工作带来困难，间接造成伤亡人数增加。4月25日，菲律宾首都奎松市发生火灾，至少300间民房被烧毁，上万人无家可归，受伤民众高达2000人之多。1月24日发生于喀麦隆的一起住宅区火灾令1755名民众受伤，3月24日泰国的一场大火烧伤了300多人等，全球各地的火灾举不胜举。

居民区倒塌也是不容忽视的日常生活人为灾害。11月15日晚，印度新德里一栋五层居民楼突然倒塌，造成大约100人遇难，130多人受伤。该楼内住户大多是贫困的外来劳工，印度官方称事故由违章施工引起，事发时该楼地基已被雨水浸泡了2个月。10月27日阿富汗北部巴格兰省一个结婚典礼现场发生屋顶坍塌事故，致使大约65人死亡。摩洛哥2月19日梅克内斯一座清真寺的一个宣礼塔倒塌，同时屋顶部分坍塌。本次事故造成36人死亡，70多人受伤。坍塌事件在我国也时有发生，比如7月24日我国河南省洛阳市栾川县潭头镇汤营村伊河汤营大桥整体垮塌，导致44人遇难和22人失踪。

除了以上各项列举的人为灾害外，2010年还有一次罕见事件值得一提：7月24日德国西部鲁尔区杜伊斯堡市在举行"爱的大游行"电子音乐狂欢节时发生踩踏事件，造成至少19人死亡，342人受伤，成为2000年以来欧洲发生的最严重踩踏事件。造成本次事件的主要原因是由于活动场地唯一的入口是地下通道，并且该地下通道发生人群拥堵引起恐慌性踩踏事件，加之人山人海的局面大大增加了救援工作的难度，连救援直升机都找不到降落的地方。还有同年3月4日发生于印度北部一座神庙的踩踏事故，造成37名儿童和26名妇女死亡，数十人受伤。在和平节日里发生的人为灾难，不得不引起人们的警惕和反思：必须加强风险认知，建立安全措施，实现安全第一，以降险防灾的方式推动我国经济的发展和实现社会的和谐稳定。

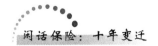
2010年我国灾害的回顾与反思：为了忘却的记忆

2011 年 1 月 10 日

2010年对我国而言是不能忘记的一年，这一年"灾害"鲜有地成为该年度的关键词。在 2010 年 12 月 29 日《中国保险报》发表的一篇"2010年全球十大灾难再回首"的年终专稿中，我国的西南 5 省（市、区）旱灾、青海玉树地震和甘肃舟曲特大泥石流三个灾难列席其中。当重大灾害频繁发生，灾害损失不断攀升时，重新梳理这一年度我国灾害的特点，反思灾害带给我们的各种思考，不仅是为了告慰在灾难中遇害的同胞，也是为了关爱我们活着的同胞，关爱我们的家园。

一、自然灾害：巨灾管控是重点

2010年，中国青海省玉树县发生 7.1 级地震，超过 2000 人遇难；8 月上旬，甘肃省舟曲县发生特大泥石流，超过 1400 人遇难。从保险精算的角度看，这些巨大自然灾害的发生概率远远低于我们平时所说的百年一遇，也就是说，它们发生的概率要远远低于 1%。然而不幸的是，这些低概率事件却在同一个年度同一个国家重复出现。而就在 2008 年前，我国的四川汶川发生了新中国成立以来破坏性最强、波及范围最大的地震，造成人员伤亡 46 万人以上，财产损失 8451 亿元。巨灾的频发，敲响了我国巨灾风险管理的警钟。

巨灾风险管理是一个有机的体系，它涉及有效预测和量化灾害源、评估灾害源发生可能对当地所造成的物质损失、有效控制和抑制灾害源

的爆发、转移或者自留灾害风险等。新中国成立以来，我国部分学者开始提出"灾害经济学"的理念，提倡从负经济的角度管理灾害，降低灾害给社会和经济带来的损失，从而为我国的经济发展作出贡献。尽管灾害经济学的理念提出已久，但是目前我国在这方面的研究还相当落后。其主要原因在于灾害经济尽管属于经济学领域的范畴，但是由于其负经济学的属性使得人们对它的关注不多；此外，由于灾害经济与风险管理密切相连，而灾害经济所研究的主体属性需要研究者不仅熟悉经济学知识，而且对于地理学、法学、灾害管理、工程学等方面的相关知识也有一定的了解，所以导致了许多学者望而却步。

巨灾风险的管理与控制需要引起有关方面的重视，2010 年许多血的教训不容我们忽视。巨灾风险管理和控制是一个复杂的体系，需要各方主体分工合作和相互协作。首先，政府部门应该加强制度建设，从配套设施扶持和工作重点上推进我国巨灾风险管理，增加巨灾措施的建设与维护（比如构筑防洪堤坝）；其次，研究机构应该深化研究，在学科融合背景下探讨巨灾风险管理，思考有效的措施并提供科学的论证，提高民众对巨灾风险的认知和对有效管理的知识和方法的了解；最后，业界、民众应该积极配合政府部门实施有效的巨灾风险管理措施，通过合理建设巨灾防护工具（比如安置灭火设施、提高建筑要求等）降低巨灾可能造成的损失。不过需要强调的是，尽管各个主体之间进行了一定的分工，但是很难将巨灾风险管理与控制的任务进行明确的划分，各个主体之间的任务和责任有可能出现重叠或交叉，必要情况下甚至需要不同主体进行共同协作，才能最大程度地提高巨灾风险管理的效率，降低灾害可能带来的各项损失。

二、极端天气：低碳理念应提倡

全球气候变暖的概念已经多次被提及，而且由于气候变暖所引发的极端天气事件 2010 年多次在中国出现。2010 年初，新疆连续遭受 9 次大范围寒潮冰雪天气过程；西南5省区遭受秋冬春连旱；6月中下旬，我国南方11个省份遭受洪涝灾害等。2010年12月10~16日，我国南方地区出现了大范围雨雪天气，这次雨雪天气具有影响范围广、雨雪强度强、过程降水量破历史同期极值、累计降温效应明显等特点。其中14~16日，江淮、江汉、江南等地先后迎来2010年入冬以来首场降雪，部分地区出现大雪或暴雪。据气象部门统计，湖南、江西、浙江等12个省（自治区、直辖市）平均降水量创1961年以来历史同期最大值。截至2010年16日14时，江南中东部大部地区积雪深度为5~15厘米，安徽南部部分地区积雪深度为16~20厘米。

气候异常、极端天气事件的频繁出现使得我国2010年的直接经济损失较常年同期大幅增加，部分省份铁路、公路、通信、供电供水等基础设施遭到破坏，多个县城停水、停电，交通受到严重阻塞。此外，由于2010年受灾范围广，群众生活受到很大影响。我国各省份由于均受到不同程度的极端天气影响，受灾人口数量大、农作物受灾面积广、倒损房屋多、直接经济损失重，给灾区群众生活带来较大影响。尤其是我国中西部欠发达地区，由于2010年受极端天气和自然灾害的影响较大，当地群众的生产和生活困难加剧。灾害所造成的损失不容小觑，比如民政部救灾司截至2010年12月17日14时的统计，2010年14~16日仅3天的降雪天气便造成浙江、安徽、江西3个省份15市66个县（市、区）遭受低温冷冻和雪灾的受灾人口454.3万人，紧急转移安置1.5万人，直接经济损失31.4亿元；12月上旬吉林省吉林、通化、白山、延边4市（州）14个县（市、区）发生低温冷冻和雪灾，受灾人口1.3万人，直接经济损失高达2313.6万元。

大量的研究表明，极端天气增加主要根源在气候变化，而气候变化将对我国农牧业、生态系统、水资源、海岸带等方面产生负面影响。科学研究已经基本确认，造成全球气候变暖的主要原因是人类过度使用化石燃料，排放了大量温室气体。虽然我国的生产加工企业对于我国GDP

保持高速增长发挥着重要作用，但是这些推动经济增长的主体所引发的环境污染、碳排放等危害却不容小觑。以空调为例，目前我国建筑能耗占社会总能耗的 1/4 以上，其中 1/2 是空调消耗掉的，通过换算得出的二氧化碳排放量是十分惊人的。

为了应对气候变暖所可能对社会和经济带来的负面影响，减少极端天气发生的次数和范围，提倡低碳的理念显得尤为重要。"低碳"绝对是 2010 年的重要字眼，无论是人民代表大会和政府的发言或者提案，还是普通老百姓日常生活的各个环节，对低碳的提倡随处可见。毋庸置疑，低碳是我国转变发展方式，调整经济结构，实现经济转型的重要渠道和方法。不过，在政府提倡低碳生活和低碳经济理念的同时，应该扩大引导力度，通过税收、财政补贴、政策扶植等多种方式，切切实实地引导企业通过低碳经济实现可持续发展；进一步扩大低碳宣传力度，辅以相关低碳社区建设和软文化开发，引导民众实现低碳的生活理念与习惯。

三、人为灾害：以人为本重安全

俗语中所称的天灾人祸，除了自然灾害等因为不可抗力所造成的灾难外，还包括人为因素所引发的灾害。在 2010 年中国的人为灾害中，矿难再次成为继 2009 年之后的同一种重要灾害。尽管近年来我国安全条件有所改善，但是中国采矿业仍然是世界上死亡率最高的行业，2009 年我国事故和爆炸造成煤矿工人死亡人数达 2600 多人，而 2010 年我国采矿工人遇难的事件仍然不断发生：2 月，山西省屯兰煤矿发生瓦斯爆炸，74 名矿工遇难；3 月，山西王家岭煤矿发生透水事故造成 152 人受困；4 月，初河南省洛阳市伊川县一煤矿发生瓦斯爆炸事故造成 12 名矿工遇难，32 人受困；7 月，郑州煤业集团运营的一个煤矿发生矿难，8 名矿工遇难；7 月，陕西省韩城市桑树坪镇小南沟私营的煤矿因电缆着火引起事故，造成 28 名矿工死亡；10 月，河南中平能化集团平禹煤电公司四矿发生矿难造成多名矿工遇难。

以上矿难事件仅仅是对从媒体可以获知到的信息进行梳理的，实际上还有很多矿难因为信息不充分而无法统计整理。尽管国家安全生产监督总局所公布的关于2009年我国煤矿事故造成2631人遇难的数据已经远远低于2005年的近6000人，尽管中国政府加强了对矿难事故的处理和安全措施的监管，但是中国仍然是国际上矿难事故和受灾人数最高的国家。而也是在2010年，智利成功营救出33名被困矿工受到了全球的关注，如何以人为本地关爱矿工，如何加强矿业安全生产，如何降低矿难事件和损失再一次成为大家关注的焦点。政府部门除了加强监管以外，还应该在技术进步方面加大投入，寻求与世界上最先进技术的合作，改善矿业生产的安全体系，完善矿工安全与急救的培训系统，最大限度地降低矿业灾难。

实际上2010年11月发生在上海的一场火灾可能更为引人关注，除了矿难事件经常发生而高楼火灾事件相对较少以外，火灾发生的地点也可能决定了这场灾难的关注度。在这场大火灾中共有53人死亡，70多人受伤，引发了人们对城市安全的思考。本次火灾暴露了政府监管、企业生产和民众生活各个层次的薄弱环节：建筑工程违法多次分包给无照承包商，施工现场管理混乱，当地部门安全监管不力；无良奸商为节省成本雇用无证工人违法施工，使用高度易燃的尼龙网、隔热等材料，导致大火迅速蔓延，最后失控殃及整栋大楼；民众风险管理意识淡薄，对于保险等转移风险的有效工具使用比较少，火灾中大部分损失无法实现有效转移而不得不由民众自己承担巨大财产损失等。

上海火灾所引发的另一个反思在于如何有效地对灾害损失进行评估、赔偿与救济。上海火灾中地方政府给予每位遇难人员大约96万元的赔偿和救助金，其中包括一次性死亡赔款65万元，由此引发了大众的深思，因为同样是中华人民共和国公民，矿工们在遇难后所得到的救济金却远远没有上海的受灾民众多。客观地讲，决定死亡赔偿金在任何地方都是一件棘手的事，中国并不是唯一在死者收入计算方面碰到问题的国

家。2001年美国向"9·11"事件遇难者发放赔偿金时，便由国会通过了一项和中国类似的规定，要求财政部根据工资水平决定每个遇难者生命的价值。不过，由于我国目前没有相关的立法，对于灾害赔偿和救济也没有明确的标准，所以如何对灾害进行有效的评估，如何合理地给予受灾民众必要的赔偿，如何确定有效灾后救济的款项与用途，将是未来需要重点关注和继续探讨、解决的问题。

四、灾害保险：铸风险管理主力

根据瑞士再保险（Swiss Re）2010年12月的资料，2010年全球自然灾害和人为灾害给全球保险业带来了360亿美元的损失，这一比重大约占全球灾害所造成的损失的16%（全球灾害损失高达2220亿美元）。不过由于保险赔付具有一定的滞后性，保险业在全球灾害损失中所承担的比重，预计要高于以上所估计的数值。

由于国际上不同受害国家保险体系发达程度存在较大差异，所以保险在应对自然灾害和人为灾害所造成的财务损失和承担灾后救济资金来源的角色在各个国家之间各不相同。比如2010年智利和新西兰地震、西欧冰雪灾害所造成的各种巨灾事件中，由于这些地区保险覆盖面比较大，所以保险业所承担的灾后赔付的主力军作用相对较大，而像该年度海地地震和亚洲洪灾这些灾难中，由于所在国保险覆盖面较低，保险业在巨灾赔付中的社会责任发挥相对比较微薄。

我国保险业尽管在过去的几十年间得到了迅速的发展，但是保险业在巨灾风险管理、灾后救济和赔付体系中发挥的作用却仍然微乎其微。以2010年我国的两起灾难为例：截至2010年8月15日17时，舟曲特大泥石流灾害经证实已经造成1248人遇难和496人失踪，舟曲县城由北到南5公里长、500米宽区域被夷为平地，舟曲县城被淹，5万人受灾。而截至2010年8月12日，舟曲特大泥石流灾害的理赔案件仅为76件，所能评估的可赔付损失仅为900余万元，保险赔付占舟曲泥石流灾害直接经济损失的比率将少于0.001%。另外根据主流媒体的推算，上海"11·15"特大火灾事故可能造成近5亿元的直接经济损失。而上海市保监局17日所通报的关于"11·15"特别重大火灾事故相关保险排查理赔情况显示，涉及该项重大事故的保险公司主要是太平洋保险和中国平安，其已知的保险赔付额度约为1023万元。随着报案率的增加和理赔时间的推移，保险公司在上海特大火灾中所承担的保险赔付可能会增加，但是相较于最少为5亿元的事故直接经济损失，1023万元的保险赔付似乎显得苍白无力，因为保险损失与直接经济损失的比例将小于2%，远远低于国际上保险业承担灾害损失30%左右的平均水平。

　　未来我国商业保险应该借鉴国外的先进经验，克服各种困难积极开发和提供相关的商业保险产品，参与巨灾风险的管理，发挥在灾害救济体系中的生力军作用。商业保险应该发挥在巨灾风险管理的主力军作用，积极参与到承保标的的风险管理中，通过预先采用科学手段防灾、灾情发生后积极参与救灾和灾后的保险赔付等方法，有效控制和管理灾害，成就保险业在灾害管理方面安全卫士的领军地位。

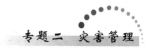

灾害与保险：全球性的新课题

2010 年 10 月 20 日

自然灾害与人为灾害的频发与突发对全球经济的发展和人类社会的稳定造成了不可忽视的负面影响。尤其在过去的几十年间，各种灾害表现出了更大强度的破坏性和更为严重的毁灭性，而这种局面的形成源自多方面的因素：社会、人口、政治、经济、环境和气候等问题。如何预防与控制灾害，减少灾害造成的负面影响，通过保险机制转移灾害风险，利用保险资金重建灾区等，成为当前全球性的新课题。

灾害离我们并不陌生，仅 2010 年全球范围内便发生了多起自然灾难事件。2010 年是中国的"灾害年"，发生了举国悲痛的舟曲泥石流灾害、我国 28 个省份的洪灾（造成 928 人死亡和 1.34 亿人受灾）、5 月江西大暴雨、玉树地震等灾害。全球视野下更是满目疮痍：俄罗斯的森林大火、秘鲁冰川垮塌、澳大利亚蝗虫灾害、海地地震等，给全球的良性发展带来了诸多困难与挑战。

人为灾害在过去几十年间更是触目惊心：1972 年的慕尼黑奥运会上绑架枪杀以色列教练员和运动员的慕尼黑惨案、1996 年亚特兰大特大爆炸案、2001 年美国骇人听闻的"9·11"事件等。仅 2010 年全球便发生了多起人为灾害：2010 年 3 月至底 4 月初，俄罗斯和俄达吉斯坦发生多起人体炸弹的连环爆炸案造成多人死伤；8 月 23 日在菲律宾发生中国香港游客被劫持事件，造成 9 死 6 伤。实际上，人类活动所造成的自然资源枯竭、环境污染、气候变暖、交通安全事故、老龄社会、核能源不合理开发等问题，也成为威胁人类生存发展的潜在灾害，正在一步步地逼近我们的生活。

　　各国政府都不同程度地采取了不同的方法和手段，用于管理灾害和分摊灾害带来的巨大经济损失。但是各国的做法各异，比如有的国家由本国政府财政承担了灾害带来的大部分损失，有的国家将这一部分损失转嫁给保险公司或者其他商业企业，有的国家则由本国的民众和受灾群体自己承担了这一部分的风险，有的国家则通过集体互助的方式集全社会的力量帮助受灾地区进行灾后重建。

　　灾害引起的损失是全方位的，既可能给人身安全或者健康带来不利影响，也可能造成财产安全和经济财富上的损失。灾害引起的人身安全损失在全球范围内大部分的国家和地区都通过社会保障体系来承担，在人为灾害上很多国家的法律允许受害人对事故的责任方提出索赔。但是在财产安全和财富损失上，各国分摊风险的机制差异较大。有的国家通过设立补充基金等制度性安排或者特别的灾后重建基金，对灾害带来的财产损失予以补偿，有的国家则将这部分责任转嫁给社会，其中引入保险机制是大部分国家的普遍做法。不过各个国家之间关于灾害的保险深度、承保范围和精算条件存在明显的差异。这意味着灾害与保险的研究并没有统一的模式可供借鉴，而是需要结合各项要素综合审视。

　　随着灾害损失规模的不断扩大，许多政府逐渐加强了同社会各界的合作，共同寻找应对灾害的补偿救济机制和风险管理的有效渠道。其中最为明显的趋势便是政府与保险公司的合作。越来越多的国家为本国常见的自然灾害风险提供强制性或者类似于强制性的保险制度安排，通过政府行为保证风险的有效聚敛，降低民众因为道德风险所引起的逆向选择；有的国家为本国的保险公司提供再保险安排、专门的救灾物资、国家担保等，通过政府背书的方式保证本国保险公司面对巨灾风险的赔付能力，提高投保人对保险公司的信赖程度；有的政府通过立法的形式帮助保险公司更好、更有效地管理风险，比如通过制定灾害预防和减少灾害损失的法律规定、制订紧急情况疏散计划、提供购买保险产品的相关税收优惠、在地质风险高发地带引入地质风险评估和建筑许可证计划等

方式。

保险的社会功能在于通过风险分散机制的设计实现风险从个人或者企业到保险公司之间的转移，通过保险公司合理有效的管理降低风险的发生概率和损失程度，从而实现社会的稳定发展和为国家经济与人类文明保驾护航。保险起源于人们规避灾害的良好愿望，也是当前巨灾频发和损失加大趋势下管理灾害和控制灾害的有效工具。研究灾害与保险，实际上是对灾害进行财务管理，研究面对灾害的灾前防御与灾后补偿，减少政府用于赈灾的财政负担与政治压力，筹措特殊事件与灾害的巨额赔偿金。不过，灾害与保险的外延远远不仅如此，如何将巨灾风险分散至全球资本市场、如何设计灾害风险相关的金融衍生产品、如何构筑全球范围内灾害管理的有效模式、如何实现国际间灾害与保险的协作等，都是灾害与保险需要探讨和思考的问题。因此，灾害与保险，不仅是全球性的新课题，也是全球性的新挑战、新机遇。

灾前防御与灾后救济：替代抑或互补

2010 年 10 月 20 日

随着各种灾害所带来的经济损失越增越大，各国政府都采取不同的措施进行有效的管理。在这些管理措施中，既包括提高民众的风险预防措施、修筑灾害预防工事、引导和参与保险公司提供各种灾害保险产品及调动企业参与各项灾害防治计划等灾前的预防措施，也包括在灾害发生后对受灾地区的民众给予灾后恢复生产生活的救济、修复受灾地区基础设施和帮助灾区进行灾后重建等灾后救济措施。

灾前防御与灾后救济都是灾害管理中必要的手段和方法。但是当我们思考哪一种方法和手段更加有效率、更能够减少灾害所带来的损失和迅速消除灾害对社会所带来的消极影响的时候，我们不得不对各种救济手段作相应的划分，探讨它们之间的替代或者互补关系。

灾前防御是目前世界上绝大多数国家进行灾害管理的主要措施。这些措施的共性在于它们首先致力于避免或者减少灾害发生的概率，谋求灾害发生时充足的灾后补偿款项和重建资金。常见的方法包括风险意识的普及、预先警报系统的构建、紧急情况下的人员撤离与疏散训练、高危地区灾害救济工具的配备、高危地区房屋建造的许可证审批等。此外，通过政府构建灾害保险保障基金、政策性再保险制度安排、巨债风险证券化等融资安排也归属到灾前防御的措施中。

2010 年新西兰地震所创造的零死亡奇迹便是灾前防御的成功案例。2010 年 9 月 4 日凌晨 4 时 35 分，在南半球的新西兰南部爆发 7.1 级强震，地震造成了广泛破坏。这次地震是新西兰近 80 年来最为严重的地震，但是在地震中却无人死亡。称本次事件为奇迹的原因还在于与同年爆发的

海地地震相比，新西兰本次地震震级与海地地震震级相当，但遭破坏程度却远远小于后者。新西兰地震之所以创造了零死亡率的奇迹，主要归功于政府对灾前防御的重视，首先是政府在房屋建造与管理上充分考虑了地震风险发生的可能性并采取相应的建筑防御措施，其次是新西兰政府重视灾害防御工作，灾害防御机制行之有效。政府对自然灾害实行综合管理，专门设立政府民防部，从中央政府到州府、地方三级政府均设有防灾减灾机构。一旦发生全国性重大自然灾害，国家便进入紧急状态。此外保险公司在新西兰地震管理中也发挥了积极的作用，根据风险评估公司报告显示，新西兰在本次强震中整体保险理赔额度将高达45亿美元，这一部分资金将对新西兰地震受灾地区的灾后重建工作发挥重大的作用。

众所周知，采用安全预防措施、设立有效的应急机制和制订突发事件计划可以有效地减少巨大的自然灾害或者人造灾害所带来的巨大经济损失，但是它们却不能绝对地消除这些经济损失。发达国家的政府重视对这些潜在的经济损失进行灾前的防御和减少可能发生的损失额度，其动机来源于多个层面：首先，当各种灾害发生的时候，政府的资产比如建筑物或者基础设施等面临被破坏的风险；其次，在民主国家中政府在灾害管理中的效率和过失很容易成为其他政党，尤其是反对党攻击的题材，使执政党面临巨大的舆论压力；最后，在法治国家中政府还往往需要对受灾地区进行灾害救济、对灾害中遇难者家属进行抚恤、承担相应的社会责任，这些措施无疑增大了政府的财政压力，使其不得不在灾害发生前进行必要的规划和预防，从而降低潜在的经济损失。

各国政府管理灾害的资金来源各不相同。有的国家采用设立特殊灾害救济基金、提升保险公司在灾害救济体系中赔付的覆盖面等灾前资金安排，有的国家和政府则重点关注灾害发生后的紧急救助，采用对灾害发生的损失直接给予民众补偿等灾后的资金安排。

灾前防御和事先的资金安排之所以被大多数国家所采纳，其主要原因在于灾后救济和补偿具有很大的局限性。灾害发生后的灾害救济和补偿往往效率低下并且目标不明：救济款项层层划拨影响了救灾的及时有效、极端灾害损失惨重加大了政府的财政压力、有限公共财政资源的赈灾利用损害了其他利益集团的既得利益、灾后救济势必伴随不平等与不合理等。而且，关键的局限性还在于灾后救济会降低民众对于灾前采取预防措施的动机，使他们容易过分地依赖于灾后的救济和补偿。从这个层面上看，灾前预防与灾后救济存在着一定的替代关系。

经济学上探讨的慈善的两难困境（Samaritan's Dilemma），实际上非常适合应用于灾前防御与灾后救济到底是替代关系还是互补关系的探讨中。慈善的两难困境是指对低收入者的普遍援助减少了引起贫困选择的机会成本，因此向穷人提供收入转移和消除贫困的激励性行为之间存在冲突。也就是说，如果政府向受灾地区的民众提供灾后的补偿与援助的话，这部分地区的民众就会缺少灾前采用相应防御措施的动机，比如灾前购买保险或者采用其他预防性措施等。这种慈善的两难困境造成了灾前防御与灾后救济的互相替代性，影响了灾前防御措施的执行效率与实施效果。

土耳其的地震保险是一个可以用来佐证慈善的两难困境的例子：2000年土耳其政府在世界银行的帮助下，由土耳其政府、保险公司和世界银行共同建立了土耳其巨灾保险联合体（TCIP），作为直接保险人专门承保地震造成的损失。政府制定法律将地震保险确立为强制性保险，政府负责巨灾保险基金运作机制的设计、运行和监管等事宜，主导开发强制性地震保险条款。此外，土耳其政府还作为巨灾保险联合体的再保险人，以政府信用为地震保险实行担保。然而在土耳其巨灾保险联合体成立以后，政府依然在地震灾害发生时对那些虽然具有投保义务但是实际上并没有投保的受灾群体给予补偿和援助，从而大大地降低了土耳其民众参保巨灾保险联合体的热情和动机，给灾前防御措施的实施带来了负面的影响。

世界各国政府对灾前防御与灾后救助的替代或者互补关系的认知程度各不相同。有的国家认为这是一种替代关系，比如意大利政府对灾害的管理仅仅采用灾后救助这一方式，在发生灾害以后对受灾地区的民众和企业给予灾害损失的相关补偿，辅以非常有限的保险赔付；瑞士政府选择灾前防御作为唯一的一种灾害管理方法，该国的财产保险合同中往往包括对灾害的赔付条款，而且地震保险从2008年开始被确认为该国的强制性保险险种，借助保险公司进行灾前的防御工作。有的国家认为灾前防御与灾后救助是一种互补关系，政府将部分灾害损失的赔偿责任转移到保险公司，而自己也同时承担了部分的灾害损失补偿。比如捷克共和国在2002年洪水所造成的经济损失中，50%的经济损失通过保险公司的赔付对受灾地区民众进行补偿，50%的经济损失则由政府承担进行受灾补助；美国2005年因为飓风所造成的经济损失高达2000亿美元，其中保险公司的赔付为600亿美元，剩下的经济损失则通过政府补助和社会慈善等方式予以承担。

事实上，很难将灾前防御和灾后救济做非常明晰的互补或替代的切割。针对不同的灾害应该选择不同的管理方式，这样才能使灾害管理本身更具效率。比如，我们普遍认为灾前防御可以比灾后救济更加合理和有效，但是对于类似"9·11"这样的特大灾害，很难对其进行有效的灾前防御；又如偏僻地区的自然灾害管理，灾前防御的成本可能非常高。类似这样的灾害，灾后救济会比灾前防御来得更有效率，成本也相对更低。政府部门和保险公司在设计相应的灾害管理机制时，应当充分地考虑灾害的属性，结合灾害管理方法的互补性或者替代性选择合适的管理方法，提高灾害管理的效率和水平。

多元化的中国巨灾保险制度建设

2016 年 9 月

我国是自然灾害种类多、发生频率高、分布地域广、造成损失大的国家。面对重大的自然灾害，国外普遍的做法是引入巨灾保险制度，通过市场机制发挥保险公司风险管理的角色，将巨灾的损失风险转移给保险公司进行管理。国际上，保险公司承担全球自然灾害的损失比例为 30%~40%，而我国，保险承担巨灾的损失却不到 1%。

我国保险业在灾害管理发挥的作用不足以及与国际的差距已经得到了政府的高度重视，政府先后发布的《国务院关于加快发展现代保险服务业的若干意见》（国发〔2014〕29 号）、《中共中央关于制定国民经济和社会发展第十三个五年规划的建议》《建立城乡居民住宅地震巨灾保险制度实施方案》（保监发〔2016〕39 号）等政策和方案，标志着我国巨灾保险制度建设开始落地并在地震保险这个方向实现了破冰。中国保险市场开始以地震灾害为突破口，尝试推行中国巨灾保险制度。然而，中国幅员辽阔，各地所面临的自然灾害风险各不相同，民众对于巨灾保险的需求也存在多元化。因此，下一步我国应该进一步进行巨灾保险制度建设的深层次探讨，构建多元化的中国巨灾保险制度。

一、多灾种：不同灾害的风险属性

我国各地遭受洪水、台风、地震等多种不同灾害的威胁。各地所面临的不同自然灾害的风险属性存在较大差异，这也使得我国巨灾保险制度不能以偏概全，应该重视不同地区所可能面临的不同巨灾风险。

实际上，对于不同的自然灾害（地震、台风、洪水等），因为灾害的

物理属性不同，各地灾害发生的概率和特征也不同。比如，台风、洪水灾害更加容易发生于夏季和秋季，其发生频率相对高于地震灾害，但是所造成的灾害损失可能不及地震灾害损失。不同的自然灾害所可能引发的次生灾害也不尽相同，比如台风可能引起风暴潮、巨浪等次生灾害，洪水更加容易引起水土流失、渍涝等，而地震则有可能引发泥石流、崩塌和滑坡。只有对不同自然灾害所引起的不同风险加以重视，才能设计出符合中国自然灾害风险特征的巨灾保险制度。

此外，不同自然灾害所可能造成的损失也不尽相同，所以要求巨灾保险对损失补偿的侧重点也存在差异。比如，地震灾害的破坏力更强，需要通过人身保险和财产保险对损失加以补偿，而台风灾害相对而言所可能造成的人员伤亡较少，但是对农业经济、房屋、财产地破坏更大，要求巨灾保险赔偿的需求更侧重于财产损失上。

二、多险种：不同人群的保险需求

正是因为不同的自然灾害所造成的损失不尽相同，不同人群对巨灾保险的需求存在不同。

巨灾保险所承保的险种应该包括财险和意外险、责任险、业务中断险、雇员补偿险、人寿险和健康险等，当然这些因素的保障也可适用于非巨灾保险。在我国的地震巨灾保险制度设计中，当前所承保的风险主要是财产保险中的房屋保险，但是下一步的巨灾保险内涵应该不止于此。财产保障的目的是为在巨灾事件受到损害的实物资产提供事后的损失补偿。除了财产保险外，责任保险也是巨灾保险制度需要覆盖的风险，即由于事先未有准确的安全措施和保护方法导致灾后发生的损失可以由责任保险进行赔偿。

国际巨灾保险实务中，另一类常见的险种是业务（或生产）中断保险。业务中断保险的目的在于为灾后无法以正常方式经营从而导致损失的企业提供补偿，在大多数保单中，赔偿是基于实际发生的损失，也就是说投保人和保险公司双方必须认可损失的金额数。

类似于生产中断保险，雇员或者工人也同样会在巨灾发生之后的生产停工中遭受损失，因此，另一类巨灾保险险种为雇员补偿保险。雇员补偿保险涉及由于灾难引起的雇员无法继续工作而发生的损失，或者是由于雇员受伤导致自身无法完成其工作造成的损失。这部分的赔偿可以看作是损失收入的替换。

在各类巨灾保险产品中，备受关注的是人寿保险产品，这也是巨灾保险制度设计的重点内容。人寿保险为那些由于灾害事件失去生命的受害者提供经济赔偿；健康保险为因巨灾引致与健康有关的伤害或疾病提供财务支持，保障的范围延伸到医疗会诊、住院和处方等方面。

三、多角色：不同主体的力量集聚

保险公司作为风险管理的市场主体，应该在巨灾保险制度中发挥主力作用。一方面保险公司严格遵循保险经营的市场准则来提供巨灾保险产品，另一方面利用各种新型风险管理工具和管理策略，通过再保险、巨灾债券和其他金融创新方法对巨灾风险进行有效转移。

同时，应该注意到，由于自然灾害的巨额损失和风险的不确定性，商业保险公司经营巨灾保险存在一定的局限性，这就需要政府参与到巨灾保险制度的建设上。

政府和监管机构需要建立完善的自然灾害保险基金，构建由保险公司主办、政府支持建立的自然灾害风险分担机制，从普通的财产保险中分离出新型自然灾害保险产品，丰富财产保险和人身保险全覆盖的保险产品，实施差异化费率和完善保险赔付体系，从而实现多层次的中国自然灾害保险体系。

四、多挑战：完善制度的后续研究

实际上中国建设巨灾保险制度还存在诸多问题需要研究。这些研究

问题包括在模式选择上，如何根据我国国情建立政府和市场有效结合的巨灾风险管理模式，保证市场效率，避免或矫正市场失灵，在有效控制政府和市场风险责任的基础上减少巨灾风险，分担灾害损失和实现社会公正。在职责界定上，政府作为巨灾风险的管理者如何构建一个整体的风险管理框架，明确各个参与主体的权利和义务，从而实现中国巨灾保险体系制度上的成本最小化和效率最优化。

在管理体系上，各级政府如何通过紧密合作，实现中央政府、地方政府和社区之间的有序合作，协调处理巨灾救援计划和资金分配、预防和避免巨灾风险损失扩大、提高民众风险意识等问题，提高巨灾保险体系的管理效率。

在实施方式上，我国在应对巨灾这种小概率大损失事件中应该如何构建早期预警体系、灾害减少教育、低成本的灾害控制技术和多维沟通协调机制，加强政府早期风险管理能力，实现中国巨灾保险体系的社会功能和防灾减灾目的。

中国巨灾保险制度建设：
破冰在即抑或任重道远

2016 年 7 月 12 日

2016 年 7 月初，两则新闻被多个媒体转载：7 月 1 日中国开始销售"城乡居民住宅地震巨灾保险"，此举被视为中国巨灾保险制度从理论迈向实际的重要一步；同时各界对"厄尔尼诺现象"关注普遍增加，国家防汛抗旱总指挥部和中国气象局有关负责人在国务院新闻办举办的新闻发布会上指出，我国 2016 年夏季洪涝灾害相较以往将可能更为严重，全国有 222 条河流发生超警戒线洪水。以上两则关联不大的新闻，实质上同样指向中国灾害管理上的痛点，即巨灾保险制度的有效构建。

一、中国：灾害频发与巨灾保险的乏力

中国是世界上自然灾害多发的国家之一，全国各地受到多种自然灾害的危险：人口集中的东部与南部常年受到洪水和台风的影响；西部和北部则多受地震威胁。多发的自然灾害对我国造成了严重的损失，根据民政部国家减灾办《2015 年全国自然灾害基本情况》通报，2015 年我国各类自然灾害共造成 18620.3 万人次受灾，967 人失踪或死亡，644.4 万人次需要紧急安置，181.7 万人次需要紧急生活救助；自然灾害造成的直接经济损失高达 2704.1 亿元。如果考虑生产中断、灾后救济等间接损失，自然灾害对我国的影响更为严重。

面对逐年递增的自然灾害损失，国际上常用的方法是利用保险机制转移灾害风险。国际上保险业在转移自然灾害风险上大约承担着 30%~

40%的损失。然而，由于我国保险业发展相对落后，目前保险业承担的自然灾害损失比例相当有限。虽然我国并未发布有关保险赔付占整体灾害损失比重的数据，但是大部分学者估算这一比例未超过1%。

二、战略：利用市场机制参与灾害管理

我国保险业在灾害管理中发挥作用不足及其与国际先进水平之间存在差距的现状受到了政府的高度重视，这种重视主要体现在对巨灾保险制度的建设和完善上。2014年8月，国务院发布《关于加快发展现代保险服务业的若干意见》（国发〔2014〕29号），明确指出要完善保险经济补偿机制，提高保险业的灾害救助参与度；我国"十三五"规划相关文件《中共中央关于制定国民经济和社会发展第十三个五年规划的建议》同样强调要"加快建立巨灾保险制度"。中国巨灾保险制度建设被重新提上了议事日程，并确立了巨灾保险制度建设的"三步走"战略：巨灾保险制度专题研究（2014）→完成巨灾保险立法工作（2017年底）→将巨灾保险制度纳入国家的防灾减灾综合体系中（2017—2020年）。

城乡居民住宅地震巨灾保险的推出是以上规划指导下的一项重要举措。保监会、财政部联合印发的《建立城乡居民住宅地震巨灾保险制度实施方案》（保监发〔2016〕39号），选取地震灾害为主要灾种，主要承保4.7级（含）以上且最大烈度达到Ⅵ度以上的地震引起的城乡居民住宅损失。我国首售的地震巨灾保险被视为中国巨灾保险的破冰之举，显然具有积极的意义。

首先，中国巨灾保险制度在多年的理论研究之后能够切实推出相关的险种，其象征意义和启示作用不容忽视；其次，本次试点采用了"政府推动、市场运作、保障民生"的原则，确立了未来我国巨灾保险制度建设中政府与市场的关系，政府通过立法和制度设计提供支持，保险公司利用市场机制保障巨灾风险，奠定了我国巨灾保险制度的科学基础；最后，本次试点结合了多方面的灾害管理主体，通过风险共担、分层负

担的制度设计将投保人、保险公司、再保险公司、巨灾专项准备金和财政等多方主体联系起来，从而构建了强大的灾害保障体系。不仅如此，地震巨灾保险在制度设计的部分细节上也有其独到之处，比如借鉴汶川地震次生灾害造成的重大损失，将由于地震灾害所引起的海啸、火灾、火山爆发、爆炸、地陷、地裂、泥石流、滑坡、堰塞湖及大坝决堤造成的水淹等次生灾害造成城乡居民住宅的损失也纳入赔偿范围内。

三、机制：破冰之后尚待机制落实完善

我国城乡居民住宅地震保险的推出，被视为我国巨灾保险制度建设的破冰之举。然而，破冰之后，巨灾保险制度建设的任务更为艰巨。我国首先应该进一步完善巨灾保险制度。从现有的制度设计看，目前中国的巨灾保险仅覆盖地震灾害以及地震灾害发生以后的次生灾害。中国幅员辽阔，除了地震以外，还受到台风、洪水、泥石流、干旱等其他自然灾害的威胁，并且不同地区可能遭受的自然灾害差异较大，因此单一险种巨灾保险覆盖全国范围具有较大的局限性，应该进一步开发细分条目巨灾风险的保险产品。不同险种的制度设计上应该与当地风险状况的分布相协调，有的险种宜在全国范围内推广，有的险种针对特定地区可能更加科学。美国的经验可以供中国进行参考，比如美国的地震灾害保险主要针对加利福尼亚州，而洪灾保险计划则覆盖全国范围。

现有的城乡居民住宅地震保险主要保障的对象是城乡居民住宅，我国未来的巨灾保险保障对象应该拓展到财产保险的其他领域，比如普通家庭财产保险所承保的日用品、室内装修物等常用的家庭财产；企业财产保险所覆盖的固定资产、房屋、机器设备和生产原材料等。除此以外，国外典型的巨灾保险产品还包括企业生产营业中断险，承保因为巨灾发生导致企业无法正常生产营业所造成的利润损失。尽管巨灾保险多数情况下特指财产保险，自然灾害对人身安全的威胁和损失也同样需要考虑到巨灾保险制度的保障范围内，从而使中国的巨灾保险制度面向人

寿保险与非人寿保险进行全面覆盖。

中国下一步的巨灾保险制度建设还需要进一步深化研究。部分观点认为中国巨灾保险的研究已经非常丰富，但是现有的研究大部分停留在对制度设计的讨论和国际经验的借鉴上，仍然无法支持下一步巨灾保险制度的深入发展。比如，现有制度所确定的"风险共担、分层负担"如何具体落实、针对民众风险意识科普的可视化风险地图如何设计、如何解决巨灾保险需求中对"高损失低概率"风险的低估问题、如何开发科学合理的指数型巨灾保险产品、如何进行中国的巨灾证券化等问题，需要进一步深入的量化研究。

四、上海：金融助力灾害管理应有之义

上海在国际金融中心的建设进程中，形成了完善先进的基础设施、健康活跃的金融环境和高效有序的金融秩序。这是上海具备的区别于中国其他省市的资源禀赋。目前在我国巨灾保险制度建设中，上海市应该依托当前的金融优势，从而发展出有别于其他省市的巨灾保险模式、产品和制度。

首先，积极发展二级再保险机制。利用上海自贸区的金融开放和改革试点、中国首个保险交易所落户上海的制度红利、国际金融资源积聚等优势，吸引我国各类巨灾保险进一步在上海进行风险转移和分散。全国范围的巨灾保险风险通过集中在上海的再保险制度不仅可以实现时空上的风险中和，而且有利于提高上海的保险积聚效应和规模效应。

其次，尝试与巨灾保险连接证券相结合的巨灾风险转移机制。作为国际金融中心，上海是目前我国最有条件进行巨灾证券化试点的城市。巨灾风险证券化是将保险公司承担的巨灾风险通过金融有价证券向资本市场转移的一种工具，本质上是一种保险负债的证券化，其业务的复杂性要求有相关保险技术的支持，因此，其特殊目的机构SPV通常由再保险人承担。发行巨灾保险连接证券向资本市场集资以分散风险，在活跃

金融市场和丰富金融产品的同时，扩大了我国巨灾风险的承受能力，拓宽了巨灾风险损失的融资渠道。

最后，上海市应该力争成为我国巨灾风险定价中心，通过对中国自然灾害数据的收集与分析，借鉴国际经验，推动对巨灾风险损失分担机制分摊、指数保险研发等前沿研究和试验，加强上海在我国巨灾保险制度建设的话语权。上海参与巨灾保险机制建设必须具备有效的金融分摊机制，除了巨灾风险证券化以外，或有资本、指数保险、小额保险等多种形式也应该综合发展，使上海成为中国巨灾保险制度建设的先锋，使巨灾保险成为推动上海国际金融中心建设的重要力量。

上海 "11·15" 特大火灾
折射国民保险意识淡薄

2010 年 11 月 24 日

2010 年 11 月 15 日下午，上海市静安区胶州路的一栋28层民宅发生严重火灾，造成58人死亡和多人受伤，大部分房屋被毁，居民生命财产遭受严重损失。上海 "11·15" 特大火灾将成为人类灾害史上的另一个重大事件，成为现代文明中发人深思的安全管理案例。9月底我曾在《中国保险报》上撰文《泥石流保险的市场缺失》，因为舟曲泥石流特大灾害中体现出来的问题在于老百姓无险可保，文章的视角更多在于评判保险市场的不完善。而上海 "11·15" 特大火灾中所折现出的问题，更多在于国民保险意识的淡薄，导致在火灾保险（财产保险）相对成熟的市场条件下，保险公司无法承担必要的社会责任和商业赔付。

一、火灾保险是近现代财产保险的先驱

火灾保险并不是一个陌生的险种。国外许多年代久远的保险教科书上会使用火灾保险（fire insurance）来代指财产保险（property insurance）。这是因为，尽管最早的商业保险起源于海上保险，但是真正将财产保险发扬光大并且成为财产保险重要部分的却是火灾保险。需要指出的是，火灾保险只是历史遗留下来的一种险种别称，火灾保险称谓的由来是因为它产生的初始目的在于承保陆上财产的火灾危险，但是后来火灾保险被发展成为承保各种自然灾害与意外事故的险种。因此，就保险责任而言，火灾保险早已超出了当初火灾保险的范围，不过，保险业界

与学界仍对火灾保险这一传统叫法津津乐道。

早在 1591 年，德国北部港口城市汉堡的酿造业者为了重建被烧毁的造酒厂而筹集资金时成立了火灾合作社。当时凡加入该火灾合作社的人在遭遇火灾时，可以获得重建建筑物相应的资金，火灾保险的雏形得以形成。到 17 世纪初，德国境内互助性质的火灾救灾协会遍地开花。火灾保险是在 17 世纪中叶以后逐渐发展起来的，1676 年德国的 46 家火灾合作社联合成立了汉堡火灾保险局。

火灾保险除了在德国兴盛以外，在欧洲大陆其他地方也得到很好的发展。1666 年 9 月 2 日晚，伦敦市一个面包商在烤面包时，由于火柴堆距面包炉太近而引起了火灾，大火延续燃烧了 4 个昼夜，导致伦敦市 85% 以上房屋被烧毁，灾后有 20 万人无家可归，损失之严重在英国史上是空前的，这场大火成为英国火灾保险发展的动力。1667 年，牙科医生尼古莱·巴蓬首先在伦敦开始经营房产火灾保险，开创了私营火灾保险的先例。巴蓬用了 13 年的时间募得资金 4 万英镑，以此成立了合股性质的火灾保险所。巴蓬不仅创立了私营的火灾保险所，而且在火灾保险中首次引入了现代保险理念上的精算观念。他按照房租和房屋的危险等级差别收取保险费，对木造房屋收取相当于砖瓦结构房屋两倍的保险费。可以这样讲，现代意义上的保险和精算在保险上的运用，正是在火灾保险的基础上逐渐演变发展而来的。

18 世纪末到 19 世纪中期，随着英国、法国、德国和美国等国家工业革命的完成，社会物质财富的大量增加和集中加速了火灾保险市场的需求。这一时期，火灾保险组织以股份公司和相互保险组织形式为多。市场需求的增加和行业竞争的加剧，不仅加速了规模较小的保险公司的破产和市场主体的融合，而且使得火灾保险逐步演变成为现代意义的财产保险。为了控制同业间的恶性竞争，保险同业公会相继成立，共同协定火灾保险费率。这一时期火灾保险的进步体现在保险标的从过去只承保建筑物扩大到其他各类财产，而且火灾保险的承保风险除火灾外，还扩

展到地震、风暴及水灾等，此外还承保火灾后的利润损失。火灾保险发展到现在，已然成为承保多种标的和风险的财产保险。

二、"11·15"火灾直接损失与保险损失差异大

根据主流媒体的推算，"11·15"特大火灾事故可能造成近5亿元的直接损失。5亿元直接经济损失的计算依据是目前上海市二手房市场成交均价在每平方米3万元左右。由于事故发生地的公寓中一梯六户的房型只有两户朝南，其他朝向均不太理想，因而价格悬殊较大。朝南房屋的预估损失为每平方米2.9万~3万元，朝北房屋的预估损失则为2.6万元。按照以上推算，"11·15"特大火灾事故仅造成的房产损失便可高达5亿元，如果再考虑房屋内部财产价值的话，则直接经济损失远远不止5亿元。

目前涉及该项重大事故的保险公司主要是太平洋保险和中国平安。其中太平洋财产保险上海分公司因为承保了事故发生地的社区综合保险，在本次事故中必须理赔的金额为500万元，其中包括家财险300万元，人身险100万元，社区公众责任险100万元。平安保险公司因为事故发生地有2名客户身故，9名客户受伤住院，根据客户所在单位投保的1年期团体意外伤害险，首期理赔金额为182.5万元。

除了以上两家保险公司以外，已有3家财险公司截至17日接到6件家财险报案，保额74.67万元；房贷险报案1件，保额62.7万元；车险报案3件，具体保额及损失待查。有8家寿险及养老险公司确认身故客户3名，保额合计203.1万元，受伤客户13名。

从已知的赔损数据看，保险公司目前已经承担的保险赔付额度约为1023万元，尽管这一数值可能在未来还会上升，但和事故造成的直接经济损失相比仍然显得杯水车薪，保险损失与直接经济损失的比例小于2%。

三、2%的保险赔付额度，错不在保险公司

上海"11·15"特大火灾事故和以往在中国发生的重大灾害一样，保险公司在承担灾害损失和保险赔付中所发挥的作用极其微小。根据现有的数据，本次保险公司在转移上海"11·15"特大火灾事故所造成的直接经济损失中占比极有可能小于2%，远远低于国际上巨灾保险赔付36%的平均水平。不过，与以往的自然灾害保险赔付不同的是，本次火灾保险赔付额度较低，错并不在保险公司。因为相对于地震保险、泥石流保险等专门性险种市场并不发达的情形，火灾保险或者是其所归属的财产保险产品有着发达而又完善的保险市场。如果说以前的灾害赔付率低是因为保险供给链出现了问题，那么本次火灾折射出的问题更多在于保险需求链上。

现代意义上的火灾保险是指以存放在固定场所并处于相对静止状态的财产物资为保险标的，由保险人承担保险财产遭受保险事故损失的经济赔偿责任的一种财产保险。根据这一定义，我国目前保险市场上已经有了许多成熟的产品，比如常见的财产保险基本险、财产保险综合险和家庭财产保险等。

财产保险基本险是以企事业单位、机关团体等的财产物资为保险标的，由保险人承担被保险人财产所面临的基本风险责任的一种财产保险，它是团体火灾保险的主要险种之一。根据我国财产保险基本险条款，该险种承担的保险责任包括：火灾；雷击；爆炸；飞行物体和空中运行物体的坠落；被保险人拥有财产所有权的自用的供电、供水、供气设备因保险事故遭受破坏，引起停电、停水、停气以及造成保险标的直接损失。此外，被保险人所花费的必要且合理的施救费用，也是保险公司必须赔付的内容。

财产保险综合险也是团体火灾保险业务的主要险种之一，它在适用范围、保险对象、保险金额的确定和保险赔偿处理等内容上与财产保险

基本险相同。财产保险综合险区别于财产保险基本险的关键点在于保险责任范围上的拓展。我国目前财产保险综合险的承保范围除了以上基本险所承担的保险责任部分以外，还包括被保险人因为暴雨、洪水、台风、暴风、龙卷风、雪灾、雹灾、冰凌、泥石流、崖崩、突发性滑坡和地面突然塌陷所造成的被保险人的财产损失。

家庭财产保险是面向城乡居民家庭或个人的火灾保险。家庭财产保险的特点在于投保人以家庭或个人为单位，业务分散并且保险额度小、保险合同数量多，风险结构以火灾、盗窃等风险为主。常见的家庭财产保险包括普通家庭财产保险、家庭财产两全保险、房屋及室内财产保险、安居类综合保险、投资保障型家庭财产保险和专项家庭财产保险等。

火灾保险所承保的财产包括房屋及其他建筑物和附属装修设备、各种机器设备、工具、仪器及生产用具、管理用具及低值易耗品、原材料、半成品、在产品、产成品或库存商品和特种储备商品，或者是其他日常生活所需的各项生活消费资料等。不过，对于某些市场价格变化大、保险金额难以确定、风险较特别的财产物资，如古董、稀有珍品、艺术品等，则一般不涵盖在火灾保险以内，这些财产需要经过特别约定的程序后才能承保。

从以上关于我国保险市场火灾保险相关产品的介绍可以看出，上海"11·15"特大火灾事故所面临的火灾风险，实际上被涵盖在大量的火灾保险产品中。换而言之，如果我国民众的保险意识更高一些，保险产品的覆盖面更广一些，那么保险公司就可以承担更多的赔付责任，可以对受灾民众灾后重建和救济补偿发挥更加重要而积极的作用。

四、推动保险业发展，提高民众保险意识是关键

保险业发展的困境之一，应该在于民众对保险公司和保险产品的认可和认知程度较低。保险需求是保险经济学研究的永恒话题，遗憾的是如何真正地将保险意识量化到保险需求的经济学模型中，却是一个研究

难题。许多文献在讨论保险需求模型时将保险产品的价格、投保人拥有财富的水平、投保人对风险的认知等作为重要参数进行讨论，其中与民众保险意识淡薄最直接关联的因素，应该是投保人对风险的认知。不过，这一因素仍然不能完全代表民众的保险意识。

在西方发达国家，保险产品已经成为了人们日常生活中不可或缺的工具，与火灾相关的家庭财产保险的投保率高达80%以上，是仅次于机动车第三者责任险的普及型险种。不过我国民众对同类保险产品的接受度比较低，导致民众保险意识薄弱的原因主要是：我国保险业发展历史不长，几千年来我们的老祖宗习惯忍耐、安于天命，不愿意主动用保险方式来转移自身面临的风险；许多民众存有侥幸心理；保险公司赔付不力和可信度不高等。

当然，不能笼统地将民众的保险意识等同于保险公司的需求。民众有了保险意识，对保险业和保险产品的接受程度高，还要求保险公司有适销对路的保险产品，并且有及时有效的营销渠道和在保险赔付时合理高效的理赔通道。消费者的保险需求和供给方的保险服务是一个有机的整体，牵一发而动全身。因此，推动我国保险业的发展，有赖于来自民众的消费者、来自保险业界的供给方、营造良好市场氛围的政府、作为第三方代表公众利益的学术研究机构、新闻传媒等多方主体的不懈努力。文末，仅以此文悼念在"11·15"特大火灾事故中离去的同胞，上海不哭：愿生者坚强，愿逝者安息。

日本地震后核泄漏引发的核保险思考

2011 年 3 月 21 日

2011 年日本地震引发了诸多次生灾害，这些次生灾害中最引人注目的是核泄漏危机。本次核泄漏危机不仅给日本国民带来辐射性伤害，同时还引发了周边国家民众的核恐慌。核保险再次成为民众关注的焦点。

一、核保险的市场现状与现实需求

在常规的人寿保险或者财产保险中，核风险都作为不可承保的除外责任被排除在一般保单之外。不仅如此，保险公司向再保险公司购买的再保险产品中，专业的再保险公司也将该类风险排除在承保范围之内。核风险并没有受到各类保单的青睐，其原因是多方面的：首先，核风险的潜在巨灾损失难以估量，最高可能达到上百亿美元；其次，核风险具有长期的损害性，核损害的严重后果可以持续几十年；再次，全球所拥有的核电站数量有限，这些核电站的个数和分布导致核风险并不满足传统保险业经营所运用的大数定理；最后，保险公司偿付能力也存在局限，世界上并没有任何一家单一保险公司可以承保核风险。简而言之，一般的商业保险公司并无法像承保其他风险那样正常承保核风险。

尽管如此，核保险的现实需求却是巨大的的。历史上每次核泄露都给人类带来巨大的灾害。1957 年 10 月 10 日，英国坎布里亚郡的温德斯格尔工厂发生核泄漏。该工厂是为英国原子弹提供燃料的生产基地，其钚生产设施（人们常说的反应堆）在设计过程中没有考虑石墨内潜在的能量可能带来的危险和工作操作中可能存在的失误，导致这一天由于反应堆芯过热，燃料起火，整个系统失去控制。温德斯格尔核泄漏的主要受害

225

者是养牛场的工人和管理者，因为事故造成工厂方圆200多英里以内的人们都因为害怕摄入碘131而不敢喝牛奶。1979年3月28日，美国宾夕法尼亚的三里岛发生核泄漏事件，成为美国历史上最为严重的一起核泄漏事件，该事件仅清理费便高达10亿美元。前苏联1986年4月的切尔诺贝利核电站核泄漏事件造成了更大的人员伤亡和经济损失。本次事件导致之后的10~20年有几千人死于核辐射，切尔诺贝利周围约16万平方公里的土质已经彻底被破坏。由于核污染所释放的辐射性元素，如铯137的半衰期是30年，导致核泄漏所造成的危害和损失将至少持续30年。由于核污染的损失巨大，负面影响深远，对核风险予以有效承保面临着巨大的现实需求。

二、核保险在核风险管理中的地位与作用

核风险造成的损害主要包括生命死亡、人身伤害和财产损失或损害。其中的财产损失又包括了大量受损环境的恢复措施费用。面对这巨大的损失，核风险管理客观上需要在全球范围内构筑合理的风险防范体系，通过合理的机制设计降低核污染发生的概率，有效转移并分担核污染造成的巨大经济损失。从这个层面上看，保险工具与保险机制从社会责任与商业动机上都具有无可替代的地位。

保险的作用可以通过两个核泄漏事件的对比进行说明。前苏联切尔诺贝利事故中因为项目没有购买核保险，所以该事故的所有损失未能获得任何保险赔付，事故导致的各项费用和维护都由政府和民众自己埋单。而美国三里岛事故中由于运营商购买了相关的保险，所以美国核共体成为三里岛核事故中的主要赔付方。尽管美国核共体将自己所积累的长达20多年的保费全部用于了本次事件的赔付，但是保险业切切实实地发挥了维护社会稳定、有效转移和管理风险的功能。

三、全球核风险保险分摊机制

全球核风险保险分摊机制主要通过世界核保险体系进行分摊。世界核保险体系又称为世界核共体，不同于WTO、世界银行等实体国际组织，它是一个虚体组织，同时也是一个国际化市场。世界核共体并没有明确的准入原则，只要主体单位是核风险的保险管理者并且符合某核共体自身利益，均可以通过核共体的所有成员互相交流信息，进行谈判，约定承保理赔规则，开展业务。由于核风险的特殊性，核共体的主体单位一般在所在国家或地区都具有垄断性。

世界核共体诞生的原因在于单项核责任风险过大，无论是核设施运营商还是保险公司，都无法作为单一个体承保核风险。而且，许多国家缺乏核保险的相关经验，无法掌握核风险承保规律。世界核共体的成立可以使得巨额责任风险在世界范围内分摊，同时，将世界上所有的核电站集中起来有利于掌握承保规律，降低保险风险。因此，自1957年美国核共体签发第一张核保单以来，其他国家的核共体也伴随着各自国家对核能源的和平利用而相继成立，世界核共体的雏形逐渐形成。

随着各国进一步推动核能开发，许多关于核责任与赔偿的国际公约相继签署和生效。这些公约包括《关于核损害民事责任的1997年维也纳公约》《核损害补充补偿公约》等。这些公约推动了各国核共体的发展和世界核共体的壮大。由于世界核共体是松散型的国际机构，所以世界核共体成员个数并不稳定，不过其中活跃的核共体成员为30个左右，并逐步形成了世界核共体成员一年一度的主席年会及经理年会，承保了世界范围内约450个核电反应堆及相关核设施的保险项目。

四、我国核保险的发展之路

中国自1987年8月首座商运核电站"大亚湾核电站"开工建设以来，核保险就被提上了议事日程。第一张中国核电站运营期保单是由中国人民保险公司于 1993 年销售的，这标志着我国保险业开始为核电站商业运营和核风险管理保驾护航。1999 年 9 月 2 日，中国保监会批准成立了由当时的中国再保险公司、中国人民保险公司、中国太平洋保险公司和中国平安保险公司共同发起的中国核保险共同体（中国核共体）。中国核共体的成立使得中国摆脱了核保险基本依赖国际市场的被动局面，建立了与世界核共体体系相适应的核风险保障机制。

我国核共体经过十余年的发展，目前已经取得一定进步。首先，从成员的构成看，中国核共体由原来的 4 个发起单位发展成包括国内财产保险公司和外资在华子公司的 21 个成员公司；其次，从业务规模上看，中国核共体承保了国内 10 个核电站反应堆，保费规模较之成立初期增长了 4.4 倍，中国核共体业务承保能力世界排名第 5，境外业务承保能力世界排名第 3；最后，从国际话语权上看，中国核共体在世界核共体中所发挥的作用越来越重要，我国核共体境内业务的净自留比例由 1999 年的 3% 提高到 2008 年的 34.5%，与全球 22 个核共体建立了业务联系，承保了全球 310 个核反应堆。不过，由于核污染所造成的危害严重，实际上中国核共体在业务发展的同时，还应该思考如何有效地对承保风险进行管理和分摊这个更为重要的任务或难题。

五、日本核泄漏引发的核保险思考

反核与依赖核发展、核保护一直是日本国家发展的矛盾。一方面，日本是第二次世界大战中唯一遭受核武器袭击的国家，民众死伤惨重。对于核的危害，日本民众有着切肤之痛，反核也因此成为社会的主流声音；另一方面，由于日本岛国资源有限，核能作为 21 世纪的清洁能源在日本的能源供给和经济发展方面可以发挥很大的作用，加之日本从战后至今一直在美国核保护伞下发展经济，成为经济强国。正是这样的矛盾促使核保险与赔偿介入到日本核能风险管理和核能源开发的工作中，日本核工业委员会在日本科学技术部的要求下发布《核工厂事故的可能性

和损失》，日本政府在此基础上启动了《日本原子能补偿法》。

2011 年，日本地震所引发福岛核电站核泄漏风险之所以能够得到有效的风险分摊，是因为运营商向日本核保险共同体投保了核保险，日本核共体在自留超过 50% 的保险份额后，将剩余的 50% 通过世界核共体进行分保，分出份额由 20 多个国家的核共体进行分摊。日本核电站采用的核保险通常包括物质损失险和第三方责任险两个大类，其中第三方责任险在日本是作为强制性保险要求核电站的运营商必须投保的。根据日本法律，第三方责任险承保了由于核电站发生责任事故对第三方造成的人身及财产损失，保额上限为 13 亿美元，灾害损失超出部分由政府承担。

尽管日本的核电站技术是从英国引入的，但是英国在技术出口后便明确声明，不对日本任何因技术原因所造成的核电站事故负事故责任。英国的保险机构劳合社也因为日本地震多、地域范围小和强度大等原因拒绝为日本提供核保险承保业务。我国的核共体或在本次事件中受累，因为自 2009 年以来日本核共体大幅度提高了对中国核共体的分出份额，增长比率高达 3 倍左右，日本核共体也因此成为中国核共体的第一大国际业务伙伴。本次核泄漏事件对我国保险业而言实际是深刻的教训，保险业只有合理筛选承保风险，在实现业务增长的同时不忘记风险质量的监督与控制，才能真正实现保险业的可持续发展。

城乡居民住宅地震巨灾保险
能否为中国家财险破冰

2016 年 7 月 5 日

2016 年 7 月 1 日，我国正式销售城乡居民住宅地震巨灾保险产品，中国加快巨灾保险制度建设十多年的呐喊中终于有了实质性的进展。城乡居民住宅地震巨灾保险制度的落地，不仅是我国巨灾保险制度建设的里程碑，对于中国发展缓慢的家庭财产保险而言，也具有重要的意义。

一、家庭财产保险：缓慢发展的非寿险

现代保险业的发展萌芽于公元前 2500 年，当时的古巴比伦王国国王针对法官、村长及僧侣等收取税款，作为救济火灾的资金。这种针对火灾风险管理的制度创新后来演变成专业的保险公司，1677 年伦敦开始出现个人保险商行，专营针对房屋发生火灾进行补偿的个人保险。火灾保险后来甚至成为财产保险的代名词。我国的家庭财产保险，实际上也是火灾保险，只不过后来的产品创新中逐渐加入了除了火灾以外的其他自然灾害（台风、雷电等）或者人为因素（盗窃等）对家庭财产造成损失的补偿。

尽管家庭财产保险是现代保险的起源之一，尽管家财险在我国已经发展成为不仅针对房屋，还对于日用品、家具、家用电器、室内装修物及农具等多种家庭财产损失进行补偿的综合性险种，然而家庭财产保险在中国的发展并不乐观。保监会 2015 年 11 月发布的《中国保险市场年报》资料显示，我国现有财产保险公司的业务结构中，最大的险种依旧

是车险，占整体财产保险的73.1%，其次为企业财险（5.1%）、农业险（4.3%）、责任险（3.4%）和信用险（2.7%），而家庭财产保险仅占整体非寿险市场份额的0.4%。我国家庭财产保险险发展的窘境可见一斑。

二、居民住宅保险：尚待考验的新险种

造成我国家庭财产保险缓慢发展的原因是多方面的，其中一个重要的原因便是现有家庭财产保险的条款中往往将地震、海啸、战争、恐怖活动等因素造成的损失列为除外责任。如果说战争、恐怖活动等在我国属于小概率事件，地震等灾害则是我国常见的自然灾害。我国拥有23个地震带，根据中国地震局的资料显示，2014年大陆地区发生的地震灾害事件共造成624人死亡，112人失踪，3688人受伤，直接经济损失总计355.64亿元。2014年，我国地震灾害共造成房屋420万平方米毁坏和严重破坏，3700万平方米破坏，35个县（市、区）、350万人受灾。家庭财产保险合同将地震作为除外条款，恰恰将居民可能存在重大损失的风险排除在外，从而抑制了居民的家庭财产保险需求。

本次保监会、财政部联合印发《建立城乡居民住宅地震巨灾保险制度实施方案》（保监发〔2016〕39号），在我国推出针对地震风险的家庭财产保险，一定程度上弥补了现有家庭财产保险中针对地震风险承保的空白。然而，本次推出的居民住宅保险的保障对象主要针对达到国家建筑质量要求和抗震设防标准的建筑物及室内附属设施，并没有拓展到家财险所能够覆盖的其他家庭财产损失。而且，居民住宅保险是独立于普通家庭财产保险的另外一个独立保险合同，仅能是投保人的一种选择，而且这种选择仅仅针对房屋受到地震灾害时的损失进行风险转移，与普通的家庭财产保险相差甚大。因此，未来居民住宅保险如何更好地嵌入我国家庭财产保险体系和产品中，尚待进一步的发展。

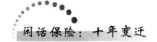

三、展望

中国城乡居民住宅地震保险产品的推出，为我国发展受限的家庭财产保险注入了一股新的活力，也是丰富家庭财产保险市场的另一特色产品。复旦大学中国保险与社会安全研究中心近日发布的第四期《中国保险景气指数》显示，我国当前的财产保险（企财、家财）景气指数为34.62，表明下一步我国家庭财产保险的发展将继续向好。随着城乡居民住宅地震保险的推出，可以预计未来家庭财产保险的覆盖范围将进一步扩大、产品创新将进一步深入。城乡居民住宅地震巨灾保险能否为我国的家庭财产保险破冰，还看未来。

泥石流保险的市场缺失

2010年9月29日

一、泥石流一直是全球范围内频发的巨灾风险

泥石流风险容易形成于山区或者其他沟谷深壑、地形险峻的地区，是由于暴雨、暴雪、地震或其他自然灾害而引发的山体滑坡，进而造成大量泥沙以及石块滑体的特殊洪流。泥石流风险的特点在于突发性强、流速快、流量大，以及物质容量大和破坏力强等。因此，泥石流灾害容易造成房屋倒塌、基础设施受毁、人员伤亡、公路铁路等交通设施瘫痪的现象，并由此带来巨大的经济损失。

综观每年全球的巨灾风险，泥石流风险所造成的经济损失都是不可估量的。从慕尼黑再保险公司发布的近三年来全球前50名的巨灾风险资料看，近三年来全球的巨灾中便包括5起泥石流巨灾风险。2007年10月28日至11月6日，墨西哥洪水引发的泥石流造成22人死亡，850个村落被淹，数千公里的道路和桥梁被毁，造成直接经济损失高达25亿美元。2008年2~3月，发生在秘鲁、玻利维亚和厄瓜多尔的泥石流造成50人死亡，62500座房屋受损，石油管道遭到破坏而导致石油溢出等，造成经济损失1.75亿美元。2008年9~10月，巴西的泥石流造成131人死亡，经济损失高达7.50亿美元。2009年4~5月，阿富汗由冰雹继而雪融化所引起的泥石流造成160人死亡和16000间房屋受损。2009年9~10月，印度由洪水引发的泥石流造成321人死亡、70万间房屋受损、400座灌溉池破裂和35000头家畜死亡，经济损失达5亿美元。

2010年更是全球泥石流的灾害年。2010年1月，巴西里约热内卢州南部发生泥石流造成15人死亡；4月，阿富汗中部发生5.3级地震引发泥石流造成8死15伤；5月，尼加拉贡火山遭暴雨袭击引发泥石流导致46人死亡，斯里兰卡遭暴风雨侵袭引发洪水和泥石流；6月，孟加拉国东南部地区发生多起泥石流引起多人失踪；7月，印尼和越南连遭暴雨袭击引发洪水泥石流，数以百计的房屋被淹没，道路和农田也遭到严重破坏；8月，中国的甘肃舟曲、四川汶川等多个地区受累于连续暴雨而引发泥石流，其中甘肃舟曲受泥石流的破坏程度之高，将成为历年来巨灾无法翻过去的一页。

二、保险赔付仅为泥石流经济损失的杯水车薪

由于泥石流的破坏性强，造成的经济损失往往是无法估量的。而保险业作为经营和管理风险的企业主体，它们能够在泥石流灾害管理中扮演什么样的角色呢？保险赔付能否成为泥石流灾后重建的主力军呢？解答这些问题可以从国际上几个破坏力比较强的泥石流灾害的保险赔付案例中寻得解答。

2007年10月底，墨西哥所发生的泥石流造成经济损失高达25亿美元，而其中的承保风险仅为3.5亿美元，保险赔付所占整体损失的比重仅为14%；2008年底，巴西发生的泥石流灾害所造成经济损失达7.50亿美元，其中的承保风险为4.7亿美元，赔付率相对较高。但是从慕尼黑再保险公司每年所发布的全球前50个自然灾害相关数据中，除了以上两个泥石流灾害事件存在承保风险价值外，本文第一部分所列示的过去三年的泥石流灾害均找不到相关承保风险的价值。由此所得出的结论是，对于大部分的泥石流风险，保险公司所承保的风险价值有限，保险赔付并没有在风险转移和泥石流灾后重建中发挥很大的作用。

尽管我国保险业界在舟曲泥石流灾害后迅速反应，积极参与到保险理赔和灾后重建的工作中，但是由于保险赔付的前提受保险合同标的、承保范围、投保价值和除外条款的多项因素的影响，保险业在舟曲泥石

流灾害中所发挥的作用无异于杯水车薪。许多专家预计舟曲泥石流灾害所造成的经济损失将超过2008年的汶川地震，而汶川地震所造成的经济损失便高达8451亿元。在高额的经济损失下，如果我们再进一步比对保险业的保险赔付，保险在维护社会稳定和分散社会风险上的作用便显得十分尴尬了。截至2010年8月12日，舟曲特大泥石流灾害的理赔案件仅为76件，所能评估的可赔付损失仅为900余万元，保险赔付占舟曲泥石流灾害直接经济损失的比率将少于0.001%。

三、投保泥石流风险：保险人和投保人的尴尬

保险业在舟曲泥石流灾害所发挥社会作用和市场调节的微薄，实际上是我国巨灾风险体系不完善、国民保险意识淡薄、保险公司形象没有得到正面宣传等多种因素导致的。对于这一现象，其实保险公司（保险人）也有自己的难言之隐。了解保险人的尴尬，需要从我国目前泥石流风险保险的现状和原因谈起。

同世界上的许多其他国家一样，我国并没有专门针对泥石流风险的保险产品。但是对于泥石流风险所造成的人身伤亡和财产损失，我国的许多保险公司并没有将其作为除外条款作相应规避。因此，现有市场上所销售的人身意外伤害险、责任险、家财险、企财险、政策性能繁母猪保险和车险等形形色色的保险产品，都涵盖了对因为泥石流风险所带来经济损失的赔付。美国和英国等保险公司都分门别类地开发了针对地震、水灾、泥石流等风险的保险产品，在保监会高喊险种创新的今天，为什么我国没有保险公司开发出相应的保险产品呢？

理性经济人的趋利性使得保险人缺少开发相关保险险种的动力、因为缺少相关历史数据而造成的费率厘定难题、巨灾损失的累积性和集中赔付对保险公司承保能力提出的挑战、投保人保险意识薄弱导致保险需求减少和费率增加等因素，都成为保险人裹步不前的重要原因。但是因为缺少相关的保险产品，而投保人又不把泥石流风险作为除外条款在承

保范围内予以排除，由此对投保人造成了双重的负面影响：一方面是保险产品的市场缺失造成保险需求的减少，另一方面是没有将泥石流风险纳入除外条款加重了保险赔付的支出。由于很多保险公司在相关产品的费率厘定上并没有将泥石流风险作为风险要素进行度量，或者尽管加以考量，但是并没有运用严格的精算模型，当泥石流风险发生时，保险人的获利区间就会受到挑战，严重情况下甚至可能出现破产。

投保人实际上也处于尴尬的境地。假定一个投保人意识到泥石流风险的存在，需要对其人身或者财产寻找专门针对泥石流风险的保险（在保险业发达国家的泥石流高发地区，许多投保人都会专门为其房屋购买针对泥石流的保险产品）。这样，投保人会面临两种尴尬的情况：首先，能否找到相关的保险产品便是难题，先前已经分析过保险人缺少开发相关产品的动力，因此市场上的保险供给十分有限；其次，即便投保人找到合适的保险产品，保险公司根据泥石流风险所估算的保费价格也会让投保人望而生畏，因为在保险需求不旺盛的市场里，保险的大数原理难以发挥作用，保险公司对其承保的风险只能冠以高额的风险边际值，造成相关险种价格与市场需求严重脱节。

实际上，对保险人和投保人尴尬处境的分析，进一步凸显了国家和政府在巨灾风险管理中的作用。巨灾风险的事后救济主要包括国家财政救助、商业保险赔付、民间慈善捐助和受灾群体自救四个渠道，而泥石流保险的市场缺失恰恰说明了商业保险赔付这一重要渠道的不畅。要解决这一问题，关键在于国家如何进行合理引导，辅以必要的政策扶持，从而使得商业保险可以成为巨灾救济的中坚力量，进而减轻国家财政压力，提高保险市场效率，实现灾后重建的效率与公平。

四、保险的社会作用与泥石流风险的有效管理

保险是一种比较理想的灾后救助形式，它通过契约行为，以参与保险和缴纳保费为前提，与民政救济和财政拨款有着本质的区别。保险赔

偿具有对价有偿性，补偿金额严格受保险合同约束，补偿边界清晰，不存在财政补偿中政府间、受灾群众与地方政府之间的博弈，有利于节省补偿过程的费用支出。保险公司可以在保费收入的基础上有效管理泥石流保险资金，扩大投资收益，利用再保险机制转移风险，将巨灾风险在全球间进行有效分散，从而将泥石流风险控制在合理的限度内，为受灾地区提供更多的保险保障，真正实现保险业有效管理风险的社会作用。

保险补偿之所以不能成为替代财政补偿的主要灾后救济渠道，主要是市场供需现状所导致的：一方面保险公司缺少提供相关保险供给的动机，另一方面投保人出于惯性思维和保险意识薄弱不愿意购买相关的保险产品。解决这一市场困境有赖于政府的参与和合理引导，将用于灾后重建的财政救济资金参与到保险公司的经营管理中，通过提供巨灾风险再保险支持（比如欧洲很多国家都设立再保险基金，用于本国的保险公司面临巨灾出现偿付能力问题时提供再保险援助）、国民保险意识普及、严格规范保险监管和有效理赔、树立保险公司正面形象等多种方式，发挥保险公司的专业特长，充分地利用保险赔付这一行之有效的救济渠道。

其实保险公司的社会作用还不仅仅在于灾后救助，作为风险管理的主体和专业机构，它还可以在灾前防御和第三方监督上发挥更大的作用。保险公司可以通过对投保人灾害预防知识的普及、风险管理知识的传授、保险标的的勘查和维护等多种手段，变消极抗灾为积极避灾，帮助投保人有效降低风险的影响范围；通过第三方的监督，协助当地政府加强灾害预警、改善生态环境、防止环境破坏和过度开发，有效降低灾害发生的概率。

总而言之，舟曲特大泥石流灾害又一次引起了我国保险业如何积极参与巨灾风险管理的思考。泥石流风险是保险风险中的次级灾害，仅仅对这一风险进行险种开发具有一定的局限性，我们应该从全局的角度关注巨灾风险、气候变暖等因素带来的安全隐患，综合审视和思考保险业在巨灾风险管理中的意义和作为。保险产品的缺失、灾后建设保险救济渠道的不畅通、保险公司作为第三方监督机构在灾后重建中的作用弱化、保险人在灾前防治的不作为、政府参与巨灾保险建设有效性不足等问题，是未来保险学领域研究的重点之一，也是保证我国社会可持续发展的当务之急。

两会建言：强化矿工保险保障，
完善矿难赔偿制度

2010年3月11日

中国采矿业是世界上死亡率最高的行业。矿产工人虽然从事高风险行业，但是他们所得到的回报并没有遵循"高风险、高收益"的经济学原理。不仅如此，他们还时刻面临矿难威胁，承受着发生事故后赔付不力、家庭难以维持等原因造成的巨大心理压力。因此，进一步完善矿工保险保障体系，不仅是国家倡导安全生产的必要补充，同时也是国家体现以人为本和实现可持续发展战略的基本要求。

一、矿难事故是我国重要的人为灾害

2009年我国煤矿工人死亡人数高达2600余人，而2010年采矿业事故仍然不断发生，包括瓦斯爆炸、透水事故、矿难、火灾等多种事故原因，由于采矿业的特定作业条件限制和部分煤矿安全措施的不达标，多数的矿难事故都造成了大量人员被困、受伤甚至死亡。除了披露出的事故，还有很多矿难因为信息不充分而无法统计整理。尽管近年来的矿难遇难人数已有所下降，政府也更加关注煤矿安全措施和对矿难事故的处理，但中国仍然是国际上矿难事故和受灾人数最高的国家。

二、我国矿工保险的现状与不足

我国目前并不是没有矿工保险的相关制度和产品，但是执行力度比较差。按照《中华人民共和国煤炭法》规定，煤矿企业必须为煤矿井下作业职工办理意外伤害保险，支付保险费。现有的矿工保险包括两种，一种是社会保险范围内的工伤保险，另一种是商业保险公司开发出来的专门针对采矿行业的保险产品。

根据我国《社会保险法》的规定，职工应该参加工伤保险，由用人单位缴纳工伤保险费，职工本身不缴纳保险费。由于该部分保险费率完全由企业承担，而且作为风险较大的行业，企业为矿工缴纳的工伤保险费率适用我国《关于工伤保险费率问题的通知》中的最高基准费率2%，而且该费率还可以根据风险程度进行浮动，上调费率幅度可达150%。许多矿产企业，尤其是证照不全的非法采矿企业，为了节省成本、获取更高利润，往往没有依法为采矿工人投保相关社会保险。

部分商业保险公司针对采矿行业开发出特定的险种，但是该类险种面临比社会工伤保险更加尴尬的局面。首先，由于矿难的受害者大部分受教育程度不高，生活水平低，对于保险的认知不足，不懂得维护自己的权益，他们自发的保险需求有限。其次，由于商业保险不像社会保险那样具有强制性，造成许多矿产企业主缺乏购买相关保险产品的动力。最后，在保险需求有限的情况下保险公司往往降低保险赔付范围和服务质量，或者提高相关保险产品的价格，造成矿工保险产品的市场萎缩。

三、矿工安全是全球性的问题

工业灾难伴随工业化进程的发展时有发生，其中矿难是全球最为严重的工业灾难。仅2010年全球就发生了多起重大矿难事故，其中包括俄罗斯西伯利亚煤矿矿井爆炸（90人死亡，379人受伤）、哥伦比亚煤矿爆炸（73人死亡）、加纳金矿塌陷（至少70人死亡）、西西伯利亚煤矿爆炸（至少66人死亡）、土耳其黑海煤矿爆炸（至少30人死亡）、美国西弗吉尼亚州矿井爆炸（29人死亡）、新西兰南部矿井爆炸（29人失踪，生死不详）等。

全球矿难事故的多发引起了人们的普遍关注，其中包括对矿工安全和与人为本的广泛讨论与实践。2010年，智利北部科皮亚波市附近的铜

矿矿井塌陷，导致33名矿工被困。本次智利矿难事件成为全球广泛关注的焦点，因为33名被困矿工逃到了700米深处的安全地带，并得到地面人员通过钻出的通道救济他们食品和水。在历时69天的营救后，所有被困人员全部救出，而且救援工作进行过程被全球转播。

四、深度思考与政府作为

智利成功营救被困矿工的案例引起了全世界的关注，同样也引发了我国民众矿工生活与作业条件、矿业安全生产、矿难事故发生和损失的关注与讨论。政府部门除了加强监管以外，还应该善用保险的风险转移机制，通过税收行为、市场力量等多种手段引导矿业生产部门技术革新，通过完善矿工保险保障制度，改善矿业生产的安全体系和救助体系，降低矿难发生的可能，减少矿难发生后生命和财产损失。

政府应该进一步探索矿工事故赔偿制度，实施更为合理的死亡赔偿金，切实有效地保障矿工利益。在相关制度的完善中，矿工在发生矿难后的合理赔偿是政府应该着重解决的问题。尽管对生命进行定价是一件极为困难的事，中国并不是唯一遇到困难的国家，但矿工的生命价值应该得到重视，对矿难的受灾和死亡救助不应该和其他灾难的救助金呈现出明显的差别。政府应该尽快通过修订相关立法，在合理考虑不同灾害的特殊性、不同地区生活水平的差异性下，明确赔偿和救助的标准，使灾后救济发挥最大的效用。

政府应该大力加强监督力度，敦促矿业生产部门为职工依法承保工伤保险，同时探索更加适合矿产行业的保险产品和保障制度，发挥保险业维护人民生活稳定和提供风险保障的社会功能。在此基础上，有关部门应该引导商业保险公司开发适销对路的矿产行业保险产品，有效提供行业风险的内部中和，运用保险工具降低行业风险，实现保险行业、矿产行业、国家和人民群众的多方共赢。

警惕海平面上升威胁，保险业当未雨绸缪

2011年5月30日

如果全球性气候变暖导致海平面上升4米，世界上几乎所有的海滨城市都会被淹没。

一、海平面上升已经是全球性不争的事实

尽管世界上还有极少数的科学家质疑海平面上升的事实，但是绝大多数的科学家都相信在过去的几十年间全球的海平面正由于南极、北极冰川的融化而不断上升。不仅如此，全球海平面上升的速度正在加快，过去100年间海平面上升的速度是2000年以来海平面上升平均速度的10倍。根据现有的模型分析，1990—2080年全球海平面将平均上升22~34厘米。

许多科学研究机构的预测也不断佐证着海平面上升的事实。联合国政府间气候变化专门委员会在2007年曾预测海平面上升的最坏情形是上移59厘米，但是如果全球性气候变暖进一步加剧的话，则可能加速南极和格陵兰冰原的融化，并且造成海平面最坏上升1.2米的情况。不过，位于伦敦的知名保险市场劳合社认为以上的这一预测过于保守，实际上由于冰川融化的加速和气候的进一步变暖，海平面上升高度极有可能超过了原来联合国政府间气候变化专门小组的预测。澳大利亚天气和气候研究中心运用卫星和地面观测得出全球的海平面自1993年以来正以每年最低3毫米的速度持续上升；德国波斯坦气候影响研究所则认为，全球的海平面至2200年时估计将上升1.5~3.5米。

尽管科学家们的预测都是运用相应的模型和数据，其预测结果的准

确性将有待事实的验证，但是众多科学研究机构通过不同的研究方法和研究数据均得出了全球海平面上升这一相同的研究结论，这不能不说是从另外的角度进一步强调了全球海平面上升这一不争的事实。如同前面所提及的，海平面上升的主要因素是南极和格陵兰冰原的融化。根据估算，如果格陵兰冰岛完全融化，则全球海平面将因此上升7米；如果南极洲西部大冰原融化，则全球海平面将上升6米。如果整个南极地区的冰原全部融化，全球的海平面将会上升62米。

二、海平面上升对人类而言是不小的灾难

全球有将近30亿人生活在距海岸线200公里以内的范围，这个人口数量相当于人口总量的50%。如果根据现有的发展速度，到2025年时生活在海岸线200公里以内的人口将增长一倍，达到60亿人；而全球最大的15个城市中，有11个城市是海滨城市或者地处河口。国际上知名的非营利组织、总部位于华盛顿的人口资料局认为，如果海平面上升4米，全球几乎所有的城市都会被淹没。

其实，即便是微小的海平面上移也会给人类带来巨大的灾难。这些灾难包括沿海地区灾害性的风暴潮发生更为频繁、洪涝灾害加剧、沿海低地和海岸受到侵蚀、海岸后退、滨海地区用水受到污染、农田盐碱化、潮差加大、波浪作用加强减弱沿岸防护堤坝的能力、海水倒灌、沿海湿地泛滥、排污难度加大和生态平衡遭破坏等。

海平面上升所造成的灾难是多重的。首先，人类将面临巨大的经济损失，人类不得不投入大量的金钱来应对海平面上升时的环境变化，比如提高建筑标准、加固堤坝、增加防洪工事等。以美国为例，美国目前有大约2万公里长的海岸线和3.2万公里的沿岸湿地。如果美国要适应1米的海平面上移，则需要花费1560亿美元，这个数值相当于美国国民生产总值的3%。其次，海平面上升将会导致生态环境遭到严重破坏。海平面上升将导致地下水严重污染，全球面临的水资源短缺进一步加剧；耕

地被淹没造成农作物减产，对于贫困的国家将可能造成数以千计的人流离失所，无家可归；伦敦、纽约、曼谷等大城市将被海水淹没，社会结构和生活秩序将被严重打乱等。最后，海平面上升还将导致岛国消失。从太平洋到印度洋的许多低礁岛国可能成为海平面上升的牺牲品，它们不仅受到海平面上升所引起的珊瑚损害、海岸侵蚀、降雨扰乱和疾病蔓延的影响，严重的海平面上升还可能使得它们在顷刻之间化为乌有。许多大家所熟知的人间美景，如斯里兰卡南方的马尔代夫群岛、美国夏威夷群岛、世界上唯一一个跨过赤道又同时跨过国际日界线的岛国基里巴斯等，都可能因为海平面上升而人间蒸发。

三、海平面倘若上升中国难逃威胁

海平面上升对我国社会与经济的负面影响令人担忧。从国家海洋局每年发布的中国海洋环境质量公报上可以发现，我国近30年间沿海平面总体呈波动上升趋势，平均的上升速率为2.6毫米/年，而这一速度远远高出了全球海平面1.8毫米/年的上升速率。国家海洋局2008年的海洋质量公报指出，"未来30年，中国沿海海平面将继续保持上升趋势，将比2008年升高130毫米。长江三角洲、珠江三角洲、黄河三角洲和天津沿岸仍将是海平面上升影响的主要脆弱区"。同全球其他地区一样，造成我国海平面上升趋势加剧的主要原因是我国所面临的气候变化。近30年来，我国沿海气温每上升1.1摄氏度，海温便会上升0.9摄氏度，海平面相应也上升92毫米。因此，我国海平面上升趋势的季节差异也相当明显，海平面冬季升幅最大，春季和秋季次之，夏季最小；而且中国北部沿海升幅高于南部沿海，并且由于一些河口地区地面下沉显著，造成海平面相对上升非常明显。

我国大陆海岸线长达18000公里，沿海11个省、直辖市、自治区的面积占全国总面积的13.6%，全国的大城市有70%以上集中在沿海地区，倘若海平面上升，面临重大威胁的便是这些沿海地区，包括上海和江浙

所在的长江三角洲、广东所在的珠江三角洲以及天津所在的老黄河三角洲这些中国经济发展的火车头。粗略估计，中国社会总财富的60%以上分布在沿海地区。根据中科院国家攀登项目"现代地壳运动与地球动力学研究"于2001年通过结项验收的"中国沿海地区陆地与海平面垂直运动研究"的课题研究结果，我国未来几十年间沿海海平面总体将继续处于上升趋势，高于全球海平面上升数值。其中，至2050年位于海河口的天津塘沽地区海平面相对地平面将可能上升88厘米，上海地区沿海海平面相对地平面上升的幅度将可能达到75厘米，而珠江三角洲海平面也将可能有29厘米的相对升幅。

海平面上升对中国经济建设、人民生活与生命财产安全将带来无法估计的负面影响。以上海所在的长江三角洲为例，按照国家海洋局的研究，在有防潮设施情况下，如果海平面上升65厘米，按照历史最高潮位推算，海水可能淹没包括上海在内的长江三角洲和江苏海岸13%的土地。也就是说，长江三角洲许多富庶的城市都将面临海平面上升的威胁，经济损失可达2372亿元，受灾人口达2349万人。

海平面上升同样对中国的国防建设和国家综合军事实力的发展带来重大负面影响。我国东南面濒临渤海、黄海、东海和南海，不但海域广阔无垠，而且海岸线漫长，岛屿星罗棋布。据不完全统计，在众多的岛屿中，面积大于（含等于）500平方米的岛屿达6500多个。这些岛屿不仅蕴含着丰富的矿产资源、生物资源、旅游资源和海洋能源等我国经济发展所需要的稀缺资源，而且它们还是国防和军事上重要的地理要塞和作为测算我国领海宽度的领海基点，使得我国在国防地理上拥有自己的领海、毗连区、专属经济区和大陆架。

由于全球气候变暖引起海平面不断上升，造成了部分海拔较低的岛屿被淹没，没有被完全淹没的岛屿面积变小等现象。岛屿的淹没不仅使我国丧失了丰富的岛屿资源，而且会造成我国的国土流失，此外还使得我国丧失岛屿拥有的相关海域。根据《联合国海洋法公约》第一百二十一条的规定，岛屿本身可以拥有领海、200海里专属经济区和大陆架等各类海域。如果一个岛屿拥有12海里领海，那么它就拥有1551.606平方公里的海洋国土，即领海海域。这类岛屿如果随着海平面上升而消失，则该属国将同时失去拥有各类海域的权利。

四、保险业当积极应对海平面上升

海平面上升引起了科学界、国际组织和商业界的广泛关注。国际经济合作组织在2008年发表的一部关于大型灾害财务管理的报告中开宗明义地指出，即便是海平面上升微小的一点点，都可能导致许多社会和经济上的瓦解和动乱。许多学者也开始将研究的视角转向保险公司，探讨保险业如何对海平面上升这一威胁进行有效的风险管理；国外许多实力雄厚的保险公司甚至主动出击，通过发布海平面上升相关的调研报告向政府和企业递出橄榄枝，将承保海平面上升风险或者协助政府进行海平面上升风险管理作为保险公司自身未来的业务增长点。

保险公司首先应当密切关注海平面上升的风险。前面介绍过我国许多经济发达的城市或者开发区都集中在沿海城市，这些经济发达地区同时也是保险业较为成熟的市场，保险深度和保险密度都比较高。目前保险市场上大部分的财产保险产品在费率厘定上都没有将海平面上升可能带来的财产损失作为风险因素考虑到保险产品中。而一旦发生海平面上升引发的海水倒灌、房屋被淹等情况，保险公司将可能面临巨大的赔付压力。

因此保险公司应当定期地检验本身的承保风险，合理地将承保风险控制在自身的偿付能力范围内。保险公司比较消极的做法可以是撤销在易于遭受洪水影响的地区的承保业务，或者限制在该地区的承保额度；较为积极的风险管理策略可以是通过有效的风险管理手段，比如通过预留给投保人一定的保险赔付自留额的方式鼓励投保人自己加强应对海平面上升可能带来各项威胁的有效风险管理，运用保险公司自身的风险管

理专业知识帮助投保人合理管理承保财产（比如将贵重的电子设备放置于不容易受潮的位置等），从而降低保险公司的实际保险赔付，减少海平面上升所可能带来的经济损失。

不过海平面上升毕竟是全球所面临的综合风险，仅仅依靠保险公司进行有效风险控制有着很大的局限性。我们呼吁保险公司、政府和社会等多方机构组成有效的风险管理联盟，全面评估海平面上升可能带来的各种经济损失和社会影响，探讨如何采用合理有效的综合风险管理手段，从降低海平面上升速度、建设必要的海防堤坝、规避海平面上升后发生的负面影响等不同角度，通过合理的城市规划、必要的安全防范知识普及和有效的社会救灾体系建设等多种方法，共同防范和规避海平面上升可能对我国和全球带来的负面影响。其中，保险公司应当承担的社会责任既包括提供有效的保险产品，提高民众对相关产品的认知、引导消费者的合理消费，普及相关的风险管理知识、提高投保人自我风险管理的能力，也包括面对海平面上升潜在的各种财产和人身损失，成为灾害赔付的主力军。未雨绸缪，让中国、让人类远离海平面上升的威胁。

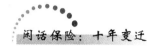

政府为居民投保自然灾害险，
岂容形象工程

2011 年 9 月 27 日

日前，厦门模式关于政府为居民投保自然灾害险的做法在报刊上发表并被许多网络媒体转载。作为灾害保险的研究者和关注者，我看到这一新闻自然欢欣鼓舞。随着全球气候变暖和自然灾害的频发，自然灾害保险已然成为有效转移风险、保障居民财产与人身安全、维护社会稳定的重要工具。而政府作为投保人参与的自然灾害保险，解决了自然灾害造成的经济损失大、赔付率高和保险需求不足等诸多自然灾害保险困境。不过，对现有厦门模式的研究却让笔者喜忧参半，对政府参与自然灾害保险有了进一步的思考。

一、政府参与自然灾害保险，为民谋福值得肯定

近年来我国自然灾害的频繁发生对我国经济发展、社会稳定和人民生活带来极大的负面影响。2008 年初的南方低温冰雪灾害、四川汶川地震、2010 年的青海玉树地震、舟曲泥石流和日前肆虐沿海地区的台风"梅花"等，使得各级政府越发重视自然灾害的防范与控制，积极寻求合理转移自然灾害风险的有效工具。

保险正是这样一种有效的工具，能够通过对风险的分散和管理实现社会的稳定发展。因此自然灾害频发背景下开发自然灾害保险险种，借助保险公司管理风险的专业经验分散和转移自然灾害风险，有效控制和管理自然灾害这一理念已经逐渐被我国各级政府所接受，这一做法同时

也被众多发达国家证明是行之有效的经验与工具。

不过巨灾的频发，灾害造成经济损失的剧增等因素使得保险公司仅凭借自身的力量管理自然灾害风险力不从心。主要原因在于自然灾害的损失大、叠加风险多、预测难度高、费率厘定难、保险需求低、风险可控复杂等诸多特点，使得保险公司在向市场提供自然灾害保险产品上举步维艰，遇上自然灾害频发的年份甚至会给保险公司带来经营亏损，严重时可能导致破产。比如全球巨灾的频发，给本来作为专业风险管理资深主体的再保险公司也带来承重负担。全球知名再保险公司慕尼黑再保险2011年8月4日发布的半年度报表显示，2011年上半年该公司出现亏损2.1亿欧元，而2010年同期该公司所实现的盈利为11.94亿欧元。慕尼黑再保险出现亏损的主要原因是2011年多起自然灾害的赔付，其中包括第一季度所发生的日本地震、澳大利亚和新西兰的自然灾害和第二季度美国的多起龙卷风等自然灾害。

保险公司作为商业主体，其经营目的必定带有逐利性。面对诸多自然灾害承保的难题，保险公司自然慎之又慎。因此，政府参与自然灾害保险体系并且发挥重要作用，已经成为许多国家政府的共识和做法。

世界各国的实践充分证明了政府参与自然灾害保险体系构建的重要性。政府参与自然灾害保险的模式大致可以分为强制性保险模式和联合保险模式。在强制性保险模式中，国家和政府通过强制性的自然灾害保险立法，对义务投保人、承保风险、被保险人和保险人的权利与义务等均予以明晰，从而实现灾害风险由社会向保险公司的强制性转移；在联合保险模式中政府与保险公司以互补形式联合对灾害进行管理，运用保险功能，采用保险公司管理模式实现有效的灾害管理。不过由于各个国家的政治体制、社会环境和人文历史不同，联合保险模式在各个国家之间也存在很大区别，比较典型的联合保险模式包括土耳其的政府运营模式、捷克和美国等国家的政府救济模式、墨西哥的政府投保模式等。厦门模式当属于联合保险模式，因为厦门政府以投保人的身份为市民投保自然灾害保险，从而将自然灾害可能带来的风险转嫁给保险公司，即借助保险公司的专业实力管理风险，同时将自然灾害发生时对市民的灾害救济所可能产生的财政支出风险转移给保险公司。

二、厦门为市民投保灾害险，保险模式存疑若干

2009年1月，厦门市民政局和人保财险厦门市分公司签订"厦门市自然灾害公众责任保险统保协议"。根据相应的保单，凡具有厦门市户籍的居民，或具有厦门市暂住资格证的居民，或在厦门市行政区域务工、就学以及居住满三个月的居民，均为全民自然灾害公众责任险的保障对象。在保险区域内，由于下列原因直接导致以上被保险人人身伤亡以及由此而支出的医疗费用，保险公司应该按约定负责赔偿：（1）暴风、暴雨、崖崩、雷击、洪水、龙卷风、飑线、台风（热带风暴）、海啸、泥石流、突发性滑坡、冰雹；（2）飞行物及其他空中运行物体坠落（特指在没有外力作用情况下，能独立在空中自由运行的陨石、空中飞行器、人造卫星）、森林火灾；（3）非战争状态下有组织的配合部队的军事行动；（4）在上述灾害或事故中的抢险救灾行为。厦门模式开创了我国政府运用保险工具管理自然灾害风险的先例，是利国利民的举措，本是应当值得肯定的做法。不过细细研读相关资料，却发现厦门模式存疑若干：

（1）保单存疑。如前所述，厦门自然灾害保险的保单要件齐全，被保险人覆盖范围广，承保风险涵盖了自然灾害可能导致的人身伤亡风险。保单签订之初，厦门市的常住人口为243万人。按照厦门市人民政府2010年的官方数据，2009年底厦门市常住人口达到252万人，而根据2010年第5次人口普查显示，厦门市常住人口的实际人数为3531347人。面对这么多的保单被保险人，这一保单的问题在于200多万个被保险人中究竟有多少人知道相关保单的存在，通晓在自然灾害发生时自己所拥有的权利，熟悉相关的赔付理赔程序。

（2）理赔存疑。厦门市人民政府作为投保人所投保的自然灾害公众

责任保险自 2009 年生效以来，截至 2011 年 8 月初所披露的相关信息显示，2 年半的时间里该保险合同共发生有效赔付 8 笔，已决赔款 50.5 万元，其中包括 2009 年厦门市一名市民不幸在台风中遇难，厦门人保财险所支付的 10 万元赔款；2010 年，厦门市一赛艇女运动员在训练时不幸遭到雷击身亡，事故发生后受害人家属所获得的 10 万元赔款。公众不禁要问，厦门市全民自然灾害公众责任保险被保险人人数这么多，承保风险范围这么广，为何在 2 年多的时间里竟然只有 8 笔赔付。从保单看，只要是被保险人在暴风、暴雨、崖崩、雷击、洪水、龙卷风、飑线、台风（热带风暴）、海啸、泥石流、突发性滑坡、冰雹等自然灾害中死亡、受伤所导致的医疗费用，都属于保险公司理赔的范围，而对于偌大的拥有 250 万常住人口以上的城市而言，年均竟只有 3.2 人次因为自然灾害而导致死亡或者受伤。

（3）保费存疑。厦门市自然灾害公众责任保险的保费由厦门市、区两级政府各承担 50%。2009 年，保费按照每人每年基准保费 0.9 元与投保时厦门市统计局公告的上年度全市常住人口数的乘积计算。由于保险公司之间竞价等种种因素，2010 年每人每年基准保费下降至 0.48 元。在保单存疑的分析中我们指出，厦门市 2009 年的常住人口与 2010 年常住人口存在大约 101 万人的差距，假设 2009 年厦门市自然灾害公众责任保险的保费约为 226.8 万元（252 万人×0.9 元），2010 年保费收入约为 169.44 万元（353 万人×0.48 元），那么 2009 年和 2010 年的保险公司基于这一保险合同的保费收入就可高达 396 万元（由于无法阅读原始保单，该数据依据公众可获得信息计算，与真实数据应该存在误差）。如此高昂的保费收入，为何保险公司所履行的赔付只有 50.5 万元（实际上这一数据还是 2009 年至 2011 年 7 月两年半的赔付）。面对如此高利润的保单，难怪保险公司在 2010 年可以将保费由 0.9 元下调至 0.48 元。保险公司人员在抱怨"保费的充足率很不足"的同时，是否应该真正的落实保单的义务，给予被保险人赔付呢？

另外，从"由于保险公司之间竞价等种种因素"的表述可以看出，厦门市人民政府参与灾害保险的模式有待改善。自然灾害的发生具有一定的规律性，选择合适的保险公司无可厚非，但是如果频繁地更换保险公司，一方面助长了保险公司的趋利心理，造成一些保险公司为了短期获利而为政府提供明显与风险不符的保费价格；另一方面，不利于对自然灾害的长期管理，不利于保险公司提取应对巨灾的准备金或者盈余准备。

三、政府参与自然灾害保险，实质应当重于形式

厦门市人民政府利用财政收入为居民投保自然灾害公众责任保险，目的是为了更好地为民造福，本不应该受到质疑。政府参与和支持自然灾害保险的发展是完全值得提倡和发扬。但是，从实施的效果看，厦门模式仍然值得担忧，厦门模式在未来的发展中需要进一步发扬"实质重于形式"的基本原则。

厦门模式是政府为民众办实事的项目之一，但是从实施效果看所造福的民众却寥寥无几。究其原因，一方面是政府在险种的宣传上过度地注重形式宣传，而弱化了相关险种的普及介绍、民众理赔的指导和减灾防灾的宣传。政府参与自然灾害保险的模式切忌流于形式，成为面子工程。厦门模式要落到实处，应该进一步扩大对险种的宣传，让厦门的353万常住人口作为被保险人熟悉自然灾害公众责任保险的各项合同条款，尤其必须加强对保险对象和范围、保险责任事故范围、赔付标准、理赔程序等重要内容和程序的宣传和普及。

厦门模式为我国政府参与自然灾害保险提供了很好的开端，未来政府应该进一步探索我国自然灾害风险管理的有效模式，减轻自然灾害发生对政府财政救济造成的沉重负担，合理利用和安排政府财政资源；发挥保险业参与风险管理的专业经验和优势，降低和转移自然灾害发生造成的经济损失；减少民众因为自然灾害损失所引起的生活不便和人身财产损失，维护社会的稳定发展和民生和谐。

5 专题三 特色险种

游离在社会保险和商业保险间的
德国私人医疗保障险

2009年5月5日

私人医疗保障险即便在德国也是一个全新的名字，因为该险种是自2009年1月1日开始通过立法的形式（德国《保险企业监管法》第12条第1a款）要求所有的德国商业医疗保险公司必须向所有客户提供的一种医疗保险产品。私人医疗保障险是一种特殊的医疗保险，它根据商业保险的经营原理对产品进行个性化定价，又根据社会保险的服务理念提供大众化的统一承保范围，成为游离在社会保险和商业保险之间的医疗保险产品。该产品突出保障二字，因为较商业保险公司的其他保险产品而言，该产品强调的是最基本的服务保障，享受的承保范围基本上和社会医疗保险无异。

一、私人医疗保障险的投保人

私人医疗保障险是社会保险和商业保险的一种混合形式。这样的特殊性决定了私人医疗保障险必须明确规定自己的投保人，这样才能使其名副其实，成为社会保险和商业保险的一种补充形式。

私人医疗保障险向部分社会医疗保险的投保人开放。在2009年1月1日推出私人医疗保障险之前已经投保德国社会医疗保险的投保人，只要其不属于德国法律所规定的强制性社会保险投保义务人，都可以在2009年6月30日之前自愿转换成私人医疗保障险投保人。对于2009年1月1日以后才成为德国社会医疗保险的自愿性投保人，可以在由强制性投保人

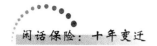

变成自愿性投保人的时点起6个月内自愿转换为私人医疗保障险投保人。

在德国拥有固定住所的居民，只要其既不属于社会医疗保险的强制性投保人，也不属于社会救济金的领取人，都可以购买私人医疗保障险。不过对于社会救济金的领取人，如果除救济金外还有必要购买补充医疗保险，同样可以购买私人医疗保障险。2009年1月1日以前私人医疗保险的投保人都可以在2009年上半年决定是否投保私人医疗保障险。私人医疗保障险的投保人只有在投保期限满18个月后，才被允许将其所交纳的私人医疗保障险保险费计算中的老龄疾病准备金转移到投保人新投保的其他私人医疗保险产品中。

二、保险公司对私人医疗保障险的管理

保险公司原则上不能拒绝接受顾客投保私人医疗保障险的申请。只有在投保人之前曾投保过该保险公司，但是存在骗保记录或者其他不合法的恶意欺骗行为时，保险公司才能拒绝该投保人投保该险种。不过投保人在这种情况下可以向其他的保险公司递交私人医疗保障险保险申请。

保险公司必须对每个投保人进行健康状况检查，不过保险公司不能对存在不良病史记录的投保人征收额外保费或者独立约定服务范围。健康状况检查的目的在于帮助保险公司掌握投保人的健康情况，以便针对所有的投保人进行保费厘定，并预测保险公司的未来运营。对于健康状况检查中存在不良病史的投保人，保险公司将先根据其病史进行个体保费厘定，然后再在不存在不良病史的情况下进行个体保费厘定，两者之间的差异将在所有的投保人中间进行共同分摊。同样，在投保人中间进行共同分摊的费用还包括投保人实际厘定保费超过法律规定的私人医疗保障险最高保费的部分。

三、私人医疗保障险的保费

私人医疗保障险的保险费率高低取决于投保人的年龄、性别，同时

也取决于商业保险公司内部投保私人医疗保障险群体的人数和健康状况。理论上投保人的年龄越大，保费也越高；女性的保险费率比男性的费率略高。由于商业保险公司经营的基本原理是大数定律，所以投保人人数越多，保费也越低。此外投保人群体的健康状况也是决定保费高低的重要因素，这是私人医疗保障险的显著特征之一，因为法律严格禁止商业保险公司对存在重大疾病风险的投保人征收超额保费，导致投保人重大疾病的风险必须通过提高所有投保人保险费率的方法进行分担。

私人医疗保障险的另一个特殊之处在于它存在着最高保费，这使得它从根本上区别于其他的私人医疗保险产品。私人医疗保障险的最高保费与社会医疗保险挂钩，通过联邦德国政府每年度所公布的社会医疗保险统一费率、计费标准和计费限额来确定产品的最高保费。2009年，私人医疗保障险的最高保费为每月569.63欧元，如果投保人实际的费率厘定超过了保费上限，投保人也只需要交纳最高保费，实际厘定费率超过最高保费的部分将通过其他投保人在交纳保费没有超过最高保费的限额内共同承担。

德国《保险监管法》中规定，如果投保人因为投保了私人医疗保障险后存在社会法意义上的救济需要，则投保人缴纳的私人医疗保障险的保险费将降为50%。如果投保人对此还存在救济需要，那么投保人将承担自己所实际能够承担的部分，剩余的部分由联邦德国劳动保障部门补贴。举例说明，某投保人在正常情况下需要交纳限额保费569.63欧元，但是因为该投保人如果交纳该项保费后便存在救济需要，那么保险公司只能要求其支付284.82欧元的保费。但是该投保人实际支付能力上只能承担180欧元的保费，那么劳动保障部门将给予该投保人104.82欧元的补助，帮助其交纳保费。

如果投保人在投保私人医疗保障险之前便存在社会法意义上的救济需要，那么私人医疗保障险的费率统一为最高保费的50%，而且投保人同样可以从联邦政府劳动保障部门得到补贴。联邦德国劳动保障部门对

投保私人医疗保障险之前便存在救济需要的投保人发放固定的补贴，2009年的补贴额度为每月129.54欧元，供投保人专用于支付私人医疗保障险保险费。

四、私人医疗保障险的服务范围

私人医疗保障险的承保范围与社会医疗保险的承保范围基本相同。社会医疗保险的服务范围由社会保险监管部门统一制定并且根据实际情况定期增减服务，因此，私人医疗保障险的服务范围也存在变动。私人医疗保障险的投保人可以根据需要自己选择社会医疗保险范围内的所有医生或者医院就医治疗。德国《社会法典》第5部第75条同时规定，为社会医疗保险服务的所有医生或者医院必须保证私人医疗保障险投保人享受应有的服务并且保证服务质量。

由于私人医疗保障险由商业保险公司经营，所以医生或者医院在每次医护服务后可以遵照私人医疗保险的惯例直接向投保人开具账单，同时由于该险种服务范围与社会医疗保险相挂钩，所以医生也可以向保险公司要求结账。对私人医疗保障险投保人的医护费用标准将由德国私人医疗保险协会和德国社会医疗保险执业医生同业协会谈判确定。

所有经营私人医疗保障险的保险公司必须允许投保人选择保险赔偿的自留额，自留额分300欧元、600欧元、900欧元和1200欧元四档。投保人选择的自留额有效期为3年，在此期间内投保人不允许取消自留额或者更换其他档次的自留额。而且投保人为了解除或者更换自留额档次，还必须在3年内到期前的3个月内向保险公司递交书面申请。自留额的选择是保险公司赔付的依据，如果投保人在私人医疗保障险中选择600欧元的自留额，并且在该年度其接受医护治疗的费用为800欧元，那么即便医院直接向保险公司要求结账，保险公司也只需要承担超过自留额部分的200欧元，其他部分由医院直接向投保人索要。

投保私人医疗保障险的投保人如果对该险种的服务范围不满足，可以继续投保其他医疗附加险。这一点对于传统的私人医疗保险产品来说毫无必要，因为传统的私人医疗保险合同都是根据每个投保人的个人要求而设定的。不过对于存在救济需要的投保人来说，保险公司可以要求其停止投保其他的附加险种，因为这类投保人已经因为其救助需要减免了50%的保险费，如果允许其继续投保其他附加险，将明显有悖于社会公平原则。

逐渐兴起的德国宠物健康保险市场

2008 年 9 月 5 日

宠物保险对中国来说并非陌生的字眼，早在 2004 年我国便有"小康之家"家庭综合保险，以附加险的形式将宠物责任纳入了保障范围。然而，我国目前存在的宠物保险仍是清一色的宠物责任保险，市场上尚缺针对宠物健康的相关保险产品。随着国民生活水平的提高和家庭宠物饲养热的兴起，未来宠物健康保险将成为保险行业的另一块蛋糕。借鉴德国宠物健康保险经验，无疑成为开发我国宠物健康保险市场的捷径。

一、宠物热是德国宠物保险市场发展的前提

德国人对宠物的热爱，完全不受年龄、性别和职业等因素的影响。目前德国家庭拥有大约 1300 万只的宠物猫和宠物狗，这一数量巨大的宠物无疑成为保险业界关注的焦点。由于在很长时间里德国保险市场都没有提供相关的宠物健康保险，使得过去大部分家庭宠物都没有相应的保险，宠物主人必须为宠物健康检查和疾病治疗支付巨额的开支。宠物健康保险产品在德国保险市场上的问世，得到了许多拥有宠物的家庭的普遍欢迎。

二、德国宠物疾病保险与宠物手术保险

德国当前的宠物健康保险产品主要是针对宠物猫、宠物狗和宠物马。这些宠物可以选择宠物疾病保险或者宠物手术保险。各家保险公司对宠物健康保险提供了各自不同的费率和承保服务。

宠物疾病保险理论上由保险公司对宠物每年的门诊费设定上限，承

担没有超过上限部分的门诊开支，但是对宠物接受手术治疗的费用却一般由保险公司全额埋单。同时，对宠物注射疫苗或者注射驱虫剂等费用，保险公司也予以承担。对宠物狗而言，保险费率的大小主要取决于签订保险合同时宠物狗的年龄。宠物猫的保险定价比较复杂，影响保险费率的因素除了年龄以外，还包括宠物猫的品种、家庭饲养等因素。

对于健康状况良好的宠物，投保人甚至可以仅仅选择宠物手术保险。宠物手术保险与宠物疾病保险的主要区别在于，宠物手术保险仅仅承保宠物接受手术和住院治疗过程中所产生的各项开支。

部分保险公司还提供了宠物主健康附加险。当宠物的主人患有疾病时，宠物主健康附加险将承担宠物主发生疾病期间照料宠物的各项人工费，即宠物主可以雇用相关人员为其照管宠物，而该笔费用由保险公司进行买单。当然，这类宠物主健康附加险严格规定了保单有效的前提是宠物主人发生疾病，并且需要出具相关的医生证明，借此降低保险公司承受的道德风险。

三、德国特色的宠物马健康保险

值得一提的是德国的宠物马健康保险产品。德国传统体育项目赛马的强大与德国人酷爱养马的习惯密不可分，因此也使宠物马保险产品成为德国宠物健康保险市场上独特的风景线。并非所有的宠物马都可以购买相应的健康保险产品，保险公司一般不承保年纪比较大或者患有慢性疾病的宠物马。主要原因是因为德国宠物马的医疗费用相当高昂，仅简单的身体检查都需要花费3位数以上的开支；而且宠物马在发生一次疾病以后或者受伤以后都需要不断地接受治疗，大大的增加了保险公司的承保风险。

宠物马保险分基础保险和全能保险两种。基础保险主要针对特定的疾病进行承保，投保人可以选择由保险公司对宠物马特定疾病治疗全额买单或者保险公司只对超过特定金额以外的费用进行埋单。保险公司的这种设置增强了宠物马保险产品的个性化，使得投保人可以通过高保费转移自己的全部风险或者交纳低保费由自己承担部分风险。全能保险则承保了宠物马的各项疾病开支，也包括例行的身体检查、疫苗注射、驱虫剂注射和其他各项药品开支。

风险管理与宠物健康保险产品创新

2008 年 10 月

随着人民生活水平的日益提高，宠物也逐渐成为人们越来越密切的伴侣。无论是狗、猫、鸟，还是鱼或龟，这些往日看家护院、供人娱乐的小动物，开始成为家庭中的重要成员。据保守估计，我国目前至少有 1 亿只宠物，宠物经济的市场潜力至少可达 150 亿元。巨大的市场潜力使得宠物保险这块蛋糕显得诱惑力十足。

一、我国当前宠物保险发展现状

宠物保险的发展在我国起步较慢。国内第一个针对宠物的保险是 2004 年底华泰保险推出的"小康之家"家庭综合保险。该险种以附加险的形式，将宠物责任纳入了保障范围。目前，我国的宠物保险主要都是宠物责任保险，包括中国人保财险公司的"动物饲养责任保险"、太平洋财险公司的"宠物犬主责任保险"和华泰财险公司的"附加宠物责任险"等。

宠物责任保险主要转嫁的是投保人因为自己饲养或管理的宠物造成第三者的人身伤害或死亡，由此发生的治疗和处置费用、给第三者造成的人身伤害赔偿等本该由宠物主人承担的经济责任。保险公司负责赔付因宠物责任而导致的第三方赔偿。除宠物责任保险以外，与宠物密切相关的还有宠物健康保险，而我国目前保险市场上还没有开发较为成功的宠物健康保险。本文主要针对这一现象对开发与设计我国宠物健康保险产品做必要的探讨。

二、开发宠物健康保险的基本条件

作为保险市场上的处女地，宠物健康保险的发展不仅可以填补市场空白，丰富保险品种和提高保险公司营业业绩，也能转移宠物主因宠物疾病所带来的经济负担。此外，我国的保险文化为推广宠物健康保险提供了较宠物责任保险更为有利的空间。

首先，快速发展的宠物市场是宠物健康保险开发的前提条件。随着我国人民生活水平的提高和综合国力的增强，人们对宠物的观念发生了很大的转变。宠物越发地成为人们提高生活情趣、缓解工作压力和调节家庭结构的重要工具。中国的宠物市场进入了一个高速发展的时期，一方面宠物的数量不断上升，另一方面人与宠物的关系越发密切，这些因素刺激了市场上对宠物健康保险的需求，为保险公司开发宠物健康保险提供了前提条件。

其次，昂贵的宠物医疗开支是宠物健康保险开发的需求诱因。宠物看病的费用不断上升，增加了宠物饲养者的经济负担。尽管大部分的宠物饲养者经济基础相对比较优厚，但是相对于饲料等日常开支而言，宠物的医疗开支是计划外的开支，宠物疾病可能因为其突发性破坏了饲养主的理财计划。如果宠物患有特定的疾病而需要进行手术治疗，饲养主需要支付更多的医疗费用。在宠物身体健康状况良好的情况下，饲养主也需要为宠物进行例行体检，定期注射疫苗等。如果能够由保险公司转嫁这一部分突发性疾病给饲养主带来的财务风险并支付常规的健康医疗费用，宠物健康保险将会因能够给投保人带来利好而深受欢迎。

再次，充足的保单集合是产品成功开发的必要条件。由于宠物医疗保险的定价不宜过高，而且一旦宠物发生疾病后所产生的医疗开支将相当高昂，能否成功地推出宠物健康保险将很大程度地取决于单个保单的风险能否在全体集合保单下得到平衡。保险公司只有通过大量的保单集合对个别情形下的不确定性进行中和，保证承保风险发生损失概率的相

对稳定性，才能真正地为投保人承担宠物医疗费用，分担宠物主的财务风险。

最后，健康认知高于责任认知的保险文化是产品开发的有利因素。我国传统的保险文化表现为健康认知高于责任认知，也就是说投保人对健康风险的接受程度远远高于对责任风险的接受程度。投保人易于承认其所属宠物容易患有疾病，却不易于承认其所属宠物有伤害他人的风险。较为典型的例子是2008年初深圳市宠物俱乐部在免费赠送宠物第三者责任险时遭到不少宠物主人的抵触，认为保险预言了他们的宠物会咬人这一不祥现象。由于宠物健康保险产品承保的是生理健康这一自然现象，其风险已经广泛被社会公众所接受，因此产品的推广能够避免宠物责任保险所遭遇的困境。

三、宠物健康保险产品设计的风险管理

宠物健康保险对保险公司而言实际上是一个高风险的险种。新兴的市场缺乏可供借鉴的相关经验、宠物健康保险产品市场营销压力、定价不宜过高等诸多特点决定了宠物健康保险必须采用相关的风险管理工具来保持保险公司的稳健运营。为此，保险公司应当综合采用各种方法，通过宠物医生销售保险产品、投保人赔付自留额方法、宠物保单生效等待期和严格保前审核等，降低保险公司的产品运营风险。

第一，运用宠物医生销售保险产品。利用宠物医生销售宠物健康保险产品一方面可以很好地利用宠物医生的顾客网络和信息平台招徕顾客，使得产品销售更具有说服力；另一方面，通过设计合理的保险佣金机制可以促使宠物医生运用自己的专业知识降低保险公司承保高风险宠物的可能性，从而降低了保险公司的承保风险。

第二，应当设定投保人赔付自留额。保险公司可以要求投保人必须独自承担一定比例的宠物医疗费用，该自留比例不宜过高，一般可以保持在10%~20%。由于投保人对宠物医疗费用也必须承担一定比例的费

用，所以宠物主便会自觉地减少对宠物例行健康检查的次数和普通医疗门诊的次数，从而有效地降低保险公司的赔付开支。通过投保人自留额的设定，保险公司可以将投保人的道德风险降到最低。

第三，引进寿险中的等待期机制。将普通健康险的等待期运用到宠物健康保险中，在宠物健康保险保单中明确规定宠物保单生效的等待期。根据该等待期机制，宠物在首次投保健康保险时，从合同生效日起的一段时间内，宠物因患病所发生的费用，属于保险公司的除外责任。这类合同条款下，保险公司可以不予理赔，或只是部分理赔，或无息退还保费。宠物健康保险等待期可以有效地防止宠物带病投保的现象，有效减少保险公司的经营风险。

第四，保险营销人员应当严格执行保险审核程序。保险公司的工作人员在保单签署前应对被保险宠物进行严格的保前审核，这些审核包括对宠物健康状况和以往病例的了解，对宠物过去接受疫苗注射经历的审核或者要求宠物主提供宠物健康状况的医生体检证明等。保险公司对于年龄过大或者健康情况欠佳的保险标的应当予以拒保。保险公司对宠物保险的严格审核，能够有效地降低投保人的逆向选择，从而有效规避保险公司因投保人逆向选择所带来的赔付风险。

第五，产品的设计宜采用更为人性化的特征。由于宠物的饲养属于高消费行为，所以消费者在消费偏好和消费需求上更容易追求个性化和人性化。宠物健康保险产品的设计不宜过于单调，同时各个公司之间同类产品的设计不宜仅仅关注价格区别，而更应该从产品特色入手。保单设计应该留给投保人更多的选择空间，让他们可以自由选择单独的宠物健康保险或者连同市场上现有的宠物责任保险进行捆绑购买，或者仅根据投保人的某种特定需要（比如特定疾病或者特定手术）提供承保等形式，量体裁衣为投保人提供合适的保险。

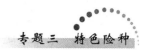

四、宠物健康保险产品开发前景展望

国外的宠物健康保险为我国该类产品的开发树立了很好的典范。比如德国的保险市场上不仅有针对宠物所有医疗费用的保险，也有针对宠物手术或者特定疾病承保的保险；不仅有针对宠物主人发生疾病时照料宠物所需人工费用的保险，也有针对特定宠物比如宠物马等单独设计的保险产品。丰富的保险品种不但满足了不同消费者的保险需求，也为保险公司创造了丰厚的保费来源和利润。

新产品的设计与开发总会遇到各种困境。目前，我国保监会仅仅认可宠物第三方责任险，不包括宠物健康保险范畴，也不包括宠物对主人和亲属、保姆的伤害和财产损失。未来宠物健康保险产品的开发和推广，还有待于监管部门的论证、审核和批准。但是只要产品设计合理，产品功能能够真正解决投保人的实际需要并且能够保证保险公司稳健的运营，此类产品必定能得到监管部门的获准上市。宠物健康保险必将进一步丰富我国保险市场的市场供给，也将推动保险产品创新进行一次有益的尝试。

汽车大国下孕育出的
德国发达汽车保险市场

2009 年 4 月 14 日

汽车行业是德国国民经济的重要支柱行业，这里不仅是很多全球知名汽车品牌如奔驰、大众、宝马、奥迪、保时捷和欧宝等的发源地，而且德国人均汽车拥有量也占世界前沿。高度繁荣的汽车供需市场孕育了德国发达的汽车保险市场。根据德国保险行业协会的统计，目前德国大约有 1 亿份生效的汽车保险合同，汽车保险合同的保费收入高达 200 亿欧元，是财产保险中的佼佼者。德国的汽车保险，较为人所熟知的是机动车第三者责任险 、机动车部分保险和机动车总括保险，此外还有机动车畅行保险、租车意外附加保险和诉讼费用保险等多种不为国人所熟知的保险品种。

一、机动车第三者责任险

机动车第三者责任险是一项法定保险，只要购买汽车，不管是新车还是二手车，或是从亲戚朋友处过户来的汽车，都必须投保该项保险。机动车第三者责任险的保险单是进行汽车登记必须提交的文件之一。2007 年德国总共有机动车第三者责任险保险合同 5431.3 万份，其中汽车的第三者责任保险合同有 3950.4 万份。

机动车第三者责任险的承保范围包括交通事故发生后的各项赔付，具体比如责任方的保险公司负责向对方支付伤员救治、汽车修理、误工损失、事故中贵重物件损失补偿和交通补贴等费用，机动车第三者责任险甚至还可能对事故的受害人视情况予以终生养老金保险赔付。根据德国的法律规定，机动车第三者责任险对人身伤害的最低保险赔付额度为250万欧元，如果事故中出现3人或者3人以上的被伤害者，则最高的人身伤害保险赔付额度总共不超过750万欧元。机动车第三者责任险对车辆本身损失的赔付额为50万欧元，受害方误工损失、交通补偿或其他财产损失为5万欧元。而在最高保额中人身伤害可达800万欧元。实践中保险公司往往提供了超出以上法律规定的各项保险赔付，用以招徕顾客投保。德国目前的机动车第三者责任险市场上甚至存在着保险赔付额度高达1亿欧元的保险合同。

机动车第三者责任险规定，如果投保人随意增加事故风险，由此造成的损失不属于保险合同所约定的承保范围。这种情况下投保人必须自己赔偿交通事故所引起的各项损失。随意增加事故风险是指投保人无照驾驶，驾驶存在安全隐患的车辆，酒后开车，故意造成损害以及没有交纳保险费等情况。

值得强调的是，保险公司对机动车第三者责任险的投保人必须无条件接受，不管该投保人过去是否拥有很多保险赔付的经历或者投保机动车本身隐患风险是否非常大。这一点和以下介绍的各个保险产品有着本质的区别，因为下面的保险产品保险公司将认真进行风险分析，对于高风险赔付的汽车可以予以拒保。

二、机动车部分保险

机动车部分保险在德国并不属于强制保险，车主可以自愿选择机动车部分保险或者机动车总括保险。一般而言，对于新车、车况较好或者价值较高的汽车，保险公司一般推荐投保人选择机动车部分保险，因为机动车部分保险的价格远远低于机动车总括保险。对于车况不好的机动车，选择机动车总括保险的投保人一般都能从保险公司负责承担汽车经常发生小故障并且需要小维修的各项费用中获益。

机动车部分保险的承保范围首先是机动车被盗时重新购置机动车的费用或者机动车故障的一些维修费用。对于机动车上一些零部件被盗，保险公司也将负责赔付，但是对于什么零部件属于保险范围，每家保险公司的界定各不相同。一般投保人在签署保单时，应该特别注意保险合同上的相关条款，保险公司一般都在合同条款中详细列明。

此外机动车部分保险对自然灾害（主要涉及暴风雨、冰雹、闪电或洪水等）、火灾、爆炸以及与牛、羊、马等哺乳动物相撞，或者车辆玻璃破损等情况，也承担相应的赔偿和修理费用。德国市场上目前的机动车部分保险都提供了投保人自留风险额的选择权，投保人可以选择在每次保险赔付中由自己承担一定数额的损失，以此来降低机动车部分保险的价格。比如，投保人可以选择150欧元、200欧元或者500欧元三档的自留风险额，自留风险额越高，机动车部分保险的价格就越低。

三、机动车总括保险

机动车总括保险除了涵盖机动车部分保险的承保范围以外，还承保因他人故意破坏造成的车辆损坏，或因交通事故（包括责任方在自己）给自己车辆造成的损坏。机动车总括保险的赔付范围还包括受损车辆的修理、更换费以及伤亡人员的医疗和殡葬费等。

机动车总括保险与部分保险的区别可以从以下两点看出，在交通事故发生情况下，如果事故所造成的损失完全是投保人的过错造成的，保险公司也应该负责理赔。此外，如果交通事故由无民事行为能力的自然人造成（比如未成年儿童），那么保险公司对机动车总括保险的投保人同样负有理赔责任。

不过，如果投保人购买了机动车总括保险并且出现了交通事故，保险公司会检查事故本身在机动车部分保险合同条款下保险公司是否有赔付责任。如果在机动车部分保险的合同条款下保险公司没有赔付责任，那么保险公司有权利在下一个年度提高投保人的机动车总括保险的保险

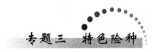

费率。

四、机动车畅行保险

在长途旅行中，如果车胎出现故障的话，机动车车主可能还可以自己动手进行换胎维修。但是如果出现发动机等主要部件的故障，那么机动车车主便会无计可施。针对这种情况德国的汽车保险商提供了机动车畅行保险。

机动车畅行保险下保险公司将负责协调和资助事故处理的各项活动，维修或者保全事故车辆，提供故障零部件的替换，负责将机动车回运的工作和费用或者视必要情况负责对机动车进行销毁。此外保险公司也承担保险车辆故障情况下一定数额的租车费用、事故发生后投保人旅馆住宿费或者从事故现场到医院途中的各项交通费。

机动车畅行保险还具备非常人性化的特点，如果出事的机动车上有儿童，保险公司负责将儿童送回指定地点。对于其他人员在事故发生后无论是选择原路返回还是继续前往目的地，保险公司都负责补偿这部分的交通费。一般而言，机动车畅行保险是和以上三种保险险种搭配销售的，因此机动车畅行保险的保险费率并不是很高。

五、租车意外附加保险

在德国，租车意外附加保险被业界习惯上称之为马洛卡条款。这个称谓的由来是因为马洛卡不仅是西班牙著名的旅游胜地，还是德国人非常喜欢的度假胜地，许多德国人到这里旅游往往选择租车旅游这种形式。这个称谓非常形象地解释了这个附加保险条款主要是为度假旅游的人们租车时所发生的意外提供保险的一个条款。

租车意外附加保险是德国保险市场上提供给机动车第三者责任险产品的一种附加产品。当投保人到国外旅游并且租借国外的机动车进行使用时，尽管租借的机动车一般都自带有机动车第三者责任保险，但是许多国家的机动车第三者责任保险的最高保险赔付一般都不能真正地承保事故引发的全部损失。比如，西班牙法定的人身赔付额约为每人35万欧元，土耳其法定的人身赔付额约为每人2.756万欧元，这样的赔付额度远远低于真正在旅游中遭遇事故所引起的经济负担。

租车意外附加保险承保在德国境外旅游时因为租借车辆发生的交通事故。这个条款下的保险将负责赔付超过租借车辆本身的机动车第三者责任保险所承担的保险赔付以外的部分损失，具体的赔付额度视保险公司而定。值得强调的是，租车意外附加保险仅仅是机动车第三者责任保险的延伸，如果在国外发生租车意外时，对于租借车辆本身因为交通意外造成的损失或者遭受偷盗等事件，根据该项保险合同条款，保险公司并不承担相应的赔付责任。

六、诉讼费用保险

交通事故的发生具有偶然性，当事故发生后需要警察进行现场纪录、出具事故报告，交通事故车辆的保险公司在接到损失报告后将从警察局调阅事故档案，并查阅事故双方提交的调查表，根据警方和事故双方的叙述，作出责任认定和理赔决定。决定作出后，如果一方有异议，可以聘请律师，通过法庭裁决解决。如果事故双方过错不清，双方保险公司也可能会坐下来，共同协商解决问题。律师在整个过程中都可以参与协调，代表委托人处理各项事宜。

诉讼费用保险主要承保的是事故发生后的律师费用以及法庭诉讼的相关费用。如果当事人败诉并且法院裁定当事人必须承担胜诉一方的律师费用，那么该保险也支付这一部分费用。由于德国的律师费相当昂贵，所以诉讼费用保险可以最大限度减轻被保险人的财务负担。

美国，我的车险体验

2016年6月

《上海保险》杂志邀我在本期的"闲话保险"配合商车费改专题谈谈车险。车险的话题经久不衰，许多观点甚至有点老生常谈。思来想去，还是从用户体验谈谈自己的感受。

一、消费者是"上帝"的体验

在美国购买车险非常简单。美国和中国类似，汽车必须拥有第三者责任保险才允许上路。记得刚到美国不久，在购车的时候，汽车经销商直接告诉我有几种购买保险的可能：最简单的方法就是直接从汽车经销商处购买其代理的车险，简单方便，但是价格比市场略贵；最经济的方法是直接在网上购买，价格较低，而且便于货比三家；最稳妥的办法就是在保险中介（经纪人或者代理人）处购买保险，保险中介可以结合消费者的需求给出若干建议。出于好奇，我放弃了最简单的方法。

我首先给当地最大的保险代理公司打电话，告知他们我刚刚买车，不仅需要一份能上路的基础保险，而且还希望结合自己的情况减少未来驾车的风险和损失。对方在询问了一些基本信息以后告诉我，该公司所代理的产品可以销售给我，但是不建议在该公司购买，因为我当时还没有美国正式驾照（即我当时仅有通过美国驾照笔试以后拿到的临时驾驶许可）。

该公司所代理的保险公司车险针对这种持有临时驾驶许可（Permit）而非正式驾照的消费者而言，费率高出许多。但是，电话对面的保险代理公司员工直接告诉我可以在网上购买其他公司更加合适的产品，并且直接告诉我其他公司的名称，这个经历使我对这个保险代理公司及其员工充满了敬意。

二、车险费率：市场化下的多样化

按照保险代理公司的建议，我直接在网上购买了保险。美国的车险费率市场化由来已久，所以消费者购买保险的自主权力较大：首先，责任保险（Liability）类似于中国的交强险，是驾驶人必须购买的，除此以外，消费者可以自主选择购买承保由于驾驶人自身过失所造成自己汽车和身体损伤的碰撞保险（Collison）、汽车被盗或者由于自然环境造成的意外保险（Comprehensive）、出险后由于对方无险或者保额过低而必须由驾驶人支付的保险（Uninsured/Under-Insured Motorist）、拖车（Towing）、租车补偿（Rental Reimbursement）等附加险种。选择承保金额的大小直接决定了最后保费的高低。从消费者的角度看，如果保险公司能够提供一张美国汽车出险损失的参考值，这个购买体验会更加完美。出于对美国车险损失的信息不对称，我直接选择了保险公司所设定的标准保额。

美国车险价格除了与保险的种类和承保额度密切相关以外，还有许多因素影响到车险的费率。首先，不同的保险公司相同保额的车险价格可能存在很大的差距，这与保险公司的经营水平、用户的忠诚度、售后服务提供等因素密切相关。其次，汽车本身的自然属性会影响车险的价格，比如新车车险的价格比二手车险价格高，跑车或者高档车的车险价格要高于普通用车的车险价格。最后，驾驶人特征也是车险价格差异的重要原因。哪怕是在网上投保，购买过程中保险公司也会要求投保人填写个人信息，比如驾龄、婚姻状态、行车里程、年龄、是否与配偶共同驾车、拥有汽车数量等，这些信息都决定了最后形成的车险费率。

在线填写相关信息以后，保险公司网上生成了保单，直接支付后保单便生效。当然，保费支付的方式也决定了车险的价格。尽管车险都是短期险，但是如果选择合同期内趸交还是要比选择每个月支付的价格略低。

三、消费者信息保护：中国不得不说的痛

购买完保险以后，电子邮箱收到了保险公司邮寄的保单确认邮件，以及登录保险公司保单在线管理的账号信息。由于我选择了期交保费的形式，为图方便自动关联了信用卡，所以每个月在缴费期前5天收到提醒缴费邮件，缴费日自动从信用卡扣除保费。在保险合同期满的前一个月，收到保险公司邮件，提醒我根据原来的保险合同，如果没有正式提出期满解除合同的话，默认为自动转续至下一期的保险合同。由此可见美国保险公司也存在隐性的"小字条款"。

在车险保单有效期内和即将续期的时候，我并没有收到其他保险公司的邮件，询问是否需要更好的车险承保公司。恰好我在国内的车险比美国的车险晚一个月到期需要续保，让我产生了鲜明的对比：十几家保险公司都给我来电或者发短消息，提供新的车险方案。所有来电询问是否购买保险的销售人员都清楚地知道我的姓名、车型，以及现有保单的详细信息。联想起前段时间看过一个学生的习作，其中详细列举了学生从自己"熟人"处获取的某市车险的微观数据。由此可见，中美在保险消费者的信息保护上还是存在重大的差距。

四、售后服务：消费者利益不是空话

在美国购买车险还有一个体验让我很意外。由于所购买的车险默认我没有正式提出解除合同则视为购买下一期的合同，因此在合同期满前我收到了新的保险单。当时我考虑换另外一家保险公司，所以就给客服打了电话，解释不希望合同延期。电话交流的时候我告诉保险公司客服说近期回国，所以虽然这个月支付了保费，但是由于车子不会被使用，现有的保险对我来说也没有实际价值。本来是一句调侃的话，结果客服很认真地告诉我，可以退回已经支付的保费，而且只需要告诉他具体回

国的日期，不需要其他证明材料。

果不其然，若干天后信用卡收到了退回的已经支付的保费。尽管金额不大，但是我却为此对这家保险公司产生了更大的好感，不仅因为它购买便捷、保护消费者信息，更因为它能够站在消费者的角度考虑消费者的实际需求。平时常听周围的朋友聊起在国内买保险的用户体验，常常是购买容易理赔难，我想中美车险的差距，不仅仅在于监管端的费率市场化放开，还在于市场端的保险公司提高服务水平，切实站在消费者的角度设计保险、改善服务、维护保险消费者利益。

德国形形色色的竞技体育保险

2008 年 8 月 22 日

体育作为一个巨大的产业，背后孕育着保险业的巨大商机。针对竞技体育与健身体育两大类别的保险产品之间存在着巨大的差别。竞技体育是指以各种运动项目为内容，最大限度地挖掘、提高、发挥人类身心潜能，创造最佳运动成绩的体育形态。针对竞技体育的特点，德国保险市场开发的各类保险产品，门类齐全，承保范围大，许多险种让人耳目一新。

一、运动员伤残保险

运动员伤残保险是竞技体育保险中最基本的一种保险。由于竞技体育要求运动员以创造优异运动成绩，夺取比赛优胜为主要目标，对运动员的身体状况和年龄特征提出了特别的要求。一般而言，一个职业运动员只有很短的运动生命，而且运动生命可能受到特定疾病和伤损而缩短或者影响技术发挥。许多普通的疾病或者损伤可能对职业运动员的耐力、技术发挥和爆发力等产生负面的影响，从而给他们带来严重的精神损失和物质损失。也就是说，职业运动员的人生保险应当从本质上区别于普通人的人身保险。

德国保险市场上的运动员伤残保险充分考虑到职业运动员的职业特点，保险公司往往专门为运动员设计特定的承保条款，从而从本质上区别于一般意义上的意外事故保险。比如，在普通意外事故保险中，医学上确定为十字韧带断裂时保险公司的保险赔付往往根据断裂程度对人体器官机能的影响进行确定。假设十字韧带断裂导致人体器官机能的完全

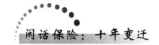

丧失（比如截肢），投保人可以得到保险金额的70%；如果十字韧带断裂仅导致器官机能20%受损，那么保险赔付也只能是保险金额的14%（70%×20%）。相同的例子在运动员伤残保险中有不同的表现，如果十字韧带断裂导致运动员无法继续参加体育比赛，不管十字韧带断裂对器官机能的影响程度怎样，投保人都可以相应得到保险金额的100%保险赔付。

另外，运动员伤残保险的承保范围远远大于一般的意外事故保险。保险公司对运动员在疾病潜伏期或者损伤前期都提供了相应的保险，帮助运动员防范于未然，大大地降低了运动员的精神和物质损失。运动员伤残保险不仅承保运动员由于遭受不可预知的意外伤害而直接引起人身伤害，在死亡情况下，运动员的家属也可以得到相应的保险赔付，从而解决了运动员的后顾之忧。

二、重大赛事举办延误保险

重大赛事举办延误保险在德国的竞技体育保险中占有非常重要的地位。2006年足球世界杯在德国举办，世界杯组委会为该届足球世界杯投保了最高保险赔偿为1.58亿欧元的赛事举办延误保险，仅这一项保险便支付保费500万欧元。

重大赛事举办延误保险承保了多种风险，主要包括运作风险、法人责任险、运营风险和环境风险。运作风险是指由于机器损坏、建筑物损坏、运动设施损坏、利润损失以及不法分子的盗窃、欺诈和其他恶意破坏而给组委会带来的经济损失。法人责任风险是指组委会根据法律合同及举办赛事的要求应该承担的责任，包括合同违约责任、工伤事故和第三方风险等。运营风险是指由于工作失误、服务不周到导致的经济运营上的风险。环境风险是指由于自然环境如风暴、雪灾、地震等情况下导致重大赛事无法如期举办或者不能达到预期效果对赛事本身产生的风险。

三、电视转播保险

对竞技体育中的大型赛事如世界锦标赛、奥运会等来说，来源于电视转播权的收入占组委会收入的很大比重。电视转播存在风险，比如转播过程中由于赛场的调整导致电视工作队被迫重新部署，所有的电视转播设备必须转移到另一个地点，或者在同一个地点举办的一些赛事调整为多个场地或地点，那么，对一些项目的转播就不得不取消。为了更好地管理好这部分收入所带来的财务风险，德国保险市场上存在着针对这类风险的电视转播保险。2006年德国世界杯足球赛的电视转播权收入约为13亿欧元，世界杯足球赛德国主办者以及联合组织机构对电视转播权最初的损失进行投保，保额约为电视转播权收入总额的1/3至1/2。

四、广告延误保险

为了更好地创造收益，竞技体育的组织者往往在转让电视转播权的同时开发新的广告渠道，通过场馆广告牌或者运动员及工作人员服装为载体发放广告。如果电视转播出现问题或者发生重大赛事延误，赛事组织者将因为无法履行广告合同上的行为而面临严重的违约责任。造成广告延误的风险还包括自然环境变化所造成的风险，比如室外体育项目中由于大雾原因导致的能见度低，最终广告无法达到预定的目的等。

五、死亡或名誉受损保险

演艺界熟知的死亡或名誉受损保险被德国保险界引进到了体育界，原因是随着竞技体育的深入发展，德国许多体育明星（其中以足球明星居多）开始参与各种广告，代言各种产品。事实上体育明星名誉受损的事件越来越多，比如体育明星服用兴奋剂被曝光、体育明星出现各种绯闻等。死亡受辱保险是为名人设计的保险，保险标的为名人的生命或者声誉，投保人既可以是邀请体育明星代言的公司，也可以是体育明星本身。当体育明星发生死亡或者名誉受损时，保险公司应该对被保险人承担相应损失的赔付。

六、体育场馆综合险

体育场馆综合险是竞技体育中举办方非常重要的一种保险，它不仅承保运动员在比赛过程中出现运动损伤，也包括赛事举办过程中有可能出现的各种风险。德国足球甲级联赛中许多球迷可能因为对赛事结果不满意或者裁判行为等原因发生争执，从而导致体育场馆器械和固定设施受损，举办方将通过体育场馆综合险来分散这部分风险。

七、体育法律援助险

德国高昂的律师费用催生了一种新的保险，即法律援助险。竞技体育中涉及方方面面的利益，在法制国家比较健全的德国，稍有不慎，体育活动的主办方便会面临法律纠纷，从而支付高昂的律师费用。为了避免这一类风险，竞技体育主办方往往为自己投保体育法律援助险。该类险种的承保方式一般为在发生法律纠纷的情况下，保险公司承担所有的律师咨询费和出庭费，但是部分保险公司保留了由其选择法律援助单位的权利。

八、董事与高级管理人员责任保险

董事与高级管理人员责任保险不仅仅适用于企业界等盈利机构，德国保险业也将该类保险推广到了竞技体育保险市场上。尽管竞技体育的管理者大部分为非营利机构，但是随着竞技体育管理环境的复杂化（比如恐怖事件等不确定性因素）和随之而来的风险增加，竞技体育管理者有可能因为其工作疏忽或者行为不当而被追究其个人赔偿责任。竞技体育的董事与高级管理人员责任保险可以由管理机构代为购买或者

由被保险人自行购买，但是被保险人恶意、违背忠诚义务、在信息披露中故意虚假或进行误导性陈述以及违反法律的行为并不包括在承保范围以内。

恐怖主义风险下的保险制度

2016 年 8 月

恐怖主义是当今世界面临的全球性安全挑战，有人称之为和平年代的战争。其对于人们生命、财产造成的直接伤害和间接带来的政治、经济、社会影响，都驱使着人们去探究它，希望能够减少甚至根除恐怖主义的威胁。然而，恐怖主义并不是一个简单的概念，不仅形式多变，会因为时间、地点、人物而发生变化，而且本身带有强烈的主观色彩。近年来，随着世界各地恐怖主义事件的不断发生，对恐怖主义风险进行承保已然成为对商业保险的独特挑战。

一、美国"9·11"事件对恐怖主义风险保障的影响

在"9·11"事件之前，恐怖主义风险一般包含在承保所有风险的保单中，并且是免费的（尽管大部分的保单中战争风险都是除外条款）；然而"9·11"事件之后，大部分保险公司都删除了对恐怖主义风险的承保。

事实上，商业保险对于恐怖袭击的承保能力是十分有限的。保险公司能否提供恐怖主义风险保障的能力依赖于再保险的可用性。"9·11"事件之后，保险公司获得其所需要的再保险变得十分困难，这意味着，保险公司的客户面临这部分保障的取消。事实上保险公司即使能够获得再保险也必须为此付出高昂的代价。

由于恐怖主义风险保障的必要性，美国的恐怖风险保障最终采取政府介入的方式，并出台了《恐怖风险保险法案》（TRIA），美国《恐怖风险保险法案》自 2002 年出台以来，分别在 2005 年、2007 年和 2015 年获

得了三次延期。

二、国家恐怖主义向国际恐怖主义蜕变

恐怖主义是一个复杂的概念，其包含多种多样的形式。在20世纪大部分时间内，恐怖组织针对的一般都是本国，通过恐怖主义行为谋求政治变革等利益，例如西班牙"埃塔"地方性激进民族组织、斯里兰卡"泰米尔猛虎组织"、意大利"红色旅"组织等。

随着全球一体化的进一步发展，国际恐怖主义却更具威胁，最典型的例子便是伊斯兰极端势力对以美国为主的西方国家的恐怖袭击。例如美国"9·11"事件和发生在西班牙的基地组织宣称对其负责的"3·11"事件。国际恐怖主义涉及多个国家，比如中东国家如果有人在政治上受到压迫，其便可能在欧洲制造恐怖事件，以谋求更多的关注度，这使得今天的恐怖主义斗争不仅仅与一个国家本身有关，更是一个复杂的国际问题，需要各国之间的互相合作与平衡。目前的国际恐怖主义主要有三种形式，包括国内的恐怖分子攻击国外目标如跨国公司、国外恐怖分子攻击所在国国内目标、外国恐怖分子攻击所在国的外国目标。

三、恐怖主义保险发展的若干难题

保险业在恐怖主义承保问题上遇到许多困难，一是恐怖主义袭击频率与发生损失呈现出逐步上升的趋势；二是保险业难以对恐怖主义进行精准的保险定价（原因之一是许多数据是保密的）；三是恐怖事件是恐怖分子主观的选择，这种选择使得风险评估具有较大的随机性和不确定性。另外，恐怖主义还会把一切好的东西变成他们的武器，使得这种不确定性和威胁更为严重，恐怖主义保险的发展必须解决精确投保的问题。

在诸多的难题中，掌握大量的损失数据对于计算预期损失具有至关重要的作用，然而恐怖主义风险尤其是美国的恐怖袭击风险却缺乏大量的数据，这意味着计算保障的公允价格变得十分复杂——也许会过于主

观。虽然一些风险管理分析公司推行了建模方面的改进，但是整个行业还是缺乏定价以及需求弹性（以及在事件发生之间的变化情况）方面的经验数据。代理机构和经纪人试图通过建立内部风险管理来弥补数据缺乏所带来的不足，但由于没有令人信服的数据，建模工作就需要更保守，这就意味着保险公司和再保险公司有更大的可能收取更高的保费，使得分出人无法承受，不能得到应有的保障。

四、推动恐怖主义风险保险的若干建议

首先，提高恐怖主义风险保险的可保性。风险的可保性主要取决于承保方两方面的能力，也即对事件风险的鉴别和量化能力，以及对特定风险设定溢价的能力。其中，承保方可以通过绘制损失的超概率损失曲线来确定事件的风险；对特定风险的溢价设定取决于风险的模糊性、对逆向选择和道德风险的预防、相关风险和其他因素。

其次，化解恐怖主义保险"高保费低保障"的窘局。保险公司可以为投保方提供部分保障恐怖主义风险所需要的资金。通过美国承保方为投保方提供保障所需要的资金在"9·11"事件发生前后的变化可以发现，"9·11"事件以后美国投保恐怖主义风险的投保人花费更大，获得的保障更少，这便要求保险公司应该设法通过其他方法降低投保人的资金压力。保险公司应该进一步研究发展与恐怖主义相关的巨灾债券；政府也可以向原本不愿投资的私人投资者提供一些类型的联邦灾难债券，以此来为保险公司或再保险公司和那些需要承担恐怖主义风险的投保人提供资本。

恐怖主义保险的关键在于合理地分配损失承担方、保险公司、资本市场和政府之间的损失。美国恐怖主义保险的经验清晰地说明，即便是在保险业发达的国家，离开政府支持的恐怖主义保险在推行过程中将困难重重。恐怖主义保险在某种意义上类似于巨灾保险，需要投保人意识到风险的存在并且愿意为此支付保费，保险公司能够提供相应的险种，

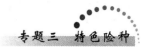
再保险公司能为原保险公司提供费率合理的再保险安排，资本市场能为可能发生的恐怖主义损失进行资金支持。政府则是让以上制度得以顺利施行的推动者，通过立法提高保险需求，通过税收和财政手段解决各方主体可能面临的财务负担，通过监督使市场得以顺利运行。

德国保险资金入主楼市，
保险公司为投保人提供房贷

2012年6月2日

自2012年4月2日开始，德国保险公司获准可以为其投保人针对不动产购买和改建提供德国复兴信贷银行提供的贷款。此类贷款一般具有优惠利率，从而使得保险公司为投保人提供了更多的融资服务和优惠，也为德国保险公司保险资金介入房地产市场融资提供了另外的渠道。

一、德国保险公司是目前不动产抵押信贷的主要提供商

德国保险企业近年来是德国房地产行业的主要金融提供商之一。它们通过为保险公司的投保人提供房屋抵押信贷的方式，将大量的保险资金发放于与房地产相关的信贷项目。获准经营房屋信贷的保险公司一般都是人寿保险公司，与人寿保险公司竞争此类业务的还有所有欧盟的金融信贷机构和住房储蓄信贷社。

不动产抵押信贷由于是建立在以房屋、建筑物和其他不动产作为抵押物基础上所发放的贷款，所以对于经营者而言经营此类业务的风险较小。因为如果贷款人无力还贷或者个人资信出现问题，保险公司作为放贷一方可以对不动产所有权进行主张，通过拍卖和接管的方式获得发放贷款的补偿。此类业务的经营正好符合了保险公司稳健经营的业务特征，而且不动产抵押信贷的利润也比较可观、风险相对可控，预期收益可预测性高。仅2011年，德国的人寿保险公司便向其私人或者企业顾客发放不动产抵押贷款500亿欧元，其总量相当于这些人寿保险公司保险资

金的 6.7%。

二、复兴信贷银行贷款加深保险公司与德国房地产行业联系

德国复兴信贷银行是一家德国政府所有的国家政策性银行，它是第二次世界大战以后为了给联邦德国的紧急重建提供资金而成立的一家银行，为德国经济发展发挥了重要的作用。目前德国复兴信贷银行的业务范围包括住房与环境、中小型企业、发展中援助和进出口融资四类，比如为德国小型或中型企业提供在财务、环境和经营管理制度改革上的投资，以及为个人的房屋建设、现代化和节能减排提供规划与支持等。

由于德国复兴信贷银行属于国有的政策性银行，因此它在法律上不允许和其他商业银行竞争，也不允许将贷款直接放贷给企业和个人。它只能通过商业银行或者其他获准的机构放贷给企业和个人，因此德国复兴信贷银行更类似于一家二线银行。此次复兴信贷银行批准保险公司作为其一线业务经营机构，将在允许的业务范围内对保险公司的投保人提供房地产信贷，这无疑加强了德国保险公司与房地产市场之间的紧密联系。复兴信贷银行贷款成为德国保险机构在继不动产抵押信贷之后向市场提供的另一类房地产相关融资产品。

三、利息低期限长的复兴信贷银行住房贷款惠及投保人

复兴信贷银行同意保险公司向投保人发放的房屋贷款往往具有期限长、利息低的特点，这是由复兴信贷银行的经营特征和战略定位决定。复兴信贷银行把促进德国的社会和经济发展作为目标，其政策性银行的性质决定了它的经营不需要向国家缴纳股利，也不需要向国家上缴企业所得税，这使得该银行可以发放一些比商业银行利率更低的贷款。

目前获准经营复兴信贷银行住房贷款业务的除了保险公司以外，还包括德国的银行机构以及住房储蓄信贷社。从2012年4月保险公司获准经营此类产品以来，越来越多的保险公司加入到该产品的经营行列中。

这也使得德国的保险公司可以针对其客户在房地产等不动产的融资上提供组合贷款，即在复兴信贷银行住房优惠贷款的基础上用足相关的低利率贷款，剩下的不足部分再使用房地产抵押贷款。

许多投保人都可以从保险公司提供的这一利率优惠产品中获益，因为这一优惠产品不仅适用于节能环保住宅的建筑申请，也适用于普通百姓日常生活中可能遇到的相关贷款。比如投保人为自家建筑物搭建防风防雨装置、更换暖气设备、安装窗户等，可以获得投资成本17.5%以内的、总额不超过8750欧元的复兴信贷银行补贴。如果投保人改造自己房屋的阳台，采用新的取暖技术和对房屋进行符合残疾人标准的装修，同样可以获得10万欧元以内的低息贷款。

四、环保节能导向的房地产低息贷款助推保险业参与社会管理

目前保险公司所获准放贷的来自德国复兴信贷银行的低息贷款，主要用于资助运用环保节能技术的房地产建造、旧屋改造等低碳项目，借助保险公司的营销网络推广低碳节能理念，实现德国社会的可持续发展。

不同的房屋建筑项目，所获得的贷款额度和利率优惠不尽相同。目前保险公司经营的相关房屋贷款主要包括普通住宅房屋贷款、旧房改造房屋贷款、节能房屋建造房屋贷款、房屋节能改造房屋贷款等多项贷款。比如普通住宅房屋贷款，保险公司可以针对投保人提交的整体房屋建造计划与预算，根据总预算的30%份额放贷德国复兴信贷银行提供的房屋贷款，但是总额不超过10万欧元。

如果不动产所有人对其所有的不动产进行二氧化碳减排的改造，保险公司可以对其所产生的相关费用提供百分之百的资金贷款，只要相关的费用不超过5万欧元。根据不同房屋的节能效果，保险公司可以提供的房贷条件也有所不同：如果贷款人建造的节能住宅能够达到每平方米的使用面积每年的初级能源需求量不超过40千瓦小时的话，保险公司可以针对其建筑所需贷款提供3%的优惠市场利率。根据不同的房屋建设标

准，对于那些每平方米使用面积每年对于初级能源需求量不超过60千瓦小时的节能住宅，保险公司也可以给予同样的优惠利率贷款。贷款金额为不包括土地价格的房屋建造所有费用，以不超过5万欧元为限。

中央战略促保险为我国农业发展保驾护航

2015 年 2 月 10 日

一、制度先行：中央战略促保险服务农业发展

2015 年，中央一号文件明确提出要帮助农民降成本、控风险。发挥保险机制的作用继续成为我国发展农业的重要部署和中央战略。早在 2003 年党的十六届三中全会通过了《中共中央关于完善社会主义市场经济体制若干问题的决定》，中央便提出"探索建立政策性农业保险制度"。这一战略十二年未变，每年的中央一号文件均对我国农业保险的发展提出了要求。

2015 年的中央一号文件进一步强化了保险业在促进我国农业发展、转移农业风险和保障农民收入的作用。文件肯定了农业保险在农业生产中发挥保障作用的重要性，认为以中央财政支持地方特色农产品保险的政策发挥了积极的作用，并且明确了当前我国在财税改革和绩效管理的大背景下，国家仍将加大对农业保险的补贴力度。中央政府对实施农业保险以保障农民利益、加强农业风险管理的决心，下一步将在推进我国农村金融立法中得以体现。

无独有偶，除了连续十余年的中央一号文件以外，实际上近年来我国出台的多个文件都强调了农业保险在我国农业发展中的重要性。2012 年 11 月国务院颁布《农业保险条例》，将我国的农业保险定位为"政策性农业保险"。2014 年 8 月国务院发布《关于加快发展现代保险服务业的若干意见》（国发〔2014〕29 号），同样明确提出了中央支持保大宗、保成本，地方支持保特色、保产量，有条件的保价格、保收入的原则，鼓励

农民和各类新型农业经营主体自愿参保，扩大农业保险覆盖面，提高农业保险保障程度。

二、保障各方：保险机制替代行政手段显神通

2004年国家开始实施农业保险局部试验，至2013年，我国农业保险承保主要农作物突破10亿亩，位居全球第二，占全国主要农作物播种面积的42%，提供风险保障突破1万亿元。农业保险一定程度上保障了农业生产在遭遇自然灾害时的损失。我国2007—2013年累计通过农业保险为农民提供风险保障4.07万亿元，向1.47亿户次的受灾农户支付赔款744亿元。

农业保险不仅为农民提供灾害损失赔偿，更成为了落实国家支农惠农政策的重要手段。中央从2007年启动了农业保险保费补贴政策，并不断加大支持力度。目前，各级财政对农业保险的保费补贴比例接近总保费的80%。同时，国家于2013年建立了大灾风险准备金制度，免征农业保险营业税，并给予一定的所得税优惠政策。

农业生产是保障国计民生的基础，政府通过保险这一市场手段替代行政救助的方式，还有利于减少政府财政的波动性，有效地转变政府职能，提高市场效率。与遇到灾害再由政府转移支付对农民进行补偿相比，农业保险能够帮助政府降低财政风险，平滑财政支出，从而促进社会稳定，减少自然灾害带来的负面影响，起到"稳定器"的作用。

三、挑战并存：新技术、新风险、新制度亟待完善

第一，农业保险对风险管理技术要求较高，目前我国农业保险的风险管理技术水平需要进一步研究提高。譬如，可以与气象等其他专业部门交叉，发挥彼此优势，通过灾前有效防御减少损失；利用地理卫星信息技术（GIS）、遥感技术（RS）、无人机技术等手段加强平时的风险记录与管理，在灾后迅速进行险情评估，信息甄别、救灾止损。

第二，目前我国农业保险的风险保障水平不能满足农民多样化的风险需求。目前，我国农业保险承保的农作物品种已有近百个，涵盖了农、林、牧、渔各个领域。但是，不同地区有自己的特色优势农产品，农业保险产品需要因地制宜。针对当前农业保险无法有效保障农民收入损失的困境，下一步应该进一步推行农产品价格保险、指数保险等创新型农业保险，通过积极创新传统农业保险来适应新农业发展。

第三，我国农业保险大灾风险分散机制仍未健全。由于农业生产的特殊性，灾害一旦发生，损失往往数额较大且无法挽回，建立大灾风险分散机制非常重要。尽管我国当前农业保险业务经办机构已经分别按照农业保险保费收入和超额承保利润的一定比例计提大灾风险准备金，专项用于弥补农业大灾风险损失，但是同其他国家相比，我国农业保险公司分散风险的方式仍较单一，仍需要进一步探索国家财政拨款、社会捐款、再保险、发行农业巨灾债券、计提大灾风险准备金等综合风险分散机制。

第四，我国农业保险监管制度仍未健全。农业保险由于其自身的特殊性，需要政府多部门参与配合。农业保险推进过程中不仅需要财政、农业、林业、发展改革、税务、民政等有关部门的紧密配合，而且由于农户规模太小，不在基层政府部门的帮助下，保险人和投保农户（种田大户除外）直接交易是不可能的。多部门的配合以及财政补贴制度下，农业保险在实施过程中应该严防保险机构和中介机构寻租问题、政府直接干预农业保险经营活动问题，个别政府部门或者政府官员从中寻求非法利益等现象。

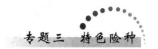

农业保险创新：气候变化与天气指数保险[①]

2013 年 9 月 2 日

2013 年，中国遭遇近 140 年来的最热夏天，东南部地区超过 40 个城镇经历了最高气温 40 度以上的洗礼。东北亚地区的日韩两国同样出现极端高温天气。欧洲多国和美国大部分地区今夏也遭遇热浪袭击。高温灾害条件下，众多国家、地区的养殖、种植业受到严重影响，部分农民的生计陷入困境。很长一段时间以来沉寂于市场的农业天气指数保险成为各国关注的宠儿，该险种也为解决类似灾害天气下农业从业者收入受损问题提供了较好的解决方案。

一、传统农业保险：发展面临困境

传统的农业保险在各国都不是新鲜事物。18 世纪后期的德国和法国保险市场上就有了农作物雹灾保险。当时的德国就建立起了世界上最早的专业农业保险公司，即 1791 年德国布伦瑞克的雹灾互助保险公司。之后，世界各国相继发展农业保险，英国 1844 年设立牲畜保险公司，美国 1938 年成立联邦农作物保险公司。许多国家甚至将农业保险以立法的形式加以培育和发展，比如 1900 年法国颁布实施《农业互助保险法》，1929 年日本颁布了《牲畜保险法》《农作物保险法》（这两部法律 1947 年合并为《农业灾害补偿法》）。农业保险成为国际上常见的一种为农业生产者从事种植业和养殖业生产过程中因为遭受自然灾害和意外事故所造成的经济损失提供有效补偿和保障的风险转移机制。

[①]　本文合作者为杨宇佳。

不过，许多国家传统的农业保险在推行的过程中并非一帆风顺，商业保险公司所经营的农业保险备受挑战。在发生农业灾害后，传统农业保险以投保农户标的损失的计算结果为依据，由于投保人和保险公司信息不对称，该险种受道德风险和逆向选择的冲击较大，直接导致保费上涨趋势。此外，在面对众多受灾农户时，保险公司的实地勘验往往成本很高或根本难以执行，赔付过程进展缓慢，效率低下。

正是因为商业性农业保险有着这些缺陷，才使得许多国家以政策性农业保险的形式来推广传统农业保险。政策性农业保险不以盈利为目的，而是通过国家财政补贴或者委托商业保险公司承保但是给予优惠政策的方式来推广。不过，由政府财政或者优惠政策支持农业保险发展也面临着各种问题：理赔过程中投保人夸大赔付、村镇把关不严导致灾情虚报、财政资金运用低效、政策性保险覆盖面小等。

此外，发展中国家还往往面临这样一些挑战：小规模农户的数量大且分散、农业风险金融转移工具缺乏、再保险及巨灾风险分摊机制缺位、金融和贸易市场不够健全、法律法规不健全等。可见，传统农业保险并不足以保障发展中国家农业从业人员防灾防损、维持生产生活的连续性。

二、农业保险创新：天气指数保险

天气指数保险（weather index-based insurance）是农作物指数保险的一种，是农业保险的创新险种，它起源于国际天气衍生品市场，本质上属于金融风险转移衍生品工具。天气指数保险运作的原理是将气象因素对农作物生长的影响指数化，对气象监测站的历史数据进行分析，得出气象因素的变化和保险标的生长情况的关系。一旦发生保单中约定的天气变化，用一段时期内测量获得的数据来衡量特定天气参数是否超过触发点以致给农户造成损失。天气指数保险可以估测气象因素的异常变化对保险标的生长和产量的影响，从而得出灾害气象条件下，农户遭受

的损失大小，并依此计算保险赔款。

由于以上天气指数保险的运作以指数作为触发点，可以解决商业性农业保险所面临的信息不对称性和道德风险问题。另外，天气指数保险与传统农业保险相比不存在理赔勘察等环节，赔付进程大大加快。

天气指数保险在产品设计过程中面临的核心技术就是对触发点的确定和指数的制定。由于所衡量的气象因素的变化必须与农作物或牲畜产量变化有直接联系，构建指数所选取的气象因素要求十分严格。这些气象因素必须满足客观、可观测、易于测量、可及时报告、时间上连续、对广泛区域产生影响等诸多条件。

天气指数保险的发展扩大，需要一定的硬件和技术支持。开展天气指数保险的前提之一，是具备足够数量的标准气象监测站，根据其测得的数据来确定附近区域投保人在发生指定气象灾害时的损失。此外开展天气指数保险的另一个前提条件，是需要取得相关地区几十年的历史天气数据，才能进行保单费率设计。因此，要行之有效地开展天气指数保险，在相关配套设施和基础研究方面必须跟上。

开展天气指数保险，对一国国计民生有着重要的意义。首先，在气象灾害发生后，可以直接作为辅助救灾的手段，缓解受灾地区农业从业者的损失，使其尽快恢复正常生产活动；其次，通过解决农业人口生产方面的部分风险顾虑，间接促进农业的发展。目前，天气指数保险在亚洲、非洲的多个国家试点，发展态势强劲，相信该险种在发展中国家，尤其是农业国家会有不错的前景。

三、天气指数保险：印度经验推广

早在 1999 年，学术界就有学者就天气指数保险展开讨论。20 世纪初，一些国际金融机构，如世界银行、亚洲发展银行，开始鼓励并资助低收入发展中国家开展天气指数保险。2003 年，印度首先试行天气指数保险，之后又有一些国家陆续试点天气指数保险，如乌克兰、埃塞俄比亚、坦桑尼亚、泰国及孟加拉国等。

在诸多推广天气指数保险的国家中，印度是发展比较成功的案例。印度大力发展农业保险有其深层根源。首先，农业一直是印度的国民支柱产业之一。2013年5月1日，印度时报（The Times of India）的一篇文章指出，根据最新的人口普查结果，印度农业劳动者约有1.44亿人，占到全部工作人口的30%，和农业有关的人口高达2.63亿人。其次，印度每年农作物收成受6~9月的西南季风的影响较大，期间降水量接近全年降水量的3/4，由此造成的降水过多或过少往往导致洪水或旱灾，这就给与国计民生息息相关的农业制造了很大困扰。1999年，印度政府推出国家农业保险计划（NAIS），作为基于作物产量的传统农业保险，具有赔付时间长等缺陷，尽管政府提供部分保费补贴，仍有大量农户选择不参与投保。

2003年，在世界银行商品风险管理组（CRMG）的协助下，印度本土微金融机构BASIX和保险公司ICICI Lombard联合，在印度的Andhra Pradesh地区发售发展中国家的首个天气指数保险，为200名种植落花生和蓖麻的农户提供低降水量保险保障。2004年，在听取投保农户的反馈后，BASIX公司在2003年的保单设计上有所改进，吸引了700名农户投保第二代天气指数保险。直到2005年，保单设计进一步得到改善，在印度的6个州售出逾7600份保单，实现飞跃式的发展。

2003年以来，印度的天气指数保险市场蓬勃发展，已成为全球最大的天气指数保险市场。印度《经济时报》（Economic Times of India）2012年7月30日一篇文章指出，印度的农民可以为约40种农作物寻求极端天气下的保险保障，这些保险全部以天气指数为依据。其中，大部分保险受到补贴并有保费上限的规定，以确保小型农户可以承受保费负担。在印度有5家保险公司提供天气指数保险，包括印度国有保险公司AIC，其提供的天气指数保险范围覆盖印度所有县，并占有全国公司购买天气保险份额的75%以上；ICICI Lombard保险公司作为印度天气保险领域的第二大保险公司，为该国超过50个县提供此类保险。

作为天气指数保险领域的先行者，BASIX公司认为，发展天气指数保险要做到行之有效，除了需要基础设施等硬件支撑以外，在险种推广的软实力上需要做到以下几点：首先，保单设计上要简单明确，语言朴实，使投保农户即使文化程度不高也可以理解保单内容；其次，保险公司要做好宣传工作，派外勤人员深入农村考察，发放多种形式的保险宣传资料，提升新险种的市场知名度；最后，保险公司还要根据投保人的反馈，定期改进保险合同，以提升险种在农户中的口碑，逐步提高险种的市场占有率。

发展新型农业指数保险，只有保险公司的尝试，没有政府的支持是远远不够的。从2007年开始，印度政府在全国部分地区鼓励发展基于指数的农作物天气保险计划（WBCIS）。WBCIS的保险标的是冬季10~11月播种、4月（印度的早春季节）收获的部分作物，风险区间是从作物的播种期到成熟期为止。在WBCIS推出的随后几年中，印度的农业天气指数保险保单数量、承保金额都有了大幅度提升。

WBCIS计划的操作原则是区域方法（Area Approach），也就是说，在参照气象站附近一定地理区域选取参照单位区域（Reference Unit Area）作为保险中风险承担和赔偿评估的同质保险单位，所有投保人在参照单位区域种植认可作物，他们的保险条款和赔偿评估都是一致的。其中，参照气象站是指定的为保险赔偿评估提供天气数据的气象站。WBCIS计划内，所有赔付保证在45天内完成，赔付过程迅速、透明。

当然，WBCIS计划受到联邦政府和州政府很大幅度的保费补贴。与之前的NAIS计划不同，无论国有保险公司还是私有保险公司，在开展这一新型农业保险计划中都可以获得补贴。同时，也设有保费上限以维护广大农户的利益。

在印度，对于所有从贷款银行或金融机构获取批准信贷额度（sanctioned credit limit）的特定作物种植者，按照规定有义务购买WBCIS计划内的保险，对于其他没有相关借款的农户来说，该保险的购买是自愿的。保险与信贷相联系的制度以及债务人强制投保的规定，对农业天气指数保险的大范围推广也起到一定作用。

四、天气指数保险在中国：在探索中前进

中国作为发展中农业国家，每年气象灾害频发，广大农业从业人员往往面临靠天吃饭的问题，其切身利益需要获得保障。中国农村地区情况与印度相似，都有着农业人口分散、农户种植养殖规模偏小、农业金融风险转移工具不发达的特点。因此，发展天气指数保险，在中国具备一定的必要性和可行性。

2008年4月，农业部国际合作司、世界粮食计划署和国际农业发展基金三方签署"农村脆弱地区天气指数农业保险国际合作项目"谅解备忘录，在此之后，国元农业保险公司、国际农业发展基金和中国农业科学院等机构共同就中国天气指数保险展开调研。2009年5月25日，国元农业保险公司推出全国首个天气指数保险产品并在保监会备案，同年8月于安徽省试点"水稻种植天气指数保险"，合同覆盖面高达127078亩，参保农户482户，保险金额381234元。试点过程进展顺利。2011年4月，国元农业保险公司就承保的"小麦天气指数保险"进行赔付，这是安徽省试点天气指数保险进程中的首次赔付，为未来试点范围的扩大化打下了基础。

2012年5月14日，中国保监会发布了《关于做好2012年农业保险工作的通知》（保监发〔2012〕38号），鼓励各保险公司研发天气指数保险这一新型保险产品，以开辟农业保险新领域。2013年3月1日开始，我国国务院颁布的《农业保险条例》正式实施。2013年6月保监会发布的《关于进一步贯彻落实〈农业保险条例〉做好农业保险工作的通知》（保监发〔2013〕45号）中明确提出"鼓励产品创新，满足不同层次的保险保障需求。鼓励各公司积极研究开发天气指数保险等新型产品，不断满

足农民日益增长的风险保障需要。对新型产品，保监会将开辟绿色通道，优先接受报备"。总体而言，中国天气指数保险仍处于起步阶段。

必须指出，在中国开发天气指数保险不可操之过急。中国幅员辽阔，气象条件复杂多变，天气指数保险必须具备针对性，对各地区的具体情况具体分析，同时注重实地调研和相关基础设施建设。只有在各地区政府、保险公司、气象部门、科研机构通力配合下，才可能设计出维护农业从业者利益的切实可行的新型农业天气指数保险。

我国当前对绿色保险的理解过于狭隘

2016 年 10 月

联合国环境规划署的官方主页刊载了《绿色金融工作小组报告"构建中国绿色金融体系"》这一新闻。该报告被视作由中国人民银行研究局和联合国环境规划署可持续金融项目联合发起并发布的一项开拓性报告，为中国如何建设快速发展的绿色金融和资本市场提出了具体建议的实际路线图。然而，以上报告对中国绿色保险的理解，虽然与现有大量中文资料的介绍相一致，但是却与国际上对绿色保险的理解相差甚大，显得过于狭隘了。

一、我国当前对绿色保险的理解

绿色金融工作小组所著的《构建中国绿色金融》报告中，专章讨论了"建立强制性绿色保险制度"，认为绿色保险应该成为绿色金融体系之中的重要内容，并且论述了如何建设我国的环境污染责任保险。该报告直接将绿色保险等同于环境污染责任保险，与当前大众认知和媒体的报道基本一致，但是却使得绿色保险的含义过于狭隘，明显有悖于倡导可持续发展长远目标的绿色金融。

民众对绿色保险理解的误区，从百度百科或者 MBA 智库百科对绿色保险的介绍可见一斑。尽管这些内容并非严谨的学术观点，但却在日常生活中常被普通民众用以参考。以上资料来源均介绍"绿色保险制度是在发生污染事故后维护受害人权益的一种有效的理赔制度，我国的绿色保险制度即国际通称的环境责任保险制度"。实际上，由于没有相关的考

证，众多媒体也将绿色保险与环境污染责任保险相对应，比如近期《法制日报》发表的《推进绿色保险须强化法制保障》以及《国际先驱导报》发表的《'绿色保险'为何叫好不叫座》等，均认为我国所指的绿色保险，就是环境污染责任保险。

二、广义绿色保险的涵盖范围

无可厚非，绿色保险的重要组成部分之一是环境污染责任保险，因为环境污染责任保险不仅可以制约生产者或者投保人的环境污染行为，而且能够对产生的损失进行赔偿，调节生产经营行为，是十分友好的绿色金融产品，也是国际上通行的一种市场化环境风险治理机制。

除此以外，国外保险公司实际上还提供了大量的绿色保险产品，这些产品同样有利于保护环境，而且能够引导人类向着更加资源友好的方向发展。目前，比较成熟的绿色保险产品包括了汽车、住宅和商业等各个方面。而且，绿色保险不仅仅是产品本身绿色，为了引导人们更加热爱环境，这些产品往往在营销手段和消费者行为调节上，也充分体现了保险产品的"绿色友好"。

众所周知，机动车保险占据着非寿险保险重要的市场份额。机动车险重要绿色保险产品包括混合油电汽车保险优惠、替代能源保险费率优惠和PAYD（Pay as you drive）的现收现付里程保险项目。国际上许多汽车保险公司给那些驾驶混合油电汽车的保险人提供高达10%的保费优惠。同样，一些油电混合动力的船只和游艇也可以享受类似的优惠。有些保险公司甚至为一些绿色保险持有者提供保障，使车辆发生全损之后，可以升级到相近型号的油电混合汽车。对于使用如生物柴油，电力，天然气，氢或酒精等替代能源的汽车，保险公司同样可以提供优惠税率，从而体现保险产品的绿色特征。

值得强调的是，绿色保险不仅仅在于对绿色产品提供优惠税率，还引导人们进行低碳生活。许多保险公司为机动车保险用户提供PAYD程序，通过设备或者汽车传感器记录行驶的里程和速度。保险公司向投保人收取的费率与不同程序、不同技术（一些会通过里程表读数，另一些则可能使用GPS系统）所收集的相关信息挂钩。通过比较这些信息，保险公司会给那些行驶里程少于平均值的驾驶员提供优惠。据估计，PAYD的用户会减少至少10%的驾驶里程。这在减少开支的同时，也减少了交通事故、交通拥堵和空气污染。

绿色保险在建筑行业也得以迅速发展。不同于我国目前小部分人在提到绿色保险时所提及的巨灾保险，建筑业的绿色保险在国外的运用更广。保险公司正通过提供保单给绿色房主和商业不动产来帮助提高可持续建筑的应用，包括：（1）向拥有符合严格的高效、可持续发展标准住宅的人群提供绿色保费，比如LEED①认证的房屋的所有者。（2）在发生损失后，使用更环保的材料来重置或重建房屋，这样的承保范围通常会通过背书的方式添加到一般房屋保单中。那些购买能源之星认证电器（"能源之星"标签意味着家电达到国家环境保护署和能源部联合制定的节能等级）来代替原有的耗电电器或者回收废旧材料而不是直接丢弃到垃圾填埋场的房主，还会收到一些保险公司的额外补偿。（3）部分保险公司销售保单给特定的投保人，这些投保人是通过地热、太阳能或者风能生产电能，并出售多余电能给当地电网的房主。此类绿色保险用来保障由于保险风险引起停电而造成的收入损失和临时购电支出。保单通常也保障恢复联网的成本，比如检查和重连的公共事业收费。

此外，国外还有一些针对商业的绿色保险，这些提供给特定领域商业团体如制造业厂商的绿色商业财产保险保单和批单，允许房屋所有者在发生损失后使用绿色建筑系统和材料来重建，比如节能的电器设备和室内照明、节水型管道、无毒和低气味的涂料和地毯。如果发生全损，保单通常会给付重建为绿色认证建筑的成本。这样的保险可能还会支付

---

① LEED是Leadership in Energy and Environmental Design Green Building Rating System的缩写，由美国绿色建筑委员会制定，是建筑领域中公认的环保标准。

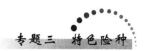

包括供暖、通风、空调系统的工程检测、建筑换证、植物覆盖式屋顶、废物回收在内的费用。其中还有一些保险保障能源生产设备损坏而造成的收入损失和支出费用。

三、新时期我国绿色保险发展机遇期

实际上，我国正在迎来绿色保险发展的机遇期。2016年8月30日，中央全面深化改革领导小组第27次会议审议通过了《关于构建绿色金融体系的指导意见》，明确指出要推动我国绿色保险的发展，包括在环境高风险领域建立环境污染强制责任保险制度，鼓励和支持保险机构创新绿色保险产品和服务，鼓励和支持保险机构参与环境风险治理体系建设。因此，有必要借鉴国外绿色保险产业的发展，拓宽当前对绿色保险理解的局限性。

拓宽对绿色保险的理解，积极发展我国绿色保险，不仅有助于我国生态文明建设，促进经济的可持续发展，服务实体经济转型升级，也有助于保险公司提升自身的战略高度，进行长远规划，丰富市场产品，提高自身在资本市场资源配置的能力和市场竞争力。

6 专题四　保险监管

美国保险监管之争：
联邦统一监管或各州独立监管

2016年2月

美国的保险监管，向来是各个国家保险监管改革参考和学习的范式。之所以学习美国，一方面是由于美国经济在全球一直扮演着领头人的角色，另一方面是由于美国保险市场发达、保险业发展历史悠久。而且，世界上现代保险监管的诞生地就在美国。不过，作者认为中国的保险监管改革在参考美国经验时必须慎重，最大的原因在于美国的保险监管以各州独立监管为主，各州保险监管的差异实际上非常大。2008年国际金融危机以来，从联邦层面对美国保险业进行统一监管的呼声越来越大，伴随而来的便是美国境内对联邦统一监管与各州独立监管的争议。本文将主要讨论联邦统一监管与各州独立监管孰优孰劣，评述美国当前的保险监管之争。

一、美国保险监管体系概述

美国保险监管历史悠久，迄今已有165年的历史。1851年，美国新罕布什尔州（New Hamphire）率先成立保险署，开启了美国保险监管的历史。由于现代保险监管制度的重要标志是国家授权给专门的保险监管机构进行监管，因此美国也被视为现代保险监管制度的起源地。随后，马萨诸塞州（1855年）和纽约州（1859年）等地相继成立保险监管机构（Department of Insurance），逐渐形成了美国各州独立监管的保险监管体系。联邦层面并未设立全国性保险监管机构，而采用成立于1871年的美国州保险监管官协会（National Association of Insurance Commissioners, NAIC），作为全国性保险监管协商与合作的平台。

以州政府为职权单位的保险监管部门，主要监管内容包括对保险公司的营业执照核发、保持必要偿付能力监管、财务监管、审定保险产品费率的合理性、查处保险欺诈和不道德的市场行为、维护保险消费者权益等。各州保险监管部门同时对偿付能力不符合要求的保险公司进行市场退出的监管，维护各项市场正常运行。NAIC作为各州共通性监管事务的协处平台，主要提供各项监管规则的模型法（Model Laws），建设各项监管所需相关资讯的IT数据处理平台（保险公司财务数据监管系统、保险市场管理信息平台、保险公司证券类资产评级系统等），以及对美国保险业可能面临的问题进行前瞻性研究，搭建各州保险监管官交流平台和对各州保险监管官进行教育培训。

二、联邦统一监管的优劣势

支持联邦统一监管的群体一般都反对各州独立监管，他们认为各州独立监管对保险消费者权益保护不力，联邦统一监管可以更好、更有效率地实行全国范围的保险监管。联邦统一监管的两大优势在于可以提供更有竞争力的成本和更加优秀的监管官。在目前的监管体系下，在美国不同州展业的保险公司必须适用不同州的监管法律，这极大提高了各州监管的人力物力投入以及保险公司自身应对监管的成本。支持联邦统一监管者认为，如果采用联邦统一监管，保险公司和政府都可以在统一的框架下对保险事务进行管理，实现规模经济，从而使得资源配置得以更加优化。

主流的观点都认为高素质的监管官有助于更好地推动行业的发展，因此支持联邦统一监管者认为另外一个重要的原因就是更高层级的监管机构（联邦层面）可以招募到更有声望、能力更强、热情更高的保险监管官员，并且通过这些优秀的监管官引导市场为消费者提供更低的成本

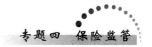

和更好的服务。

不过，联邦统一监管也存在明显的劣势。美国保险业素来以产品创新为亮点，这很大程度上得益于各州独立监管时能够特事特办。如果采用联邦统一监管，可能将削弱保险公司的创新能力。同时，美国幅员辽阔，各州的文化习惯差异较大，采用大而全的统一监管可能将忽略不同州的实际情况，从而无法为消费者提供独特的、针对性的保险产品和个体服务。

三、各州独立监管的优劣势

联邦统一监管的劣势同时也是各州独立监管最大的优势。美国的东西部差异较大，乡村地区与城市状况不同，不同州之间民众的保险需求有着显著的差异，州监管的一大好处就是可以针对各州特别的保险需求进行行为监管，不仅可以不波及其他州的保险运营，同时因为针对性强更能够有效避免逆向选择。州监管相对灵活，可以结合市场的发展随时进行调整。

这种灵活的监管政策调整以及针对性的保险监管带来的第二个优势就是现有的保险监管体制有助于推动保险产品的创新。保险公司可以根据新的需求变化推出新的产品，而州监管相对于联邦统一监管而言受限制的条件更少，不用担心针对创新所进行的监管调整可能带来的风险对全国范围的影响，从而保持了美国保险市场在全球的创新领先地位。同时，美国作为强调独立民主的国家，许多人还认为州监管的优势在于如果采用联邦统一监管，有时候保险政策的制定可能会从全国利益或经济发展的角度着眼，从而削弱了各州对本州保险业务监管的权限，损害本州的利益。

各州独立监管的最大劣势就是监管成本巨大。美国目前拥有7200家保险公司，保险中介数量超过300万，这些机构的市场准入、产品开发和费率的合理性审查、财务与市场监管都需要各州独立完成。根据统计，

美国保险监管所消耗的开支是英国保险监管开支的19倍，但是保险市场却只有英国保险市场的3倍；这个开支也是德国保险监管开支的29倍，但是保险市场却只有德国市场的5倍。由于各州的保险监管存在差异，也有观点认为这种差异无法给投保人带来相同的保护，从而有失监管的公平，持这种观点的人进一步诟病美国各州独立监管无法在保险赔付、费率厘定、消费者歧视等方面给予投保人更加充分、系统和有效的保护。

四、未来美国保险监管评述

未来美国保险监管无非在三种模式中选择一种，即联邦统一监管、州独立监管和州与联邦共同监管的模式。联邦统一监管容易通过统一的监管体系降低监管成本，提高监管效率和实现统一的消费者保护；各州独立监管有助于鼓励创新，针对性地提高监管效用；州与联邦共同监管可以吸收两者的优点，但是却容易带来机构臃肿、成本攀升、责任推诿等弊端。

实际上联邦统一监管和各州独立监管之争忽视了几大现实：首先，诟病当前以州政府为职权单位的保险监管体系，认为联邦统一监管可以更好地解决当前问题的说法只停留在理论层面的分析，实践中将可能存在其他弊端或者不确定性；其次，针对目前美国保险监管存在的不足，联邦统一监管并非独一无二的解决方案，各州也可以通过更好的消费者保护、降低监管成本等改革措施来提高保险监管水平；最后，统一监管只有对在不同州展业的美国保险公司而言才是有意义的，对于保险经营范围只限定在一个州内的保险公司，联邦统一监管的改革显得意义不大。

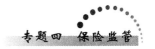

全球经济危机之后
美国保险行政审批监管新动向

2016 年 9 月

2007 年美国次贷危机发生后迅速演变成为席卷全球的金融危机，美国对金融创新产品监管存在的问题成为大家批判的重点。保险领域监管被诟病的主要原因是美国实行联邦与州二元监管，使监管过程存在真空、监管重复、效率不高等问题。特别是随着金融全球化的不断发展，混业经营使得一些金融衍生产品不断推出，这对全国保险公司的稳定性带来了挑战。另外，在保险业全球化的过程中，还面临着保险公司之间的国际化竞争。这种竞争不仅仅与保险公司的规模、产品、业绩等因素相关，还与保险监管有关。

一、危机后美国保险监管制度改革

2008 年国际金融危机的爆发使美国保险市场面临巨大挑战。联邦政府与州政府在保险监管中的分离，降低了保险市场的抗风险能力，因此，整合保险监管体系的呼声和行动越来越多。美国财政部在 2008 年 3 月发布了《现代金融监管结构蓝皮书》，建议通过设立一个保险监管机构加强行政审批来全面监管保险业。美国金融服务委员会主席在 2009 年 10 月也提交了一份《联邦保险办公室（草案）》来强调提升联邦政府对保险监管能力的重要性，这与奥巴马政府提出的金融改革一揽子计划中关于保险监管的内容十分契合。

美国保险业界对于建立一个联邦政府层面的保险监管机构的提议既

给予了高度赞同又表现出了很多疑虑，赞同的原因在于美国保险业确实需要一个联邦层面的统一监管体系来降低监管成本；而疑虑的原因在于其可能与州监管体系并驾齐驱而使监管体系更加复杂（详细分析请参阅《上海保险》2016年第2期"闲话保险"）。但是，无论这种矛盾多么复杂，联邦政府与州政府在保险监管中的整合已经成为美国保险市场监管的改革方向。从联邦政府通过一系列措施逐渐介入保险监管的事实中可以看到，联邦政府将在监管协调和国际合作上发挥更多的作用，而州保险监管也因其在监管上的灵活性得到保留。

2010年，美国通过了《2010非许可和再保险改革法》，试图在保险市场和再保险市场设立全国统一的标准，明确监管职责，避免监管漏洞和多重监管问题。同时，同期通过的《多德—弗兰克华尔街改革和消费者保护法》强调了联邦监管者对金融衍生品的监管，从而填补了联邦监管体系在这一领域的空白。2010年的多德-弗兰克法案在改变格雷姆-里奇-比利雷法的管理结构的同时，保留了其基本的调控管理系统。法案给予了联邦政府和财政部的金融稳定监督委员会更大的权力，它不仅影响了各州对于溢额保险和溢额再保险的监管，还影响了保险公司一些管理方面的权力。

之后，美国又不断通过一些法案，比如《保险消费者保护和偿债能力法案》（2014年3月20日）、《州际事项法提高索赔法案》（2013年3月23日）、《保险资金和会计标准法》（2013年3月23日）、《澄清某些基于杠杆和风险要求的应用法案》（2014年3月10日）、《投保人保护法案》(H. R. 4557)（2014年3月1日）等，把一些对金融机构的资本要求置于美联储的监管之下，联邦储备委员会可以收集对此的相关信息，扩大了联邦对保险业的监管权力。总之，后危机阶段，美国对保险业的监管力量正在整合，对联邦和州监管的行政审批也正在进行改革。

二、金融危机后美国保险行政审批监管创新

金融危机后，要求从联邦层面加强保险管理、防范系统风险的呼声越来越高。保险监管力量进入到重新整合阶段，联邦的监管力量得到强化。金融危机后美国保险行政审批监管改革体现了一系列的创新。

监管主体上，美国在州监管机构和美国保险监督官协会（NAIC）的基础上，成立了全国保险办公室（Office of National Insurance），强化了联邦层面对保险监管的审批，但监管行政审批的主体依然是州。NAIC 因为不具备法律效力，对各州的监管审批分歧只能进行协调，无法进行裁夺。全国保险办公室隶属于美国财政部，是从联邦角度通过立法程序设立的，该办公室具有法律效力，弥补了 NAIC 在立法上的不足。它负责监管保险产业并且协调国际协定的相关政策。当州关于保险方面的法律规定和国际协定冲突时，全国保险办公室有权取代州的法律规定。

为加强对储蓄机构控股公司和银行控股公司的管理，联储实施了更多、更高要求的标准。尽管这些标准对保险业务本身没有限制，但许多保险机构的下属存储机构，都必须接受联储的监管和审批。除了资本充足率指标外，保险公司也会受联储的会计准则的影响。联储还通过银行分支机构影响保险业对于资产的交易，限制了保险公司的一些投资策略。同时，美联储依据相关的风险制定了更高的标准，对 500 亿美元以上的资产以及具有系统重要性的公司实行更高标准的监管。法定的标准包括了风险调整的资本要求、杠杆率、流动性需求、风险管理需求以及最多只能将 25% 的资本用于和同一个交易对手进行交易等规定。当审查发现公司并没有坚持监管标准，或者对金融稳定产生威胁时，美联储每年将对有系统重要性的机构进行风险压力测试，并提出监管建设性的解决方案，有利于在早期解决公司的金融危机并防止对金融系统造成影响。

针对备受抨击的各州保险监管制度，NAIC 对监管体系进行了一些改革，加强了对州层面的监管。NAIC 主要加强对持有公司和整个保险集团的监管，而不仅是单个法律主体及其附属机构。NAIC可以评估任何保险集团内保险公司的主体，有权力取得相应的记录文档和必要的信息，建立的预期资金需要向其报告备案。在保险理赔方面，新规定强调无论是在国际还是在美国的公司资产面临风险时都要进行汇报。这需要保险公司对现在及未来的风险进行评估，将会有效加强监管部门对于保险公司在压力情境下能力的了解。

德国禁止保险代理人无预约上门推销[①]

2007 年 11 月 26 日

德国是全世界保险行业最为发达的国家之一。2006 年德国保险公司保费总收入约为 1616 亿欧元，其中寿险收入约 783 亿欧元，健康险收入约 285 亿欧元，财产险收入约 550 亿欧元。据统计数字，德国 2006 年保费收入约占国内生产总值的 6%，保险业在德国国民经济中的地位可见一斑。

一、德国有 40 万名保险代理人

保险销售是保险行业的重中之重，良好的销售业绩是公司正常运营的命脉。德国的保险销售渠道多种多样，营销主体主要包括保险代理人、保险经纪人、银行、因特网、电话中心、店中店，与其他商品捆绑出售的销售点和其他金融机构及其代理人员。在各种销售渠道中，保险代理人的销售业绩独占鳌头，是大部分保险公司的主要销售渠道。保险代理人在健康险和寿险的营销业绩尤为突出，以 2006 年为例，健康保险中 57% 的保费收入源于保险代理人，寿险方面他们的销售额也超过了 1/3。

德国总人口约 8000 万人，2006 年的德国各类保险公司总数 647 家，其中包括寿险公司 113 家，健康保险公司 52 家，非寿险公司 235 家，再保险公司 49 家。德国保险市场上活跃着超过 40 万名专职、兼职保险代理人，除一小部分是保险公司雇用的销售人员外，绝大部分是独立保险代理人。独立保险代理人只能为一家保险公司代理业务，其工作时间和工

---

① 本文合作者为高凌杰。

作方式可以自主安排，原则上不受保险公司约束。与保险代理人相比，德国的保险经纪人数量较少，只有不到6000人。究其原因，保险经纪人需要具备更高的专业知识，自身投入一定资本，而且应当为客户承担相应的责任。另外还有一种多重保险代理人，他们的职责同保险代理人相同，但是可以为多家保险公司同时代理业务。多重保险代理人的人数不多，他们在某些法律上也会被当作保险经纪人看待。除保险代理人和保险经纪人外，保险公司也有雇员，专门负责保险销售。

德国对批准保险代理人的资格有极其严格的要求。取得保险代理人资格大致有三种途径，最基本的是参加工商管理协会所设的保险代理人资格考试并顺利通过，另外也可以接受保险机构2~3年的保险职业培训，并通过相关考试。第三种途径是顺利通过金融、保险或相关专业的高等教育。在具备保险代理人资格后，代理人还应当履行一系列义务，方可执业。申请人首先要在保险代理人管理机构进行登记注册，然后在当地工商管理协会登记备案，如实告知是否在欧盟其他国家已经登记注册，再由保险监管部门核查申报有关事项。通过了以上部门的审批，保险代理人才被允许进行销售。保险代理人是由保险公司授权进行保险中介，只能在保险公司的授权范围内进行保险咨询和保险销售（见德国《保险合同法》第43条、第44条）。保险代理人在推销过程中出现的过失责任首先由保险公司承担，但事后保险公司有权力追究保险代理人的责任。为规避保险代理人的责任风险，保险代理人根据2005年1月15日在德国开始施行的《保险中介指导方针》，必须要为自己购买一份职业责任保险。该职业责任保险负责赔偿保险代理人在欧盟境内因保险咨询或其他中介活动的过错责任，而对客户造成的财产损失，每次赔偿额上限为100万欧元，全年不超过150万欧元。该职业责任保险不负责赔偿因保险代理人故意行为给客户造成的损失。为保证保险代理人严格执行《保险中介指导方针》为自己购买职业责任保险，保险公司有义务按照《保险合同法》的第158条C款的规定向有关部门通报保险代理人购买职业责任

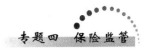

保险的情况。

二、保险代理人必须先预约再上门

保险营销方式在德国因为其完善的法律体系和自由民主的社会氛围显得更为理性。一些在中国被视为是再平常不过的销售途经在德国不被允许，在德国推销保险不仅仅要付出辛勤的劳动，还要非常熟悉相关的法律和条例，否则稍不留意，便可能触犯法律。

陌生拜访、上门推销在中国是保险代理人最常见、最简捷的一种推销方式，它的优点在于可以随时进行，而且不受地域限制。这种推销方式在德国却不被允许，因为它侵犯了居民的基本权利，属于一种侵扰行为。根据德国《民法典》的相关规定，如果被拜访的居民感到自己的基本权利由于陌生拜访而受到伤害的话，他们有权向有关部门进行投诉，那么保险代理人很可能会因此而惹来麻烦。

保险代理人常见的推销方法是提前电话预约，而后再登门拜访。这种营销方式的问题在于给哪样的潜在客户打电话，选择什么时间打电话预约会面时间。根据德国《反不正当竞争法》第1条中的相应规定，以广告为目的给私人住宅打电话属于违法行为，除非在打电话之前取得了当事人的同意，否则即使打电话的内容仅仅是预约上门拜访的时间，也是不允许的。但是如果拨通的是某公司的电话，则不在禁止范围之列。一般来讲，如果保险代理人提前和客户通过电话并预约了时间，再去拜访，一般是会受到热情接待的。

另外，德国法律明令禁止保险代理人在推销过程中，为了引诱客户尽快签下保单或者为击败其他前来推销的同业竞争对手，而对客户承诺一定金额的佣金返还。《德国保险业监督管理法》第81条第2款规定，任何保险公司和保险代理人都不得向被保险人或投保人承诺佣金返还或其他附加利益。该法的第144条规定了相关罚则，罚款最高额可达5万欧元，违法人员同时也将被所在保险公司开除。在如此严格的法律规定面

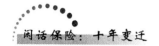

前，保险代理人很少有胆量以身试法。

三、代理人必须履行三项义务

为进一步保障投保人利益，德国 2005 年 1 月 15 日修改后的《保险合同法》规定保险代理人营销过程中必须履行三项义务，即告知义务、咨询义务和记录义务。告知义务是指在推销保险前保险代理人必须如实告知客户自己以及其所代表保险公司的基本情况。咨询义务是指保险代理人必须为客户"量体裁衣"，通过商议，按照客户的具体情况和意愿来做企划，要真正为客户提供解决问题的方案，而不是单纯地推销保险。记录义务是指保险代理人必须将推销过程中和客户谈论的主要内容以文字形式记录下来，书面记录必须在保险单由保险公司正式签发前交到客户手中，由客户进行核对和签字。记录义务的目的是为了方便日后产生纠纷时，可以做到有据可查。

《保险合同法》新增的对保险营销过程中保险代理人的三项义务规范引起了业界的激烈争论，各方共同探讨它的利弊和施行后可能产生的后果。三项义务的引入进一步维护了消费者的利益，使保户充分享受到保险带来的益处，避免了一些有可能产生的纠纷和损失。由于相对保险公司而言，投保人身处劣势，在销售过程中始终扮演被动角色，往往会因被诱导或信息不充分而草率签下保单，日后即使发现问题也苦于证据不足，很难挽回损失。新的《保险合同法》改革恰恰弥补了这一弱点。三项义务的引入从长远看也将给保险业带来利好，保险业的声誉将进一步得到提高，人们会感到保险公司和保险代理人是真正从客户角度出发，为客户提供服务，而不仅仅只注重保费收入。保险人或保险代理人与投保人的关系将进一步改善，潜在保户会主动向保险代理人进行咨询和投保。尽管如此，三项义务的引入短期内将会给保险业带来冲击，保险代理人日常的保险行销中无疑加大了工作量，需要投入更多时间和精力，他们对客户的拜访量也会因此而减少。大部分保险代理人担忧，由于拜

访量减少将最终影响到保费收入，而且新的规定对于保险代理人的综合素质又是一次严峻的考验，很多保险代理人尤其是兼职保险代理人可能因不能适应新规定而将被市场淘汰。不过，按照虚拟实例所作出的推测和计算，虽然保险代理人的客户拜访量减少了，但是签约成功率却会增加很多，最终单位时间内的保费收入并不会减少，反而会增加。可见，三项义务的引入，终将给保险代理人和投保人带来双赢局面。

德国从资格许可、强制性职业保险和市场行为规范等不同角度有效地监督和管理着保险代理人的销售行为。保险代理人不仅要熟练掌握专业知识和严格遵守职业规则，而且各保险公司为提高保险代理人的综合素质，也必须加强后续教育和健全培训机制。在这样的机制下，保户的利益在更大程度上得到了维护，保险销售市场也得到健康、有序和长久的发展。

德国私人医疗保障险违宪之争

2009 年 11 月 24 日

2009 年 1 月 1 日开始，德国通过立法的形式要求所有的德国商业医疗保险公司必须向所有客户提供一种新型医疗保险产品：私人医疗保障险。[①]该险种是一种特殊的医疗保险，它是根据商业保险的经营原理对产品进行个性化定价，又根据社会保险的服务理念提供大众化的统一承保范围的特殊医疗保险产品。

通过立法形式强制所有商业医疗保险公司销售这一医疗保险产品的做法得到了德国商业医疗保险公司的一致抵触。商业医疗保险公司认为这一强制性做法恶化了商业医疗保险公司的经营环境，弱化了他们的竞争优势，因为商业保险公司不能拒绝接受顾客关于投保私人医疗保障险的保险申请，而且即便他们知道投保人存在着严重疾病，他们也不能以此为理由拒绝投保人投保。此外对于存在不良病史记录的投保人，商业医疗保险公司不能征收额外保费或者独立约定服务范围。

在德国商业医疗保险公司同业协会的牵头下，德国 30 家商业医疗保险公司（拥有德国商业医疗保险市场 95% 的市场份额）于 2008 年 5 月提请上诉，要求审议德国《强化社会医疗保险竞争法》的违宪性，并要求立法机关废除或者修改要求所有的德国商业医疗保险公司必须向所有客户提供私人医疗保障险的规定。受理这一案件的是位于德国卡尔斯鲁厄市的德国联邦宪法法院。该法院是一个独立的司法机构，类似于美国的最高法院，其中心职能是进行司法审查，对国家机关的行为进行监督，对违反宪法的行为宣布无效。

---

① 关于该险种的详细介绍，请参阅 2009 年 5 月 5 日《中国保险报》第 5 版。

2008年12月，5家商业医疗保险公司代表和3位商业医疗保险投保人代表与德国立法机构在德国卡尔斯鲁厄市对簿公堂。不过庭议的结果对商业医疗保险公司大为不利。德国联邦宪法法院认为，《强化社会医疗保险竞争法》强制商业医疗保险公司销售私人医疗保障险的这一做法，并没有实质性地对当前商业医疗保险公司的运营造成严重恶化，也没有给商业医疗保险公司带来重大负担。要求商业医疗保险公司销售私人医疗保障险是立法机构在宪法允许的范围内对保险公司的一种合理干预。

2009年6月，联邦宪法法院公布了这一案例的最终判决。宪法法院除了重申以上观点外，也提出了若干对商业医疗保险公司有力的论点。首先，联邦宪法法院强调了商业医疗保险公司的法定地位，指出商业医疗保险是德国社会医疗体系两大部分中的一部分，与社会医疗保险地位相当。这是从国家根本法层面对商业医疗保险的肯定。此外，对于备受争议的私人医疗保障险，尽管联邦宪法法院宣判商业医疗保险公司败诉，但是在最终判决书中仍然责令立法机关应当密切关注商业医疗保险公司销售私人医疗保障险的动向，如果未来商业医疗保险公司的生存因为销售私人医疗保障险而遭到威胁，立法机关应该修正法令，保证商业医疗保险公司的正常运营。

至此德国私人医疗保障险的违宪之争以立法机关的胜诉而告终。国家立法部门强制商业医疗保险公司销售社会医疗保险的补充险种，既是立法机关在国家宪法权利范围内对大众民生福利采取的保障措施，也是商业医疗保险公司的一种社会担当。

德国医疗保险投保人2010年
享受更多税收优惠

2009 年 12 月 8 日

德国的私人医疗保险与社会医疗保险非常发达，基本上每一个德国居民手上都拥有至少一份医疗保险保单。不过投保人缴纳的医疗保险费，长期以来在德国都无法享受到很好的税收优惠。位于德国卡尔斯鲁厄市的德国联邦宪法法院于 2008 年 2 月 13 日发布的判例声明，纳税人为了维护自身的基本保障而必须支出的各项费用，应当享受相应的税收优惠政策。因此为医疗保险产品提供税收优惠成为立法部门减轻公民负担的重要举措之一。

一、提高特殊预防开支税前扣除限额

现行的德国税法制度允许纳税人在个人所得税纳税申报中将自己缴纳的各种保险费作为生活成本在税基计算中进行扣除。这部分生活成本在税法上被冠以"特殊预防开支"这一专用名词，因为它是区别于社会保险覆盖的各种险种所需要缴纳的保险费，该部分开支是除了基本保障以外所支出的特别预防费用。特殊预防开支具体包括购买补充性医疗保险、护理保险、责任保险、工伤事故保险、无就业能力保险等缴纳的保险费。目前，针对该项目的税前扣除限额是雇员与公务员每年最高可以扣除1500欧元，自由职业者每年可以扣除2400欧元。如果夫妻共同进行纳税申报，则可将扣除限额进行简单叠加，即雇员与公务员的夫妻每年可以在特殊预防开支项目上扣除3000欧元，自由职业者夫妻纳税共同申报可以税前扣除4800欧元的特殊预防开支。这一扣除限额在2010年将得到进一步提高，所有纳税人在特殊预防开支上的可扣除限额都增加400欧元，即雇员与公务员个人所得税申报中特殊预防开支税法上允许不超过1900欧元的扣除，夫妻共同申报者可以享受3800欧元的扣除限额；自由职业者个人所得税申报的特殊预防开支扣除限额为2800欧元，夫妻共同申报时可扣除限额增加到5600欧元。

二、取消商业医疗保险费的最高扣除标准

特殊预防开支是针对基本保障险种以外而额外投保的各种保险费用。社会保险领域内所交纳的保险费用都可以进行纳税扣除，商业保险公司所销售的与社会保险类似或者具有可比性的产品，也可以享受类似社会保险费的扣除，不过德国税法对商业保险公司销售的承保范围超出社会保险产品覆盖的附加服务设置了一定的扣除限制。自2010年开始，私人医疗保险公司销售的商业医疗保险取消相应的扣除限制，除了与社会医疗保险产品具有可比性险种可以进行费用的全额抵扣以外，对于超出社会医疗保险承保范围的服务也同样可以进行全额抵扣。典型的额外服务范围比如颌矫形外科服务、牙科护理、住院享受单人间和专门负责主治医生等。不过由于各个商业医疗保险公司所提供的同一服务可能存在价格上的区别，为了保证社会的公平性，税法规定商业医疗保险公司产品附加服务的扣除额度以同行业的平均收费为标准，同一服务在各个商业医疗保险公司的可扣除保险费用应该是一致的。这导致了实际操作中可能出现德国财政局对部分商业医疗保险的保险费只给予低于100%的税前扣除额度。

三、私人医疗投保人享受更多家庭税收优惠

2010年的税收优惠还包括允许父母为子女缴纳的私人医疗保险费在纳税申报中作为生活成本进行税前列支。不过享受这一税收优惠政策的

家庭必须满足有权利享受政府提供的儿童家庭补贴或者是儿童免税额的各种条件。为多名子女投保私人医疗保险产品或者为子女选择更多附加服务和更高昂保险产品价格的家庭可以从这一新规定中获取更多的税收利益。不过鉴于德国拥有非常发达的社会保险体系，而且子女在未成年之前都可以免费在父母的名下参保社会医疗保险，免费享受社会医疗保险的各项服务，所以这一税收优惠对德国纳税家庭的影响相当有限。

金融危机下德国保险监管的应对与借鉴

2010年1月

德国保险监管有着深厚的历史渊源。早在商业保险刚刚起步发展的100多年前，帝国时期的德国便于1901年颁发了专门的《商业保险公司法》，并在柏林成立了商业保险监管部门。在历经上百年的发展后，德国保险监管体系紧跟历史时代发展，及时修正各项监管制度，完善保险监管体系，成为支撑德国保险业健康稳健持续发展的重要因素。德国保险监管体系在金融危机下的应对与经验，无疑为我国保险监管在国际金融危机下吸取教训和完善制度提供了有益的借鉴与启示。

一、德国保险监管体系概述

德国是世界上金融混业监管的代表国家。保险事务的监管由德国联邦金融管理局（BaFin）负责，该机构是德国推进金融监管体系改革中的重大成果。全球经济一体化和欧盟经济区域化的趋势下，德国政府在2002年通过《统一金融服务监管法》的基础上，合并了先前各自独立的银行监督局、保险监督局和证券监督局3家机构，成立了德国联邦金融监管局。联邦金融管理局对德国2048家银行、722家金融服务机构、626家保险企业、27家养老基金、6031家基金和76家资本投资公司统一监管。[①] 联邦金融监管局履行对金融市场的国家监管职能，成立独立的部门进行银行监管、保险监管和证券监管，跨行业任务则由从传统监管功能分离出来的交叉业务部门执行。

---

① 资料来源：BaFin，2009年4月。

德国联邦金融监管局保险监管的主要目标是保护投保人的利益和保证保险公司源于保险合同的责任义务可以保证随时履行（《保险监管法》第81条）。保险监管部门以《保险监管法》《保险合同法》的法律法规为依据和指引，对保险公司市场准入、保险市场行为、保险准备金合理计提、保险公司财务风险管理以及保险资金运用等方面进行集中管理。德国保险监管在金融危机下的应对也包括对这些监管手段和方法的调整和讨论。

德国的保险监管体系与联邦制国家政体相对应，分为联邦政府监管和州政府监管两个层级。联邦政府的监管对象主要是跨州经营的商业保险公司和竞争性的国有保险公司；州政府的监管对象是经营范围仅在所辖州范围的商业保险公司和竞争性国有保险公司。这些监管对象包括2002年新纳入监管范围的养老基金和2004年纳入监管范围的再保险公司。保险监管部门对德国境内的保险公司进行经营许可证发放审核和保险公司经营过程的动态监控。随着欧盟区域化合作的纵深发展，其他欧盟国家或者欧洲经济区国家的保险公司在德国开展保险业务的，理论上并不归属德国保险监管部门管辖，而是由母国保险监管机构负责监管；母公司在德国但是在其他欧盟国家开展保险业务的，相应地必须接受联邦德国金融监管局的监督管理。在德国开展保险业务的其他欧盟国家保险公司如果违反德国法律法规，德国联邦金融监管局可以知会相应的外国监管机构查处违规行为。

德国保险监管部门以《保险监管法》为依据，可以采取任何适当的和必要的手段来制止或者纠正不遵守监管要求的行为。保险监管中保险公司财务会计信息发挥着重要的作用，监管部门通过要求保险公司递交各种会计信息的手段了解保险公司的经营状况和保险偿付能力，必要的情况下可以对保险公司进行现场检查、采用参加监事会议和董事会议等手段介入保险公司的运营管理。其中与保险机构无关联的外部审计师发挥着重要的作用，他们受监管机构的委托，根据相关法律与德国联邦金

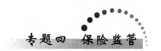

融监管局制定的各项管理规定承担现场检查任务，出具独立审计报告并直接作为联邦金融监管局评价保险机构的重要依据。对于保险公司的违规行为，德国保险监管部门可以对保险机构处以最高15万欧元的罚款，并且在特定的情况下指派专人替换保险机构管理层、监事会或者保险机构内部的其他机构。德国联邦金融监管局在必要的情况下甚至可以撤换经理人员或者收回保险经营许可证。

二、危机后德国保险监管的应对

金融危机爆发后德国保险监管部门给予了高度的重视，联邦金融监管局迅速成立保险行业危机应对紧急小组，及时调研金融危机对德国保险行业影响，并寻求相应的解决办法。德国联邦金融监管局还进一步审视金融危机的经验教训，制定保险公司最低风险管理要求的行业标准。这些举措使得保险监管部门可以高屋建瓴，把握金融危机的发展和对本国保险业的潜在影响，及时制定必要的防范措施，同时引导保险企业设立防范有效的风险管理体系，使得本国保险业在金融危机影响下仍然能健康稳定持续发展。

一是设立金融危机应急小组。2008年9月，知名投资银行美国雷曼兄弟宣布破产以后，由美国次债危机引发的全球性金融危机得到了德国金融监管部门的高度重视。为了使德国保险行业减少危机带来的负面影响，联邦金融监管局成立了保险行业金融危机应急小组（Taskforce）。应急小组的主要任务是关注市场动态，尽早对风险进行预警并且作出保险监管相应的对策。应急小组设立期间的重要举措是选择管辖范围内的26个保险集团公司和6个子公司，要求他们每周递交关于集团整体或者子公司个体的风险情况和变化趋势，尤其注重研究这些保险公司的股票价格变化、金融资产减值计提、折旧要求、秘密储备金变化情况、流动性、集团和子公司各自的偿付能力、保险责任准备金的账面价值和公允价值等因素。此外应急小组还对所辖保险公司发放每周一次的问卷调查，问卷调查的重点是保险公司参与国际资本市场所涉及的各项问题，以此来了解金融危机对德国保险业境外投资所产生的影响。

保险行业金融危机应急小组通过对以上各项信息的收集，有效地把握金融危机对德国保险行业的影响程度。应急小组除了对受影响的保险公司进行监管和寻找应对措施以外，还通过行业分析报告、简报等多种形式将各项与金融危机相关的结论性文稿，包括金融危机的发展动态、金融危机下对保险公司未来业务影响的预测、保险行业应对金融危机的建议等，及时地与管辖下的保险公司进行沟通，帮助它们寻找市场定位和经营策略，最大限度地摆脱金融危机的负面影响。

二是规范保险公司风险管理。2009年1月22日，德国联邦金融监管局颁发了《保险公司最低风险管理要求监管条例》（Aufsichtsrechtliche Mindestanforderungen an das Risikomanagement，MaRisk VA）。这是德国保险监管部门思考金融危机影响后为了引导保险行业健康稳定发展而颁发的一个总结性监管条例。该条例旨在提高保险行业的风险透明性，增强保险监管指标的预测性和保险公司风险管理实务运作的可操作性。该条例除了对规章制订的目标、使用范围、与相关条例适用性问题和条例执行基本原则作常规性的概述外，其突出特点体现在以下几大方面：首先，采用负责人问责制，所有的保险企业负责人同时是该公司的风险管理相关责任人，负责对本公司风险管理予以领导执行和对未来风险管理发展予以监督指导；其次，注重风险管理的可操作性，该条例不仅对风险进行定义，而且从保险监管的角度提出风险的分类，在此基础上用极大篇幅规定了适度风险管理的要素（见表6-1），使得保险企业无论规模大小，是否拥有成熟的风险管理技术，都可以按照监管条例对本公司企业的风险管理进行规范有效的操作；最后，完善保险公司危机管理，条例要求保险公司应该制订详尽的应急计划，从应急计划的目标、内容、执行和最低保障等层面指导保险公司的危机应对与管理。

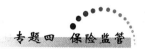

表 6 – 1 风险管理相关规范

适度风险管理要素	子要素或相关规范
风险策略	· 风险策略不仅保护经营策略下的各个风险，也保护平行于经营策略的诸风险 · 风险策略的表述应包括种类、来源、属性、预计风险额、出现时间、预防措施等要素 · 风险策略要根据企业经营变化及时调整，积极评估保险企业新业务对整个公司风险状况带来的影响；保险公司每年度要至少核查一次本公司的风险策略
组织结构与基本框架	· 保险公司经营组织结构及各个组织（公司管理、非相关风险控制、业务运营和内部审计）的相关责任 · 保险公司运营流程结构及各项业务（保险产品设计和定价等技术业务、保险准备金以及包括资产负债管理的保险资金管理、再保险分出业务管理）的风险控制
内部风险管控系统	· 风险转移属性、应对与限制影响计划 · 风险控制程序（风险识别、风险分析与评价、风险控制、风险监督） · 保险公司内部风险管理文化建设和风险对话与沟通 · 向监管部门或公众发布风险报告的格式、内容与要求 · 内部风险监控系统的质量保证
内部审查	· 保险公司应该依法设立内部审查部门 ·内审部门审查公司所有部门重要的经营管理活动，尤其是其中的风险管理，并且每年度制定报公司决策层批准的年度风险管理审查计划书 ·内审部门工作必须保证审查独立性、工作专门性、信息完整性和及时备档性 ·内审部门检查出的风险管理漏洞除了上报公司管理层以外，还必须定期整改，帮助有关部门及时消除风险管理薄弱环节
内部控制	·内部控制的目的是为了保证保险公司整体风险管理系统运作的正常性，内部控制必须每年审核一次，检查出的薄弱环节应该进行及时评议和修正

德国联邦金融监管局颁发的《保险公司最低风险管理要求监管条例》在规范保险公司风险管理的各项要求中，也将本次金融危机中新暴露的风险纳入该条例的监管范围内。比如，条例在组织结构与基本框架中首次将薪酬奖励体系列入风险管理范畴，规定保险公司的薪酬奖励应

该以公司长期业绩发展为导向，薪酬奖励标准的设置在不导致经营负面影响（管理目标冲突）的基础上适中确立等。金融危机的另一个教训是公司内部部分职能界定不清晰将导致内部监管机制失灵。风险管理条例中明确指出了与风险管理相关的各个部门的职能，从基层部门到公司决策层，都应该相互独立和互相监督，从而减少了类似金融危机中对潜在风险后知后觉的可能性。

三、德国经验对我国保险监管的借鉴

一是加强保险公司风险管理。我国保险监管部门早在2007年便先于德国保险监管部门发布了《保险公司风险管理指引（试行）》（保监发〔2007〕23号）。这一条例一定程度上规范了保险公司的风险管理，不过由于条例的概述性比较强，部分规范缺乏进一步的细化规定，使得保险公司尤其是中小型保险公司在操作上缺乏相对可行的指导。风险管理过程中应该注重风险和管理并重，我国目前的条例偏重于管理，注重风险控制的程序，而对于风险属性和风险管理要素的规范略显单薄。风险管理本身是一个动态的监控过程，在金融危机下我国监管部门应该审视本国保险公司经营的环境变化，并从其他国家保险业应对金融危机的经验和教训中思考风险管理新的内涵和要求，进一步完善和规范我国保险公司的风险管理。此外，德国监管部门提出的对保险公司的最低风险管理监管要求值得我国借鉴，这也是金融危机中被众多监管部门讨论的论题。最低风险管理监管作为一种最低门槛，重点是为了保证所有保险公司操作规范足以应对各项风险，及时调整经营策略和化解各项风险冲击。对于实力较强的保险公司，可以在最低风险管理监管要求的基础上进一步严格要求自己，以更高的标准强化本公司的风险管理水平。

二是强化危机处理应急机制。危机处理应急机制的构建分两个层面，包括保险监管部门内部危机应急机制的构建和保险公司层面危机处理应急管道的建设。我国保险监督管理部门在过去雪灾和地震等自然灾害中积累

了丰富的危机处理经验，不过金融危机或者人造灾害等对保险业存在着不同的危害和风险，这些领域保险监管危机处理机制的构建还有待于进一步论证，针对不同的危机特点探讨合理有效的应急机制。德国联邦金融监管局成立的保险行业金融危机应急小组及其所采取的措施仅仅是应急机制中的一项尝试，对其他国家构建危机处理应急机制并不具有普适性，但是德国保险监管部门面对危机的敏捷反应，通过重点调研、普遍问卷和综合报告等多种形式发挥保险监管作用，监管环节的严谨性等特点是值得我国在强化危机处理应急机制过程中所借鉴的。危机应急机制构建的另一层面体现在保险监管部门应该引导保险公司确立、强化危机应急处理机制，关于加强保险公司风险管理中应该包含了公司层面危机应急机制的确立。但是鉴于过去我国部分保险公司在巨灾事故处理中行动缓慢，对突发事件反应不够敏锐，危机下保险公司报案系统和查勘系统效率欠佳，工作人员处理危机应变能力不强等特点，我国保险监管部门应该有意识地引导保险企业建立危机处理应急机制，帮助其尽快完善公司内部的危机处理应急通道。

　　三是深化国际机构交流合作。金融危机爆发的迅猛和影响程度的深远从根本上要求各国政府之间加强合作。2010年初的二十国集团峰会就全球应对金融危机达成多项共识，其中国际保险监管部门在金融危机下对相关国际保险监管规则的制订与修改也在紧锣密鼓地进行着。金融危机以后德国保险监管部门积极参与《偿付能力监管指令Ⅱ》《国际财务报告准则》（比如保险资产与保险负债的公允价值的确认与计量等）等与保险行业密切相关规则的讨论，从本国保险业发展的实际情况出发参与国际规则制订过程中的讨论。我国保险行业也面临着未来走出国门，参与保险业国际竞争的境地与需求，因此我国保险监管部门应该进一步加强与国际机构的合作，参与各项国际规则制订的讨论，一方面结合本国保险业的发展现状寻求中国保险业全球化进程中我国保险公司适应国际监管的最佳路径，另一方面引导我国保险公司及时调研各项国际保险监管规则的相关影响，及早制定相应的应对措施。

《偿付能力监管指令II》助推
德国保险监管法修订

2012年7月23日

德国《保险监管法》修改在即。日前，德国联邦财政部出台关于《德国〈保险监管法〉修订第十法令》草案。本次保险监管法修订的主要动因是为了实现德国保险监管与欧盟《偿付能力监管指令Ⅱ》直接的法律衔接。

一、德国保险监管法是保险业的百年大法

与我国的《保险法》不同的是，德国保险大法主要包括《保险监管法》《保险合同法》。现行的《保险监管法》自1901年颁布，迄今已有100余年的历史。1901年5月21日德国了颁发《保险监管法》，该法律经过多次修改，百年不衰，成为保护德国保险业根基和维护德国投保人利益的保险根本大法之一。现行的《保险监管法》的最近一次修改是2012年3月15日对该法律第10条的修改。

德国《保险监管法》共分11章161条，内容涉及总则（第一章）、保险营业许可（第二章）、相互保险公司（第三章）、保险公司经营管理（第四章）、保险公司监管（第五章）、外资保险公司监管（第六章）、企业年金设立（第七章）、过渡条款（第八章）、刑事与处罚条款（第九章）、管辖权（第十章）和终结规定（Schlussvorschriften）（第十一章）。在德国政府发布的《保险监管法》条文中，一般还包括四个附录，具体包括风险种类的划分、风险同属于多类险种业务的险种称谓、重叠规定

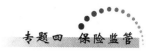

和企业年金信息。

二、本次修法旨在与欧盟偿付能力指令接轨

本次德国财政部所颁发的关于保险监管法修订草案的主要修改内容都是与欧盟《偿付能力监管指令Ⅱ》相关规定有关的。《偿付能力监管指令Ⅱ》要求所有欧盟内部保险公司采用统一的偿付能力管控要求，改善现有偿付能力监管框架下保险业监管资本与经济资本相脱节，保险监管未能反映保险公司内部控制与风险管理水平等种种弊端。因此，未来的德国《保险监管法》有望更加真实准确地把握保险公司偿付能力水平的整体状况，帮助德国保险公司提高自身的内部控制水平和风险管理能力，扩大德国保险业在欧盟内部市场的竞争力。

欧盟《偿付能力监管指令Ⅱ》借鉴银行巴塞尔协议三支柱的模式，由第一支柱数量性要求、第二支柱质量性要求和第三支柱信息披露要求共同构成。未来欧盟偿付能力监管将要求保险公司披露资产负债评估、技术准备金、资本要求、公司监管审查程序、公司治理结构与风险管理、保险公司监管报告等，做到信息公众披露。这些监管要求将帮助监管部门对保险公司实行风险资本、风险管理和风险信息反馈的统一治理框架，提高对保险公司的资本监管水平。

三、未来德国保险监管将区分三种类型保险公司进行监管

欧盟《偿付能力监管指令Ⅱ》无疑对保险公司监管提出了更高的要求，使得德国未来《保险监管法》的修改不得不考虑本国保险公司的特殊情况。因为，对于中小规模保险公司而言，全部按照欧盟指令实行监管不仅加重了小规模保险公司的运营成本和技术难度，而且影响了小规模保险公司的市场竞争力，将损害本国保险市场的健康发展。因此，未来德国将区分三种类型的保险公司进行监管，即第一种类型按照欧盟偿付能力指令的适用范围必须采用《Solvency Ⅱ》进行监管的保险公司，

第二种类型不适用于《Solvency II》的死亡丧葬保险公司、小规模保险公司等，第三种类型企业养老年金。

本次德国《保险监管法》的修改将重点针对第一类型保险公司。涉及修改的监管内容具体包括保险公司资产与负债采用公允价值进行评估、保险公司保险准备金如何采用监管允许的估值方法、自有资本金的确认与计算、包括偿付能力资本要求和最低资本要求的保险公司资金要求和投资规则等。未来的保险监管将进一步完善集团监管规则，将集团监管与单独监管作为合作监管对待，促成不同的监管主体对集团风险状况进行共同评估。此外，允许保险公司按照内部模型对本公司的风险进行评估，但是保险公司必须向监管机构证明内部模型能够更好地体现保险公司面临的风险，并且征得保险监管机构的同意。

对于第二类不适用于《Solvency II》的小规模保险公司和死亡丧葬保险公司等，未来的保险监管还将沿用先前的《偿付能力 I》（Solvency I）的相关要求。第三类型的企业养老年金，未来的监管也做了少量的调整，具体包括提高年金组织结构的透明性、对权责进行明确划分、制定内部经营条例、明确风险管理体系的要求等（这些相关要求已经在德国联邦金融监管局颁发的《保险公司最低风险管理要求监管条例》中规定。①

四、未来德国保险监管方向仍存在诸多不确定性

本次保险监管法修订的主要动因是为了实现德国保险监管与欧盟《偿付能力监管指令 II》直接的法律衔接。不过，由于欧盟《偿付能力监管指令 II》的发展前景并不明朗，未来德国保险监管方向仍存在诸多不确定性。

2012 年 1 月 19 日，欧盟委员会向欧盟理事会和欧盟议会提交了《综合二号监管指令》（Omnibus II Directive）议案，对目前的《偿付能力监

---

① 具体内容可参阅作者发表于 2010 年第一期《中国金融》的文章《金融危机下德国保险监管的应对与借鉴》。

管指令II》提出了诸多修改意见，使得《偿付能力监管指令II》的实施时间被迫一再推后。根据最新的欧盟理事会决议，《偿付能力监管指令II》将于2014年1月1日实行，在此之前各国保险监管部门应该要求保险公司开始着手准备针对《偿付能力监管指令II》监管要求的相关工作，包括内部模型的制订、资本金的补充、向监管部门报告《偿付能力监管指令II》执行过程中出现的问题等。可以预测，2014年1月1日《偿付能力监管指令II》开始正式实施之前的过渡期内，欧盟偿付能力监管的发展方向与内容仍然存在不确定性。

　　作为在全球有重要影响力的美国保险监督官协会，其对欧盟《偿付能力监管指令II》的态度也使得未来欧盟监管规则存在一定的变数。由于美国保险监管体系在全球具有重大的影响力，欧盟在推行《偿付能力监管指令II》的过程中曾大力谋取与美国方面的合作。然而，这一善意并没有得到美国的友好回应。相反，全美保险监督官协会（National Association of Insurance Commissioners，NAIC）会长凯文·麦克卡迪曾警告称，欧盟方面试图对美国保险监管方针进行影响的动机"略显愚蠢"。凯文·麦克卡迪认为美国监管部门对于《偿付能力监管指令II》中若干规定持怀疑态度。由于在目前全球的保险偿付能力监管中，以美国为首的风险的资本金（Risk-Based Capital）监管体系在全球具有重要的影响力，因此美国的这一态度无疑为未来欧洲保险偿付能力监管带来变数，也为德国的保险监管方向增加了不确定性。

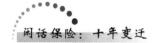

经济管理在保险监管中的运用

2008 年 10 月

2008 年 8 月 1 日，《中华人民共和国保险法（修订草案）》经国务院常务会议原则通过，提请全国人大常委会于 2008 年 8 月 25 日召开的第十一届全国人大常委会第四次会议审议。这是《保险法》自 1995 年颁发以来的第二次修改，此前的第一次修改是在我国加入世贸组织的背景下针对世贸协定条款的修订。本次修订是中国保险业在历经改革开放 30 年后对过去经验的总结归纳和对未来保险业发展的有利探索。本次修订草案凸显企业管理学中的四大管理理念，未来的《保险法》将更好地为保险业界创造更为开放的竞争市场，投保人的利益也将得到更好的保障。

一、组织管理（Organisation　Management）

组织管理就是通过明确组织形式，建立组织结构，规定职务或职位，明确责权关系，以使组织中的成员互相协作配合、共同劳动，有效实现组织目标的过程。通过有效的组织管理才能避免由于职责不清造成的执行中的障碍，才能使组织协调地运行，保证组织目标的实现。新修订的《保险法》将进一步规范保险公司组织形式、组织管理人、行业自律和保险中介四方面的组织管理。

首先，完善保险公司组织形式。我国现行《保险法》规定，保险公司应当采取股份有限公司或国有独资公司的组织形式。当前规定的主要考量是股份有限公司或者国有独资公司的资本金和设立门槛等高于其他组织形式，有利于保险公司的稳健运营，保护投保人的利益。然而，保险公司的风险控制和对被保险人利益的保护，主要应当依靠偿付能力监管等措施，与保险公司的组织形式并无直接联系。修订草案提出不应再对保险公司作出特别的组织形式限制；相互制、合作制等形式的保险组织由法律、行政法规另行规定，其保险业务活动适用本法规定；保险公司的组织形式可以是有限责任公司（国有独资公司属于有限责任公司的特殊形式，故不再单列）。这些规定为保险公司灵活选择公司组织形式提供了条件，有利于扩大市场参与者数量、提高市场的竞争活力。

其次，明确组织管理重要参与者任职条件。良好的组织管理离不开人的操作，《保险法》草案对股东、董事、监事和高级管理人员等重要组织管理参与者设定门槛，创造公司组织运营过程各环节安全畅通有效的前提条件。《保险法》修订草案增加了保险公司主要股东的资格条件，规定保险公司的主要股东应当具有持续经营盈利能力，信誉良好，最近3年内无重大违法违规记录，净资产不低于2亿元。保险公司的董事、监事和高级管理人员应当正直诚实，品行良好，熟悉与保险相关的法律、行政法规，具有履行职责所需的经营管理能力，并在任职前取得保险监督管理机构核准的任职资格。如《公司法》规定的不得担任公司董事、监事和高级管理人员的情形，以及因违法、违纪被取消任职资格或被吊销执业资格未逾5年的人员，均不得担任保险公司的董事、监事和高级管理人员。

再次，重视行业自律在组织管理中的作用。保险行业自律表现出的自我管理、自我监督等优点，通过建立自我约束、自我控制的保障体制，形成自我管理、自我发展、自我约束的可持续发展态势。《保险法》修订草案增设保险行业协会一章，不仅对保险行业协会的法律地位及主要职责等作了规定，而且还规定了保险行业协会应履行的职责，包括依法维护会员的合法权益，向保险监督管理机构反映会员的建议和要求；对会员之间、会员与投保人、被保险人和受益人之间发生的纠纷进行调解；对违反保险行业协会章程和行业自律性规则的会员，按照规定给予纪律处分等。这些规定有利于提高保险公司管理效率，实现行业自律与社会监督和政府监管之间的互补，降低保险管理成本。

最后，调整对保险中介的组织管理。现行《保险法》对保险中介的规定比较简略，无论在主体上还是行为规范上都存在一些空白。此外随着保险市场发展，我国出现了一些新型保险中介服务机构，如保险公估机构、保险兼业代理结构等，这些机构的法律地位均有待明确。《保险法》草案明确保险公估机构为保险中介机构，并对其业务范围、注册资本、从业人员、经营规则等做了规定。针对目前个人保险代理人领取保险代理业务许可证、办理工商登记、领取营业执照并缴存保证金或者投保职业责任保险的规定，结合个人保险代理人的特点，新的《保险法》将调整为规定个人保险代理人应当具备国务院保险监管机构规定的资格条件，取得资格证书；个人保险代理人合法的经营活动不以无照经营查处。保险中介是连接保险公司和广大投保人的桥梁和纽带，是保险业服务社会的窗口，《保险法》对保险中介组织管理的调整，将有利于扩大保险覆盖面，满足全社会的保险需求；有利于完善保险市场机制，促进保险业创新发展；有利于推动保险公司转换经营机制，促进保险业发展方式的转变；有利于发挥保险在综合风险管理中的作用，提升保险业服务和谐社会建设的水平。

二、业务管理（Business　Management）

业务管理是指对公司经营过程中的生产、营业、投资、服务、劳动力和财务等各项业务按照经营目的执行有效的规范、控制、调整等管理活动。就保险公司而言，保险业务管理主要是对保险业务相关各项活动的管理。有效的业务管理能够分散经营风险，实现保险业健康协调的可持续发展。《保险法》修订将从业务范围、保险资金运用和再保险分保三个角度完善保险公司的有效业务管理。

首先，扩大保险公司经营范围。在资本全球化的进程中，世界上知

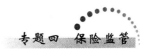

名的保险公司大都涉猎投资、银行或者咨询等其他金融领域项目。经营范围的多样性可以很好地中和保险公司的运营风险，保证保险公司主营业务的稳健性和安全性。按照现行《保险法》规定，保险公司的业务范围仅限于财产保险、人身保险及其再保险业务，并且禁止设立保险业以外的企业。随着我国金融体制改革和社会保险体系的构建，未来保险公司参与传统保险业务以外的投资和管理势在必行。因此，《保险法》修订草案删去了现行《保险法》关于保险公司的资金不得用于设立证券经营机构，不得用于设立保险业以外的企业的规定，并且授权国务院保险监管机构根据社会经济和保险行业发展的实际需要，核定保险公司从事养老金管理等与保险有关的其他业务。

其次，拓宽保险资金运用渠道。保险业发展需要健康的资本市场，同时资本市场的发展也需要保险业资金的积极参与。加快这两个领域的改革和发展，促进两者之间的良性互动，是保障我国金融体系健康发展的基本前提之一。《保险法》草案将现行《保险法》规定的买卖政府债券、金融债券，修改为买卖债券、股票、证券投资基金等有价证券；增加了保险资金可以投资不动产的规定。为了防范保险资金运用风险，修订草案同时也通过授权性条款的形式，授权国务院保险监管机构制定保险资金运用的管理办法，包括对保险公司投资某一具体项目的资金占其资金总额的具体比例作出规定。保险资金运用渠道的拓宽，对于扩大资本市场规模，促进资本市场主体的发育成熟、资本市场效率的提高，完善资本市场的结构将产生重大的影响。

最后，取消境内优先分保制度。现行《保险法》第一百零三条、第一百零四条分别规定，保险公司需要办理再保险分出业务的，应当优先向中国境内的保险公司办理；保险监管机构有权限制或禁止保险公司向中国境外的保险公司办理再保险分出业务或者接受中国境外再保险分入业务。境内优先分保制度与我国加入世贸组织所签署的协议内容相悖。根据加入世贸的承诺，至2006年底，我国再保险市场已完全实行商业化

运作，并且再保险业务的跨境交付，在国民待遇方面并未加以限制。《保险法》修订草案删去了现行《保险法》第一百零三条、第一百零四条，有利于进一步推动我国保险市场与国际资本市场的融合。此外，随着我国近年来自然灾害发生频数的增加，取消境内优先分保制度将有利于我国保险市场风险在全球范围内转移，为投保人提供更为安全可靠的保险保障。

三、风险管理（Risk Management）

风险管理是经济单位通过对风险的识别和衡量，采用合理的经济和技术手段对风险加以处理，以最小的成本获得最大安全保障的一种管理行为。保险公司风险管理的重点在于对偿付能力的管理。偿付能力是指保险公司资本充足状况，是一个动态变化的过程。偿付能力的变化既受到公司的外部因素比如股东增资、发行次级债、资本市场波动或宏观调控等因素的影响，也受保险公司内部因素比如公司经营战略、机构布局、业务发展速度、业务质量、内部风险管理机制、投资收益、费用控制水平等因素的影响。保险公司偿付能力涉及广大投保人的切身利益，是保险监管的核心内容。

《保险法》修订草案在保留原有偿付能力监管规定的基础上增加了处罚性规定。对偿付能力不达标的保险公司，保险监管机构可以采取责令其增加资本金、限制其业务范围、限制向股东分红、限制高管薪酬水平、限制增设分支机构、责令停止新业务、责令拍卖不良资产等监管措施。对偿付能力严重不足的公司，监管部门有权实行接管。而在与偿付能力相关的条款费率监管方面，修订草案也增加了相应的监管手段，规定保险公司使用的条款费率存在违法违规情形时，保险监管机构有权责令限期修改、停止销售；情节严重的，可以在一定期限内禁止其申报新的保险条款和费率。

《保险法》进一步丰富了偿付能力监管的内容，更为合理有效地保障

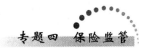

了投保人的利益。通过强化偿付能力的监管，更好地形成偿付能力、公司治理和市场行为三大监管支柱的互动，保证保险行业的稳定、健康和快速发展。

四、程序管理（Process　Management）

程序管理是相对于实体管理而言的一种管理模式，是贯穿保险公司运营过程中从设立、经营、并购到破产等各个环节的管理。由于保险业是国民经济中的重要行业，其稳定与否直接关系到金融市场的稳定与人民日常生活，增强保险公司程序管理，是对以上三大管理即组织管理、业务管理和风险管理必要的补充。《保险法》修订草案从保险公司退出机制、保险执法监督两个方面进一步充实了当前立法体系下的程序管理。

首先，完善保险公司市场退出机制。保险公司的退出机制涉及多方利益，退出机制影响到公司股东、投资者和债权人正当利益的保障。我国保险公司越来越活跃于资本市场投资，退出机制还将进一步影响资本市场的稳定，容易造成牵一发而动全身的局面。为了维护保险市场秩序和社会公共利益，修订草案在现有规定的基础上，增加规定保险公司有违法经营、经营管理不善或者偿付能力低于国务院保险监管机构规定标准等情形，不予撤销；将严重危害保险市场秩序、损害公共利益的，由国务院保险监管机构予以撤销并依法及时组织清算组进行清算。此外，监管部门还可以向人民法院提出申请，对保险公司进行重整或者破产清算，保证债务清偿顺序的严格根据《企业破产法》有关规定执行。

其次，强化保险执法监督。我国的立法进程中遵循了有法可依，有法必依，执法必严和违法必究的理念。必要的执法监督对于贯彻以上理念，提高执法效率和保证执法水平意义重大，也是保证市场健康发展的重要举措。为了保证保险监管机构合理执法，《保险法》修订草案进一步明确了保险监管机构的监管原则和职责，并强化了监管手段和措施。修订草案在现行《保险法》规定的基础上，增加了对保险监管人员行政行为的约束，对监管人员在批设机构、审批保险条款费率、进行现场检查以及采取强制措施中的违法行为，规定了相应的法律责任。针对我国现行《保险法》对保险违法行为处罚规定不够完善，对某些违法行为缺乏处罚规定，致使违法行为无法得到应有制裁这一现象，《保险法》修订草案进一步明确了法律责任，打击保险违法行为。草案增加了对新型违法行为的处罚，加重了对违法责任人的责任追究和增加。根据草案的规定，在特定情况下保险公司的主要负责人甚至将对公司债权人负连带无限清偿责任。

新《保险法》下会计将
发挥更重要监督工具作用①

2009 年 6 月

会计在管理经济中之所以那么重要，是由会计本身所具有的功能所决定的。会计功能又称会计职能，马克思把它概括为"对经济过程的控制和观念总结"，即对会计主体的经济活动进行核算和监督。会计的核算与监督这两项基本职能已写进我国《会计法》中。我国《保险法》自2004 年 10 月启动第二次修改准备工作以来，经过多方博弈已于 2008 年 8 月递交国务院讨论并且原则上通过了第二次修订的《保险法（草案）》（以下简称新《保险法》）。为了明确当事人的权责并加强对被保险人利益的保护，规范保险公司的经营行为，防范保险市场风险，促进我国保险业又好又快发展等目标的实现，必不可少地要依赖保险会计的监督作用。会计监督作为会计的基本职能之一，将在《保险法》新修改后发挥越来越重要的作用。

一、会计监督在保险立法中的意义

首先，会计监督能够有效解决"信息不对称"问题。保险法立法宗旨在于明确保险活动当事人的权利、义务，加强对被保险人利益的保护。但是对被保险人而言，他们与保险公司之间存在着不对称的信息，即对所要购买的险种适合与否、价格是否公平、合理以及保险人的状况都无法确定。保险公司的经营者与被保险人相比更多地了解公司内部的

---

① 本文合作者为侯旭华。

经营状况、盈利能力等信息，其在与被保险人等信息需求者之间的博弈过程中处于优势地位。通过会计监督，能够约束保险当事人的行为、减少逆向选择和道德风险的出现，充分保障投资人、投保人和被保险人的知情权，保证保险市场的有效运行和健康发展。

其次，会计监督有助于完善行业基本制度。我国保险市场自改革开放以来，从规模、深度和广度三方面全面展开。保险业务迅速扩张，保险市场的主体数量不断增加，保费规模逐年提高，市场规则建设逐步完善，市场约束力量正在形成，以上发展使得会计信息与投资者、被保险人的关系越来越紧密。会计监督有利于形成一种新的市场化信息披露机制，促使保险公司面向市场规范披露经营信息，让公众了解其真实情况，进而做出正确选择，帮助保险公司和客户有效规避风险。

最后，会计监督能够强化保险监管作用。加强对保险业的监督管理，维护社会经济秩序和社会公共利益是保险法的基本目标。在我国的保险监管实践中，会计一直是监管部门执法的重要根据。比如保监会自2008年3月以来开展了规范保险市场秩序工作，该项工作涉及财险、寿险、中介、资金运用等多个领域，着眼于防范风险、化解风险，重点关注公司内部控制的健全性、合理性和有效性以及经营合规性和财务、业务数据的真实性。通过对会计信息真实性的审查，2008年保监会对保险机构、保险中介机构和保险从业人员进行了853次行政处罚，同比增加2.77%。其中，责令撤换高管人员105人，同比增加2.94%；罚款3467.3万元，同比增加13.48%；责令停止接受新业务43项；警告159家机构和345人。未来保监会将把工作重点放在数据真实性上，开展财务业务数据真实性检查。依靠财务会计进行有效的监管，不仅整顿了行业的不正之风，而且降低了全行业的风险，提高了全行业的竞争力。因此，不管是保险监管部门的常规监管还是对危机或突发事件的特殊监管，都应发挥会计信息作为监管核心工具的作用。由于我国目前已经形成了偿付能力监管与建立健全保险公司治理结构、规范保险市场行为的三大支柱现代保险监管制度，防范风险成为保险业健康发展的生命线。保险法应该对保险公司偿付能力的规范，包括对各项保险准备金的确认与计提进行方向性的指导，财务会计不仅必须为偿付能力监管各项指标提供计算依据，并且还必须满足偿付能力监管体系下的各项要求。

二、新《保险法》大幅修改财务会计相关规则

新《保险法》对财务会计相关规则作了大幅度的修订，其中包括新增法条5项、新修改法条4项和保持原有财务会计相关法条4项。新《保险法》涉及财务会计的基本法条及其变化见表6-2。

表6-2 《保险法》涉及财务会计的基本法条及其变化

财务会计相关法条	与修订前比较	规范内容
第73条第1款	新增条款	保险公司设立条件
第75条第4款	新增条款	保险公司设立申请
第88条第2款	新增条款	董事、监事、高管人员任命资格
第102条	原条款	保险经营规则中的公积金提取
第103条	修改条款	保险经营规则中最低偿付能力认定
第111条	新增条款	保险经营规则中的关联方交易信息披露
第113条	新增条款	保险经营规则中的信息披露
第122条	修改条款	保险经营规则中的偿付能力监管惩罚措施
第134条	修改条款	保险经营规则中的信息报送
第135条	原条款	保险经营规则中的信息保存
第136条	修改条款	保险经营规则中的信息审核
第162条第5款	原条款	保险监督管理中的措施权限
第163条	原条款	保险监督管理中的检查权限

此外，为了保持保险法律规范的精要严谨，新《保险法》还删除了原《保险法》第一百零九条的内容，因为这部分关于"保险监督管理机构有权检查保险公司的业务状况、财务状况及资金运用状况，有权要求

保险公司在规定的期限内提供有关的书面报告和资料。保险公司依法接受监督检查。保险监督管理机构有权查询保险公司在金融机构的存款"的规范实际上与新保险法第五章保险业的监督管理规范内容重复。

三、新《保险法》下会计作为监督工具的作用

（一）保险市场准入

运用会计进行常规监管可以根据会计资料了解保险公司的资本实力、经营信誉度、运营情况和预测公司未来业务发展的趋势，防范于未然。新《保险法》新增的第七十三条第1款规定，设立保险公司，主要股东应具有持续经营盈利能力，信誉良好，最近3年内无重大违法违规记录，净资产不低于2亿元。新增的第七十五条第4款规定，保险公司在向国务院保险监督管理机构提出书面申请要求在中国设立保险公司时，必须提交该投资人的营业执照或者其他背景资料和经注册会计师审计的上一年度财务会计报告。保险监督机构将通过年度财务会计报告评估投资人的资本实力和运作情况，分析潜在风险，为批准投资人设立保险公司提供参考依据。在保险公司运营过程中，为了保证保险公司提交的财务会计报告客观准确中立，新《保险法》第一百三十二条修改了原《保险法》第一百二十三条的规定，将保险公司聘请独立评估机构的规范进一步具体化，明确指出保险公司聘请或者解聘会计师事务所，应当向保险监督管理机构报告，对解聘会计师事务所的行为，保险公司应当说明理由。新增的第八十八条第2款规定，因违法行为或者违纪行为被吊销执业资格的律师、注册会计师或者资产评估机构、验证机构等机构的专业人员，自被吊销执业资格之日起未逾5年的，不得担任保险公司的董事、监事、高级管理人员。由此可见，新《保险法》强化了保险市场准入制度，提高了保险"入市"的门槛。

（二）保险市场行为

依法合规经营、理性参与竞争是成熟保险市场的明显特征之一。随着市场主体的急剧膨胀，市场竞争渐趋激烈，个别保险公司的不正当竞争仍然存在，违法违规竞争行为时有发生，这些行为直接导致了保险市场的无序和混乱，影响了我国保险业的健康发展。通过风险预警机制下的现场检查监督措施，有助于保护投保人利益，维护市场秩序，保持市场稳定。新《保险法》第一百六十二条第5款规定，保险监督管理机构依法履行职责，有权查阅、复制当事人和与被调查事件有关的单位和个人的财务会计资料及其他相关文件和资料；对可能被转移、隐匿或者毁损的文件和资料，可以予以封存。此外保险监督管理机构有权检查保险公司的业务状况、财务状况及资金运用状况，有权要求保险公司在规定的期限内提供有关的书面报告、资料和数据（新《保险法》第一百六十三条）。新《保险法》的上述规定有助于监管部门更好地依据会计资料了解保险公司运营过程中出现的问题，分析问题的根源以及为处理问题提供最为客观的原始资料和参考。

（三）保险偿付能力

偿付能力是保险监管的核心。新《保险法》第一百零三条用"认可资产"一词替代了原《保险法》的"实际资产"一词，用"认可负债"一词替代了原保险法的"实际负债"一词，并规定保险公司的认可资产减去认可负债的差额不得低于国务院保险监督管理机构规定的数额；低于规定数额的，应当按照本法新增的第一百二十二条的规定采取相应措施达到最低偿付能力，其措施包括：责令增加资本金、办理再保险；限制业务范围；限制向股东分红；限制固定资产购置或者经营费用规模；限制增设分支机构；责令拍卖不良资产、转让保险业务；限制董事、监事、高级管理人员的薪酬水平；限制商业性广告；责令停止接受新业务。由此可见，新《保险法》规范了最低偿付能力标准，加大了偿付能力监管惩罚措施的力度。

（四）保险经营管理

随着近年来我国保险市场国际化程度的提高和保险公司跨国业务的交叉发展，保险公司内部关联方交易日益增加。结合保险监管部门在近年来发布的一系列保险公司关联交易管理办法，新《保险法》首次将保险公司关联交易的管理和信息披露从法律层面进行规范，要求保险公司应当按照国务院保险监督管理机构的规定，建立对关联交易的管理和信息披露制度（新《保险法》第一百一十一条）。关联方信息披露制度的建立必须依赖于财务会计制度的支撑，并且有赖于保险公司参与第三方交易的相关会计信息进行监督。保险公司除了保险行业本身的经营特色外，同时也具备了其他公司经营的共性。因此新《保险法》第一百零二条规定保险公司除了参照该法第一百零一条提取保险公司特有的准备金外，还应当依照有关法律、行政法规以及国家财务会计制度的规定提取公积金。这一规定将会计制度中对公积金的相关规定从立法层面有机地嵌入到保险公司经营规则中，拓展了会计制度在新《保险法》中的内涵和外延。

（五）保险会计信息管理

为了达到以上各项监管目的和管理效果，有必要对保险公司会计信息的管理进行规范。对此新《保险法》新增加的第一百一十三条规定，保险公司应当按照国务院保险监督管理机构的规定，真实、准确、完整地披露财务会计报告、风险管理状况、保险产品经营情况等重大事项。同时新《保险法》还修改了原《保险法》的第一百二十二条，改由修订后该法的第一百三十四条规范，保险公司应当按照保险监督管理机构的要求，报送有关报告、报表、文件、资料和数据。财务会计报告必须如实记录保险业务事项，不得有虚假记载、误导性陈述和重大遗漏。另外对于保险会计信息的常规管理，保险法维持了原来的相关规定，即新《保险法》第一百三十五条规定，保险公司应当妥善保管业务经营活动的完整账簿、原始凭证及有关资料和数据。各项规定的账簿、原始凭证及有关资料和数据的保管期限，自保险合同终止之日起计算，不得少于10年。不过原法条第一百一十九条和第一百二十条规定，保险公司应当于每一会计年度终了后三个月内，将上一年度的营业报告、财务会计报告及有关报表报送保险监督管理机构，并依法公布；保险公司应当于每月月底前将上一月的营业统计报表报送保险监督管理机构，新《保险法》对此作了删除。因此新《保险法》第一百一十三条的新增规定将作为未来保险公司会计信息披露的主要法律依据。

四、会计作为监督工具的展望

2006年2月，我国财政部发布了包括由1项基本准则和38项具体准则在内的一套新的企业会计准则，并要求上市公司从2007年1月1日起执行。由于新会计准则只要求在上市公司中执行，而目前全国100多家保险公司中只有3家上市保险公司，因此这套与国际会计准则趋同的新准则如果依照财政部的要求并不能改善大多数保险公司财务报告的质量。保险监督管理机构经过广泛讨论和充分论证，认为实施新会计准则，是保险业改革、发展和开放的客观需要，是市场化、国际化经营的客观需要，是推进保险业完善公司治理、转变经营观念、提升内部管理水平的客观需要。保监会在2006年9月20日发出了《关于保险业实施新会计准则有关事项的通知》（保监发〔2006〕96号），要求全行业所有企业，无论是否是上市公司，自2007年1月1日起统一同时执行新会计准则，保险业也因此成为全国第一个全面执行新会计准则的行业。随着新《保险法》进一步加强对保险会计的相关规范，提高会计作为保险监督工具的地位，保险会计与保险业的联系将进一步密切，新颁布的企业会计准则将更好地服务于保险业，提高保险公司会计信息质量。随着会计标准的国际

化，监管部门用于评估保险业偿付能力的监管会计标准与公认会计原则的一致性会不断增强。在此背景下，保险监管机构能否在会计准则的制定中扮演重要的角色也成为保险监管能否实施有效监管的重要因素，因此，《保险法》第二次修改也对保险监管机构未来参与会计准则制定和协调两者之间关系提出了新的任务和挑战。

保险涅槃：解读国务院保险业"新国十条"

2014年8月

现代保险业发源于14世纪中叶，几百年来成为世界上经久不衰的金融支柱行业，并且在国际经济发展、金融稳定、产业服务和社会文明等方面发挥着积极的作用。中国保险业尽管起步较晚，但是呈现出了良好的发展态势。然而，保险业在发展过程中仍然出现了诸如投保容易理赔难、特定灾害无险可保、投保意识淡薄等不尽如人意的地方。国务院发布"新国十条"，无疑将帮助中国保险业涅槃重生，发挥"大保险"功能，实现保险业助力实体经济发展、参与社会公共管理、推动经济转型发展与融入国际经济环境的目标。

一、"新国十条""跳出保险发展保险"

保险业的发展不再拘囿于保险业自身，而将在更加宏大的社会框架和经济秩序下发展。保险业将在社会保障、社会治理、灾害救助、农业发展、国家重大经济改革与发展、金融稳定和对外开放等多个领域发挥重要作用。未来中国的保险业在改善风险分配状况、保护现有财富、累积社会资本、促进资金融通、提供管理建议和缓解财政压力等方面将发挥更加积极地作用。

二、"新国十条""强调市场而不忽略政府"

保险业发展主要在于良好的市场环境和经济秩序。未来商业保险的良好发展将依赖于市场的培育和市场秩序的形成。政府在我国保险业发展的过程中充分意识到保险风险管理的功能，未来国家发展和社会治理将更加重视保险的作用。当前我国经济社会发展过程中所面临的多项重大问题和难题在"新国十条"被提及，比如自然灾害管理、人口老龄化、环境污染、食品安全、医疗责任、医疗意外等，都希望借力于保险机制进行有效的解决。同时，政府的角色在"新国十条"中有了明显的转变，政府在培育良好市场环境的基础上强调了引导、扶持和风险监管：对关系重大民生的保险业务进行扶持、对意义重大且基础薄弱的保险业务进行引导、对维护市场稳定和防范风险进行监管。

三、"新国十条""重视保险企业现代化管理"

磨刀不误砍柴工，保险涅槃不仅需要良好的制度环境、政府扶持，更需要来自于自身的信誉和实力。"新国十条"强调了保险行业改革和开放，保险业能否借"新国十条"春风获得长足发展需要依赖于保险公司内部管理、诚信构建、法人治理结构完善、行业公平竞争、产品创新等自身建设，也依赖于再保险、保险中介等不同主体的共同努力。

四、"新国十条""高屋建瓴助力中国保险国际化"

2001年中国加入WTO，保险业作为金融行业的先驱率先对外开放，10余年来成果丰硕，保险密度（保费收入/总人口）从2001年的全球第73位（20美元）跃居到2012年的全球第61名（178.9美元）；保险深度（保费收入/国内生产总值）从2001年的全球第56名（2.2%）上升为2012年的全球第46名（2.96%）。本次"新国十条"提出了到2020年我国实现保险密度达到3500元/人、保险深度达到5%的宏伟目标，未来保险业将迎来高速成长期。这将有助于提高我国保险行业的国际竞争力，有助于中国企业国际化进程中的风险保障，帮助增强中国保险企业的国际地位，提高我国保险业开放程度。

"十三五"规划与保险监管改革：金融混业监管下的功能监管

2016年1月

金融混业监管逐渐成为发达国家金融行业监管的主要范式，尤其是2008年国际金融危机以来，各国陆续调整和改革了各自的金融监管体系，监管呈现宏观监管与微观监管相结合、机构监管向功能监管转变、监管的中心由事后监管向事前监管移动等特征。随着近年来我国金融行业的深化发展，改革我国现有的以机构监管为主的金融监管模式的呼声越来越高。随着"十三五"规划和我国下一步金融发展的布局调整，下一时期的金融监管改革势在必行，其中包括对金融混业监管和中国保险业从机构监管到功能监管的强化的探讨。

一、大背景：金融混业经营凸显保险地位

随着金融一体化程度的不断加深和我国金融业改革发展程度的不断提高，我国金融业发展表现出明显的综合经营趋势，分业监管的有效基础受到侵蚀。越来越多的金融机构通过控股公司、相互参股、局部业务和产品交叉经营等多种方式加强机构内部合作，使得银行、证券、保险之间的边界被逐步打破，银行、证券、保险、信托、租赁和基金等金融业务交融发展。金融混业经营加大了金融系统性的风险，并且对分业监管制度下的金融监管合作提出了更高的要求。

目前，我国保险机构的混业经营体现在两个方向，一方面是保险公司（比如平安、安邦等）开始积极向其他非保险的金融业务延伸，另一

方面是以非保险起家的其他机构（如中信、光大、国家电网等）不同程度地参与到保险市场中，金融综合经营的发展趋势越来越明显。保险与其他金融机构的融合不仅直接表现为资本结构的结合，更因为这种资本结构的"渊源"加深了业务范围的相互支持。尤其是随着我国保险资金运用渠道的进一步放松，保险业和其他金融行业之间的关联度进一步加大，客观上使得金融分业监管难度变大。除此以外，我国部分保险公司的内部架构已经开始由原来以业务为依据划分职能部门转变为以客户为依据划分职能部门，并且为这些客户提供除了保险以外的信托、理财等其他金融服务，从而使保险产品和其他金融产品的黏度进一步提高。

金融混业经营促进了金融发展，但也增加了系统性风险。2015年6月15日至7月9日的股市波动很好地证明了金融混业所带来的风险及其对现有金融监管体系的挑战。由于银行信贷资金通过理财、基金等形式进入股市，造成18个交易日沪指由5178点至3373点的下跌，使政府清理高杠杆的场外配资和稳定股市面临着巨大压力。因此，保险与其他金融行业的混业经营不仅会使个别金融机构面临风险，还可能由此出现系统性风险，对当前的监管提出新的挑战。

二、供给侧：产品创新挑战现有监管制度

金融行业产品创新和金融衍生品不断更新使分业经营的金融边界被打破，并由此造成可能的监管真空或者重复监管。我国近期"余额宝"的案例可用来说明分业监管下金融创新对金融监管范围的挑战：余额宝的诞生借助了中国人民银行监管的第三方支付平台，并且通过证监会监管的公募基金通道，主要投资于银监会监管的银行协议存款等领域。余额宝的发行涉及中国人民银行、证监会和银监会，但由于是创新产品，在成立之初并没有受到以上监管部门的过多关注，客观上形成了监管真空地带。随着余额宝迅速发展成为国内规模最大的货币基金，不同的金融监管机构都意识到一旦余额宝出现兑付风险，不仅会对金融市场造成冲

击，同时会侵蚀金融消费者利益，因此对"余额宝"的监管又从无人监管变成多头监管，这在一定程度上降低了金融监管的效率。余额宝实际上也涉及保险经营，比如其2014年推出的"用户专享权益2期"实际上是一款由余额宝和珠江人寿共同销售的万能险产品，按照功能监管的理念，保监会应当参与到对余额宝的金融监管中。

我国近年来的保险产品创新取得了重大的突破，一方面众多银行、邮政、基金组织以及其他金融机构与保险公司合作，通过共同的销售渠道向客户提供保险产品和服务；另一方面，保险公司也向客户销售传统寿险以外的包括投资连接保险、分红保险等在内的创新型产品，进一步增加了机构监管的难度和内容。除此以外，保险业与互联网的结合也对现有保险监管提出了挑战，许多不具备保险产品经营资质的互联网平台开始销售保险产品、"抗癌公社""壁虎互助"等多个并未获得保监会审批的、致力于成立相互保险公司的主体开始进行类保险产品的推广等，形成了我国当前保险机构监管的盲区。

三、新常态:保险行业发展要求制度改革

"十三五"规划期间我国保险业新的发展特征、国家"十三五"战略对保险业提出的内在要求、进一步加强保险消费者权益保护等因素也要求对我国保险监管进行改革。

（一）保险业发展新特征

传统的保险公司经营一般采用负债驱动资产模式，这种模式下保险资金运用更注重资产配置和负债久期，关注负债成本和承保利润。我国当前针对负债驱动资产的经营模式积累了丰富的保险监管经验，然而近年来我国的安邦、生命人寿、前海人寿等保险公司更多采用资产驱动负债的保险资金运用模式，将大部分保险资金投资在权益类投资和另类投资上，使得保险资金运用和保险产品的风险关联度变强，风险敞口变

大，这无疑对下一步的保险监管提出了更高的挑战。保险业发展的新趋势客观上要求保险监管及时更新，随着我国近期越来越多的保险公司从原来的负债驱动型转向资产驱动型的经营管理模式，保险业的传统业务与保险资金运用相结合，内部风险结构发生了根本的变化，调整和优化保险监管内部的目标监管与功能监管的任务无疑更重了。

（二）保险业助力国家战略和倡议

在我国"自贸区改革""人民币国际化"等一系列国家战略和"一带一路"倡议下，保险业走出去和深度参与中国下一轮经济开放的战略将取得重大进展。越来越多的保险公司走出国门设立保险分公司，通过并购等方式持有国外资产，为本国企业国际化发展提供风险保障，并积极参与国际基础设施建设。

中国保险业在国际舞台上发挥积极作用，客观上还需要我国保险监管规则和国际监管规则进一步趋同、保险监管机构和其他国家保险监管机构建立良好的合作和互动。尽管目前我国保监会专设国际部（港澳台办公室）承办保监会与有关国际组织、有关国家和地区监管机构和保险机构的联系及合作，负责外事管理工作、境外机构境内展业和境内机构境外展业的审批与管理，但是随着中国保险业进一步的国际化，国际部目前承担的职能将可能无法满足中国保险机构境外发展的相关需求，无法在监管上更好的助力我国保险业的国际战略和在下一轮经济开放中发挥更加重要的作用。

（三）保险消费者权益保护

进一步加强对我国保险消费者权益的保护，也是保险监管改革的重中之重。2009年10月1日我国新实施的《保险法》更加注重保护投保人、被保险人和受益人的合法权益，但是保险投诉的情况仍居高不下。实际上维护保险消费者权益不仅仅是保险消费者权益保护局的工作重

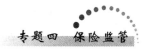

点，也是保监会内部其他部门的共同任务，比如一旦保险市场出现重大系统性风险，保险消费者的保单利益将不可避免受到损害，因此维护保险市场稳定、使保险市场不发生系统性风险也是功能监管制度下保护消费者权利的重要内容之一。

四、全球化：国际金融监管趋向功能监管

2008年国际金融危机以后，多个国家金融监管机构不断反思金融市场发展与金融监管的脱节问题，并且多国的监管都更加注重宏观审慎监管与微观审慎监管的结合。2009年二十国集团（G20）在伦敦峰会联合公报上达成共识，所有金融机构、市场和工具都必须接受适度监管和管理，各国普遍加强了对金融行为的监管力度，并确立了审慎监管的原则。综观近期全球金融监管体系改革，总体呈现出几大趋势：

（1）从分业监管过渡到统一监管。英美等大国相继进行金融监管改革，尤其是美国1999年11月颁发《金融服务现代化法案》，由完全的分业监管向综合监管与分业监管结合的模式转变。David Llewellyn（1999）对全球73个主要国家的金融监管结构进行研究后发现，73个国家中有39个国家（占比53.4%）不同程度地采用了银行、证券和保险统一监管的模式，并且实施专业监管即完全分业监管的国家的数量呈下降趋势。

（2）监管目标由安全第一转向效率、成本与安全的统一。21世纪初期，各大主要国家相继修改本国的金融监管目标，由原来主要强调"安全第一"的监管目标修改成为兼顾效率和成本的监管目标。比如2000年7月日本在原有金融监督厅的基础上成立了金融厅，并修改了原来安全为主的原则，将金融体系的安全、活力和金融市场的公正和效率确定为首要的监管任务。2000年英国皇室批准通过的《2000年金融服务和市场法》，明确提出良好监管的六大原则：使用监管资源的效率和经济原则、被监管机构的管理者应该承担相应的责任、权衡监管的收益和可能带来的成本、促进金融创新、保持本国金融业的国际竞争力、避免不必要的

对竞争的扭曲和破坏。美国1999年11月通过的《金融服务现代化法》的目的也在于促进金融业的竞争和效率。

（3）监管重点由事后监管向事前监管前移。许多国家原先的金融监管都关注本国金融机构执行有关法律法规的情况，并且据此进行事后的补偿和处罚。这种合规性监管不能很好的对风险进行预测和防御。因此，金融危机以后，越来越多的国家在重视合规性监管的同时，加强了风险性监管，即把监管重点由原来的事后监管前移至事前的防御，对本国金融机构的资本充足程度、资产质量、流动性加以检测和管理。这一举措在金融业尤为明显，随着《巴塞尔协议III》的推广，各国均对本国金融行业的信用风险、市场风险、利率风险、流动性风险、操作风险、法律风险、声誉风险等实施全面的风险预测与管理。

（4）金融监管国际合作进一步深化。在全球化的进程下，一国的金融监管已经无法有效地防范本国的金融市场风险，因此各国金融监管的合作进一步加强。在此基础上，世界银行（World Bank）、国际货币基金组织(International Monetary Fund)、国际清算银行(Bank for International Settlements)、金融稳定论坛（Financial Stability Forum）、国际证监会组织(International Organization of Securities Commission)、国际保险监督官协会(International Association of Insurance Supervisors)等多个机构进行了大力的探索，试图将金融监管由单一立法向全球统一监管转变。

以上大金融监管环境的变化同样影响着保险监管。近年来国际上各个发达国家保险行业监管模式呈现出从市场行为监管向偿付能力监管转变、从机构监管向功能监管转变、从分业监管向混业监管转变、从严格监管向松散监管转变、保险信息公开化、保险监管法制化的发展趋势。

作为主导保险业国际规则的重要机构国际保险监督官协会IAIS，其保险核心原则即保险监管的首要目标是促进和维护行业的公平、安全和稳定，保护投保人利益。其中，保护保险消费者利益便是功能监管理论下双峰监管的重要一峰。这和我国《保险法》第一百三十四条规定保险

监管要"维护保险市场秩序，保护投保人、被保险人和受益人的合法权益"的精神是相契合的。实际上各国保险监管在强化对保险机构整体监管的同时，都从加强对公司治理、偿付能力和资金运用等的专业监管入手，形成对保险机构的功能监管。

我国保险监管在当前形势下与其他金融行业协同发展、深度参与国家治理与社会管理、推动我国经济发展和社会转型、保障民生与提高社会福利等方面密切相关。我国的保险监管体制尽管自1998年保监会成立以后极大程度地推动了保险行业发展，但是仍然和新时期金融业监管发展趋势与保险业良性发展的内在需求存在一定的差距，需要进一步改革以更好、更快地促进保险行业的健康发展，发挥在大金融与大经济下的重要作用。

金融监管改革下的消费者权益保护

2016 年 3 月

近日，"一行三会"合并的话题被广泛讨论。2008 年国际金融危机以后，金融监管制度的改革成为了各国关注的热点，中国也不例外。随着近年来我国金融行业的飞速发展，对我国金融监管模式的调整也受到我国政府和社会的广泛关注。当前，我国金融消费者权益的保障工作分属于不同的监管机构，保监会、银监会和证监会各自设立相应的职能部门，保护保险、银行和证券业务消费者的合法权益。比如，保监会于 2011 年成立保险消费者权益保护局，专门负责保险消费者投诉和咨询，处理各类消费者维权和信息披露等工作。混合金融监管模式下，对消费者权益的保护将打破行业界限，重新布局。

一、消费者权益保护是现代金融监管的核心

指导全球金融监管制度改革的各种金融学理论中，有一种监管理论被称为"行为监管理论"，它是 1995 年由英国学者迈克尔·泰勒（Michael Taylor）提出的。泰勒认为，金融监管由两大目标组成：一是审慎监管目标，目的在于维护金融机构的稳健经营和金融体系的稳定（即微观与宏观的审慎监管），防止系统性金融风险的发生或市场崩溃；二是通过市场行为的监管提高金融效率，包括金融消费者保护、维护市场透明度、促进公平竞争、增强诚信建设和减少金融犯罪五个方面。

具体而言，行为监管是指金融监管部门对各金融机构的经营活动进行监督管理，这些管理规定包括金融机构本身应该进行信息披露、禁止欺诈误导；同类金融机构之间禁止不正当竞争行为、操纵市场行为和内

幕交易行为；对用户和消费者权益进行保护，维护用户信息安全，关心和保护弱势群体利益，提高金融机构的诚信意识，树立金融机构在消费者群体中的良好声誉。当然，监管部门的行为监管还需要通过制定相关法律法规、进行现场检查和非现场检查确定金融机构是否合规经营等手段来完成，由此形成了金融监管部门内部复杂的机构分立。

由此可见，行为监管理论实际上围绕着保护金融消费者权益的核心目标展开，这种监管以用户为导向，无须区分银行、证券、保险的不同业务。行为监管理论后来成为指导英国、德国、日本、卡塔尔、新加坡、瑞士、澳大利亚、荷兰、西班牙等国家金融业监管的重要理论。

二、澳大利亚金融监管模式"一切为了消费者"

在将保险、银行和证券统一由一个大监管机构进行综合监管的各个国家中，澳大利亚的金融监管模型成为强调消费者保护的典范。1998年，澳大利亚成立金融审慎监管局（Australian Prudential Regulation Authority，APRA），负责原由央行承担的对吸收存款机构、保险公司和养老金机构的审慎监管职责，同时将金融消费者保护职责交给澳大利亚证监会（ASC），并将其更名为澳大利亚证券与投资委员会（ASIC），其监管职责进一步扩展至通过提高投资者和金融消费者信心，改善金融市场的公平性和透明度。实际上，ASIC承担了金融行为监管的主要职责。

澳大利亚的模式也被称为"双峰监管"模式，此模式由两个在职能上相互补充的金融监管机构组成，一个机构负责对金融领域里的系统性风险进行审慎的监管，另一个机构负责对金融机构的机会主义行为进行合规监管，重点是对消费者权益的保护。

双峰监管模式具有很多优点，它既没有界定金融机构监管边界的烦恼，又消除了综合监管模式没有补充余地的风险。同时双峰监管模式还明确规定：当金融稳定目标和消费者保护目标发生冲突时，审慎监管机构将在确保金融稳定的前提下保护消费者权益，这在综合监管模式下是

很难做到的。

三、我国采用混业金融监管将更好保护消费者权益

改革我国当前以机构监管为主的金融监管模式，合并"一行三会"并且调整这些监管职能部门内部的机构设置，使我国金融监管朝着综合监管模式发展，是目前我国金融监管改革的趋势。在推动这一趋势的各项动力中，保护消费者权益这一动因不可忽略。因为在当前的金融市场上，许多金融产品实际上已经突破了原来金融、保险和证券的界限，使得针对机构的监管容易产生监管真空或者监管重叠，从而无法保障消费者权益。金融创新下对消费者权益的保护不仅给消费者带来了困惑，也给监管部门带来了新的挑战。

随着经济的迅猛发展、金融工具的不断创新、大数据和信息技术的普及运用，保险业和其他金融行业的边界变得越发模糊。通过混业，各家金融集团能够更好地适应市场需求，创造更多价值，但也带来了更多的风险，对消费者权益的保障变得更难了。因此，我国下一步的金融监管改革将从保障金融消费者权益的动机出发，整合现有模式下业务分离的消费者权益保护机构，更有效率、更全方位的保障金融消费者权益。

中国发展长期护理保险的政策建议
——基于道德风险的视角

2016 年 11 月

一、我国长期护理保险的发展

长期护理保险是指为疾病、伤残、老龄化等原因造成的需要被长期照顾的被保险人提供护理费用的一种健康保险。国际上的长期护理保险通常包括两大范式：一类是以美国为代表的商业保险模式，由保险公司负责运营；另一类是以德国为代表的社会保险模式，将该险种纳入本国的社会保障体系。我国目前的《社会保险法》并未将长期护理保险纳入到我国社会保险体系中，但是近年来这一呼声越来越高。

无论是采用保险公司为主导的商业长期护理保险模式，还是采用社会保险框架内的长期护理保险制度，中国发展长期护理保险的脚步一直没有停止。以近期若干重大新闻事件为例：2016 年 6 月，人力资源社会保障部颁发《关于开展长期护理保险制度试点的指导意见》，选取我国 15 个地区首先进行长期护理社会保险试点；2016 年 10 月，我国泛海集团收购美国最大长期护理保险公司 Genworth 金融。本文从道德风险的视角重点分析中国未来长期护理保险发展面临的挑战。①

---

① 本文所采用的问卷调查和数据分析来源自许闲与 Peter Zweifel 发表于《Geneva Papers on Risk and Insurance – Issues and Practice》2014 年第 4 期的《Bilateral Intergenerational Moral Hazard: Empirical Evidence from China》。

二、长期护理保险与"双边代际道德风险"

双边代际道德风险一直以来都被学界认为是阻碍长期护理保险发展的重要因素。其具体含义为父母为了实现家庭养老而存在不购买或少购买长期护理保险的道德风险，而子女在父母拥有保险的情况下也存在减少对父母照顾的道德风险。经济发展与社会进步、养老观念的历史传承与更新、养老制度的完善等因素使得中国养老关系受到各种因素的影响，同样可能存在"双边代际道德风险"。

父母和子女作为养老关系的主体共同决定了家庭（父母独住或者与子女共住）或者养老院养老的形式，而这些不同养老形式的养老关系中又涉及子女自己照顾护理、护工家庭看护或者养老院专业看护等不同手段。子女亲自照顾父母意味着子女放弃了用于其他方面的时间，尽管这种护理手段能够给父母带来更高的效用，但是却牺牲了子女自己潜在的收入（机会成本）；护工家庭看护或者养老院专业看护对家庭而言涉及额外的开支，而这种开支又可以通过养老保险或者长期护理保险等形式进行风险转移，也可能由父母或者子女的现有财富进行承担。

子女与父母作为成年的个体，他们的养老关系实际上是一种非合作博弈，各方主体受老龄父母的健康情况、财富水平、子女照顾父母的机会成本、对遗产预期等因素的影响进行自主的决策，从而产生了养老关系中的双边代际道德风险。举例而言，当子女减少时间照顾父母时，父母可能通过增加购买长期护理保险来弥补子女无法照顾自己的情况。由于子女亲自照顾父母会给父母带来更高的效用，父母也可能通过降低购买长期护理保险，迫使子女不得不投入更多的时间来照顾自己。

三、我国的双边代际道德风险困境

许闲与 Peter Zweifel（2014）的研究表明，中国在推进长期护理保险过程中，同样存在着双边代际道德风险。不论是父母还是孩子在问卷调查中均表现出基本的道德风险效应，受访者站在父母的角度时，如果子女能够提供更多的非正式护理，受访者会减少对于长期护理保险的需求；而站在儿女的角度时，如果父母购买长期护理保险的范围变大，他们会相应地减少对父母的护理行为。

根据理论预测，父母未来所拥有的更多的财富以及更丰厚的遗产可能都会让子女对父母提供更多的非正式个人护理，从而降低对长期护理保险的购买。一方面中国经济近几年仍会以每年约7%的增长率增长，随着这种增长，父母会拥有更多的财富；另一方面，尽管中国的计划生育制度近期有所放宽，但是家庭规模不会有很大的增长，父母所积累的财富在未来的某一时间里将作为遗产转移到下一代。不论是父母的财产还是给孩子留下的遗产在未来几十年中呈一定的增长趋势。面对增长的父母财富和遗产期望，子女将更加倾向于直接提供对父母的照料，从而减少购买长期护理保险的需求。简而言之，在中国，子女通常会受"照顾越多，保险越少"这一想法的影响而改变自己的行为。

由于女性劳动力价格、生活成本、药品价格等因素在未来的推升，人们在未来的护理开销也将增大。上述调研发现，当父母有长期护理覆盖时子女们会减少对父母提供非正式护理。在存在长期护理保险的情况下，"儿女不会给父母提供非正式护理"这一现象在中国将会变得更加普遍。这一发现对保险公司而言又是一个发展长期护理保险不利的因素，因为由正规的长期护理服务来代替非正式护理的费用都要由保险公司承担，保险公司的成本将上升，利润空间将下降，甚至无利可图。

父母身体状况不佳被认为可以促进父母对于长期护理保险的需求，相反地，父母健康状况的改善则会减少他们未来对于长期护理保险的需求。和其他亚太经合组织国家的道路相同，未来中国老年人的身体健康状况会比现今要好。这种长寿风险将进一步增大长期护理保险的费用，给保险公司经营管理带来更多的不确定性。

四、发展我国长期护理保险的若干建议

长期护理保险在我国有着巨大的市场前景。根据调查，不少于87%的受访者认为正规的长期护理保险对于老年人或其子女而言都是一笔庞大的隐性开支。由于中国的社会保险目前没有覆盖长期护理的开支，私人长期护理保险具有巨大的发展潜力。

不过，双边代际道德风险将是中国商业长期护理保险发展的阻碍之一。保险公司必须在险种设计中引入管理道德风险的相关要素，通过免赔额或者共同分担的设置，降低投保人的道德风险。另一种通常方法是引入经验费率，对没有索赔（或者在某限定额下）的被保险人提供保费补偿。

将长期护理保险纳入未来我国的社会保险体系，也是中国政府的选择之一。本次调研显示，高达61%的受访者认为长期护理的负担应该由社保来承担。而这种解决方式的缺点在于社保强调人人平等原则，相同的保费下无法使用上文所述的控制道德风险的措施。

作为替代，中国政府的第三种选择是推动和鼓励私人长期护理保险。这一做法又存在至少两种选择。一种是在长期护理保险范围内对保单销售提供税收优惠，在累进所得税制下，这为小康家庭提供了十分强大的推动力。因此，税收优惠对于长期护理保险的建立会有非常积极的作用。而另一种可能的选择是提供一笔补助金，帮助特定收入人群购买长期护理保险。

7 专题五　保险会计

中国保险会计制度改革的历史演进与思考①
——写在中国改革开放 30 周年之际

2009 年 2 月 17 日

1978—2008 年是中国改革开放的 30 年，也是中国保险会计变革的 30 年。

30 年间，中国保险业发展实现了前所未有的大突破、大跨越和大发展伴随着保险业的发展，中国保险会计理论和实践也发生了根本性改变。回首保险会计发展的历程，我们心中油然生起一种振奋、激昂，一种骄傲、自豪!

保险会计变革的实质是寻找一种会计系统以适应经济社会发展变化的新机制。而这些年中国人最大的环境变化莫过于从计划经济到市场经济的体制转型，保险会计正是沿着这个转型轨迹艰难而健康地前行着。

还记得当年的"记账方法之争"和"会计阶级性的讨论"，还记得基于"资金运用＝资金来源"的会计体系，还记得"打酱油的钱不能买醋"的资金管理模式……然而，斗转星移，今天的会计已经焕然一新，会计的思维方式和机制机理都发生了变化，会计更好地适应了转型经济发展的需要。

2008 年，改革开放步入而立之年，回眸这 30 个年头，保险会计制度走过了从统到分，又由分到统的过程，历史将铭记中国保险会计制度变革的五个时期。

---

① 本文合作者为侯旭华。

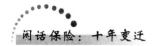

一、《中国人民保险公司会计制度》时期（1984—1993年）

开拓了保险会计制度的新篇章

我国保险业起步较晚，1949年10月，中国人民银行开始创办中国人民保险公司。1959—1978年，受计划经济思想的影响，国内业务停办，中国人民保险公司专营国外业务；1979年中国人民银行开始恢复国内业务；1982年中国人民保险公司独立出来，继而在1984年2月颁布了《中国人民保险公司会计制度》。由于当时我国的经济体制还是计划体制，而且保险公司发展还处于"拓荒"阶段，许多保险企业独有的特性尚未发挥出来，财会制度上缺乏相应细化的规定。受计划经济的影响，保险公司在财务会计制度上实行统一计划、分户经营、以收抵支、按盈提奖的财务管理体制；会计制度实行"统一领导，分级管理"的原则；在核算体制上按照不同性质的保险业务，按国内财险、涉外财险、出口信用险和人寿保险业务单独核算，分别确定会计核算体制；会计恒等式采用"资金平衡理论"，即"资金占用总额＝资金来源总额"；记账方法允许从资金收付记账法、借贷记账法中任选一种；财务报表包括资产负债表、损益计算表及费用明细表、专用基金明细表、固定资产表、利润分配及税款解缴情况表等。

二、《保险企业会计制度》时期（1993—1998年）

实现了由计划经济到市场经济的模式性转换

随着党的"十四大"召开，以上这种计划体制下的会计制度已不能适应党的"十四大"报告中提出的"我国经济体制改革的目标是建立社会主义市场经济"的改革新要求。1993年，财政部根据社会主义市场经济的总体要求，对我国所有的会计制度进行了全面、彻底的改革，并结合保险行业经营特点及管理要求，于1993年2月24日在《企业会计准则》的基础上颁布了《保险企业会计制度》，于 1993 年 7 月 1 日起施行。这次改革是一项重大的举措，它突破了计划经济体制下的簿记制度，首次确立了资产、负债、所有者权益、收入、费用和利润会计要素体系，规范了会计核算的基本前提和基本原则，提高了企业财务核算的真实性和准确性；在核算体制上将非人身险业务与人身险业务分别进行会计核算，即分别建账、分别核算损益，提高了险种效益；建立了资本金制度，实行资本保全原则，改革了资金管理办法，取消了专款专用制度，促进企业提高资金运用效益；抛弃了与计划经济体制相适应的"资金来源总额=资金占用总额"的平衡公式，采用了与市场经济体制相适应的"资产=负债+所有者权益"的会计恒等式，明确了产权关系；采用了国际通用的借贷记账法和国际通行的会计报表体系，规定保险企业对外报表为资产负债表、损益表、财务状况变动表和利润分配表，使财务信息成为国际通用的商业语言。

三、《保险公司会计制度》时期（1998—2001 年）

适应了保险市场和保险管理体制的新变化

1993 年制定的《保险企业会计制度》执行了 6 年，它对于促进保险企业的发展，促进企业间有序竞争，起到了积极的作用。但是，随着我国社会主义市场经济体制的不断完善，国内保险市场不断发展和壮大，保险行业发生了许多新变化，特别是 1995 年 10 月，我国颁布实施了《保险法》，国家加大了对保险行业的监管力度，并于 1998 年成立了保险监督管理委员会，此后，保险监管部门出台了《保险管理暂行规定》等配套的政策法规，保险公司管理体制发生了重大变化，保险公司的保险业务由多业经营转向分业经营；另外，保险公司保险资金运用发生了重大转变，改变了过去放开经营的做法。这些新变化和新情况客观上要求会计制度与之相适应，作出新的规范。因此，1998 年 12 月 8 日，财政部对原制度进行了修改，颁布了《保险公司会计制度》，于1999年1月1日起施行。这次改革考虑到当时保险企业都已是公司制企业，将《保险企业会计制度》改名为《保险公司会计制度》。制度根据保险分业经营的原则，对保险业务的分类进行了调整，将保险业务分为财产保险公司的业务、人寿保险公司的业务和再保险公司的业务三大类，并实行按险种分类核算；增加了确认保费收入的原则以及存出资本保证金、提取保险保障基金的会计处理，调整了贷款、股权投资业务的会计处理；规范了会计报表体系，将原"损益表"名称改为"利润表"，将原按保险业务设置的损益表改为按保险公司设置利润表，并对各张报表的指标项目作了相应调整；用现金流量表取代财务状况变动表，确立了现金流量表在保险财务报表中的至尊地位。

四、《金融企业会计制度》时期（2001—2006年）

充分考虑了上市公司投资者日益增长的信息需求

2001年，继新《会计法》《企业财务会计报告条例》颁布实施之后，财政部又发布了《企业会计制度》，保险公司又一次面临重大变革。因此，2001年11月27日，财政部颁布了《金融企业会计制度》，于2002年1月1日起在上市公司施行。该制度以《企业会计制度》为基础，借鉴国际会计惯例，充分考虑了股份制改革的必然趋势，特别是上市企业的基本要求，集银行、证券、保险等会计制度于一体，分别对六个会计要素以及有关金融业务和财务会计报告作出全面系统的规定。这次改革是提高会计信息质量的又一重大举措，它实现了会计要素的重新界定以及相关的确认和计量；在某些会计原则和会计处理方法上实现了与国际会计惯例的协调，比如，首次将国际上普遍遵循的实质重于形式原则纳入新制度；各项准备金的提取采取了国际通用的办法。而且，无论是会计要素的确认，还是会计方法的处理以及会计信息的披露，该制度都将谨慎

性原则体现得淋漓尽致。比如，新制度将虚拟资产排除在资产负债表之外，明确规定开办费不得列入资产，待处理财产损溢在期末结账前处理完毕；注重资产质量，要求计提各项资产减值准备，这无疑对挤干资产水分，消化不良资产，提高资产质量有重要意义。另外，该制度在原来提供的资产负债表、利润表、现金流量表和利润分配表的基础上增加了所有者权益变动表，对会计报表附注进行了详细、严密的规范，提高了财务会计报告的信息含量和可理解性。

五、企业会计准则时期（2006年至今）

实现了国际惯例的趋同性与中国特色的创新性相结合

2006年2月15日，财政部发布了包括1项基本准则和38项具体会计准则在内的企业会计准则体系，规定于2007年1月1日在上市公司实行。新企业会计准则的建立，标志着我国会计改革有了新的跨越和突破，特别是新准则第一次确认了有关保险行业的会计准则，包括《企业会计准则第25号——原保险合同》和《企业会计准则第26号——再保险合同》，规范了保险人签发的保险合同和再保险合同的会计处理和相关信息的列报，这意味中国保险会计制度从此走向了准则导向的道路，它是我国保险会计史的重要里程碑。新准则强化了为投资者和社会公众提供决策有用会计信息的新理念，为了与目标相协调，直接提出了会计信息的质量要求，重新严格界定了资产、负债、所有者权益、收入、费用等会计要素定义，明确规定了有关会计要素的确认条件；第一次引入公允价值计量要求，对于非同一控制下的企业合并、部分金融工具、股份支付等，都要求以公允价值计量，使会计记录由静态转为动态，提升了会计信息的有用性。而且，新准则规范了新的会计业务，提出了许多新的概念，比如金融工具、投资性房地产和股份支付等，彻底改变了衍生金融工具的"表外"特点，通过表外金融资产、负债的表内化，使财务报表使用者更容易评价公司风险管理的有效性。另外，新准则规范了企业合并、合并会计报表等重要的会计事项；引入了每股收益、分部报告等比以往更加严格具体的披露要求，给财务报表使用者提供了更为透明的信息。总之，这些规定在根本上实现了与国际规则的趋同。但趋同不等于完全等同，它既立足于中国国情，又努力与国际惯例趋同，把趋同与创新结合起来。比如，国际财务报告准则（IFRS）对保险合同成立的要素主要看重大保险风险的转移程度，而在新准则下，将"重大"两字移去，保险合同成立的要素主要看是否存在保险风险，不考虑保险风险转移的程度；新的资产减值准备准则规定，资产减值损失一经确认，在以后期间不得转回。它是根据我国的现实国情而采取的重大变革，这一点与国际会计准则具有实质性差异。

纵观30年的改革历程，中国保险会计变革遵循了"改革开放—市场经济—资本市场"的内在逻辑，不仅坚持了国际通用标准，也保持了自己应有的理性。"向海而兴，背海而衰。禁海则亡，开海则强"，30年间的改革开放恰如600年前的郑和下西洋一样，我们正以一种更加开放的精神走向世界。

当然，我们也要看到，挑战与机遇并存。当前我国正处于保险经济体制改革的关键时期，我国保险市场已处于完全开放状态，上市保险公司日益增多，保险会计信息的透明化、明朗化、公开化已成为保险公司必须履行的一项强制性义务。保险公司业务的创新、保险公司对新兴技术的采用、保险公司会计理论与实践水平的提升都使保险公司的会计核算在思想和方法上还面临着革新的要求。为了进一步完善市场经济体制，强化市场约束，提高保险信息透明度，增强参与国际保险竞争的能力，促进保险业的做大做强，唯有继续解放思想，更新观念，坚持改革开放！这是30年实践得出的必然结论，也是站在新起点建设有中国特色保险业道路的唯一正确的选择。

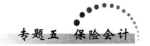

保险合同界定成为国际保险会计趋同关键

——各国保险合同界定面面观

2008年3月6日

自2007年开始，中国保险业开始执行新企业会计准则。新企业会计准则一改以往以专门制度规范金融保险会计的做法，采用了所有企业适用一套准则、仅将保险合同的确认与计量在新企业会计准则中进行规范这一新做法。新企业会计准则的这一转变，极大地促进了我国保险会计与国际会计准则的趋同，同时也反映了定义保险合同的重要性。尽管如此，各个国家或国际组织对保险合同的定义仍然存在分歧，分析比较各大主要会计制度对保险合同定义的异同，是促进国际保险会计趋同的首要任务。

一、保险合同的尴尬：各国保险合同定义各异，保险合同分类标准不一

日常生活中对保险的理解似乎显而易见，有趣的是各个国家对保险合同的定义却截然不同。比如中国以保险风险的转移为依据，国际会计准则委员会却认为仅仅转移了保险风险并不一定就是保险合同，而只有当保险风险是重大的保险风险时，该合同才能认定为保险合同。以法律健全著称的德国则避开了这一尴尬境地，未在法律中明确定义保险合同。

除此以外，各国对保险合同的分类也参照了不同的划分标准。我国将保险标的划分为财产保险和人身保险，人身保险中又细分为人寿保险、人身意外伤害险和健康保险；日本则分为损害保险和生命保险，损害保险中包括财产保险、意外保险和健康保险；澳大利亚将保险合同分为普通保险和人寿保险；德国将保险合同分类为人身保险和非人身保险。对保险合同的不同定义和不同分类，间接导致了各个国家采用的保险会计模式的不同。

二、中国：保险风险转移是关键，延长期赔付责任为分类依据

作为保险业的根本大法，《中华人民共和国保险法》仅仅对保险进行了定义，而没有特别针对保险合同进行定义。法律层面对保险合同的定义，始见于2006年财政部颁布的企业会计准则体系。根据《企业会计准则第25号——原保险合同》第二条规定，保险合同是指保险人与投保人约定保险权利义务关系，并承担源于被保险人保险风险的协议。承担投保人的保险风险，是保险合同区别于其他合同的主要特征。该会计准则认为，对发生保险事故可能导致保险人承担赔付保险金责任的，应当确定保险人承担了保险风险。新引进的保险风险概念，是我国保险会计与国际会计准则实行趋同的重要转变。事实上基于这一界定，由于一方面中国市场的保险产品一般都含有风险的转移，另一方面新会计准则没有对风险承担的程度提出要求，所以大部分险种的合同都符合原保险合同的定义。

目前，中国保险市场上的保险合同种类繁多，比如财产保险、责任保险、信用保证保险、终身人寿险、定期人寿险、年金合同、人身意外伤害险、投资连接保险和两全保险等。企业会计准则将这些保险合同分为两类，即寿险原保险合同和非寿险原保险合同。寿险原保险合同是指在原保险合同延长期内承担赔付保险金责任的合同；非寿险原保险合同是指在原保险合同延长期内不承担赔付保险金责任的合同。原保险合同延长期的概念也出现于其他国家保险会计规范中（比如美国），但是中国对该术语进行了自己的定义。根据新会计准则，原保险合同延长期是指投保人自上一期保费到期日未交纳保费，保险人仍承担赔付保险金责任

的期间。

三、德国：国内法律未予以明确定义，欧盟法令援引国际会计准则

作为大陆法系的代表国家之一，德国并没有在本国的法律中对保险合同进行具体的定义。德国《保险合同法》《保险监督法》和学术界对保险合同有着不同的界定标准。《保险合同法》在第一条关于保险合同义务中指出，保险合同是指保险人在约定情况下对投保人或者第三方特定风险损失进行赔偿或者特定保险金责任给付进行承诺的依据，它同时也是投保人支付保险费的依据。《保险监督法》认为保险公司的主要特征是以保险业务为主营业务，但是该法没有涉及保险合同定义。德国联邦宪法法院在2005年指出，保险合同不仅应该涉及投保人和承保人，而且应当是承保人运用大数定理保险法则的依据。首先通过对以上各个法律和司法解释的分析，德国保险合同至少必须具备四个特征，即保险合同首先必须满足有偿性、合法性和独立性的特点，其次必须有明确保险赔付的承诺，而且合同标的必须涉及未知的保险风险，最后它还必须与其他保险合同一起使得保险公司可以综合运用大数定理这一保险法则。

虽然德国法律没有具体定义保险合同，但是欧盟指令在德国转换成国内法可以弥补这一缺陷。2002年欧盟委员会通过一项指令，要求欧盟所有的上市企业自2005年开始采用国际会计准则规定的财务标准。目前德国适用的商法典第292a条和第315a条规定德国的上市公司必须采用国际通用的会计制度编制财务报告，德国法兰克福证券交易所二板市场的上市公司必须优先采用国际会计准则编制财务报告。因此，国际会计准则对保险合同的定义同样也适用于在德国执业的保险公司。

四、美国：保险合同分长期合同和短期合同，延长期为分类关键

美国对保险合同的定义，见诸美国财务会计准则委员会发布的财务

会计准则第60号公告《保险企业会计与报告》。根据该公告，保险合同可分为长期合同和短期合同，两类合同在会计处理上存在着很大差别。短期合同是指在固定期限内保险公司为投保人提供的保险合同，在合同到期日保险公司有权取消合同或者对合同条款进行修改，比如提高保费或者修改保险涵盖范围。实践中大部分的财产险和责任险合同都属于短期保险合同。长期合同是指通常不能经由单边行为改变合同条款的一类合同，比如合同中规定了不可撤销条款或者保证延长条款，同时保险公司为投保人在延长期内提供保险承诺在内的各种服务。大部分的人身保险都属于长期合同的范畴。

这一分类方法并不是严格以合同期限的长短为标准的，而是取决于保险合同是否存在延长期。第60号公告并没有对延长期进行定义，但是从公告对短期合同和长期合同的定义中可以看出，美国保险会计对延长期的定义，明显不同于中国会计准则中保险合同延长期的概念。简而言之，短期保险合同没有延长期，而长期保险合同必定具备延长期。

五、国际会计准则委员会：合同主体不局限保险公司和投保人，强调重大保险风险

国际会计准则委员会于2004年3月发布国际财务报告准则第4号《保险合同》。该准则对保险合同的定义，是目前国际上最全面和深刻的研究的体现，该定义将在另文详细论述，这里仅仅介绍其特殊之处。根据该准则，保险合同是指合同一方（承保人）同意在特定的某项不确定的未来事项（保险事项）对合同另一方（投保人）产生不利影响时给予其赔偿，从而承担源于投保人重大保险风险的一种合同形式。国际会计准则所确定的保险合同，签订合同的主体并不局限于保险公司和投保人，只要合同的内容和经济实质符合保险合同的定义，均应确认为保险合同。

此外，国际会计准则强调，只有转移了重大保险风险的合同才是保险合同。"重大"凸显国际会计准则与我国的区别，因为中国新企业会计准则仅仅要求保险风险转移。对重大保险风险的判定需要专业判断，当保险事项在任何情况下都可能导致承保人支付重大附加利益时，保险风险才是重大的。附加利益是指比没有保险事项发生情况下多支付的金额。比如投保人与承保人之间签订合同，约定承保人在当投保人所拥有的价值1货币单位财产发生损坏时给予100货币单位保险赔付。在这一合同中，尽管保险风险在合同双方得到转移，但是根据国际会计准则对保险合同的定义，这样的风险并不是重大保险风险，因此该合同也不属于保险合同。而由于我国新企业会计准则没有对风险承担的程度提出要求，该合同在我国可以认定为保险合同。

六、国际保险会计的挑战：提高保险会计信息质量，保险合同界定是关键

随着近年来国际间会计制度的趋同，各个国家保险会计逐渐从针对保险业的会计制度转变为针对保险合同的会计制度。比如我国2007年新实施的企业会计准则，摒弃了以往针对金融企业实施专门会计制度的做法，新企业会计制度对原保险合同和再保险合同在确认和计量上的规范，充分兼顾到了保险企业经营业务的特殊性。在这种趋势下，各个国家保险合同的界定对国际保险会计提出了新的挑战。只有先谋求对保险合同定义在国际间的共识，国际保险会计信息体现有用性和可比性原则的提法才不至沦为空谈。

投资人可望揭开全球保险"黑匣"①

——新国际财务报告准则之保险合同呼之欲出

2012 年 1 月 25 日

一、保险黑匣的由来

2010 年 7 月 30 日，国际会计准则理事会发布了《国际财务报告准则第 4 号——保险合同》（讨论稿），讨论稿的开篇是这样描述的：国际会计准则理事会发布这一讨论稿是为了显著改善对保险合同的会计。保险合同会计的改善已经刻不容缓了。众多财务报表的使用者都称现有的保险会计为"黑匣"（black box），因为它们并不能提供关于保险公司财务状况和盈利能力的相关信息。

国际会计准则理事会能在自己的讨论文稿中使用"黑匣"这一字眼，可见保险合同会计的顽疾之重。事情的缘由还需要从国际保险会计趋同谈起：保险合同会计的讨论始于 20 世纪末，当时的国际会计准则理事会一直期望可以制定一个全球统一的保险合同会计体系，然而到 2005 年 1 月 1 日欧盟各国上市公司开始执行国际会计准则之前，保险合同会计的制定还处在基本的研究阶段。为了不影响欧盟各国对国际会计准则的实施，国际会计准则理事会决定将保险合同会计分为两个阶段进行。2004 年 3 月发布的《国际财务报告准则第 4 号——保险合同》就在这样的背景下草草登场。该准则主要对一些基本概念作相应的表述，并且要求保险公司在财务报表中对源于保险合同的资产和负债作较为详细的披

---

① 本文合作者为侯旭华。

露。但是对于采用什么方法，依据什么标准来确认这些保险合同的资产和负债，该准则并没有过多涉及。

随着国际财务报告准则国际影响力的增强，越来越多的国家都采用了这一套会计制度，许多国家和地区或者直接执行这套制度（比如欧盟、香港），或者对本国的会计制度进行改革，使之与国际财务报告准则实现实质趋同（比如中国）。截至 2010 年 7 月，全球将近 120 个国家和地区采用了国际财务报告准则。而由于国际财务报告准则中的《国际财务报告准则第 4 号——保险合同》并不完善，导致许多国家都允许本国的保险公司在采用国际财务报告准则编制财务报表的时候，继续沿用原先在实务中所采用的方法来确认和计量源自保险合同的资产和负债。各个国家保险公司的财务报表所披露的保险信息因此扑朔迷离，即便所有的保险公司都采用国际财务报告准则编制财务报表，不同国家之间的保险公司、相同国家的不同保险公司之间的财务报表都不具备简单的可比性，关于保险合同的会计也因此被业界戏称为"保险黑匣"。

二、揭开黑匣的神秘面纱

现在执行国际财务报告准则的企业，如果其经营业务涉及保险合同，都必须相应地按照《国际财务报告准则第 4 号——保险合同》进行会计确认和计量。问题在于这一适用规范仅仅是一个过渡性文本，所以其内容并没有太多地涉及保险合同的核心会计问题。国际会计准则理事会意识到了这一问题，因此他们允许各个保险公司在使用《国际财务报告准则第 4 号——保险合同》时，如果发现该准则缺少相关内容的规范，必须按照各个国家自己的要求进行会计确认与计量。由此而产生的问题是，各个保险公司所编制的财务报表，其外壳都是国际财务报告准则，但是内核部分却依旧是各个国家相互差别的保险会计。

主要国家的保险合同会计制度的差异是多样性的：各个国家乃至各个保险公司之间对保险合同负债的计算所运用的风险假设和精算方法不

同；保险公司对保险合同资产所确认的模型存在差异；保险公司对签订保险合同所支出的佣金或手续费的摊销期限有所不同等。这些差异可以通过以下的例子进行说明。

一份10年期的人寿保险合同，源自保险合同的保费收入是10万元，分10年交付保费，即投保人每年必须支付1万元的保险费，而保险公司为了取得这一保险合同所支付给保险经纪人的总费用为5000元。各个国家对相同的保险合同可以作出无数种不同的规定，为了简化起见，我们假设只有两个国家，一个国家A采用纯资产负债法计量，另一个国家B采用纯递延匹配法确认这一个保险合同的资产与负债。这里我们仅仅讨论两个国家保险公司第一年度对这一保险合同的会计处理：由于A国采用资产负债法，所以在第一个年度该保险合同所带来的保费收入可以确认为10万元，保险公司根据对未来10年可能赔付的保险风险确认负债，这其中便涉及精算模型的选择和风险分布的假设，此外保险公司在该年度可以在损益表中确认费用5000元。而B国的保险公司对于同样的合同，在第一年度所确认的收益仅为1万元，保险负债则根据其未到期责任和未决赔偿提取准备金，该年度保险公司在其损益表中根据递延匹配的原则仅能确认500元的费用。

这个例子可以看出，不同的会计制度，其资产确认竟然可以达到9万元的差异，费用的确认存在4500元的差异，其保险负债存在的差异当然也是相当大的。在现实生活中，由于各个国家的相关规定都不相同，可能产生的差异将更加多样，差距也会更大。

三、国际会计准则理事会消除黑匣的新努力

其实消除保险黑匣的根源在于制定一套全球统一执行的、涉及源自保险合同的资产、负债、收益和费用相关确认与计量标准的国际财务报告准则。尽管国际会计准则理事会先前一直在朝着这一方向努力，不过这些努力还一直处在探索和讨论阶段。但这一难题已经可望在近期得到

根本的扭转。

2010年7月30日，国际会计准则理事会发布了《国际财务报告准则第4号——保险合同》的讨论稿，向国际间的监管部门、理论界和实业界公开征集意见，希望通过截至2010年11月30日的意见反馈和公开讨论，最终形成涵盖源自保险合同会计核心内容的具有全球适用性的关于保险合同的国际财务报告准则。讨论稿较之2004年发布的《国际财务报告准则第4号——保险合同》这一过渡文本有着显著的改变。首先，对于保险合同分类，先前的国际财务报告准则不对保险合同进行分类，所有的保险合同都适用相同的会计计量和确认标准，而讨论稿将短期保险合同作单独的划分，因为这一类保险合同准备金的提取有着不同于其他保险合同的显著特征和技术要求。其次，讨论稿对之前的国际财务报告准则避而不谈的源自保险合同资产与负债的确认作了明确的规定，探讨了计算这些资产和负债所应该考虑的各项参数，并且对短期保险合同相关资产和负债确定所适用的模型作了独立的规范。由于这一部分是保险合同会计的重中之重，所以讨论稿的巨大篇幅都在讨论引用模型的适用性，参数选择的标准，存在的争议和可行性。

因为新的讨论稿解决了保险合同资产和负债确认的模型，因此讨论稿进一步要求保险公司应该在财务报表中对模型参数（比如保险合同的风险调整额度，利润边际、经验调整额等）作相应的披露，对很多投保人之前无法从财务报表获得的信息（比如保险责任准备金的利息收入及其关联的投资收益）也应当作相应的说明。按照新的讨论稿所编制出的保险公司财务报表将进一步帮助报表使用者理解源自保险合同所产生现金流的数额、产生的时间和存在风险的不确定性。

2008年国际金融危机对国际会计准则的深度影响也反映到了本次讨论稿的内容当中。再保险合同的会计计量与原保险合同不存在差异，但是考虑到再保险公司也同样存在破产或者偿付能力出现问题的情况，所以讨论稿允许原保险公司对会计报表中的再保险资产进行一定程度的贴现，即通过预期损失模型计算出未来再保险公司的破产风险值，用以扣减现时的原保险公司再保险资产。

四、评述、争议与中国应对

保险合同会计因其复杂性而成为当前各国财务会计的难度问题，也是造成国际投资者依照保险合同会计资料和保险公司财务报表评估相关投资项目、进行相应投资决策的主要障碍。国际会计准则理事会作为国际财务报告准则的制定机构，自20世纪末以来为了统一全球保险合同会计实务，对保险合同的会计确认与计量作了大量的研究、探讨、推动和标准化工作。

随着国际会计准则理事会《国际财务报告准则第4号——保险合同》讨论稿的面世，这一工作已经取得了显著的进展，并可望在短期内突破这一全球性难题，彻底打破业界所谓的保险黑匣。刚刚发布的讨论稿，将于2012年的11月底收集相关的意见回馈，并计划于明年的第二季度发布终稿，从而有望在2011年彻底攻克保险黑匣这一难关。

国际会计准则理事会这一讨论稿所针对的问题在国际讨论中存在着不同的声音，这也是讨论稿需要广泛征求意见的主要原因。作为另一个在国际间影响力较大的会计准则委员会——美国财务会计准则委员会对国际会计准则理事会讨论稿中的部分观点也存在着不同的看法，不过这些观点也都一一在讨论稿中作了相应的说明，以求真理的越辩越明。对于保险合同的核心会计问题，目前的讨论稿和美国财务会计准则委员会的意见分歧还是相当明显的。以保险合同负债的计量为例，讨论稿主张负债的计量中应包含对保险公司承担风险和提供其他服务给予相应回报作独立的边际估算，而美国财务会计准则委员会则反对对这两个因素进行独立的边际估算，而应当综合考量所有的因素进行复合边际估算，用于应对在保险合同期内和保险索赔期内源自保费收入和未来现金流量不确定性可能带来的保险公司支出。

国际会计准则理事会关于保险合同会计准则的最新讨论和成果，给了我们重新审视中国保险会计的新视角。我国自2007年实施新企业会计准则以来，实现了我国财务会计制度与国际会计准则的实质性趋同。新企业会计准则体系中单独制定并发布了原保险合同和再保险合同两项会计准则，在保险合同的一些重大会计政策上实现了与国际保险会计通行惯例的协调、趋同甚至超越。比如我国2007年开始便区分短期保险合同和长期保险合同，并且针对短期保险合同制定了计提未到期责任准备金和未决赔偿准备金的方法，而这一做法之前并没有被《国际财务报告准则第4号——保险合同》所采纳，直到2012年7月底新颁发的讨论稿中国际会计准则理事会才考虑采用这一方法计量短期保险合同。

尽管如此，我们还应当看到我国有关保险合同会计准则中关于保险合同的分拆、保险负债的计量、再保险资产等存在的不足和待改进之处。而且随着国际会计准则在全球间影响力的进一步加强，未来我国的保险合同会计准则必将面临进一步改革的必要，因此《国际财务报告准则第4号——保险合同》讨论稿的面世，实际上是对我国监管部门、保险行业和学界提出新的研究课题。

可以预见，这一讨论稿将与计划于2011年第二季度公布的关于保险合同的国际财务报告准则终稿具有极高的关联性和承接性，所以我们需要积极地关注这一讨论稿的潜在影响，认真研究应对措施，有条件的情况下在国际会计准则理事会征集意见期间结合我国保险行业的实际情况作出相应的修改建议，积极参与和影响未来《国际财务报告准则第4号——保险合同》的制定和实施，降低我国保险行业实施《国际财务报告准则第4号——保险合同》的成本，提高我国保险公司未来会计制度的国际化程度，从而强化我国保险业未来的国际市场竞争力，推动我国保险行业的国际化进程。

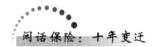

国际保险会计改革及其对保险行业的影响①

2013年4月

一直以来，保险合同的会计处理在国际上都是一个极具争议的问题。理论上，会计应该是客观、透明、一致、可比的，并且会计信息必须有利于利益相关者在配置资金时作出正确的决定。但目前国际上难以建立一个统一的计量标准，相同的保险合同可能由于不同的会计处理方法而产生不同，这导致不同国家保险公司的财务报表经常不能够准确反映保险公司的真实财务状况和财务表现，而这很可能对利益相关者的投资决策产生不利影响。目前，国际会计准则理事会（IASB）正在积极筹备《国际财务报告准则第4号——保险合同》（IFRS 4）第二阶段的讨论与成稿，希望能够建立一致、透明、对利益相关者有利的国际保险会计体系。或许新准则在推出或实践中会存在一定的困难和问题，但我们相信，这将是保险会计发展的又一次跨越。

一、 国际保险会计实践的简要回顾

因为保险合同具有不确定性的特殊性，所以本质上讲，保险会计的发展过程其实就是对历史成本法和公允价值法的选择过程。传统的保险会计主要采用历史成本法来反映其利得与损失，保费和赔付款都要通过精算在期间内进行预提或递延处理。但是，历史成本的计价方法并不能够真实反映未来现金流的价值。为了能够更好地反映保险合同真实价值，实践中逐渐将市场价值引入保险会计。例如，资产中的可供金融资产和交易性金融资产都是用市场价值来计量的。根据安永会计师事务所

① 本文合作者为刘洋。

对 2010 年保险公司财务报表的分析，欧洲和美国活跃的保险公司将其60%的投资都归类于"可供出售金融资产"。可见，保险公司相当大一部分的资产都反映了其市场价值而非历史成本。这就出现了一个问题，保险公司的资产大部分都是用公允价值来计量的，而其负债仍然是用账面价值记账的，也就是说，目前的保险会计是一种资产和负债会计处理方法不匹配的混合式记账模式。

现行的实践给投资人和投保人等利益相关者带来了很大的困扰。对于那些不熟悉会计准则的利益相关者而言，他们很难区分保险公司财务报表的变动是一种会计上的变动还是经济上的变动。并且，这种会计上的不匹配在不同国家和地区都有很大的差别，这也给利益相关者造成一定的困扰。为了建立全球统一的会计计量标准，很多国家已经开始采用 IFRS 准则。但遗憾的是，IFRS 4 关于保险合同会计（第一阶段）的规定并没有对之前用账面价值计量保险合同负债的方法进行改进。因此，IASB 推出 IFRS4（第二阶段）的目的就在于尽量减少保险公司记账的会计偏差，使得其财务报表能够更准确地反映其经济变化，进一步保障投资人的利益。

二、国际会计准则的主要变化及其争论点

国际财务报告 IFRS 4 第二阶段最主要的变化就是采用"模块法"对保险合同负债进行计量。尽管"模块法"已经取得了广泛的认可，但在很多细节方面仍然存在争议。

首先，如何恰当地评估保险负债。模块法主要适用于寿险公司，对于非寿险公司，目前的会计准则可能更能够准确地反映其产品短期性的特性。事实上，因为不同的保险合同具有不同的风险特征，很多人认为并不存在一个普遍适用的会计准则。即便模块法被广泛运用，如何恰当地反映未来现金流的不确定性也将是一个难题。如果允许保险公司根据不同产品特性提供个性化的信息，那么不同的保险公司很可能采用不同

的方法来衡量相同的风险，这将造成外部报表使用者信息解读上的困惑。

其次，能否对资产和负债进行一致性的定价。国际会计准则理事会正在考虑使用其他综合收益（OCI）来反映资产和负债价值的变化。但是从会计实践的角度来看，有时可能很难界定OCI。IASB倾向于仅把负债工具作为OCI，而一些保险公司则希望把权益类证券和衍生品等资产也计入OCI，最终将按照哪种方案执行可能需要进一步磋商。

最后，如何确认和报告收益。可以说，IFRS4已经将会计处理的重点从收入和费用转移到了资产和负债上面，这意味着年度财务报告所反映的财务信息将更侧重于财务报告日的结果而非某一段时间内的整体运营表现，这也是《国际财务报告准则第4号——保险合同》要求保险人在年底进行充足性测试的主要原因。然而，由于保险合同负债采用公允价值方式进行计量，而市场上又缺乏可比较的第三方价格，每家保险公司的公允价值计算方式可能存在差异，充足性测试方法也有可能不同，可能会对保险期间的利润产生误导性的影响。

三、国际会计准则对保险公司的影响及建议

从微观的角度看，国际会计准则的变化会对保险公司产生一定的影响。

根据国际财务报告准则关于保险合同第二阶段的讨论，保险公司在确认保险合同准备金时，应该考虑边际因素，并且单独计量。保险公司不允许确认首日利得，但是应当确认首日损失。这就意味着保险责任准备金的模块法中包含对剩余边际的确认与计量。在IASB推出IFRS4（第二阶段）以后，保险公司在保险合同成立的时候就应该按照保险合同的公允价值来确认保险负债，并且如果保费的校准标准低于合理估计负债和风险边际时，保险公司应该确认首日损失。因此，新的会计准则很可能导致负债定价更具波动性。另外，即便资产和负债都存在活跃的市场，市场交易价格也不总是能够准确反映其潜在的价值。对于利益相关者而言，这将导致其很难区分价格波动的原因，进而影响利益相关者做出

正确的投资决策；对于保险公司而言，如果财务报表的波动性令评估和预测财务报表变得更加困难，则将导致保险公司面临更大的融资成本，这不利于保险业的长期发展。

那么保险公司应该如何应对这种潜在的报表波动性呢？第一，保险公司应当改变现有资产组合的规模和分配形式，以更好地匹配负债现金流。例如，增加固定收益类投资以降低资产风险。第二，对波动性进行对冲操作。保险公司可以利用衍生工具合约把波动性的风险转移给投资者。第三，利用再保险减小波动性。即通过再保险将波动性风险转移给再保险公司。第四，更新保险产品。有些保险产品在现有会计准则下表现出高的获利水平，但在新会计准则下可能会表现出低的获利水平，这就要求保险公司设计出更好的保险产品，以应对会计准则的变化可能带来的获利水平降低的风险。第五，发行保险风险债券。虽然目前的中国市场上，保险相关的证券市场仍然很小，但保险公司财务报表波动性的增加很可能对于发行保险相关证券具有激励作用，可以促进保险相关证券市场的发展，这也为保险行业的风险分散提供了新的思路。

四、国际会计准则对中国保险业的影响

从宏观的角度看，国际会计准则可以对中国保险业的结构和发展产生积极正面的影响。

第一，实施国际会计准则，有利于促进我国保险业结构调整，使其回归保障主业，提高保险业核心竞争力。目前我国的保险会计实务不能够客观地反映保险业的产品结构。而国际会计准则引入保险混合合同分拆和重大保险风险测试，能够科学地认定保险合同和其他合同，真实公允地反映保险公司面临的保险风险和金融风险，合理地评价风险保障产品和投资理财产品的发展程度，全面地衡量保险保障功能在国民经济发展中发挥的积极作用，从而引导保险公司进一步调整业务结构。

第二，实施国际会计准则，准备金的计提方法将由法定精算准备金

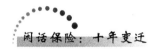

转变为会计准备金，这使得财务报告准备金能够更加客观地反映保险公司的真实财务实力和盈利水平。目前，我国使用法定精算准备金作为财务报告准备金，这存在一定的弊端。比如，对于低利率保单而言，法定准备金过度保守，保险公司利润分布前低后高，导致投资的货币时间价值减损，损害其内含价值。另外，对于所有相同的产品均使用统一的法定准备金，而不考虑公司的大小、新老和承保质量高低，不利于保险业的良性发展。使用会计准备金则可以较好地解决以上问题，因为会计准备金可以通过消除首日利得的方式平滑利润，并根据特定保险公司的特定产品计提准备金。这有利于促进公司较快满足上市条件，拓宽融资渠道；也利于消除影响保险业行业性亏损的制度性障碍，提升行业整体形象。

第三，实施国际会计准则，有利于增强保险业和其他行业会计的信息可比性、增加会计信息透明度、降低交易成本和市场对保险公司的股价折价。旧有的准备金计提方式（即法定准备金）下的利润，需要在保单产生初期确认大量费用，造成严重的初期亏损，一般2~3年后才能够实现盈利，并在保单后期集中释放利润，这非常不利于保险行业吸收良性资本。而会计标准下的利润则显得更为平滑，消除了保单造成的保险公司会计的特殊性，使其与其他行业会计信息具有可比性，有利于吸引更多的资本流入保险行业。

第四，实施国际会计准则，有利于消除境内外报表差异，实现我国会计准则与国际会计准则全面持续趋同；有利于降低保险公司的境外筹资成本和会计核算成本，并进一步提升中国保险业的国际形象，增强国际影响力和话语权。

总的来说，虽然目前保险会计在保险合同负债定价等重要方面仍存在不同意见，但不可否认的是，保险会计改革已经取得了很大的进步。任何制度的更新都会产生赢家和输家，所以制定全球统一的会计准则必将面临重重困难。但是我们相信，加强对保险会计的不断改进，建立普遍适用的保险会计框架对于保险公司和利益相关者而言都是非常有益的。

保险公司年度财务中报不经意告诉你的秘密①

2013年9月5日

中国保险市场行业集中度高，仅中国人寿、平安集团、太平洋保险和新华保险4家上市的保险公司净资产就占了我国保险公司总净资产的71.32%（根据保监会2013年7月发布的保险统计数据报告计算所得）。近日，4家保险公司根据上市公司信息披露要求对外发布了2013年度财务中报。这些信息在向公众汇报它们上半年成绩的同时，也暗示了一些其经营中和偿付能力有关的秘密。

一、各家保险公司偿还债务能力各异

投保人购买保险是为了转移自身的风险，因此保险公司偿付能力的充足性在很大程度上决定了保险公司能否在投保人发生损失时进行有效的赔偿。按照我国保险监管部门的规定，我国保险公司偿付能力实施分类监管，偿付能力充足率分为不足类公司、充足Ⅰ类公司和充足Ⅱ类公司。保险公司偿付能力充足率不得低于100%，偿付能力充足率在100%~150%的公司为充足Ⅰ类公司，偿付能力高于150%的公司为充足Ⅱ类公司。理论上看，保险公司的偿付能力充足率越高，说明保险公司越有能力偿还保险赔付和债务。偿付能力越高对投保人来说越有保障，然而过高的偿付能力会要求保险公司提高认可资产，减少认可负债，约束保险公司对财务杠杆的使用。

从各家保险公司的财务中报可以看出，平安集团偿付能力充足率为162.79%，与2012年底相比下降12.34%。其中平安产险为179.50%，与

---

① 本文合作者为林文浩。

2012年底相比上升0.62%，而平安人寿则下降了7.61%（偿付能力充足率为176.10%）。太保集团的偿付能力充足率为282%（财险充足率为157%，寿险充足率为193%），尽管与2012年底相比下降了9.62%（财险下降了16.49%，寿险下降了8.53%），但仍然是4家上市保险公司中充足率最高的企业。中国人寿维持稳健经营的风格，偿付能力充足率为237.90%，是唯一一家与2012年底相比上升的保险公司，比2011年底增加0.98%。新华保险是我国上市保险公司中偿付能力充足率最低的企业，其充足率为174.19%，与2012年底相比下降9.54%。可见，除中国人寿偿付能力有微量的增长外，其余3家保险公司的偿付能力充足率在半年内均下降10%左右，平安集团的偿付能力充足率下降最为明显。

权益类资产占比是偿付能力波动的主要原因之一。从各公司中报上看，平安集团权益类类资产占总资产21.59%，同比上升19.17%%；太保集团权益类资产占22.89%，同比上升8.62%；新华保险权益类资产占21.17%，同比上升11.35%。同期只有中国人寿权益类类资产同比下降12.84%，占总资产的28.32%，这也部分解释了为什么4家上市保险公司中只有中国人寿的偿付能力充足率的表现相对稳定。

二、各家保险公司差异化经营风格明显

中国人寿：成熟稳重的大哥。中国人寿的财务中期报告数据展示了人寿稳健的发展路线，从资产到产品，中国人寿表现都十分的保守。短期内，中国人寿的资产结构与产品结构不可能发生巨大的调整，因此，未来的中国人寿的偿付能力仍将十分充足。中国人寿一直以来都保持在偿付能力充足率的高位，这与它的资产结构和产品吸金能力有关。资产结构反映出中国人寿比其余3家公司对现今股票市场持有相对悲观的态度，而看好现今的债市；产品吸金能力可能反映出中国人寿在等待股市更好的投资机会，为更好的投资机会秣马厉兵。

中国平安：敢于冒险的先锋。从资产结构到产品结构，平安都表现

得相当激进。费用高的万能险是平安竞技场，权益类的资产是平安的偏好。平安在保险创新方面要领先于其余3家公司，尽管中国的保险业在保险回归保障功能的大潮中发展，但是平安显然更加注重保险产品的理财功能。注重收益是平安偿付能力相对较低的主要原因，未来平安的偿付能力受股票市场波动的影响较大。

中国太保：表现均衡的选手。太保的产品结构显示出太保走的是一条资本消耗相对较低的发展路线，扩大承保规模压力不大。不过，从中期报告来看，太保的资产结构主要以分红险为主，需要提高自身的投资收益率来进一步增强竞争力。太保的路线表现相对适中，不像中国人寿那么保守，也没有中国平安的激进。太保偿付能力充足率在很大程度上取决于公司决策层的保险经营的理念和对保险回归保障功能的贯彻。不出意外的情况下，太保的偿付能力在短期内不会出现大幅波动。

新华保险：需要关注的少年。本次发布的各家上市保险公司的中期报告中尤其值得投资者关注的保险公司是新华。若只是静态观察新华的数据，资产结构和产品结构对其偿付能力的压力都不大，投资者感觉应该不错。然而，从保费收入的角度看，新华上半年的保费收入中80%左右是由续期保费贡献的，新业务并不多，然而这半年中新华的偿付能力却下降了20%。新华财务中期报告的解释是新增业务导致了偿付能力下降，即新华的新业务压力很大，产品对资本要求甚高。

新华主导长期期缴的保险产品，期缴产品在发行初期也确实需要大量消耗保险公司的资本。倘若资本减少，偿付能力会出现较大的波动。追溯到2011年和2012年，新华共发行了150亿元的次级债务，已达到保监会规定的次级债发行限额。根据现行规定，保险公司在次级债务发行的第五年可以赎回，若不赎回则保险公司必须对次级债每年按一定比例扣除公司的认可资产。根据上述规定，无论新华在次级债发行的五年后选择赎回还是不赎回，该公司的认可资产都将下降。未来新华若无法融资，公司可能退出分级监管的充足Ⅱ类公司行列。

保险公司销售产品未必就是保险产品①

2009 年 3 月 10 日

向保险公司买保险似乎是人们长久以来形成的共识，因为保险公司顾名思义就是销售和经营保险产品的主体。然而，随之国际会计的趋同和越来越多的国家对国际会计准则中保险合同定义的采用，日常生活中许多人们熟悉的保险产品未必就是保险产品。

一、国际会计准则下的保险合同

根据国际财务报告准则第 4 号的规定，保险合同是指合同中的一种，也即按照该合同约定，一方（承保人）同意在特定的某项不确定的未来事项对合同的另一方（投保人）产生不利影响时给予其赔偿，从而承担来自于投保人的重大保险风险。这一定义的关键点在于保险产品必须承保的是未来的一个不确定事项，而且承保人必须承担投保人的重大保险风险。

未来的不确定事项是指保险公司尚不清楚保险合同中约定的赔付事件会不会发生，什么时候发生或者如果保险事项发生以后，保险公司到底需要赔付多少。

只有转移了重大保险风险的产品才是保险产品。保险风险是从投保人转移到承保人之前便已存在的风险，也就是说保险合同中所约定的保险事项必须有可能使得保险公司支付重大的附加利益，给予投保人实质性的赔付，该产品才能被看作保险产品。举个例子，如果一项合同约

---

① 本文合作者为侯旭华。

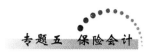

定，当投保人损失 1 元时，保险公司应当给予投保人 1 万元的损失赔偿，在这种情况下合同没有转移重大的保险风险，就不能被视作保险产品。

国际会计准则强调重大风险转移，而中国会计准则对风险的程度并未提出要求，所以过去大部分中国保险市场上的保险合同都属于原保险合同。但按照 2008 年 9 月 17 日财政部颁布的《企业会计准则解释第 2 号》，内地企业会计准则和香港财务报告准则将实现等效，会计准则将实现国际趋同。对于中国保险业，最大的变革在于保险会计准则关于保费的计算方式将与国际标准接轨，投连险和万能险中投资账户部分收入不再计入原保险保费收入，而同属新型寿险产品的分红险仍将被计入在内。

二、保险公司销售的常见的非保险产品

人们所熟知的保险合同，比如财产保险、人寿保险、养老金保险等都是保险产品，但是并不是所有冠名为保险的产品都是保险产品。以下是一些典型的非保险产品的例子。

人寿保险合同，但是合同条款中保险公司不负责承担被保险人重大死亡风险的责任赔付。这类保险虽然具有保险合同的法律形式，但是根据不承担重大死亡风险赔付这一除外条款，合同本身并不需要保险公司承担重大保险风险，其实质上是一纸投资合同。

财务再保险合同。财务再保险是近年来金融市场上兴起的一种保险公司理财工具，通过保险人与再保险人约定，保险人支付再保险费给再保险人，再保险人为保险人提供财务融通，并对保险人因风险所致损失，负担赔偿责任的行为。财务再保险的目的是平衡利润、降低税赋、扩大业务或者使资金可流向投资回报较高的地区。国际会计准则将此类合同归类于金融工具，而非保险合同。

巨灾债券。这种债券规定，债券发行人以气候、地质或者其他物理变量而要求赔付的合同。由于该类合同要求在特定的不确定未来事项时进行赔付，但是并不要求将该事项对投保人造成不利影响作为赔付的合

约性前提，因此该类合同不被视作保险合同。

与巨灾债券类似的还有天气衍生工具，因为该类合同是基于不与合同一方特定相关的气候的、地质的或者其他物理变量而要求赔付的合同。由此引申出去的许多金融衍生工具都不能作为保险合同，即便它们是通过保险公司进行经营的，因为衍生工具要求合同一方仅在一项或多项特定利率、金融工具价格、商品价格、汇率、物价、利率指数、信用等级、信用指数或者其他变量而不是与合同一方特定相关的非金融变量发生变化时进行赔付。

财务担保合同、信用函、信用违约衍生工具、信用保险合同。即便该类合同的合同持有人没有因为债务人未偿还到期借款而发生损失，保险公司仍然需要履行赔付，因此它并非国际会计准则中所定义的保险合同。

8 专题六　社会保险

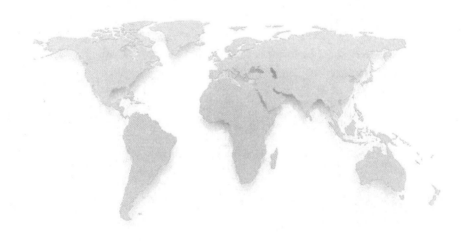

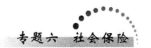

德国保险的两大分支：
社会保险与商业保险

2007 年 12 月 24 日

　　与好友本杰明一家聚会，无意中聊到医疗保险。好友本杰明是大学教授，他的夫人是小学老师，在德国同属于公务员，都可以自由选择自己的医疗保险是参加社会保险还是商业保险。而有趣的是，本杰明参加的是商业保险，他夫人选择的却是社会保险。这个现象让我联想到了一个问题，德国的社会保险与商业保险到底存在怎样的关系，如果这两个不同的保险体系同时提供了保障相同的风险的产品（比如这里的医疗保险），它们之间又有怎样的区别呢？

　　社会保险和商业保险是保险业两大分支。德国的社会保险是指通过国家以立法形式对特定群体比如工人、雇员和学生实行强制保险的社会保障制度，使投保人在遭遇失业、工伤、疾病、生育、养老和死亡等风险造成损失，暂时或永久性失去劳动能力或者劳动机会时基本生活需要可以得到保障。德国的社会保险包括医疗保险、失业保险、养老保险、护理保险和工伤事故保险。商业保险是指投保人根据合同约定，向保险人支付保险费，保险人对于合同约定的可能发生的事故及其所造成的财产损失承担赔偿保险金责任，或者当被保险人死亡、伤残、疾病或者达到合同约定的年龄、期限时承担给付保险金责任的一种保险制度。德国保险协会甚至将商业保险定义为不属于社会保险领域的其他所有保险。德国商业保险包括财险（如货物运输险，火灾险等）、人寿险（如商业医疗保险、商业事故保险和生命安全险等）和责任险（如第三方责任险、汽车险、职业险或者信用保险等）。从以上对社会保险和商业保险的定义可以看出，大部分德国人既是社会保险的强制投保人，同时也是商业保险的自愿投保人，商业保险与社会保险互为补充。

德国保险业的高度发达，归功于社会保险和商业保险两大分支的高度发达。社会保险源远流长，其立法首见于19世纪帝国时期德皇威廉一世颁布的"皇帝告谕"（《黄金诏书》）。铁血宰相俾斯麦于19世纪80年代先后颁布了疾病、工伤、老年及残疾三项社会保险立法，建立了世界上第一个社会保险制度，有效地搭建了社会保障制度的框架。历经100多年的改革和创新，德国的社会保险体系高度发达。根据联邦德国统计局的统计，2006年德国社会保险体系运营产生盈余205亿欧元。以失业保险为例，2006年德国社会保险中失业保险的保费收入为566亿欧元，支出为454亿欧元，此项产生的盈余为112亿欧元。德国商业保险也不断得到发展壮大，保费收入呈逐年递增趋势。1980年商业保险保费收入为359.9亿欧元，2000年上升为1318.2亿欧元，2006年保费收入达到1617.4亿欧元。根据2007年的统计数据显示，目前德国共有商业保险公司647家，员工人数达22.57万人。

德国保险业的高度发达，也归功于社会保险和商业保险两大分支的良性互补。以下重点分析社会保险和商业保险的主要区别。为避免行文流于一般，文章对社会保险与商业保险在普通意义上的区别将不作深入分析（比如强制性与自愿性，公益性与盈利性等），而重点分析德国两个保险分支的区别。

一是社会互助与个人自助。社会保险体系中的责任主体是由国家成立的自制性社会组织，即社会保险机构来负责社会保险事务。保险资金由个人、单位和国家三方共同负责，其中个人与单位承担的社会保险费用超过2/3，国家财政解决剩下的费用。近年来德国的社会保险改革显示，德国正在尝试进一步减少国家责任和雇主责任，增加个人责任在社会保险资金来源中的比重。商业保险的责任主体是以营利性为目的的商

业性保险公司，资金主要由投保人独立筹措，根据个人的经济实力和风险偏好自由购买保险产品。

二是收支定价制和风险定价制。社会保险采用收支定价制，即把现收的保费收入用于支付当期的保费支出。其中社会养老保险实行代际互助，即一代人为上一代人买单，由在职雇员与雇主缴纳的养老保险费用支付相同时期退休劳动者的养老保险金。其他四种社会保险实行同代人互助，投保义务人根据自己的收入情况承担一定比例的保费。如果整个社会保障体系出现运营亏空，这个亏空将主要通过提高保险比例费率的方法由所有的投保义务人负责弥补。德国商业保险采用风险定价制，即根据保险合同的风险类型和发生风险概率、保险范围和参保条件、承保期限等因素对投保人进行风险评估，据以确定保险价格。以健康保险为例，社会保险体系中所有投保人不分年龄大小均按照收入的约14%（各保险公司间允许存在微小费率差别）缴纳保费，而商业保险体系中年轻人缴纳的保费要明显低于中老年人缴纳的保费。

三是公法社团与民商法法人形式。社会保险的经营机构都是公法社团，它们具有公法人地位，在财务和组织上都是独立的准政府机构。社会保险机构的雇员和雇主通过代表大会和董事会自己管理社会保险，间接地行使国家行政管理。商业保险的法人形式比较多样，主要公司形式为股份公司或保险互助会。这些法人形式经营的保险业务属于经济范畴，不具备社会管理的职能，其行为规范，主要由民法或者经济法规定。

四是保险给付细微差别与明显差别。德国社会保险提供的风险保障为最基本的保障，它既不是保证高水平的生活也不是保证最低水平的生活，所以保险给付体现出细微差别，即保险人对义务投保人提供的保险范围和保险给付是相近的，目的是保障基本的生活。社会保险中即使投保人根据缴费不同享受的保险服务有所不同，这种服务的差别也是相当微小的。商业保险中保险给付与保费挂钩，保险给付允许存在明显的差别。投保人根据自己的需要选择保险产品，高额保险的承保范围覆盖大部分风险，并且保险给付可以满足投保人高水平的生活不受影响。价格低廉的保险产品，尽管保险给付未及高额保险，但同样可以满足投保人某一方面的风险保障需要。

一个国家保险业的发展，离不开社会保险与商业保险的共同发展。德国的社会保险与商业保险，丰富了保险产品的市场供给，满足了投保人的消费偏好，促进了社会的稳定和发展，提高了整个国家的福利水平。

德国的主要政党与选举制度

2009 年 9 月 22 日

2009 年 9 月 27 日，德国将举行第 17 届德国国会选举，获胜的政党将负责组阁和决定总统人选。2009 年德国大选的硝烟已经四起，各个主要政党相继推出自己的选举纲领，公共场所张贴着各个政党候选人的图片，各个政党的竞选海报别出心裁，选举文化成为 2009 年德国金秋时节独特的风景线。

一、德国的选举制度

德国是联邦制国家，实行议会共和制。德国议会由两院组成，即联邦议院和联邦参议院。普遍所指的大选是指联邦议院的选举，因为联邦议院由选举产生的人民代表组成，联邦议院中拥有议员席位超过 50% 的政党便成为执政党，如果单个政党的议员席位不足 50%，则可以通过与其他政党联合执政的方式组建联合政府，只要联合政府的议员席位总和超过 50% 即可。

联邦议院的选举通常每四年举行一次，选举采用两票制选举制度。两票制选举是指选民将拥有两张选票，第一票由选民选出本选区的议员候选人，第二票由选民投给政党。联邦议院议员的一半席位通过第一种计票方式产生，第一票计票方式采用相对多数代表制，当选人按照票数进行排序，只要各位候选人中获得的票数排名在议员选举人数内便能获选。第二票计票方式采用比例代表制，各州分别统计各政党所得的第二票票数，按照法律规定的比例原则分配各政党的议席。德国选举法还规定了 5% 限制条款，即只有至少获得 3 个直选议席或 5% 以上第二票得票率

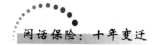

的政党才能进入议会。

2009年9月18日举行的大选中将有27个政党和3000多名议员候选人参与角逐。根据德国联邦统计局的预测，2009年的德国大选中预计有6220万人参加选举，其中包括3220万名女性和3000万名男性，本次参加选举的人数也将打破上一届选举的6190万人具有选举资格的人数。

二、德国的主要政党

德国政党的影响力主要取决于其在议会选举中赢得的席位，超过一半席位的政党可以直接拥有组阁权，议席越多的政党无疑可以拥有越大的政治影响力。2005年的德国大选中获准进入德国联邦议院的政党总共有5个，即现任总理默克尔所在的基民党、前任总理施罗德所在的社民党、德国自由民主党、德国左翼党和德国绿党。

德国基督教民主联盟（简称基民盟）成立于1945年12月。1947年基民盟与只在巴伐利亚州设有组织的基督教社会联盟(Christlich Soziale Unionin Bayern，简称基社盟)结成姐妹党。基民盟代表的是企业主、农场主、职员和知识分子的利益，其党派成员中以男性为多。该党派的主要政治主张是对内实行社会市场经济，对外加强欧洲同美国的联盟，实现以欧洲共同体为基础和核心的欧洲统一，支持东欧国家的改革，谋求和它们改善关系，同时重视与发展中国家的关系。

德国社会民主党（简称社民党）是德国目前政党中建立时间最长的党派，其成立源于工人运动。社民党将社会主义作为其主要政见，代表的是德国广大人民的利益。其主要政治主张是应该通过发展经济和公平分配利益使人民能够更好地享受社会福利。社民党认为一个强大且重视社会福利的国家才能保护弱势群体的权利，一个充分满足下一代需要的财政政策也是非常必要的。为了实现以上政见，社民党近年来提出了诸如实施富人税等改革议题。

德国自由民主党（简称自民党）（Freie DemokratischeP atai，FDP），

是德国政治上历史比较悠久的政党。该党派以自由主义为鲜明旗帜，经济上主张顺应经济全球化潮流，改善德国投资环境以创造更多的就业机会，简化官僚机构和提高政府效率，通过削减各种财政补助平衡预算和减少赤字。自民党以捍卫和扩大个人自由为自己的根本目标，主张减少国家对公民自由和私生活的干涉，提倡推进欧盟一体化。

德国左翼党(DieL inke)是德国一个年轻的党派，它成立于2007年中期，目前已有党派成员逾7万人。德国左翼党在成立前主要由前东德和西德的多种政治势力组成，其中重要组成部分是原东德地区的德国民社党和因不满施罗德执政时期各项改革计划而退出社民党新组建的劳动与社会公正党。左翼党主张通过包括增加大企业税收在内的多种方法重新分配社会财富，停止私有化政策和采取最低工资标准。左翼党在当前德国的政坛上一直扮演着改革者和反对派的角色。

德国绿党(Die Grünen)成立于20世纪70年代末，是环境保护者和和平主义者建立的政治组织。1993年绿党与东德民权运动组织联盟90(Bündnis 90)合并为联盟90/绿党，该政党在1998—2002年曾与德国社民党组成联合政府，成为执政联盟的一部分。绿党的政治纲领是反对环境污染、核能的过分利用、北约的战略以及其他各种过度的工业化行为，此外绿党积极推动社会公正，提倡男女平等，使其政党主张更为鲜明和有特色。近年来绿党推动可再生资源的使用，通过立法逐渐关闭德国的核电站，采取措施减少二氧化碳排放，推动对瓶装饮料收取押金等政策，对德国社会产生了深远的影响。

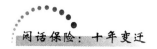

德国2009年大选之养老保险竞选纲领

2009 年 9 月 22 日

　　养老保险是德国社会保险五大支柱之一，近年来随着德国出生率的持续低迷和人口老龄化问题的加剧，德国养老保险制度在缴费支持、资金管理和养老金发放等各个方面备受争议。养老保险的改革成为下一届政府的重中之重，因此各个政党都旗帜鲜明地打出自己关于养老保险的竞选纲领，争取赢得选民的信任与支持。

一、德国基督教民主联盟/基督教社会联盟

　　社会养老保险制度是德国当前社会避免老年阶段贫困的成功方法，未来的社会养老保险制度需要保持现在的基本体系；在提高了法定退休年龄以后，德国的养老制度更为稳固；政府必须抑制当前老龄贫困化趋势的上扬，在必要的情况下动用财政税收收入对终生就业的养老人员在其收入水平低于基本生活保障情况下进行补贴；将养老保险与同时期个人所得相挂钩，根据同时期个人收入调整养老保险的发展，避免侵蚀下一代的利益与福利；弥补当前养老体系的公平漏洞；更好地将对子女的抚育时间纳入养老保险的考量因素中。

二、德国社会民主党

　　保持现有养老保险制度的稳定性；弥补当前保险生命周期的不足，将长期投保人最低养老金收入的保费时间延长至2010年；进一步改善养老体系，未来对丧失劳动能力的公民提供相同条件的养老保险；在东德与西德地区实施相同的养老金制度；促进就业人员与退休养老之间的灵

活过渡，职员自60岁开始可以选择半退休工作；进一步将养老保险发展成为就业保险，将社会养老保险范围扩展到自由职业者。

三、德国自由民主党

法定性的养老保险必须朝着有利于社会结构的改善、降低对财政的影响的方向发展；公民可以自由灵活地根据自己的收入状况和养老金状况选择从就业到养老之间的过渡方式；投保人自年满60周岁起可以自由选择退休时间；废除养老金领取人的其他收入限制；统一东西德地区的养老者权利；强化私人或者企业的养老年金保险，改善企业养老保险的流动性；加强抚养子女时间在养老保险中的重要性等。

四、德国左翼党

保证老年人的生活标准，尤其是长期缴纳养老保险费用的退休者必须获得高于基本生活保障的养老金；自由职业者、公务员、警察必须归类到法定养老保险行列；废除养老保险费上下限，进而提高养老金发放额度；对私人养老保险进行国家补助；废除修改后的法定退休年龄67周岁，公民在65周岁后便可以自由选择退休；重新实施无劳动能力者养老保险；消除东西德地区养老保险的不公平；消除老年贫穷现象，所有人的养老金不得低于800欧元。

五、德国联盟90/绿党

实行新的养老保险制度，使得养老保险得以持续发展，并且保证每个人都有自己独立的养老金，使之得以消除贫困并且不需要额外的基本保障援助；实施社会共助性质的基本养老金，利用财政税收收入保证养老金的发放；将养老金制度发展成为一个公民养老制度，每个公民不管是否就业都可以进行保险，根据个人收入缴纳相应的保险费用；将长期失业者的养老金水平重新提高到之前的水平；提高职工退休过渡期的灵活性等。

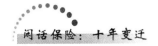

护理保险竞选纲领成为
争取高龄选民重要武器

2009 年 9 月 22 日

20世纪90年代初随着德国失业率的上升和人口老龄化问题的加剧，德国许多老年人因为生活困难无法支付高昂的护理费用，而社会保险中保险公司也没有义务根据当时的医疗保险支付这一部分费用。在此背景下，德国自1995年1月1日开始执行强制性护理保险。由于德国护理保险主要针对重大疾病、瘫痪在床、痴呆等对护理需求日益增加的人们，设有访问护理、定期入所护理、短期入所护理等服务，因此在老龄化问题日益严峻的德国，一个有吸引力的护理保险竞选纲领无疑可以消除大量具有护理需求高龄选民的心理顾虑，赢得他们手中的选票。

一、德国基督教民主联盟/基督教社会联盟

全面的社会保障是不可替代的，它将使每个人对护理需求风险承担社会责任和发挥主动性，共同构建护理保险体系；重新定义护理需求，更好地实现护理保险的公平性；疾病护理和养老护理相关工作必须更具有吸引力，并且能够推动护理专业化的发展；加强家庭护理保险，进一步重视家庭成员的护理付出；优化老龄人护理质量，优化职业护理与私人护理的协调性；加强护理需求咨询培训；利用现有网络，调动企业参与护理与职业协调项目的积极性。

二、德国社会民主党

通过进一步发展护理需求定义，目标明确地调整护理保险中的个人护理需求；取消现有的护理时间限制，根据个人需要和无法自理生活的程度提供护理服务；加强地区护理的投入力度，使得有护理需求的人及其家属可以就近获得帮助或者接受住院护理；为有护理需求人员的家属实施不多于10天的带薪休息日，使得家属能够更好地满足被护理人员的相关需求。

三、德国自由民主党

将护理保险制度平滑地过渡到一个由保险费支撑自负盈亏的体系；减轻人口下滑所带来的护理保险的负担；抑制护理保险费在未来十年上涨的趋势；长期持久地保持护理服务的质量；公平分摊各代人对护理保险的负担；护理保险需求人员及其家属需要对当前护理保险服务内容、价格和质量等方面拥有更多的知情权；减少护理保险管理的官僚作风，进而提高对护理服务的投入。

四、德国左翼党

进一步提高医疗与护理体系中的人员素质，根据不同的级别进行付费；调整护理需求程度至与护理服务相互协调；进一步改善养老院人员的住院护理；发展完善护理一条龙服务；护理需求人员及其家属能够获得更好的咨询，在财务上与社会福利上可以获得更好的帮助。

五、德国联盟90/绿党

改善护理服务质量，提高护理保险的透明度；增加护理人员在职培训的可能性，并且给予更多的认可；在护理保险中引进和发展人力预算制度；提供更多社区咨询与护理；更好地协调家庭、护理与职业，引进3

个月的以工资补贴形式发放的护理休假期，护理休假期不仅仅可以运用于自己的亲属，同样可以运用到周围的朋友或者社区个人；扩大护理服务的资助范围，将护理保险进一步发展为一个全民性保险。

医疗保险牵动所有选民的心

2009 年 9 月 22 日

如果说养老保险与护理保险更多地关乎高龄选民利益的话，医疗保险却是所有选民实实在在关心的话题。德国高昂的医疗费用、技术进步、人口老龄化等问题，使得不管是社会医疗保险的投保人还是私人医疗保险的投保人都密切地关注下一届政府将从什么方面入手改善医疗服务，抑制医疗费用的逐年上涨，可持续地发展德国医疗保险制度。

一、德国基督教民主联盟/基督教社会联盟

进一步发展社会医疗保险和私人医疗保险的结构、组织和资金运营机理；提高医疗保险的透明度和竞争力，减少医疗保险中的官僚作风；自由职业者应当进一步纳入社会医疗保险的行列中；废除国家医疗，实现医疗卫生事务的自主管理；提倡治疗自由、医生与医院选择自由、医生职业选择自由；只在特定的情况下批准设立医疗中心，实现药店私有化，严格管理药品交易；推动医疗职业的流动性，提高农村医疗工作的吸引力；资助现有医院，目的在于保证医疗供给的可资助性和基于各代人公平考虑进一步发展社会保险体系的需要；限制被保险人的额外负担，通过财政税收对医疗保险附属服务进行资助。

二、德国社会民主党

吸收所有收入用于支持医疗卫生上的开支；提高社会医疗保险中的税收资助份额；在现行医疗改革框架下进一步发展风险平衡，考虑各种不同的疾病风险，将私人医疗保险列入考虑范围；雇员与雇主平等地支

付社会医疗保险中的保险费；引入社会医疗保险与私人医疗保险的风险平衡机制；所有公民不分地区都享有好的医疗服务，统一门诊医疗服务的费用；进一步开放门诊救治的医院；通过家庭医生的方式提供社区就近的门诊方式，保证医生选择自由，加强家庭医生与专科医生、医院和护理机构的合作；重点加强所有医护职业中对老年医学和止痛护理方面的培训、研究与工作；开展针对性别的医疗研究；加强疾病预防，改善患者权利。

三、德国自由民主党

通过税收政策改革构建一个中心管理的国家医药体系；增强卫生医疗体系的竞争力；尽可能提供个体医疗选择的自由，同时保证医疗疾病不至于使整个国家医疗系统陷入财政困境；改革当前医疗保险费与工资收入水平挂钩的现象，根据享受的医疗保险服务进行缴费；通过财政转移制度减少高收入人群与低收入人群之间的社会差距；保证医生、医院收费的公平性和透明性；提高电子医疗卡相关的个人隐私保护力度；取消当前社会医疗保险所采用的门诊费，加强个人参与，减少官僚作风等。

四、德国左翼党

将职业与收入状况考虑到医疗卫生的资金扶持中来，取消保险费与保险义务的界限，取消现行社会医疗保险中职工或者养老金领取者交纳的额外费用；将医疗卫生的营业费用作为激发行业发展的资金动力；社会医疗保险的服务范围与医疗需求相吻合；一视同仁，取消医疗保险中门诊费、牙科费、眼镜费用等额外费用；以患者利益为核心，效率与质量应该高于经济目的；降低药品增值税的税率；停止或者改革前段时间国家对医院私有化的做法；制定和颁发《疾病防治法》，构建社区医疗中心等。

五、德国联盟90/绿党

改变当前以疾病医治为主的医疗卫生体制，转而注重疾病预防与卫生医疗条件的改善；不管个人收入、社会地位、籍贯、性别等因素的不同，保证医疗条件的高质量；改变当前社会医疗保险费用只和工资收入挂钩的方法，对于来自租赁、资本利得等的其他收入也应该在保险费率中予以考量；取消医疗保险的额外费用；改善社区医疗水平和服务条件；加强医药卫生领域的科研等。

德国社会保险的立法权

2009 年 7 月 7 日

2009 年 3 月召开的全国人大代表大会上，全国人大常委会委员长吴邦国指出《社会保险法》是我国 2009 年的民生立法重点。同为大陆法系的国家，了解德国的社会保险立法权无疑可以为我们提供关注中国民生立法的另一个视角。

与我国通过全国人大代表大会或者地方人大代表大会立法类似，德国的立法权主要通过联邦和各州的立法机构执行。其中联邦一级实行两院制，即联邦议院和联邦参议院。德国联邦议院出选举产生的人民代表组成，联邦议院选举或罢免联邦总理、选举一半数目的联邦宪法法院法官并派遣成员参加选举联邦法官的法官选举委员会。联邦议院议员构成联邦大会的半数成员。联邦议院是联邦德国的中心政治机构和最高立法机构。德国联邦参议院成员由各个联邦政府任免并受州政府的制约。德国各州议会通常是联邦议会的缩影，除巴伐利亚州实行两院制议会外，其他各州均实行民选的一院制议会。议会的内部组织与联邦议院大致相仿，主要任务是立法、组成和监督本州政府。

立法机构对社会保险的立法权限，应该严格根据德国宪法（《基本法》）的相关规定进行划分。《基本法》第 73 条通过列举的方式详细规定了联邦的立法权限，只有《基本法》明确列示的立法项目，联邦才有权立法，超出了列示立法项目的由联邦所立的法律均为无效，因为其与《基本法》相关规定抵触。各州在《基本法》没有赋予立法权限的范围内拥有立法权，即各州的民生立法权既不在联邦《基本法》中规定，也不在各州的宪法中规定，而是基于"剩余权归属原则"进行推定确立立法权限。实际上由于《基本法》保证了联邦拥有绝大多数项目的立法权限，剩余权归属推定后的州议会民生立法权限较联邦而言相对比较少。

不过德国《基本法》单独列举的联邦立法权限的14个项目中，并没有包含对社会保险的立法权限。但是这并不意味着联邦议会对社会保险立法没有绝对的主导权。德国《基本法》规定，为了联邦领域内创造同等生活条件，或出于捍卫整体国家利益、维护法制和经济统一的原因有必要制定联邦法律时，联邦在竞和立法范围内享有立法权。竞和立法是指只有联邦一级不制定法律、不行使立法权时，各州才有立法权。德国《基本法》第74条详细规定了竞和立法的范围，总共包括33个领域，其中第74条第12项明确规定，劳动法和社会保险法属于联邦和州的竞合立法权限。

实际上由于社会保险与国民的日常生活息息相关，如果允许各州进行单独立法容易造成富裕州与贫困州之间的差距扩大，造成不同地区生活条件的差异和国民负担的不同，基于这一主要原因，关于社会保险的立法实际上都是由联邦一级立法机构行使的。

德国是社会保险立法的先驱，早在19世纪80年代的俾斯麦时期，德国便颁布了《医疗保险法》《养老保险法》和《工伤事故保险法》。经过100多年的立法发展，德国已经形成了非常完善的社会保险法律体系。除了上述提及的具有上百年历史的诸项法律历经多次修改一直沿用至今外，德国还有诸如《护理保险法》《社会保险往来支付与会计簿记法》《自由职业艺术家与撰稿人社会保险法》等多部法律，涵盖社会保险的方方面面。

德国社会保险的行政权

2009 年 8 月 4 日

德国是联邦制国家，行政区域按照《联邦区域规划法》划分为联邦、州、地区三级。联邦德国现有 16 个州，14808 个地区。国家宪法，即《德意志联邦共和国基本法》，对各级政府的社会保险行政权作了划分，将国家的社会保险管理层次分为联邦、州、地方三级。

《基本法》规定了联邦与各州的权力分配及其关系的基本原则，联邦政府的权力高于州政府的权力。州政府扮演着承上启下的角色，体现在《基本法》第 30 条中。该条规定，除特别规定外，国家权力的行使和国家任务的履行属各州事务，行政权主要由州行使。不过，基于社会保险涉及面广，参保对象流动性强，如果仅靠州级政府管理的话，既囿于州政府职权限制无法实行跨州管理，也不利于劳动要素的自由流动，因此《基本法》对社会保险的行政权作了相应的补充规定。

根据《基本法》第 87 条第 2 款的规定，社会保险经办机构管辖区域跨越一州的，该社会保险经办机构作为联邦行政管理的对象，通过设立联邦直属公法机构行使行政权。如果社会保险经办机构管辖区域跨越一州但是不超过三州的，可由相关各州约定由其中的一州行使管辖监督权，并且设立属于州一级管辖范围内的直属公法机构。

联邦政府社会保险行政权的行使分为直接行政权行使和间接行政权行使。直接行政权行使是指由联邦政府机构直接制定规章制度，参与社会保险事务的日常管理监督工作，间接行政权行使是指由政府委托社会保险经办机构，通过设立公法人团体的形式管理社会保险的日常事务。

直接行使社会保险行政权的联邦政府机关主要是联邦劳动与社会保

障部、联邦卫生部及其下设机关，包括联邦社会保险局和联邦劳动局。联邦社会保险局设立于1956年，其职责是协同联邦劳动与社会保障部监督管理社会保险中的养老保险和工伤事故保险，协同联邦卫生部监督管理社会保险中的医疗保险和护理保险。对失业保险的监督管理，则主要由联邦劳动局行使行政权。联邦社会保险局的行政权力主要是审核和批准社会保险经办机构的设立，提供专业咨询；处理涉及社会保险经办机构的投诉、行政复议等事项；监督审查社会保险经办机构的日常管理和运营等。此外，联邦社会保险局还肩负着平衡各医疗保险经办机构或护理保险经办机构之间的收支盈余，管理医疗保险或护理保险基金，为各个社会保险经办机构工作人员提供培训，发放妇女育儿金等行政义务。

间接行使社会保险行政权的是依照公法设立的各个非营利性团体，包括负责社会保险范围内医疗保险、护理保险、工伤事故保险、失业保险和养老保险的各个社会保险经办机构。目前德国属于联邦管辖权范围内的地跨三州以上的社会保险经办机构超过140个。这些社会保险经办机构负责投保人参加社会保险资格的审核、保费的征收管理、保险金的发放等事宜，并为公众提供信息咨询。

州与地方政府对社会保险行政权的形式实际上是联邦政府的缩影，行政权的行使也分为直接行政权行使和间接行政权行使。直接行政权的行使机构主要是各州的劳动与社会保障部和卫生部及其下属机构，间接行政权的行使机构是各个依照公法设立的管理范围只在本州或者在三个州以内并且获得其他州委托管理的社会保险经办机构。其行政权的行使范围也大致和联邦行政权行使机构类似。值得一提的是，由于各个州管辖范围内的社会保险经办机构大多同时也是联邦社会保险经办机构联合总会下的成员，因此州范围的社会保险经办机构可以通过选举、表决、监督等权利的行使，影响联邦一级社会保险行政权的行使。

德国社会保险的司法权①

2009 年 9 月 8 日

社会保险的司法权是指司法机关及其官员依法对具体的社会保险案件进行裁判，并由此将社会保险的相关法律规范具体运用到个案之中，解决业已发生的社会保险利益争议。行使德国社会保险司法权的主体由三级司法机构组成，即联邦宪法法院与联邦社会法院、州社会法院和地方社会法院。

德国作为联邦制国家，联邦层级的国家司法权由独立的联邦宪法法院和其他 5 个联邦最高法院行使，即联邦最高法院、联邦行政法院、联邦财税法院、联邦劳动法院和联邦社会法院。联邦层级的社会保险司法权主要由联邦社会法院行使，联邦宪法法院只有在联邦社会法院的裁判与德国《基本法》的内容相冲突时，才能够对社会保险的相关事项行使司法管辖权。

联邦社会法院、州社会法院和地方社会法院对社会保险事项行使司法管辖权的范围是一致的。根据德国《社会司法权法》（Gesetz über die Sozialgerichtsbarkeit）第 51 条的规定，社会法院的司法管辖范围包括裁判社会保险在公法意义上的各种争议，如与社会养老保险、农民养老保险、社会医疗保险、社会工伤事故保险、德国联邦劳动局管辖下的促进就业与劳动援助、社会援助、政治避难、残疾人伤残等级认定与权益维护、职工病假期间薪酬发放等相关的争议。《社会司法权法》还规定，其他法律指定社会法院行使司法权的，社会法院可依法对《社会司法权

---

① 本文合作者为戎运林。

法》规定的管辖范围之外的各项争议行使司法权。

德国的保险体系由社会保险与商业保险组成，在社会保险争议之外，社会法院还对商业保险的部分争议享有司法管辖权，比如护理保险，不管保险公司是属于公法意义上的社会保险行政机构还是以盈利为目的的私法意义上的营业性机构，由此产生的争议都由社会法院进行裁判。基于商业保险公司经营的具有社会保险特点的商业医疗保险（比如德国私人医疗保障险）所产生的争议，社会法院同样享有司法管辖权。

值得强调的是社会法院的职权范围尽管大部分与《社会法典》所规定的各项内容相对应，但是整体上却非完全重叠。上述社会法院的司法权管辖范围，更多地是源自于历史和政治上的偶然性，这对以完善和严谨著称的德国法律体系来说，是一个相当有趣的现象。另外，社会救助方面的司法管辖权，自2005年1月1日起才划归社会法院，而之前一直都是由行政法院行使社会救助方面的司法管辖权。

各级法院均由若干"评议庭"组成，地方社会法院的评议庭由2名职业法官和2名非职业法官组成，州社会法院与联邦社会法院的评议庭由3名职业法官以及2名非职业法官组成。根据德国《基本法》第97条的规定，法官是独立的，不受制于任何指示。

评议庭非职业法官的任命具有很强的针对性。案件涉及社会保险和联邦劳动局的，其中一名非职业法官须由雇主指定，另一名则是被保险人认可的法官；案件纠纷涉及医疗机构与医疗保险机构的，其中一名非职业法官须是医疗机构指定的法官，而另一名则是保险机构认可的法官；涉及残疾人的案件纠纷，其中一名非职业法官必须代表残疾人一方的利益，而另一名非职业法官则是残疾人依法可予信赖的人。非职业法官的任命需要候选人本人提出申请，任期通常为3年，在任期内根据德国《司法机构薪酬与补偿法》（Justizvergütungs-und entschädigungsgesetz）领取报酬。

根据德国《基本法》关于基本权利保障之规定，任何公民在其权利受到公法权力侵犯时，均有权依法提起诉讼（参阅德国《基本法》第19条第4项）。社会法院的首要任务是监督社会保险、社会救助等公法机构的依法行政，解决其管辖范围内的法律纠纷。此外社会法院的另一项重要职责是在《社会司法权法》规定范围内，对社会行政权力的行使进行违宪审查，并审查立法机关是否在宪法允许的范围内行使权力。如果社会法院认为有违反德国《基本法》的行为，则必须将所涉问题提交拥有最终司法裁判权的联邦宪法法院裁判。

根据德国程序法，法官在案件审理中扮演比英、美法官更积极的角色，他们必须查明案件事实。就像人们观察到的那样，德国法官必须寻找案件真相，而英、美法官则只须判定哪一方的论据和理由更充分。三级社会法院之间分工明确，地方社会法院负责立案，调查取证，收集证词和专家鉴定等。州级社会法院是负责受理案件上诉和申诉的法院，如果对州级社会法院的裁判不服，当事人可继续向联邦社会法院提出申诉请求。地方社会法院在证据收集完之后的一般程序为：评议庭开庭审理，首席法官宣读案情，与当事人研究涉案的法律依据，双方当事人（或其代理人）法庭辩论，最后由评议庭合议并宣判。不过在特定的情况下法官也可以进行书面审理。

在德国的六大法院中，社会法院的独特之处还在于案件当事人可以随时撤销起诉申请。此外，社会法院亦不会作出能终止诉讼程序的承认案件判决的裁判。由于大部分社会保险案件都涉及医药卫生治疗等，为此当事人可以自行选择医疗机构，要求其出具专家意见或者专业鉴定书，以供社会法院审理案件之参考。不过当事人必须预先承担该部分鉴定费用，只有当专家意见或专业鉴定书被法院采信且有助于案情裁判时，社会法院才给予补偿当事人预付的该部分鉴定费用。

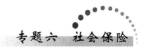

德国医疗保险下的两种制度：公立医保与私人医保

2009年4月

中国国务院2009年4月6日公布的新医改方案明确提出加快建立和完善以基本医疗保障为主体，其他多种形式补充医疗保险和商业健康保险为补充，覆盖城乡居民的多层次医疗保障体系。如何保证基本医疗保障、补充医疗保险和商业健康保险明确分工、各司其职、互为补充成为具体操作中的难题。审视德国公立医疗保险和私人医疗保险两种制度的区别，有利于为我国的具体监管实践提供借鉴。

一、自愿性私保与强制性公保

私人医疗保险最显著的特征就是自愿性投保，因此私人医疗保险公司只能通过提供物美价廉的医疗保险产品来招徕顾客。参加私人医疗的人们通常是政府公务员、自由职业者等根据德国法律没有义务参加强制性社会保险的人们。公立医疗保险则具有强制性，参加者为社会的中坚力量——工人和雇员们，也包括收入较低的学徒、学生和退休者。

私人保险和公立保险是两个互相独立的主体，只有在少数情况下存在交集。当雇员的工资达到一定的数额，成为社会中的高收入者时，德国政府允许此类雇员决定是否继续在强制性的公立医疗保险体系中投保。如果高收入的雇员决定由强制性公保转为自愿性私保，这个决定必须是长期的，即雇员在一般情况下不允许重新投保公立医疗保险。只有在极少数的情况下，法律才允许自愿性私人医疗保险投保人重新回到强制性公立医疗保险体系中。这些极少数的情况包括投保人失业或者总收入下降到特定的水平。

二、私保中投保人是医护合同的主体

私人医疗保险中，投保人自主地选择医生、医院甚至是自己的按摩师。在医护关系中，私保的投保人本身就是独立的合同主体，看病就医的费用都由医生或者医院直接开具给投保人，投保人必须自己检查所收到的就医账单，独立结清就医款。投保人稍后再凭自己已经支付的账单同自己的保险公司结算。保险公司主要根据投保人提供的医生账单负责赔偿。

公立医疗保险中，投保人不再是医护关系的合同主体，因为公立的保险公司都直接与医生或医院签订合同，投保人只能在与所在的保险公司存在医护合同的医生或者医院处就医，而不能像私保的投保人一样灵活地选择所有的医生。投保人无须就医后在医生或者医院处结账，而是由保险公司和医生做直接结算。投保人在公立医疗保险中获得的是以实物形式支付的服务，而并非像私人保险的投保人那样直接获得保险公司的现金赔偿。

三、私保中的量体裁衣和公保中的一揽子服务

私人医疗保险中每一份保险合同之间基本都存在着差别。投保人和保险公司签订合同，根据自己的消费偏好、身体状况和对风险的接受程度决定承保哪些疾病或者风险。而且，每一个投保人将签订一份保险合同，不存在着像公立保险那样一份保险合同承保夫妻和子女多个人的情况。

一般而言，公立医疗保险合同的承保范围是相同的，投保人无法自己决定所要承保的风险。如果投保人对公立医疗保险的承保范围不满足，并不能像私人保险那样通过修改合同条款实现承保范围的变更，只

能通过额外订立私人医疗保险合同对自己进行保险。公立医疗保险为投保人提供了共同保险的优惠，投保人有可能通过签订一项保险合同，交纳一个人的保险费用便可以获得全家人的保险。不过，获得共同保险优惠的前提必须是配偶一方没有正当收入或者有正当收入但是收入额每个月不超过340欧元，未成年的子女基本上也都可以获得共同保险优惠。

四、私保中的注重个人自助和公保的强调社会互助

德国社会结构的严重问题便是人口老龄化。私人医疗保险将投保人交纳的医疗保险费预留部分供投保人年老时支出，因为随着年龄的增加老年人对医疗护理的需要明显大于年轻人。投保人保险费的部分自留避免了年龄增大和风险增加带来的保险费用的提高，使得私人医疗保险的保费相对稳定。

公立的医疗保险强调社会互助，投保义务人根据自己的收入情况承担一定比例的保费。如果整个医疗保险体系出现运营亏空，这个亏空将主要通过提高保险比例费率的方法，由所有的投保义务人负责弥补。在这种体制下，年轻人交纳的保险费用并不是为了应对自己年老以后的开支，而是立即用于同一时期内老年人医疗费用的支出。

五、私保中的等价费率和公保中的量能费率

私人医疗保险费率的高低取决于保险合同的服务广度和深度。投保人选择的承保风险越多，费率就越高。在私人医疗保险中，保险公司通常为投保人设置了风险自留，如果投保人选择的非保险赔偿覆盖范围越大，保费就会越低。有些保险公司还设置了赔偿的上限，这种情况下上限越高，费率也越高。总之，私人医疗保险体现的是一种等价原则，获得的服务与投保人所交纳的保险费用成正比。

公立医疗保险采用的是量能缴费的原则，即收入越高的人们必须交纳越高的保险费，收入低的人们依理交纳较低的保险费。尽管投保人根

据自己收入的高低缴纳不同的保险费，但是缴纳高保险费的投保人和交纳低保险费的投保人之间所获得的服务是一致的。量能费率的定价原则造成了许多高收入的人们决定弃"公"投"私"，根据他们缴纳的保险费享受私人保险中更为个性化的服务。而且，过去德国公立保险公司的费率可能存在微小差别，自2009年开始所有的公立保险公司都改用统一保险费率，这使得公立医疗保险的量能缴费原则体现得更为明显。

德国：降低失业保险费率旨在提高出口竞争力①

2007 年 11 月 12 日

从 2008 年 1 月 1 日开始，德国的失业保险费率将从现在的 4.2% 降低到 3.9%。然而德国总理默克尔 2007 年 10 月 20 日公开表示，联合政府希望进一步将失业保险费率从目前已达成一致的 3.9% 进一步下调为 3.5%。德国政府降低失业保险费为什么这么做？这么做将对德国产生什么影响？

德国是著名的经济发展强国，其经济的发展主要得益于雄厚的技术实力和完善和谐的社会法律环境。历年来，德国一直保持着世界第一出口国的地位，化学、机器制造和汽车行业产品是德国出口的主要产品。资料显示，德国 2006 年出口首次突破 1 万亿美元大关，继续位居世界出口第一。然而德国作为第一出口国的地位却不断受到其他国家的挑战。德国出口商协会的数据则显示，到 2009 年中国将超过德国，成为世界第一出口大国。协会会长安东·伯尔内表示："我们相信，到 2009 年中国将取代德国成为世界出口冠军。"根据德国工商联合会的预测，德国出口增速将放缓，2007 年出口预计增加 8%，到 2015 年增加幅度将为 5%。与出口增速降低紧密相连的一个原因是德国企业的出口竞争力，包括其中的一大竞争劣势，即高昂的人工费用。因此，德国政府在致力于发展经济的同时，必须考虑的问题便是如何降低企业的人工成本。失业保险费成为政府改革的试脚石。

根据德国现行法律，德国所有雇员原则上都必须参加失业保险，费

---

① 本文合作者为吴捷。

用由雇主和雇员各承担一半，同时政府也提供一定的补贴。雇主除了承担雇员部分失业保险费外，还承担雇员养老保险、医疗保险和护理保险的一半费用和雇员参加工伤事故保险的全部费用。德国社会保险费率高达40%以上，雇主的劳工成本可想而知。

德国政府下调失业保险费用，首要考虑的是降低中型企业的人工附加费，帮助企业改善经营。中型企业是德国经济发展的生力军，它是指雇员人数在500人以下以及年营业额在5000万欧元以下的企业。根据这一定义，目前德国共有企业340万家，其中中型企业占90%以上。正是这些中型企业创造了德国40%的营业额，提供了70%的工作岗位和83%的培训岗位。通过降低失业保险费率，可以节省中型企业的成本支出，提高产品的国际竞争力，进一步扩大出口，推动德国经济的发展。在降低中型企业雇员失业保险费负担的同时，德国总理默克尔同时还致力于税收上给予人合公司或家族企业优惠，降低人合公司和家族企业在继承遗产或新旧交替时的遗产税负担。

德国总理关于降低失业保险费的举措，无疑得到了德国企业的大力支持。但是受到德国政治体制的影响，这一良好的愿望必须经过不断谈判和协商才能得以实现。可以确定的是，2008年初的失业保险费将下调0.3%，如果失业保险费率进一步下调至3.5%，下调的幅度与目前的适用费率相比将达到0.7%。如此大的调幅将明显降低企业的人工附加费，进而降低产品成本，提高企业的盈利空间和市场决策空间。德国产品在保持现有质量水平的基础上，其市场竞争力将进一步加强，这对保持德国世界第一出口大国的地位，改善目前出口增速降缓的现状将起到良好的积极作用。

中国真的是劳动力廉价市场吗

——社会保险视角的思考

2009 年 11 月 17 日

中国的劳动力廉价，几乎成为国际上的一种共识。廉价劳动力被视作外商投资中国和"中国制造"的商品以低价打入国际市场的重要原因。廉价劳动力是相对于世界上发达国家而言的，但是这种廉价是一种绝对价格上的廉价。如果从相对价格的角度看，我国的劳动力成本实际上并不低廉。下文从社会保险的角度解读我国并不低廉的劳动力成本。

我国国务院对基本养老保险、基本医疗保险和失业保险的费率水平作了原则规定：基本养老保险，用人单位费率一般不超过 20%，职工个人费率逐步提高到 8%；基本医疗保险，用人单位一般为 6% 左右，职工个人为 2%；失业保险，用人单位为 2%，职工个人按 1% 缴纳；工伤和生育保险费率由各省、自治区、直辖市人民政府根据实际情况测算后确定，这两项保险企业负担水平一般不超过 2%，职工个人不缴费。

这样的数据给我们传递一个信息，如果不区分用人单位和职工，不区分具体险种的话，实际上社会保险费用占劳动力成本的比重可以高达 41%（基本养老保险 28%，基本医疗保险 8%，失业保险 3%，工伤和生育保险 2%）。从用人单位的角度看，他们需要承担的比重为劳动力成本的 30%，职工自己承担的比例约为 11%。

直观地看这些数据无法说明什么问题。让我们来比较一下以税费（税收与社会保险费）负担高而著称的德国的情况。德国的社会福利位居世界前列，高福利水平主要得益于发达的社会保险体系和税制水平。就在这样的国度里，社会保险费用占劳动力成本的比例也远远没有中国高。

德国的社会保险分为五大种类，即养老保险、医疗保险、护理保险、失业保险和工伤事故保险。其中前四类保险的保费由用人单位和职工分别承担一部分，工伤事故保险由工人单位单独承担。根据2009年的保险费率，德国养老保险的费率为19.9%，其中雇主承担9.95%；医疗保险的费率为15.5%，雇主承担部分为7.3%；护理保险费率是1.95%，其中雇主承担0.975%；失业保险的费率为2.8%，其中雇主承担1.4%；由雇主全额承担的工伤事故保险费率是1.26%。根据这些数据，我们可以得出德国的社会保险费率占劳动力成本的比重是41.41%，其中由用人单位承担的部分占20.89%，由职工自己承担的比例约为20.52%。

我国与德国的社会保险费占劳动力成本的比重比较接近，中国的数据为41%，德国的数据为41.41%。但是用人单位承担的社会保险费用占劳动力成本的比例却相差甚远，中国用人单位所承担的比重高达30%，而德国的雇主们相应承担的比重只有20.89%，两者之间的差异高达近10%。此外，如果算上我国用人单位需要为员工缴纳的住房公积金等福利补贴，中国用人单位所支付的劳动力价格就更为高昂。

值得我们深思的是中国社会保险制度的资金来源问题，中国社会保险的服务范围仅仅局限在一些基础保障上，相对而言德国社会保险服务范围更广，覆盖面大，两个国家都可以通过大约41%的劳动力成本的资金来支撑整个社会保险体系。两国的数据起码说明了一个道理，中国在不增加社会保险费用的基础上提高社会保险服务范围在理论上是可行的，这点德国为我们作出了表率。

我国企业劳动力附加成本高，社会保险费中用人单位承担的比重过大。之所以这个问题在当前没有得到关注，主要原因是劳动力成本的绝对价格较低，在基数较小的情况下企业负担不明显。不过随着近年来我国劳动力成本的不断上升，部分地区出现劳动力短缺的现象，许多专家估计我国在未来几年里廉价劳动力的绝对优势将逐渐削弱。劳动力成本

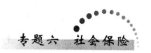

增加的情况下，如果不改革我国现行的社会保险制度，中国劳动力附加成本还将进一步增加，企业成本超度负载可能成为另一个社会难题，成为制约我国经济可持续发展的新障碍。

《社会保险法》权力制衡机制
有待进一步完善

2011年3月18日

从1994年我国开始将社会保险列入国家立法规划起，《社会保险法》于2010年10月底得到全国人大常委会的表决通过，整整耗时逾16年，历经全国人大常委会四审，受到了社会大众的广泛关注。随着《社会保险法》2011年7月1日的施行，中华人民共和国社会保险立法层次低、社保法规系统性弱、区域与行业衔接性差等现象得以根本扭转。《社会保险法》首次从法律层面确立了我国养老、医疗、失业、工伤和生育五大社会保险支柱，成为我国社保民生的根本大法。在2011年两会召开之际，理性地审视现有法律存在的问题，探讨我国未来社会保险法制的可完善之处，未尝不是对2011年两会召开的一份献礼。

一、我国当前《社会保险法》中权力制衡机制的缺失

我国新颁发的《社会保险法》中对权力制衡并没有过多的规范。法律的长期施行将有可能导致政府行政权力的膨胀，政府在某种程度上集立法、执法与司法权力于一身，严重混淆了权力分治的界限。

从立法层面上看，国家将诸多立法权的行使下放至各级人民政府，从法律层面承认了地区差异。比如《社会保险法》第五章失业保险中授权省、自治区、直辖市人民政府制定各自的失业保险金标准（法案第四十七条）。此外《社会保险法》规定基本养老保险转移接续的具体办法（法案第十九条）和新型合作医疗的管理办法（法案第二十四条）等由国

务院规定，这些做法实际上将原本属于立法机构的权力让渡给行政机构。

从监督执法的层面上看，社会保险的具体监督也主要由各级政府承担，除了工会组织依法对与职工社会保险权益有关的事项进行监督外（法案第九条），主要还是通过国务院和省、自治区、直辖市人民政府建立健全社会保险基金监督管理制度，由县级以上人民政府采取措施，鼓励和支持社会各方面参与社会保险的监督（法案第六条）。

按照现行的法律，社会保险的执行与监督将可能出现政府效率的浪费和监督质量的下降。在《社会保险法》下，社会保险的执行主体即社会保险经办机构的批准设立由所在地的社会保险行政部门和机构编制机关批准设立（法案第七十二条），社会保险经办机构的运作接受社会保险行政部门的领导。但是《社会保险法》同时赋予了社会保险经办机构监督社会保险基金运作的权力，即社保经办机构应当向社会公布社会保险基金的收入、支出、结余和收益情况（法案第七十条）。该法案在第七十九条又重新规定，社会保险行政部门对社会保险基金的收支、管理和投资运营情况进行监督检查，其中包括定期向社会公布社会保险基金检查结果。这种同一系统内部多次监督的做法，不仅降低了政府的行政效率，而且由于社会保险经办机构的非独立性，其监督质量也容易受到上级机关的影响而有所下降。

二、完善我国社会保险制度制衡机制的若干思考

首先，我国社会保险的立法权力不宜过度分散。我国目前的立法讨论倾向于由行政规章或者地方立法机构规范针对地区标准、省级统筹、转移接续等问题的立法。这种做法将使得社会保险立法体系令出多头，法律规范混乱，客观上加剧了地区发展的不平衡，影响劳动力的自由流通，增加社会的不稳定因素。

其次，各权力机关的职责尚待进一步明确。我国《社会保险法》并没有明确规定由社保经办机构负责征收社会保险费。社会保险法明确了

社会保险经办机构负责接受社会保险登记申请和审核发放社保登记证件，提供社会保险的相关咨询的权利和义务，但是具体社会保险费的具体征收单位则采用"社会保险费的征收机构"这一模糊表述，这表明了我国当前对具体行政部门的权力分配并没有形成共识（参阅《社会保险法》第六十条至六十三条，第八十一条至八十三条，第八十六条，第九十条和第九十二条）。我国目前部分地区采用委托税务部门代征社会保险费的做法，部分地区直接由社会保险经办机构负责征收保险费，这种"双重征缴"不仅不利于国家的宏观调控，而且容易引发不同权力机关的矛盾。针对目前政府机关、学术界和实业界关于社会保险费是否应该进行"费改税"的热烈讨论，我国立法机构应该将社会保险各个行政机关的职责范围与权力通过立法形式予以明确，从而提高政府的行政效率，避免不必要的利益之争。

再次，提升社会保险统筹层次有助于发挥社保的制衡机制。根据《社会保险法》的规定，我国社会保险除了基本养老保险基金实行省级统筹外，其他社会保险基金实行省级统筹的时间、步骤仍然需要由国务院进一步规定（法案第六十四条）。目前我国因为社保统筹层次低导致地方政府对社保资金拥有很大的支配权，社会保险基金挤占、挪用等现象时有发生；而且决策权的分散影响了基金管理和统一调度使用，极大地限制了社会保险的社会共济作用，制约了社会保险基金效用的发挥。在当前《社会保险法》对社会保险实行省级统筹和省级统筹下的市、县（区）级统筹制度下，由于地区之间在制度、标准、管理等方面的细小差别，给劳动力跨地区转移流动带来社会保险关系接续和权益记录上的诸多障碍。目前劳动力跨地区、跨省流动频繁，低层次的统筹人为地提高了流动成本，阻碍了劳动力转移，既有悖于市场经济规律，也不利于统筹城乡发展。

最后，政府机关的监督管理机制有待进一步理顺。司法权与行政权的分离，不仅可以提高行政权力行使的效率，而且能够运用独立的监督

保证行政权力行使的质量，而这一点在我国现行制度下还存在瑕疵。以社会保险行政复议或者行政诉讼为例，《社会保险法》第八十三条赋予了社会保险当事人可以针对社会保险待遇、社会保险权益等问题向社会保险行政部门提请行政复议或者向人民法院提出行政诉讼的权利。我国于1999年11月便颁发了《劳动和社会保障行政复议办法》，对涉及社会保险的行政复议作了比较详尽的规定，但是通过行政部门内部的行政复议维护社会保险利益人的利益不但增加了行政成本，同时因为同一系统内部的监督使得社会保险各方的利益无法得到正当的保证，执法一方容易因为同一部门的监督而怠于行政，影响执法。此外，尽管我国拥有独立的社会保险监督机构，但是由于《社会保险法》赋予该职能部门的权力有限，不仅导致了我国行政机构的膨胀，而且无法真正保证社会保险的执法质量。另外，我国现行法律对人民法院针对社会保险行政诉讼的司法权行使规定过于笼统，在《社会保险法》中也没有明确提及，在未来的社会保险法制建设中应该进一步完善社会保险司法权的建设，从而使我国的社会保险体系运行得到高效有序的监督管理。

深化医药卫生体制改革下
医疗保险制度的健全

2009年4月

2009年4月，《中共中央国务院关于深化医药卫生体制改革的意见》（以下简称《改革意见》）公开发布，中国的医疗改革在经过多个回合的曲折发展后终于回归正轨，《改革意见》的发布标志着中国的医疗改革进入最后冲刺阶段。

一、医药卫生体制改革下的医疗保险制度

我国医药卫生体制改革的发展历程，实质上也是医疗保险制度不断完善发展的过程。从新中国成立至今，医药卫生体制改革大致可以分为六个阶段，表8-1列示了不同阶段医药卫生体制的特征。

表8-1　中国医药卫生体制改革发展

	时间	医药卫生体制
第一阶段	20世纪80年代以前	计划经济下的劳保和医保
第二阶段	20世纪90年代	医疗改革通过政府主导还是市场改革的反复论证
第三阶段	2000—2004年	医药卫生体制改革开始进行产权改革试验
第四阶段	2005年	医改突然变奏，卫生部声称"市场化非医改方向"
第五阶段	2006—2008年	医改重新定调，政府将承担基本医疗
第六阶段	2009年	《改革意见》发布，医改开始循章改革

在计划经济体制下，我国的医疗保险制度主要包括城市的劳保医疗和公费医疗以及农村的合作医疗制度。进入20世纪90年代以后，党的十

四届三中全会提出了在20世纪末初步建立起社会主义市场经济体制基本框架的目标，确定在城镇建立社会统筹与个人账户相结合的职工医疗保险制度。1998年国务院发布《关于建立城镇职工基本医疗保险制度的决定》，在全国范围内进行职工医疗保障制度改革。2000年，国务院提出了医疗保险、医疗机构和药品生产流通体制三项改革同步推进的要求，医疗保险制度不断得到发展。不过，随着2005年卫生部政策法规司司长关于"市场化非医改方向"言论的发表，医疗改革的未来走向再次蒙上了不确定的阴影。2006年，党的十六届六中全会《关于构建社会主义和谐社会若干重大问题的决定》提出要"建立以大病统筹为主的城镇居民医疗保险"后开局良好，居民踊跃参加。由此可见，随着2009年《改革意见》的公布，医疗保险制度可望进入加速发展完善阶段。

二、中国医疗保险制度的改革动向

（一）不断完善现有的医疗保险制度

目前我国的医疗保险制度主要由四部分组成，即城镇职工基本医疗保险、城镇居民基本医疗保险、新型农村合作医疗和城乡医疗救助。《改革意见》针对目前四个组成部分存在的问题，提出未来的医药卫生体制改革中将进一步完善城镇职工基本医疗保险制度，加快覆盖就业人口，重点解决国有关闭破产企业、困难企业等职工和退休人员，以及非公有制经济组织从业人员和灵活就业人员的基本医疗保险问题。2009年我国将全面推开城镇居民基本医疗保险，重视解决老人、残疾人和儿童的基本医疗保险问题。针对当前的新型农村合作医疗制度，未来将逐步提高政府补助水平，适当增加农民缴费，提高保障能力。现有医疗保险制度的第四个组成部分——城乡医疗救助制度将进一步得到完善，困难人群参保及其难以负担的医疗费用将获得提供补助，筑牢医疗保障底线，建立城乡一体化的基本医疗保障管理制度。

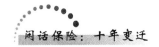

（二）拓宽医疗保险制度构成主体

目前，我国的医疗保险制度包括城镇职工基本医疗保险、城镇居民基本医疗保险、新型农村合作医疗和城乡医疗救助"四大支柱"，以实行大病统筹为主起步，分别从制度上覆盖城镇就业人口、城镇非就业人口和农村居民。《改革意见》的公布，从政策上拓宽了目前的"四大支柱"，变医疗保险制度的四元化为多元化，鼓励其他多种形式补充医疗保险和商业健康保险的发展，丰富城乡居民多层次的医疗保障体系。《改革意见》鼓励工会等社会团体开展多种形式的医疗互助活动；鼓励和引导各类组织和个人发展社会慈善医疗救助；鼓励商业保险机构开发适应不同需要的健康保险产品，简化理赔手续，方便群众，满足多样化的健康需求；鼓励企业和个人通过参加商业保险及多种形式的补充保险解决基本医疗保障之外的需求。在确保基金安全和有效监管的前提下，政府将探索通过政府购买医疗保障服务的方式，委托具有资质的商业保险机构经办各类医疗保障管理服务。

（三）注重不同医疗保险制度之间的衔接

《改革意见》强调了做好城镇职工基本医疗保险制度、城镇居民基本医疗保险制度、新型农村合作医疗制度和城乡医疗救助制度之间的衔接。不同医疗保险制度的衔接在未来将突出两个重点，即以城乡流动的农民工为重点的基本医疗保险关系转移接续和以异地安置的退休人员为重点的异地就医结算服务。农民工基本医疗保险有望得到妥善解决，签订劳动合同并与企业建立稳定劳动关系的农民工，将按照国家规定明确用人单位缴费责任，将其纳入城镇职工基本医疗保险制度；其他农民工根据实际情况，参加户籍所在地新型农村合作医疗或务工所在地城镇居民基本医疗保险。

（四）强化政府主导下的医疗保险多元资金支持

基本的医疗保险将以低水平、广覆盖、保基本、多层次、可持续、社会化服务为基本原则，通过建立国家、雇主、家庭和个人责任明确、合理分担的多渠道筹资机制，实行基本医疗保障基金和个人共同分担的医疗费用共付机制，实现社会互助共济，满足城乡居民的基本医疗保障需求。未来的医疗保险改革将建立政府主导的多元卫生投入机制，明确政府、社会与个人的卫生投入责任，确立政府在提供公共卫生和基本医疗服务中的主导地位。公共卫生服务主要通过政府筹资，向城乡居民均等化提供。基本医疗服务由政府、社会和个人三方合理分担费用，特需医疗服务将由个人直接付费或通过商业健康保险支付。

三、医疗保险体系的政策支持与监管

（一）内外兼顾，统一医疗保险行政管理

对内是指医疗保险体系本身应该发挥自身的作用，健全医疗保险经办机构运行机制。完善内部治理结构，建立合理的用人机制和分配制度，完善激励约束机制，提高医疗保险经办管理能力和管理效率。对外是指针对目前我国存在的统筹层次问题，政府必须进一步完善基本医疗保险管理体制。目前我国大部分地方城镇职工基本医疗保险仍以县级统筹为主，统筹层次较低，一方面异地就医受到限制，给医疗保险的结算带来不便；另一方面，造成保险基金抗风险能力差，基金使用效率低下，不符合医疗保险现收现付的原则。未来中央政府必须统一制定基本医疗保险制度框架和政策，由地方政府负责组织实施管理，创造条件逐步提高统筹层次，有效整合基本医疗保险经办资源，逐步实现城乡基本医疗保险行政管理的统一。

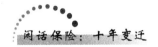

（二）促进医保监管，形成医疗保险体系各方相互制约机制

加强对医疗保险经办、基金管理和使用等环节的监管，建立医疗保险基金有效使用和风险防范机制。强化医疗保障对医疗服务的监控作用，完善支付制度，积极探索实行按人头付费、按病种付费、总额预付等方式，建立激励与惩戒并重的有效约束机制。加强商业健康保险监管，促进规范发展。同时，应该积极探索建立医疗保险经办机构与医疗机构、药品供应商的谈判机制，发挥医疗保障对医疗服务和药品费用的制约作用。

（三）实现信息共享，完善医疗保障信息体系

政府必须加快基金管理、费用结算与控制、医疗行为管理与监督、参保单位和个人管理服务等具有复合功能的医疗保障信息系统建设。同时应该加强城镇职工基本医疗保险、城镇居民基本医疗保险、新型农村合作医疗和医疗救助信息系统建设，实现与医疗机构信息系统的对接，积极推广"一卡通"等办法，方便参保人员就医，增加医疗服务的透明度。

（四）重视配套制度，解决潜在制约医疗保险发展的各方因素

针对当前各地医疗机构用药及医疗保险报销存在紊乱的现象，我国应该加快建立国家基本药物制度，建立比较完整的基本药物遴选、生产供应、使用和医疗保险报销的体系。完善基本药物的医保报销政策，保证群众基本用药的可靠性、安全性和有效性，减轻群众基本用药费用负担。同时，随着近年来医疗事故发生率的攀升，进一步推动医疗执业保险，开展义务社会工作，完善医疗纠纷处理机制也必须得到重视，最大限度地调动医疗保险体系各方的积极性。

四、医疗保险制度改革小结与展望

《改革意见》在规划未来医药卫生体制改革发展蓝图的同时明确了未

来三年改革的工作重点，第一项改革重点就是建立基本医疗保障体系。中国政府将致力于在未来的三年内实现城镇职工基本医疗保险、城镇居民基本医疗保险和新型农村合作医疗参保率达到90%以上，城乡医疗救助制度覆盖到全国所有困难家庭。政府将增加对医疗保险制度改革的投入，不仅提高对城镇居民基本医疗保险和新型农村合作医疗的补助标准，同时推动医疗保险关系转移接续和异地就医结算等多项配套制度的完善。《改革意见》的发布将是中国历史上医疗保险制度发展的一个强大推动力。

不过，医疗保险制度改革是一项长期的工程，必须经得住时间的考验。医药卫生体制改革涉及面广，情况复杂，政策性强，关乎社会的稳定和经济的可持续发展。当前我们应该认真对待医保改革过程中存在的诸多不利因素，比如目前我国城市与农村、东部与西部发展的不平衡，在深化医疗保险制度的同时，应该加强监督检查，提高管理手段，确立绩效考核制度，全方位提升我国医疗保险的水平。

中国经济国际化双边社保协定需跟进

2010 年 11 月 2 日

参股国外企业、进行国外投资或者有国外收入来源的国人都知道，中国与全球许多个国家和地区都签订了双边税收协定，用以帮助中国企业和个人减少税收负担，避免在中国与国外的双重纳税。不过，许多企业和个人却不知道，在社会保险领域，同样存在着国家与国家之间或者国家与地区之间的双边社会保险协定，用以免除居民在两个不同地区对社会保险费的重复缴纳，减少企业在经济国际化下来源于职工薪酬的负担。

一、国外社会保险是中国企业进军海外的重要开支

中国在国际上被称为世界工厂，主要原因之一是这里有着相较于国外而言低廉的劳动力。而国外的劳动力之所以昂贵，除了员工工资高以外，社会保险费对雇主而言也是一笔不小的开支。

比如，美国的国家强制性养老保险主要来源于雇主和雇员所缴纳的社会保险金，政府也负担一部分养老保险金。这部分社会养老保险金通过社会保障税形式筹集，雇主和雇员各负担雇员工资 7.65% 的比例。德国雇主承担的社会保险负担更是惊人：德国的社会保险包括养老、失业、医疗、护理和工伤事故等五项险种，这五项险种均需要雇主缴纳保险费，其中的养老、失业、医疗和护理保险需要雇主和雇员各自承担 50% 的保险费率，而工伤事故保险费则需要由雇主全额负担。由于发达国家的经济发展水平较高，雇员基本工资的基数较大，由雇主承担的雇员的社会保险费负担也比较重。

随着中国经济的发展和全球化进程的进一步交融，越来越多的中国企业在国外直接投资设厂或者参与境外的经营，这其中必然涉及将中国的员工输送到国外去，参与国外的生产经营和服务管理。由于许多国家的劳工许可往往与社会保险费的缴纳相捆绑，对于中国企业派遣至境外的中国雇员，往往需要由中国企业承担外派雇员在境外的社会保险费。同时，外派雇员往往还保留着国内母公司的相关职位，必须按照规定缴纳中国的社会保险费，由此可能造成中国企业国际化进程中针对同一个员工、在同一个时期、在中国和派遣地两次缴纳社会保险费的双重负担。

缴纳社会保险费的主要目的在于享受到相关的服务，但是对于派到国外的中国雇员来说，他们作为公司骨干参与海外企业短期的经营和管理，在工作期满后会返回中国。尽管这些人员在国外为了取得相关国家的劳工许可而缴纳了社会保险费，但是对于比如失业、养老等社会保险相关服务，外派人员往往因为如期回国而无法享受。因此，国外的社会保险费不仅加重了中国企业和外派员工的负担，而且从有偿性的角度看具有不合理性。

二、我国双边社会保险协定的签订与执行情况

目前和我国签订双边社会保险协定的国家或者地区为数不多。双边社会保险协定的宣传力度也远远不及双边税收协定：从国家税务总局的官方网站可以查阅到与我国存在双边税收协定的国家或者地区以及协定本身的详细内容，但是作为社会保险主管国家机关的人力资源和社会保障部，却没有专门的栏目介绍双边社会保险协定的相关情况。

经过一番搜索之后，从我国社会保险事业管理中心的《有关申请表信息》栏目中，我们可以发现该中心给出《办理〈根据中德社会保险协定出具的证明书〉申请表》和《办理中韩互免养老保险缴费〈参保证明〉申请表》。由此可以推断出，目前我国至少同两个国家签订了社会保险双边协定，即德国和韩国。

以德国为例做执行情况的相关说明。为避免中德两国在对方国就业的本国人员承担双重缴纳社会保险费的义务，中德两国政府于2001年7月12日正式签署了《中华人民共和国与德意志联邦共和国社会保险协定》，并于2002年4月4日正式生效。该协定是新中国成立以来，我国政府与外国政府签署的第一部社会保险方面的双边协定，标志着我国社会保险涉外工作开始走向规范化、制度化、国际化。从协定生效到目前为止，中国已经为赴德工作的中方人员出具了中德互免社会保险证明书近4000份，而同期德方也为其在华就业的约2000名德籍员工出具了对等的免缴证明。

2009年12月14日至16日，我国人力资源和社会保障部国际合作司和社保中心，与德国劳工和社会事务部代表团就中德社会保险协定执行情况进行会晤，并签署了《中德双方会谈纪要》，对协定实施过程中，中德双方对协定个别条款解读存在差异特别是对我国外派厨师在德工作期间，是否可以免缴社会保险费问题所存在的分歧交换了意见。通过协商，德国政府同意对我国企业派往其在德设立的企业或者分支机构并且在国内参加社会保险并继续缴费的厨师，以及由派出机构派往德国企业工作并领取报酬，但其劳动关系仍在国内并且继续在国内参加社会保险并交纳中国社会保险费的厨师，予以免缴在德期间的社会保险费。

可见，我国虽然签订的双边社会保险协定不多，但是现有双边协定的执行情况良好。中国与国外协定方保持着积极有效的沟通与互动，从而大大减轻了我国企业和雇员在协定所在国的社会保险负担，为我国企业进军国外保驾护航。

三、推动双边社会保险协定签订的思考与建议

推动双边社会保险协定的受惠人群是多样性的。除了走出国门的中国企业可以通过双边社会保险协定降低在社会保险费用上的开支、被定期派遣往国外的中国雇员可以避免在中国和国外重复缴纳社会保险费以

外，还有一个群体的利益不容忽视，即在华投资经营和参与经济活动的外国企业。

在德国的纽伦堡、卡尔斯鲁厄和柏林等西门子工厂或者研发机构所在地，总是能看到成群结队的中国人。他们是西门子中国公司的员工，被短期派往德国的母公司参加3~6个月的培训。这些中国雇员首先因为免缴在德国的社会保险费而成为中德社会保险协定的受惠者，但是更大的受惠者应该是西门子公司本身，因为西门子母公司从中国外派德国学习的员工身上所节省下的社会保险费，甚至可能超过他们所应该支付给员工的中国本土工资。除了大量在华投资设厂企业将员工选派回母公司所在国受训可以从双边社会保险协定受惠以外，许多国外公司也会选择将他们的员工派遣到中国，帮助母公司参与企业在华的经营管理业务。这些外国企业以及他们外派至中国的外籍员工，均可以免除双重缴纳社会保险费的负担，从而切切实实地从双边社会保险协定中获益。

不过，中国推动双边社会保险议定的工作，任重而道远。首先，我国应该扩大对现有双边社会保险协定的宣传和完善工作，让更多有需要的或者可以受惠的企业和雇员了解相关的信息，并且帮助他们办理各项申请，向协定国提交所需的各种文件。其次，对于现有双边社会保险协定执行过程中出现的问题，比如之前德方对中国外派厨师不予执行双边社保协定的做法，我国应该加强与外国政府的协调与磋商，急企业之所急，切实帮助企业和外派员工将受惠利益落到实处。最为关键的是，中国应该加强力度，推动与其他国家和地区的双边社会保险协定的签订，尤其是对于和我国有着密切经济往来的，我国企业每年都需要派遣大量工作人员前往工作的国家和地区，更是需要在社会保险领域进行类似的相互承认，帮助中国企业扫清进军海外的制度性障碍，进一步推动我国经济发展进程和国际化步伐。

9 专题七 保险教育

如何建设高端专业智库

——以保险业为例

2016年5月11日

随着中国社会经济的发展，高端智库建设已然成为助力政府转变职能、经济转型升级和国家与社会双轮驱动的重要支持和智力保障。中国经济社会发展纷繁复杂，除了大而全的综合智库可以全面为我国经济社会发展把脉以外，针对性的小而精的专业智库则可以深度地为国家特定领域的建设发展建言献策。无论是我在担任德国欧洲经济研究中心研究员的所见所闻还是2014年陪同美国彼德森经济研究所长 Adam Posen 在沪访问的感悟，都深刻感受到了此类国际知名智库的小而精和专业性。基于对此类专业智库的了解和笔者本人的专业背景，本文以保险业为例分析我国如何建设高端专业智库。

一、注重大专业

任何专业智库的研究都需要依托特定的专业或行业，但是却不能囿于本专业或者行业。站位要高，立意要远，智库强调的是为国家发展和行业运行提供智力支持，所以更需要放在大的制度背景中来研究。比如保险专业智库的建设尽管立足于保险业，但是需要解决的是如何通过保险机制的作用来服务国家的制度转型、政府的简政放权、社会有序发展和市场的优化配置。

社会普遍矮小化了保险的功能和作用。注重大保险的智库研究关系到整个国家各行各业的良序运行，也与发达国家的先进经验所契合。比如，德国政府在欧盟一体化的背景下对欧盟境内转基因种植持保留的态度，为了限制本国转基因种植的大面积推广，德国政府推行了强制性的转基因食品安全责任保险，要求所有种植转基因食品的农民都必须购买此保险，并且保护保险公司的代位追偿权，有效地限制了转基因食品在德国的大面积种植，通过市场手段实现了政府的夙愿。

保险专业智库的研究必须和国家当前的热点问题和可持续发展紧密相连，先国家之忧而忧，同时兼顾保险行业特点和专业特征，通过智库的支持使保险业成为现代金融服务体系中不可或缺的支柱行业，成为拉动社会就业的重要行业，成为促进经济提质增效升级的专业工具，成为社会治理和社会安全的创新工具。

二、强调跨学科

保险业作为专业的风险管理工具，其作用在于降低社会发展中所可能发生的风险，减少风险造成的损害和补偿风险发生后导致的损失。有人将当今的社会比喻成风险社会，人口老龄化、自然灾害、食品安全、恐怖袭击、养老金空账、医患纠纷等，使得人类历史的发展从来没有像当前社会一样如此需要保险。

即便是小专业的高端智库，也需要跨学科多角度的科学研究。以应对人口老龄化风险为例，保险专业智库的研究不仅要解决老龄化风险的现状与问题，而且要有针对性地提出应对老龄化风险的对策，其间就需要运用统计学进行大数据的分析，需要人口学对发展进行预测，需要社会学和心理学对老龄问题实行干预，需要医学和护理学实现保险产品的设计、服务和赔付，需要精算学对保险产品进行设计、厘定费率等，只有跨学科的智库研究，才能更加全面并且有针对性的提出科学和行之有效的解决方案。

三、建议重论证

如果说强调跨学科是从多个角度来思考问题，则决策咨询建议重论证则是从方法上要对同一命题采用不同的研究方法和理论加以论证，以期得出科学合理的对策和建议。建议重论证首先要选好和选准问题，能够为国家下一步的发展提供前瞻性的研究和建议。其次，建议要在问题导向的基础上重视科学的论证，不仅需要学理的支持、数据的检验，也必须符合中国的实践。以巨灾保险制度为例，国外的自然灾害总损失中，保险公司承担了大约30%的损失，而我国保险公司所承担的灾害损失均少于1%。然而，我国针对建立巨灾保险制度的呼吁却往往停留在每次自然灾害发生以后，鲜有进一步的推进。专业智库就必须针对这些前瞻性的问题，从灾害学、经济学、法学等不同学科角度，运用统计学、计量经济学、精算学、法理学等不同方法对问题进行研究和论证，并提出解决的办法。

高端专业智库在提出决策论证建议时，还需要提供不同的解决方案供决策部门参考使用，变对错题为选择题，突出解决方案的思辨性。同样以巨灾保险为例，智库建议除了论证我国需要建立巨灾保险制度以外，更需要论证我国应该如何建设巨灾保险制度，是针对单一灾种还是综合灾种，是针对特定省份还是全国覆盖，是保障流动性风险还是保障整体损失风险等问题，并且针对性地提出解决的方案，比如针对地震、台风和洪水等单一灾种如何建，针对地震、泥石流、堰塞湖等综合灾种如何构建巨灾保险体系等。

四、研究长规划

高端专业智库不仅要解决国家发展中面临的热点问题，同时也要把握中长期发展的问题，切忌跟着热点问题跑。因此，高端专业智库的研究就需要高瞻远瞩，立足现在，把握未来；立足中国，紧跟国际。我国自贸区政策、"一带一路"、东盟"10+6"、"金砖五国"等政策的推进都需要专业型的智库从各自领域提出推进过程中的建议，而且要想到未来可能会遇到的问题和挑战，提前布局。比如保险专业智库首先需要研究的内容是保险业如何帮助中国企业走出去，如何帮助走出去的企业转移和降低风险，如何在未来要素服务高度开放的经济体中成就别人和发展自己。

高端专业智库的建设还需要借鉴国际经验，但是要避免走入以前"唯外是好"的误区。一方面借鉴国外的经验，另一方面宣传中国的经验和成果。中国社会与经济发展经过几十年的洗礼，已然成为全球不可忽视的重要伙伴和经济体，作为全球最大的发展中国家，中国所探索的许多先进经验值得在全球进行推广与分享，提高我国的软实力与竞争力。

总之，高端专业智库要深入剖析和分析特定行业，结合行业发展特点、配备专业理论知识、运用科学分析方法助诊我国特定行业的发展，从而辅助性地推进中国特色新型智库建设。

保险人才培养：
高校保险院系的定位与定轨①

2008 年 5 月

一、文献综述和问题的提出

保险人才的培养得到了学界、业界和监管部门的高度重视，许多专家学者纷纷撰文，探讨中国保险人才培养出现的问题和对策。孙祁祥教授从学界的角度出发，提出保险业的发展需要经营管理、保险业务、投资、法律和技术五大类人才，从历史发展、用人体制、保险业发展和我国现行人才培养模式等角度分析了导致人才匮乏的主要原因，归纳提炼出高等院校培养保险人才应该注重教育的定位、针对性培养专才与通才和注重理论实践等观点②。王和先生从保险业界的角度出发，提出了现阶段我国保险教育存在着"双椎现象"，即保险专业学生难觅和保险业人才难求地两难困境，分析了导致"双椎现象"出现的深层次原因是体制、师资和教材的三大制约③。周道许先生从监管当局的角度出发，阐明了保险教育是保险业成熟与健康发展的重要基础，论述了当前的保险教育存在的问题是保险行业和教育行业联系不够密切、保险教育和保险实践联系不够紧密、保险人才培养和市场需求联系不够紧密、保险教材和保险

---

① 本文合作者为侯旭华。

② 孙祁祥. 如何培养优秀的保险人才—学界的视角[J/OL]. 北京大学经济学院（www.econ.
pku.cn）网站.

③ 王和. 融合 创新 探索——对我国保险教育的思考[J]. 中国金融. 2005(5).

教育不够紧密四个问题①。这些真知灼见向我们展现了中国高等院校人才培养现状、问题和发展思路，它们同时也都紧密地联系着一个主体，即高等院校的保险院系或者研究机构。

鉴于现有的文献大部分都比较宏观地论述了保险人才培养，缺乏专门对保险院系的针对性研究，而保险院系却恰恰是人才培养的重要执行者，因此本文尝试从微观方面对高校保险院系提出一些思考。这些思考包括高等院校的保险院系或者保险研究机构在人才培养中处在怎样的地位，与其他学科教育的关系如何（本文谓之定位）和更深层次的问题，即保险院系应该通过怎样的方法，培养怎样的人才（本文谓之定轨）。

二、高等院校保险院系的定位

高等院校保险院系肩负为中国保险业发展培养高素质人才的重要使命。保险院系的定位直接影响着人才培养的导向，本文的定位是指保险院系在大金融的背景下，如何正确地定位自身在高校人才培养体系中的地位，重点是保险院系与金融银行院系的关系。目前学界对保险院系的定位一直存在着争议，一种观点认为在大金融的背景下，保险专业应当隶属于金融专业，保险院系也应当成为金融学院的附属学院；另外一种观点认为，保险学科不应简单定位为金融学科，它既涉及了经济、金融、数学、统计学知识，也涉及了法律和多种专业技术知识，因此保险学科是一种复合学科，保险院系也应该平行于金融学院系②。

尽管许多人习惯于将银行业、证券业和保险业统称为金融业，我们仍然认为保险学是高度独立于金融学的，两个学科存在着较小的关联性，保险院系也应该独立于金融银行院系。这种独立性可以从两个学科的核心理论得到明显的体现。金融学核心的理论包括货币银行学、中央

---

① 周道许. 现阶段加强保险教育的思考[J]. 中国金融. 2007(13).

② 中国保险学会. 我国保险专业高等学历教育发展情况及相关建议[J]. 中国保险监督管理委员会（http://www.circ.gov.cn/Portal0/InfoModule_491/41049.htm）网站.

银行学、金融市场学、国际金融和国际投资学、国际结算、金融风险管理学、金融资产负债运筹学、保险学原理以及金融信息学、金融会计学和金融法学等①。而保险学的核心理论包括财产保险、人身保险、海上保险、再保险、寿险精算、保险营销和保险监管等。核心理论的不同直接导致了研究方向和研究方法的不同，教师的授课方式也必须根据不同的教学重点进行调整。如果保险院系隶属于金融院系，那么容易出现教育主导权向金融学科倾斜，保险学人才培养按照大金融模式培养，造成"人才"知识面广而不精，保险理论功底薄弱和业务操作能力差。

　　由于历史性的原因②，中国的部分设置保险学专业的院校往往将保险系下设于金融学院或者将保险教研室下设于金融系。这种情况一时之间很难得到根本的改变，而保险院系附属金融院系又从体制上制约着保险人才的培养。德国大学的体制为解决这种两难情况提供了一种模板。以德国卡尔斯鲁厄大学为例，该大学的金融、银行与保险研究学院（Institut für Finanzwirtschaft，Banken und Versicherung）下设金融银行系、金融工程与衍生工具系、保险系和金融市场与信息系③。各个系之间科研与教学重点各不相同，相互独立而又存在众多的合作。以保险系为例，保险系拥有独立的办公楼，独立的图书馆和较多的自主权，可以根据学科发展的需要聘任教授和教员，开设不同的课程，进行独立的经费预算，单独举办各种活动等。保险院系应该在高等院校中具有独立地位，享有更多的自主权和主导权。

---

① 董昭江. 开拓保险学研究的新视野——论保险企业管理学的学科定位[J]. 税务与经济. 2003(4).

② 这里的历史原因是指1998年原国家教育委员会修订了高等院校本科专业目录，仅保留了金融学专业，保险学被合并为金融学下的一个方向。许多高校的保险专业也因此而被停办。

③ 德国卡尔斯鲁厄大学金融银行与保险学院（http://www.fbv.uni-karlsruhe.de/）网站。

三、高等院校保险院系的定轨

对保险人才的培养，仅对高等院校保险院系进行定位是不够的。本文论述的定轨，是指保险院系应该如何确定自己的人才培养目标，培养保险业适需的人才，保险院系应该从中承当怎样的任务，运用怎样的方法。本文分三方面对定轨进行论述，即人才方向培养（培养怎样的人才）、人才方法培养（培养的人才应该掌握怎样的方法和技能）和人才培养任务（保险院系应该承担怎样的任务）。

（一）人才方向培养

人才的方向培养，保险院系首先选择是培养通才或者专才。在社会分工越来越细的情况下，保险业的发展既需要通才，更需要专才。"通"是建立在"专"的基础上，通才是在精通本专业基础上的知识广博的人才。目前中国保险院系开设的课程，基本上满足了对保险通才的培养，本文重点论述专才的培养，即人才培养的具体方向。

随着保险业的发展，内部分工将越来越具体，对人才的要求也越来越高，人才在保险业内部的定义也各不相同。有的学者将保险人才划分为六类，即保险专业人才、高级经营管理人才、各类工程技术人才（包括计算机、电子商务专业人才）、法律专业人才、投资专业人才和外语人才[①]。对此本文有着不同的观点。以上人才的分类，其出发点都是保险公司，而高等院校对保险人才的培养，却不能仅满足于为保险公司培养人才，许多领域比如监管部门、审计公司、投保人和保险评级等同样需要侧重点不同的保险人才。在市场经济前提下，保险院系应该针对不同的人才需求培养符合不同需求主体的专业人才。这些专业人才的方向包括保险公司专业人才、保险中介机构专业人才、投保人专业人才、保险监管专业人才、保险评级专业人才、保险审计会计专业人才、社会保险专

---

① 陈晓安. 入世背景下的保险学人才需求与专业培养[J]. 广西工学院学报. 2005(16).

业人才等。保险人才的培养方向、需求主体和不同主体的人才培养目标见表9-1。

表9-1　保险人才培养方向、需求主体及培养目标

培养方向	需求主体	主要培养目标（举例）
保险公司专业人才	中外资保险公司、外资保险公司代表处等	熟知保险业务，通晓保险公司经营管理、风险管理和资金运用等知识，追求企业价值的最大化
保险中介机构专业人才	保险中介机构、保险经纪人等	熟悉各种险种和保险市场概况，通过保险中介业务追求企业价值最大化
投保人专业人才	投保人，投保人联合会[①]、消费者协会等	熟知保险人各项权益，懂得利用保险产品规避风险，选择最佳保险方案，掌握保险纠纷和消费者维权的各种知识
保险监管专业人才	保险监管部门，保险同业协会等	保障不同群体利益，制定各项政策法规，保证保险市场的正常运转，掌握涉及保险业的宏观调控
保险评级专业人才	保险评级公司、综合性咨询公司等	熟悉保险公司的各项评价指标，了解保险市场发展，通过保险评级获得企业价值最大化
保险审计会计和税务专业人才	保险公司、审计会计咨询公司、金融投资公司、监管部门等	掌握保险公司和保险合同相关的财会知识，熟知保险公司审计要诀、税收策划理论，通过为保险公司提供相关服务获得企业价值最大化
社会保险专业人才	社会保障中心，具有社保义务的单位等	掌握社会保险理论，社保义务的法律知识，熟练进行年金管理和社保规划
其他保险专业人才	高等院校、研究机构、新闻媒体等	掌握保险教育理论，熟悉保险研究方法

① 投保人联合会是投保人为维护投保人权益而建立的协会。如德国有投保人协会（Bund der Versicherten e.V.）和德国保险保障协会（Deutscher Versicherungs-Schutzverband e.V.）。

（二）人才方法培养

人才培养方法是指对学生进行基本技能的训练，在传授给学生专业知识的同时，要让学生学会如何思考，用什么样的方法和工具分析理解

问题。由于本文重点讨论的是保险院系的人才方法培养，对于普通意义上的方法培养比如辩证唯物主义的社会科学[①]等本文不作分析。

总体而言，保险人才需要掌握的方法应该包括三大类，即保险学基础理论、现实主义的实证方法和各项基本技能与工具。保险学基础理论是通过对保险学基本课程的学习，使学生就具备理解各种保险现象，掌握新的保险知识和解决保险实务问题的核心技能。这些基本技能的训练，是针对学生进行不同方向培养的前提。现实主义的实证方法是指通过对概率统计、计量经济学、宏观微观经济学和计算机等课程的学习掌握运用数据分析说明问题的一种实证分析方法。各项基本技能与工具是指通过对外语、写作、营销与谈判技巧等基本技能的训练，使得学生可以在以后工作中更好地应对新情况和解决新问题。通过这些方法的训练，使学生成为应用型、国际型、创新型、综合型和前瞻型人才。

（三）人才培养任务

这里所指的人才培养任务，是指保险院系为了能更好的培养人才，其自身应该承担怎样的任务。保险人才的培养，保险院系的任务首先是教学和科研。但是这里教学和科研的内涵需要得到扩展。广义的教学和科研应当包括基础理论的研究、理论运用于实践的探讨、教学、对保险市场涉及各个要素（如保险公司、监管部门等）的行为进行监督以及为各种决策提供咨询、提供保险知识和保险意识的社会普及、对法律法规进行评析、出版教材以及通过科研发表高质量的学术论文等。对教学和科研内涵进行延伸是因为人才培养中不仅需要教与学相长，也需要教与研相长，科研实力的提高，是培养高素质人才的必要前提，也是将这种任务间接传递给学生，形成保险人才培养良性循环机制的必要条件。当

[①] 辩证唯物主义的社会科学是指高等院校开设的诸如思想道德修养、哲学、逻辑学和法律基础等课程。这些课程可以使保险人才立身明理，也是保险人才必须掌握的。由于这些方法的培养不在保险院系的教学范畴内，本文不作具体论述。

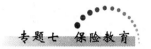

然，对保险院系任务的定位，需要得到整个社会尤其是保险业相关主体的认可和支持，实现理论与实践相结合，科研与实务良性互动，充分利用好保险院系的资源，更好地发挥高等院校保险人才培养的主力军作用。

四、保险院系定位与定轨的结合

如果将第二部分关于保险院系的定位看作定点分析，将第三部分关于保险院系的定轨看作定线分析，这一部分的分析便是一种由点和线到面的分析。文章的定位是基础，定轨是对定位后的一种升华，从而使培养立体化的专业保险人才成为一种可能。本部分将借助图9-1进行分析。

人才的培养是各个要素之间有机的结合。以审计会计与税务人才的培养为例，为了更好地培养人才，教师应该对于保险公司相关的审计会计与税务知识进行系统深入的研究，运用自身的专业知识为保险市场各个主体提供咨询，监督指导监管部门立法和维护市场的正常竞争，为社会公众提供保险审计会计或者保险税务的知识普及。教师通过承当上述的任务，直接将理论运用于实践中的检验，接触到最前沿的发展动向，也丰富了自己的教学案例。在最后的教学中，教师可以最终将上述活动的经验总结反馈到教学中，为学生提供最为前沿的运用性强的学科知识，培养学生在掌握各种研究方法的基础上成为严格意义上的专业保险审计会计或者保险税务人才。对于图9-1其他各种专业人才的培养亦然，本文不做具体分析。

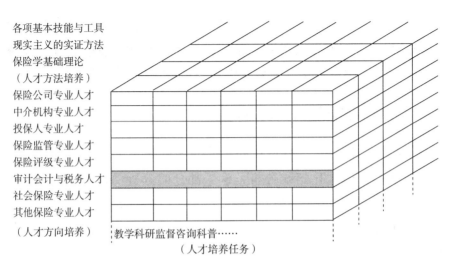

各项基本技能与工具
现实主义的实证方法
保险学基础理论
（人才方法培养）

保险公司专业人才
中介机构专业人才
投保人专业人才
保险监管专业人才
保险评级专业人才
审计会计与税务人才
社会保险专业人才
其他保险专业人才
（人才方向培养）

教学科研监督咨询科普……
（人才培养任务）

图9-1 保险院系人才培养的定位与定轨

五、总结

本文对保险院系人才培养定位和定轨仅作一般性的分析。中国在20余年的保险专业高等学历教育发展历程中，许多高校已经形成了自身独具特色的保险教育模式。因此，本文的作用更多体现在为高等院校保险院系提供一种新的研究视角和人才培养模式。随着保险行业的深入发展，业界对人才需求的专业化程度将越来越高，各个保险院系只有在明确自身对人才培养的定位与定轨的前提下，才能更好地体现保险院系自身的品牌特色，更好地满足保险业发展的需要，为保险业输送更为优秀的专业化人才。

10 专题八 风险管理

德国相互合作保险制度探源

2009年2月3日

目前正在讨论修改的《中华人民共和国保险法》草案中提出对保险公司的组织形式进行修改。在此背景下，探究德国相互合作保险制度的起源有助于更好地理解相互合作保险制度，梳理未来相互合作保险制度的发展脉络。

相互合作保险制度是指由一些面临同样风险、具有共同保险需求的人自愿组织起来，通过预交风险损失补偿分摊金进行风险中和的一种保险形式。这种相互合作的形式曾存在于古今各种以经济补偿为目的的互助合作组织中，它起源于欧洲北部具有帮会色彩的时期，主要包括现在的英国、斯堪的纳维亚半岛和德国的北部。在当时的德国，相互合作保险制度尤为发达。

15~17世纪德国北部相近的村落、族群和遭受同样困难的人们自发地联合起来，对他们中遭受火灾、家畜损失等困难的个体提供各种各样的帮助。16世纪德国的Schleswig-Hostein建立了第一个火灾互助性同业公会，这被视为火灾保险的起源。虽然当时的火灾互助性同业公会不以保险为目的，但是却具备现代意义上保险公司的特征。因为当时的人们并不需要交纳保险费用，而且在发生灾害的情况下参加保险的人们只能得到同业公会其他个人道德义务上的帮助，他们的损失并没有得到真正意义上的保障。

中世纪手工艺者同业协会为他们的成员及成员家庭提供发生疾病、伤残、年老和死亡等意外情况下的帮助。为了得到同业协会的帮助，成员们必须交纳一定的费用。这一形式更接近于今天的保险。随着时间的发展，对养老的支持逐渐从同业协会中分离出来，形成独立的养老保障"商店"。

18世纪德国专门针对丧葬、寡妇遗孤、结婚和其他互助目的的保险互助合作社遍地开花，参与这些合作社的人们主要是当时的手工艺者和商店的学徒。然而当时的保险互助合作社并没有运用相关的数学知识进行管理，导致很多时候保险合作社不能很好地为其成员提供帮助。因此，1786年纽伦堡市政厅下令禁止开设新的保险互助合作社，并且勒令要求所有已经存在的保险互助合作社必须按规定进行登记，接受检查。这被视作德国历史上的首个保险监管法令。

现在德国保险市场上的相互保险公司，便是由当时的保险互助合作社演变而来。相互保险公司是当前世界保险市场上的主流组织形式之一，在全球保险市场上占有重要地位。瑞士再保险公司的资料显示，1999年世界十大保险公司中有6家是相互保险公司；五十大保险公司中有21家是相互保险公司。在世界主要保险市场上，相互保险公司拥有相当大的市场份额。当前的德国保险市场上，相互合作保险公司在寿险和财险市场上发挥着极其重要的作用。

中国企业德国创业保险运用之
风险管理篇

2009 年 3 月 31 日

在德国创业的中国企业，大部分在创业初期财务实力相对薄弱，创业者相对缺少管理经营的经验，公司运营也不太稳定。企业在创业阶段合理规避风险，选择风险管理策略，运用保险产品降低公司风险，化解公司可能面临的可转移风险，对公司的发展意义十分重大。

一、企业风险识别

创业企业在选择保险产品前，应该首先清楚自己公司可能面临的风险，并且能够对风险进行排序，查明对公司稳健经营威胁最大的风险。每个行业可能面临不一样的风险。以生产型企业为例，他们在创业阶段应该非常谨慎地考虑譬如大型客户取消订单、机器发生故障造成企业被迫停工数周等使企业无法正常运营的情况。对这些风险没有清晰的认识，很可能会造成企业被市场淘汰。在德国创业的生产型企业还必须注意生产产品责任、环境保护责任可能带来的企业风险。

许多中国企业选择在德国经营贸易公司，利用中国的成本优势经营来自中国的产品。进口商和贸易商尤其应该注意公司可能面临的知识产权风险和产品责任风险，稍有不慎，公司可能便会因为一件产品的瑕疵造成巨大的索赔，从而威胁公司的生存。此外所有在德国创业的中国企业还必须考虑员工疾病、事故等情况下可能给企业带来的风险。只有全面把握公司可能面临的风险，才有可能选择真正适合企业自身风险状况

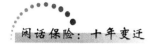

的保险产品。

二、保险产品选择

德国许多保险公司为各个特定的行业设定了专门的保险产品，提供一揽子保险保障。这种保险产品的优点在于，该行业许多特定的风险都被囊括其中，创业企业可以利用保险公司在风险管理方面的特长化解创业初期由于缺少经验造成的可能的风险管理疏忽。但是这种一揽子保险产品不是唯一的选择。创业企业应当对需要的保险产品货比三家，选择其中性价比最高的保险产品。

许多保险产品也可以通过保险代理人购买。创业企业应该要求保险公司或者保险代理人对企业进行实地考察，确认对企业可能面临的风险都予以承保。在签订保险合同前，创业企业应当再次梳理公司可能面临的风险，并且分析哪些风险可以通过自身的一些防范措施，如安装防盗装置、制定管理规则等，可以进行规避的，哪些风险必须转嫁给保险公司。

三、保险合同签订

保险合同签订后，创业企业应该再一次仔细阅读合同条款，因为不仅不同保险公司之间的合同条款会存在各自表述不同，同一个保险公司的不同营业点也可能采用不同的合同版本。审核保险合同的重点在于检验合同是否与先前同保险公司约定的事项相符，是否存在遗漏条款，保险公司的除外责任条款主要是什么，当发生风险时保险公司是否有义务负责赔偿。在德国，企业也可以通过委托一些独立的机构或者咨询公司帮助审核合同条款的全面性和适当性。

在签订保险合同时，创业企业尚不能预知当风险发生时保险公司的态度和赔付效率，也无法估计企业未来的发展态势。因此，创业企业最好签订短期的保险合同，并且附有相关的条款，约定如果企业没有及时

提出解约，合同将自动延长到下一个年份。这样企业便可以根据合同期内所积累的经验决定是否延长保险合同。不过应该注意的是，对于没有打算延长的保险合同，企业应该根据合同的约定及时向保险公司递交书面解约申请，防止因为自己的疏忽导致保险成本的增加。

四、保险成本节约

许多德国保险公司都对创业企业提供了比较人性化的保险合同，比如企业可以通过选择自留部分风险（例如企业自身承担损失的10%）或者积极参与风险管理的举措来降低保险产品的价格，从而节省企业管理成本的支出。以目前德国保险市场上的火灾保险为例，如果创业企业安装有火灾警报器的话，普遍能够获得正常保险合同价格20%的折扣；如果企业安装自动灭火装置或者设置符合标准的灭火器，甚至能够获得高达60%保险价格折扣。

此外，如果创业企业确信风险出现的概率很小，或者在某段时期内风险基本不可能发生，此时企业可以同保险公司约定无索赔折扣，即如果在某段时间里没有发生保险赔付，保险公司负责返还创业企业缴纳保费中的一部分。对于有这样条款约定的保险合同，在发生小风险的情况下，企业应该认真比较风险损失和如果没有发生保险索赔时可以从保险公司返还的保费额度，从而决定是否由公司自身承担这些小额损失。

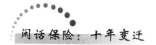

中国企业德国创业保险运用之
保险产品篇

2009 年 3 月 24 日

德国的保险市场发达，保险产品种类繁多。对于走出国门的中国企业来说，除了应该根据德国法律投保各项法定的义务保险（比如各项社会保险）以外，还要在纷繁复杂的保险市场中挑选符合企业自身的产品，而这往往不是一件易事。本篇重点介绍与创业企业关系比较密切的保险产品。

一、企业运营责任保险

企业运营责任保险负责承保因经营业务发生意外事故，造成第三者的人身伤亡和财产损失，应由企业承担的经济赔偿责任。第三者可能是顾客、供货方、访客或者企业自己的员工。特定行业的企业运营责任保险各不相同，工程师、建筑师、经纪人等都有自己独立的企业运营责任保险。比如展览企业运营责任保险中保险公司承保的是由于被保险人或其雇请人员在展览场所进行展出工作、装卸展品、运转机器以及疏忽行为所引起的各项责任，而应由被保险人赔付的金额。这些赔付金额可能是对于所租用展览场所的建筑物、各种固定设备及地面、地基的损失赔偿，也可能是雇请工作人员的人身伤亡所引起的抚恤金、医疗费和其他有关费用或者由于第三者的人身伤亡所引起的抚恤金、医疗费和其他有关费用。

二、产品责任保险

产品责任保险是企业运营责任保险的一种补充，承保的风险主要是因为投保人所生产、出售的产品或商品在承保区域内发生事故，造成使用、消费或操作该产品或商品的人或其他任何人的人身伤害、疾病、死亡或财产损失。保险公司将根据保险合同的规定，在约定的赔偿限额内负责赔偿。制造商、出口商、进口商、批发商、零售商以及修理商等，都应该考虑投保产品责任险，因为根据德国《民法典》有关规定，产品致损适用举证责任倒置，实行过错推定，即不是由受害人举证证明，而是从损害事实本身推定加害人有过错，并据此确定加害人侵权责任。

三、环境责任保险

德国一般责任险条款明确规定，投保人对环境产生影响而造成的损失属于除外责任。因此，环境责任不能通过一般责任险条款，而只能通过特别的保险条款来保障。目前，德国环境责任保险主要承保风险是企业对有具体物体形态的土地、空气或水破坏所造成的损失，如企业污水排放不达标、企业生产造成不动产地面受污染等，由保险公司根据环境责任保险合同赔付。不过，德国《民法典》第90条规定大气、海水及地下水等不存在具体物体形态，因此对此类不具备具体物体形态的污染损失不在环境责任保险的赔偿范围之列。

四、营业中断保险

营业中断保险也称利润损失保险，主要是保障企业在遭受物质财产损失时，由于重置或修复受损财产而造成营业中断所带来的利润损失。该险种承保范围包括企业由于营业额减少、营业费用增加所致的毛利润损失和雇员工资、营业场所租金、企业银行贷款利息等各项支出。由于一般的财险或机器损坏险中都不承保被保险人营业中断或营业受到影响时所造成的预期利润损失和受灾后在营业中断期间仍需开支的必要费用，加上德国的各项附加成本比较高昂，所以营业中断保险往往是创业企业一揽子风险保障计划中必不可少的一种选择。

五、火灾保险

世界上的火灾保险最早起源于16世纪的德国，当时德国的火灾合作社为所有成员遭受火灾损失后的工场重建提供资金支持。因此，火灾保险在今天的德国也是一个相对独立的险种，保险标的是陆上处于相对静止状态条件下的各种财产物资，动态条件下或处于运输中的财产物资不能作为火灾保险的投保标的。保险公司负责承保因为火灾、雷电、爆炸等引起的火灾以及延烧或因施救、抢救而造成的财产损失或因此而支付的合理费用。值得注意的是，由于火灾保险承保财产的存放地址是固定的，如果创业企业更改保险标的的存放位置，应该及时通知保险公司，以免损害保险合同的效力。

六、机动车第三者责任险

机动车第三者责任险是一项法定保险，所有在德国创业的中国企业，如果拥有企业机动车，都必须投保该项保险。机动车第三者责任险的承保范围包括交通事故发生后的各项赔付，具体如责任方的保险公司负责向对方支付伤员救治、汽车修理、误工损失、事故中贵重物件损失补偿和交通补贴等费用，机动车第三者责任险甚至还可能对事故的受害人视情况予以终生养老金保险赔付。

七、董事与高级职员责任保险

董事与高级职员责任保险也称为D&O保险，主要为公司、企业联合及其他机构的董事和高级职员对第三方的经济损失应负的责任提供保障。作为职业责任保险的一种，D&O保险以德国法律规定的公司董事和

高级职员应负担的民事损害赔偿责任为承保风险。民事损害必须是董事和高级职员的过失行为造成的，一般保险公司都在保单中对过失行为明确定义并且据此作为赔偿的依据。许多中国企业选择在德国创建有限责任公司（GmbH），而公司的经理人往往由出资人承担，因此该类保险可以更好地防范有限责任公司经理人（出资人）的管理风险。

八、其他保险产品

除了以上介绍的各种保险产品，德国市场上还存在着许多保险产品，比如针对公司财产盗窃的财产受盗保险；针对机器操作失误或者故障维修的机器设备保险；针对计算机病毒、通信故障等风险的电子设备保险；贷款保险、法律诉讼保险等。总之，企业必须结合自身情况，借助特定的保险产品规避公司风险，保证企业的正常运营。

中国企业德国创业保险运用之
保险行为篇

2009 年 4 月 14 日

签订保险合同以后，创业企业只是完成了将风险转移给保险公司的第一步。不当行为或者疏忽等原因都可能使得保险合同无效或者企业即便在获得保险公司赔偿后仍然需要自己承担重大损失。本篇重点分析创业企业如何采取正当的保险行为，以获得最大的保险保障。

一、保险合同管理

企业签订保险合同以后，至少必须每年检验一次保险合同条款，看看保险合同所承保的风险是否符合企业的现实情况，根据企业的发展状况重新确定承保风险。此外，创业企业尤其需要检验当前的保险合同是否存在投保不足现象。

投保不足是指保险合同约定的保险额度低于发生风险时企业的实际损失。由于保险合同的价格往往与保险额度成正比，所以创业企业有时候为了减少保险支出而同意降低保险额度。这种做法相当危险，因为它实际上会造成保费浪费，使得保险合同无法真正满足企业的风险管理要求。由于创业企业投保的主要险种是财产保险，正确的投保额度应该是当企业发生保险风险（火灾、企业营业中断、财产被盗等）的当天企业必须重新购置用于恢复营业生产所必需的所有支出。

二、保险义务履行

保险合同对保险人和创业企业双方的权利义务都作了相应的约定。创业企业应当尤其注意对保险义务的履行，因为在不履行义务或者义务履行不当的情况下，企业可能会在发生保险事故时遭到保险公司的拒赔。

根据德国《保险合同法》的相关规定，创业企业尤其需要关注的是以下几个义务，即按时交纳保险费的义务、保险标的危险增加通知义务、保险事故通知义务、投保人施救义务和提供单证义务。

保险合同订立后，创业企业应该按照保险合同约定的时间、地点、数额和方法，向保险人交纳保险费。交纳保险费是投保人主要的合同义务。

保险人按照保险合同约定所承担的保险责任以及所收取的保险费，是以保险合同订立时保险标的的危险状况及其程度为标准确定的。因此，保险标的危险程度增加，保险公司承担的风险也随着增大。根据德国保险法律，创业企业在合同有效期内，如果保险标的危险程度增加（比如火灾保险中企业将原来合同中约定的仓库地点由比较潮湿的地下室改为较为干燥的车间，拆除火警报警装置等），创业企业应该及时通知保险公司。如果企业没有履行这一通知义务，因保险标的的危险程度增加而发生的保险事故，保险公司不承担赔偿责任。

在发生保险合同约定的保险事故后，创业企业应当立即将事故情况告知保险公司，以便保险公司及时勘查现场，确定损失发生的原因和程度，决定是否向创业企业给付保险金。创业企业尤其需要注意保险合同中所约定的通知期限和方法，如果创业企业没有按照合同约定履行通知义务，保险公司可以不承担保险责任。

保险事故发生后，其造成的损失通常与事故的发展有着密切联系。因此德国保险法规定被保险人应承担出险施救义务，即保险事故发生时，创业企业有责任尽力采取必要的措施，防止或者降低损失。

此外，德国的《保险合同法》还规定了被保险人提供单证的义务，即在保险事故发生后，保险公司有权利要求创业企业提供为确定保险事故或者保险人给付义务范围内所必需的各项资料（包括与确认保险事故的性质、原因、损失程度等有关的证明和材料）。如果创业企业一时无法提供所有证明，也可以向保险公司说明情况，协商要求其宽限一定的合理期限，用于准备补交必要的证明。

三、保险风险防范

创业企业即便签订了保险合同，也无法真正做到高枕无忧。保险只能对企业从财务损失上进行赔偿，而实际上伴随着保险风险的发生，企业遭受的将不仅仅是财务上的损失，还包括了物流管理、企业文化、人力资源等其他方面的损失。因此，必要的保险风险防范可以帮助创业企业进一步降低风险，从真正意义上做到未雨绸缪。

在德国的创业企业，尤其应该注意创立灾害应急通讯录。灾害应急通讯录除了必须在显眼位置标记警察局、消防队和保险公司的详细联系方式外，还必须将发生灾害以后必须通知的所有员工的姓名、地址、电话和传真也一一列明，以便发生灾害后可以第一时间通告重要的联系人。

此外，企业应该不定时地将公司的重要资料（比如原始会计凭证、征纳税通知书等）转移到比较安全的地方，并且作适当的备份。转移重要资料也有利于在发生灾害的情况下向保险公司解释说明受损情况，缩短理赔时间，尽快获得灾后重建的保险赔付。

奥运保险中的风险管理探讨[①]

2008 年 8 月

奥运会历来都是保险业发展的重要契机。1992 年，巴塞罗那奥运会的保费总开支为 1800 万美元，而到了 2004 年，雅典奥运会的主办者则总共在保险上支付了大约 3000 万美元。2008 年北京奥运会将为中国保险业带来一个全新的机会，为利用这一契机推动保险市场的发展，有效合理的风险管理可以发挥极其重要的作用。

一、奥运保险风险及其分类

奥运保险的标的本身就是风险。奥运保险风险是指一切能够导致奥运会损失的各种可能性。奥运风险是客观存在的，其涵盖的范围广，涉及政治、经济、文化和自然等各个领域。依照其产生的来源，大致可以把奥运保险风险分为以下几类：自然风险、政治风险、经济风险和技术风险。

自然风险是指非人为的、由不可抗拒自然因素导致的奥运保险风险。国人所熟知的非典病毒、四川地震等事件如果发生在奥运会前夕或者期间，便有可能导致体育赛事的中断、延误甚至是取消，从而给奥运会本身带来巨大的损失，这便是典型的自然风险。自然风险还有可能对运动员的运动体能、技能极限带来巨大的压力，造成运动员的身体损伤和心理伤害。

政治风险是指由宏观政治环境下人为的政策或行为导致的奥运保险风险，政局变化、政府法律法规修订或者种族和宗教冲突等社会动荡都

[①] 本文合作者为唐汇龙。

有可能给奥运会顺利召开带来影响。2008年北京奥运圣火在境外传递过程中受到了部分干扰，一些境外媒体甚至发起了抵制北京奥运的讨论。这些矛盾如果无法顺利解决，就有可能导致主办方利益受损，影响赛事的正常进行。

经济风险是指奥运会组委会或者其他机构在奥运会组织和参与过程中，由于有关经济因素变动或者估计错误而导致经济利益受损的风险。我国目前较为敏感的股票市场波动、国外一直向中国施压的人民币汇率以及能源市场卖方供给不足带来的价格上扬都是2008年北京奥运会面临的重要经济风险。奥运会的运作需要前期投入大量的资金，经济风险可能给赛事举办带来不利影响从而造成举办方收不抵支，导致运营亏损。

技术风险是指伴随着科学技术的发展，新方法、新规则和新技术等在奥运比赛过程中的运用不成熟而导致损失的各种可能性。夏季奥运会首次在我国召开，从奥运场馆的建造到奥运会举办过程中的各项新技术，我们都投入了大量的工作，但是由于缺少相应的经验，技术风险仍然存在。使用新的场馆、器械和规则对每一个奥运参与者来说本身就是挑战，如果防范措施以及测试技术不完善的话，很有可能给奥运会带来技术风险。

二、奥运保险风险的特征

保险业界对财产保险中部分保险风险的可保性一直存在着争议。美国"9·11"事件后许多保险公司对承保大型活动风险都采取了更为保守的稳健型策略，奥运保险风险的可保性分析又一次成为研究重点。与不可抗力自然灾害不同的是，对奥运保险风险可保性的分析更多的侧重于对风险特征的分析，力求据此寻求更为合适有效的风险管理策略。奥运保险风险的特征主要表现在以下几个方面：风险的国际性、风险的突发性、风险的高频性和风险的广泛性。

风险的国际性决定了奥运保险的复杂化。奥运会作为国际性的重大事件，运动员和观众都来自于世界各地，其影响因素也来自世界各地。各种宗教文化背景的不同不仅导致了风险认知上的差异，也使得风险的涉及面变广。奥运保险是否得当，可能关系到各个国家政治经济文化的发展，甚至对国际政治关系和经济发展带来一定影响。

风险的突发性决定了奥运保险风险的测定难度大。由于奥运风险涉及众多技术问题，各种风险可能穿插在各个运动项目中和各个运动项目举办的台前幕后，给保险公司正确评估风险带来难度。风险的突发性还表现为运动的创伤率不同，创伤程度和时间都无法预测，再加上大型赛事的风险统计资料有限，各个赛事的影响因素之间的相关性较弱，给保险精算对风险的测定带来一定的难度。

风险的高频性决定了奥运保险的高理赔率。高频性是指奥运会以"更高、更快、更强"为目标，运动员以自己的健康为代价换取人类极限的突破，导致奥运比赛过程中伤病率高，奥运保险风险发生概率大。由于奥运保险主要以理赔的形式参与奥运风险的管理，所以风险的高频性决定了奥运保险呈高赔付率的特征。

风险的广泛性决定了奥运保险可能面临巨额的赔付。如前所述，奥运保险涉及的风险种类繁多，影响面广。奥运会参与者的人身安全、运动场馆基础设施、主办方商业法律关系和管理者行为决策等方方面面的风险具有较强的相关性。譬如，若因为某种事件被迫取消赛事，而事件的发生是由于主办当局管理疏忽造成的，那么许多奥运保险所承保的风险将同时出现，这会使保险公司面临巨额的保险赔付。

三、奥运保险的风险管理建议

传统的风险管理理论认为，有效的管理风险的方法可以大致分为四类，即风险自留、风险避免、风险转移和风险减少。风险自留是指承保奥运保险的公司在科学合理预测风险的前提下在能力范围内自行消化风险。风险避免顾名思义是指在奥运会举办前夕认真分析各种活动是否存

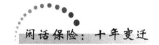

在重大事故的隐患及其发生的概率大小，以及隐患产生的后果和防范措施。如果风险发生的概率大并且发生后果超过了举办方的能力范围，有关利益方应该考虑取消或者推迟活动的举办。风险转移是指奥运会组委会以及有关保险公司通过运用金融衍生工具或者其他保险产品，将超过自身能力范围的风险尽可能地转移给第三方。风险减少是奥运保险风险管理的重点，它以确认奥运保险风险的存在为前提，通过采取各种有效和合理的防范措施和处理方法，减少风险事故发生的概率和风险事故发生的负面影响及损失。保险公司有效管理奥运保险风险，重点可从以下方面入手。

首先，保险公司应该科学系统的评估奥运风险，据以制定适合中国特色的风险管理策略。保险公司是管理风险的专业部门，应该充分利用自身的优点，动用本行业的相关专家对奥运风险进行客观系统的测评，并且以此为基础来确定保险公司如何选择风险自留、避免、转移或者减少等措施，实现最优化的风险管理组合。

其次，合理分散风险，充分利用好再保险工具或其他金融衍生工具。依照我国现行《保险法》，保险公司的承保能力与公司的所有者权益挂钩，保险公司不能无限制地承保风险。由于奥运保险可能面临的风险是巨大的，保险公司应当选择合适的风险转移工具，通过向国外再保险公司或者境外资本市场转移风险，将风险控制在自身的承保能力范围之内。

再次，保险公司不能被动的承保风险，而应该积极地协助奥运会组委会共同管理奥运比赛过程中的各项风险，力争将风险降低在最小范围内。由于奥运保险的相关赔付是以实际损失为限，所以控制好奥运比赛各项可能发生的损失，能够明显减少保险公司的赔款支出。

最后，中国保险业应当利用北京奥运的契机提升自己的行业地位，从而增强自己的国际竞争力。奥运会为中国保险业宣传自己提供了难得的舞台，保险业界通过有效保险、迅速理赔和优质服务等软技术不仅可

以提升人们的保险意识，也可以提升我国的民族保险品牌，从而提高中国保险企业的国际知名度和品牌，为保险公司以后进行境外融资或者开展国际业务奠定基础。

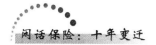

直面铁路交通的重重风险

2011 年 8 月 1 日

"7·23"甬温线特别重大铁路交通事故再一次为全球已经多发的灾难事故蒙上阴影。与近年来多发的自然灾害不同之处在于铁道事故是典型的人祸，其发生并不归结于大自然的不可抗力。也就是说，如果风险管理得当，铁道事故完全可以避免或者降低损失。因此，如何消除人祸，还铁道交通安全和人民群众安心再次成为公众焦点，也成为保险界作为风险管理专家急需思考的问题。

一、铁道事故近十年来成为全球性人祸

保险学中习惯将灾害划分为自然灾害和人为灾害，以此来对应日常生活中所指的天灾人祸。常见的人为灾害，即人祸包括火灾和交通事故等，而交通事故中又以公路运输交通所导致的事故为常见。不过，近年来全球各处发生多起铁道事故，铁路灾害已然成为全球性的重要人祸。

以 2002—2011 年为例，全球发生多起铁路运输事故，造成多人死亡和受伤，经济损失十分严重。过去十年间非洲共发生铁路运输事故 26 起，造成 1384 人死亡和 2357 人受伤，非洲的每起铁路运输事故平均约造成 53 人死亡，91 人受伤。同期美洲发生了 11 起铁路运输事故，总共造成 81 人死亡，2123 人受伤，平均每起事故中约有 7 人死亡和 193 人受伤。亚洲与其他洲相比，铁道事故最为严重，2002—2011 年共发生铁路交通事故 54 起，共造成 1944 人死亡和 47628 人受伤。亚洲平均每年发生铁路交通事故 5.4 起，每起事故中造成 36 人死亡，882 人受伤，导致经济损失达

755.6万美元，这一数据可谓触目惊心。欧洲过去十年间共发生铁路交通事故21起，造成死亡人数335人，受伤乘客1432人，平均每起事故中约有16人死亡，68人受伤；而大洋洲过去十年共发生铁道事故2起，造成11人死亡和143名乘客受伤。

从以上数据可以看出，2002—2011年，铁路交通事故在全球5大洲均有发生，但是其中最为严重的是我们所处的亚洲。这不仅要归因于亚洲地区人口众多，而且同时与该地区风险管理技术落后，风险防范观念淡薄等原因密切相关。比如2004年4月22日，朝鲜平安北道龙川郡发生了一起严重的火车爆炸事件，造成200多人死亡，1500多人受伤（该数据在不同的数据库中所显示的结果差别较大，有数据库认为本次灾害的受伤人数高达42300人），另有8000多幢房屋被毁，经济损失高达4.08亿美元。2005年4月25日，日本JR福知山线发生火车出轨事故，从大阪府宝塚市驶往同志社大学车站的城际列车在经过尼崎市时，发生脱轨抛飞事故，2节车厢直接飞入附近的一栋公寓楼，导致107人死亡，549人受伤，成为日本历史上最为惨重的列车事故之一。全球铁道事故时有发生，技术先进并非就意味着铁道交通驾驶安全，有效规避和防范风险必须引起人们的高度重视。

二、自然灾害是困扰铁路交通安全的首要风险

尽管铁路交通与水路、陆路交通相比出险概率比较低，安全性相对较高，但是由于铁路交通运营时间长，地域分布广，自然条件复杂；加之乘客多，流动性强，管理难度大等特点，一直受到多种潜在风险因素的困扰。

自然灾害风险是困扰铁路安全的一个重大问题，由此所造成的经济损失也很巨大。比如我国2008年初的南方雪灾造成多处火车停运，"7·23"动车追尾最直接的原因是前面的动车遭雷击后失去动力导致后车追尾等，这些重大灾难都与自然灾害风险相关。我国是世界上自然灾害影

响较严重的国家，自然灾害种类多，影响范围大，其中地震、洪水和台风的影响最为突出。此外，我国的自然灾害风险还具有发生频率高、强度大，造成损失严重，灾害季节性和地域性分布特征突出，同时伴有共生性和伴生性等特点。这些特点对我国铁路运输安全都带来了极大的风险隐患。

近年来，由于受到全球气候变暖的影响，我国各类自然灾害的发生次数有所增加，造成的经济损失也呈增长趋势。从地域分布来看，我国东部沿海地区受台风、暴雨等气象灾害的影响程度和范围不断扩大，西部内陆地区洪水以及山体滑坡等水文、地质灾害时有发生，我国铁道交通运输处在自然灾害风险频发的特定时期，自然灾害可能对铁道安全造成的危害已然成为铁道安全中的首要风险。

三、意外事故是铁路运输须直面的重大风险

意外事故风险是铁道运输的另一重大风险。意外事故风险是指造成人员伤亡、生产中断和物质财产损失的各种未能预测的突发事件，包括火灾、爆炸、工程坍塌和建筑质量安全事故等。由于铁路交通的承载客流量大，运输路线长和管理难度大等特点，行车中断、人员伤亡和财产损失等情况时刻都可能发生，铁道运输所面临的意外事故风险很大。

综观我国近期的铁路交通安全，意外事故风险中还包括新的重要风险，即新技术风险。随着铁路运输中对客运高速、货车重载等新技术的使用，意外事故风险也随着加剧。任何新技术投入使用的过程同时也是一个检验和完善的过程，其间必定伴随着风险。高铁、磁悬浮等新技术可能存在设计内容不全、设计缺陷、错误和遗漏、设计规范和标准适用不当、安全系数选择不合理、地质数据不足或不可靠、缺乏对不同地基的处理方案、工艺流程不合理以及设计工艺和选用设备不符合项目建成时的市场技术要求等问题。2006年9月22日德国发生的磁浮试验线碰撞事故便是例证，当时德国林根市一列磁浮列车在试验时撞上一列在轨道

上的工程车，造成23人死亡。可见，有关部门必须充分重视新技术风险，不能过分地强调技术的先进而忽视风险的存在。

四、铁路运营也存在第三者责任等诸多风险

铁路运营风险也是铁道交通所面临的另一重大风险。在国有化程度较高的国家，这一风险主要依靠国家承担，而在私有化程度较高的国家，铁路运输企业就不得不自己承担这一巨额风险。铁路运营风险主要包括第三者责任风险和投融资风险两大类。

第三者责任风险是指个人或团体的侵权行为违反了法律、法规相关规定，造成第三者的人身伤害或者财产损毁而必须承担的法律赔偿责任。由于铁路交通运输，尤其是客运专线和城际铁路多集中在人口密集和经济发展较快的地区，周边人员流动性大、财产密度高，铁路在运输过程中极易造成对第三者人身和财产的损害，容易导致纠纷，甚至引发巨额的经济赔偿责任。此外，铁路运营如果规划不当，还会带来噪音和灰尘等环境污染问题。随着经济的发展、公众自我保护意识的加强以及法律的完善，铁道交通所面临的第三者责任侵权风险将越来越大。

投融资风险是铁路运营的另一大风险，它是指铁路运营的投资者、投资对象和投资环境受到外在不确定因素的影响，导致资金流的断裂或不匹配，从而使得铁路运营遭受损失。具体而言，投融资风险包括利润风险、汇率风险、融资风险和还款风险等多种风险因素。铁路交通运营所需要的投资额度大，对运营资金来源的可靠性和持续性要求很高。类似我国的高铁项目，前期投入大，在市场机制作用下对资金需求量大，投融资风险也相对较大。随着我国市场经济体制的发展，未来铁路运营将逐步实现从国有化程度高到市场化运作、多元化投资和企业经营转变，投融资风险将成为未来铁路运营的另一重大风险。

后 记

时间飞逝，十多年的光阴呼啸而过。在德国哥廷根市七君子广场边上和同学讨论硕士期间选修方向的场景仿佛就在昨天。在记录这段文字的时候，我依稀看到中央食堂通往大学图书馆的大道上莺飞草长，闻到了那股陪伴着泥土清新而又积淀着众多名人气息的哥廷根老城的味道。在这里，将保险学作为我硕士学习的主要方向，成了我一生重要的决定之一。从哥廷根大学走出的保险少年，从此便一直深耕着这片年轻而又富有魔力的学术热土，从在新加坡从事再保险实务，到重回德国卡尔斯鲁厄理工学院（KIT）攻读保险学博士，再到回复旦大学执教保险，恋恋未曾离开。如今，我的学生也开始走上讲坛，传播着保险学者对这个学科深情的热爱、厚重的责任和长远的探索。

本书选择从2006年开始记录保险业的变迁，是因为这一年我开始进入博士学习阶段，也开始养成随手写点评的习惯。出版这本书，一方面希望从我个人的视角还原过去十年中国保险业的发展和我自己的所见所思，另一方面也希望借着记忆感谢一路走来对我施予援手和指导的师友们，重温那份记忆的美景。博士导师Ute Werner教授如同母亲一般对待她的学生们，成了我现在对待学生的榜样。每年的平安夜，我总会想起在导师家吃的圣诞大餐，听她聊德国的各种风俗。我的保险入门老师，前德国精算师协会主席，哥廷根大学的Martin Balleer教授在我2013年访问德国的时候，还特意向我展示了我当年考试的试卷；另一个入门的教授Andreas Nickel早已离开保险学界，在房地产市场上追求自己的人生价值，偶尔我会想不知道他是否会后悔当年离开学界。

当然，德国保险的变化，远没有中国保险业来得精彩。用心去感受保险行业的发展，用笔去思考十年变迁的心路，用书去记录历史长河的瞬间。然而，中国的保险业还有很长的路需要走，希望本书能够激发更多人对保险业的思考、批评和呵护。本书并没有按照随笔的写作时间进行编排，而是分为不同的专题。随意挑选任何一篇文章，在特定的时间窗口上看保险；顺着本书逻辑阅读，开启专题的回顾与思考。如果一些观点能引起共鸣，如果一些建议能有所帮助，对我来说会是莫大的安慰。

　　见证历史，开启未来。请允许我在后记的最后一段落俗感谢一路走来给予我支持的前辈和同事们；感谢我的家人和亲朋们；感谢我的学生和团队成员！是您们的支持才有了本书的成果，您们的名字我不想记录在这里，因为我更想珍藏在心里。

许　闲

2017年4月